牟宗三先生全集㉔

時代與感受續編

牟宗三　著

《時代與感受續編》全集本編校說明

陳德和、黎漢基、周博裕

　　牟宗三先生平日除了撰寫學術論著之外，亦不時針對現實問題撰文評論。1984年3月，他將1962年以後評論現實問題的文章、演講記錄及訪談記錄輯爲一書，題爲《時代與感受》，由臺北鵝湖出版社出版。1949年以後牟先生尚有不少評論現實問題的文章演講記錄及訪談記錄，尚未收入《時代與感受》、《生命的學問》及其他論集。本書所輯錄者爲牟宗三先生在1949年赴臺之後評論現實問題之文章、訪談記錄及演講記錄，但限於尚未收入《時代與感受》、《生命的學問》及其他論集者。他在1949年以前的此類論著則收入《牟宗三先生早期文集》中。《生命的學問》一書因三民書局不同意收入《全集》，其中所收錄之論文只能割愛。

　　本書共收錄論著五十五篇，其中若干篇曾多次發表，爲免累贅，每篇之後僅註明第一次發表的出處。至於其他出處，則請參考本《全集》所附的〈牟宗三先生著作編年目錄〉。本書所收論著，若有一種以上的版本，則以最完整或最後出現的版本爲依據，再與其他版本相互校勘。

目　次

《時代與感受續編》全集本編校說明 ……………………… (1)

佛老申韓與共黨（1951年1月20日）………………………… 1

青年人如何表現他的理想（1951年5月1日）……………… 13

領導時代之積極原理（1951年6月20日）………………… 29

自由中國的遠景（1951年8月1日）……………………… 47

一個眞正的自由人（1952年1月2日）…………………… 49

要求一個嚴肅的文化運動之時代（1952年5月25日）……… 59

論文化意識（1952年5月28日）………………………… 69

開明的層層深入（1952年6月26日）……………………… 73

當代青年（1952年8月1日）……………………………… 79

理想、團結與世界國家（1953年6月28日）……………… 87

文化途徑的抉擇（1953年7月26日）……………………… 93

略論對於中國文化了解之過程（1953年9月上旬）………… 97

論堅定與開拓（1954年1月3日）………………………… 101

關於簡體字（1955年10月）……………………………… 105

與貫之先生論時事（附：王貫之先生函）（1955年10月1日）
　　………………………………………………………… 109

生命之途徑——保孤明以通千古，握天樞以爭剝復（附：

　王貫之先生函）（1955年10月16日）……………………… 111

論學與讀書（1956年1月5日）………………………………… 119

關於外王與實踐（附：王貫之先生函）（1956年4月16日）… 123

悼念韓裕文先生（1956年4月20日）………………………… 131

青年與時代（1957年1月10日）……………………………… 133

與貫之先生論慧命相續（1957年6月1日）………………… 139

孔子與「人文教」（1957年9月1日）……………………… 143

《人生雜誌・青年節專號》刊前語（1958年4月1日）……… 147

心靈發展之途徑（1960年9月20日）………………………… 151

蔡仁厚《家國時代與歷史文化》序（1961年1月1日）……… 157

有感於羅素之入獄（1961年10月5日）……………………… 161

十年來中國的文化理想問題（1964年6月1日）…………… 169

中華文化之發展與科學（1968年7月）……………………… 175

悼念張丕介先生（1969年9月6日）………………………… 179

羅素與中國知識分子（1970年3月20日）………………… 181

中國文化的問題（1973年5月）……………………………… 189

中國傳統思想與西方民主精神之匯通與相濟問題（1974年4月）

　…………………………………………………………………… 201

我的學思經過（1974年8月）………………………………… 209

海外青年應如何認識中國及自家文化（1977年4月）……… 221

從索忍尼辛批評美國說起（1979年1月14/15日）………… 225

「五四」與現代化（1979年5月29日至6月1日）………… 251

肯定自由、肯定民主——聲援大陸青年人權運動（1979年6月

2日）………………………………………………… 275

學生書局廿週年紀念詞（1980年4月16日）…………… 291

熊十力先生的智慧方向──熊十力先生百年誕辰紀念會專

　題講演（1985年11月）……………………………… 293

通識教育的意義（1985年12月13日）………………… 307

人文教養和現代教育（1986年7月16日）…………… 313

理解與行動（1986年8月）…………………………… 327

人文思想與教育（1986年10月10日）………………… 347

「唐君毅先生逝世十週年紀念會」講辭（1988年4月）……… 357

我所認識的梁漱溟先生（1988年6月25日）………… 371

中國文化的過去與未來（1989年5月）……………… 379

談世運、論時局（1989年7月）……………………… 389

哲學之路──我的學思進程（1990年4月）………… 401

九十年來中國人的思想活動（1990年7月9/10日）………… 413

中國文化的發展與現代化──文化既非虛文，亦非矯飾（1990

　年11月8日）………………………………………… 427

當代新儒家──答問錄（1990年12月28日）………… 435

《唐君毅全集》序（1991年12月16日）……………… 441

學思・譯著──牟宗三先生訪談錄（1992年12月）…… 443

徐復觀先生的學術思想──「徐復觀學術思想國際研討會」

　主題演講（1992年12月）…………………………… 455

在中國文化危疑的時代裡（1995年4月13－15日）………… 471

佛老申韓與共黨

一

　　共黨出現于中國，決非由于經濟問題；甚至馬克思那一套陰險狠愎的思想之出現于歐洲，亦決非由于經濟問題。今單就中國共黨言，它之出現、長成，乃至風起雲湧，知識分子趨之若鶩，以及共產黨員如癡如醉儼若宗敎之狂熱，俱非經濟問題使然，乃是一種政治運動。而其爲政治運動，亦非自政治家或政黨之立場想解決政治本身之問題，而是基于一種變態之狠愎心理，通于一種邪僻之思想，而想實現一種荒蕪無端涯之乖僻理想，以期達到毀滅一切之瘋狂運動。所以，它之出現，完全是一個思想問題、文化問題、時代精神問題。其他外部的條件，政治的與經濟的，俱是它的藉口。藉口之所在，並不能掩蔽了它的本質之何所是。我斷言它是一個大魔，並不是容易對治的。我又斷言它是一個普遍的異端、「純否定」的異端。所謂「普遍的」，乃是說：它是發自人類脾性中陰暗之一面。此一面並不限于那個民族，乃是普遍于人類之全體。故它的出現是人類中一個普遍的異端。所謂「純否定」者，意即：凡否

定人性、個性、價值層級、人格世界、文化理想者，即為純否定。

在中國，古之異端為佛、老、申、韓，今日即為共產黨。

王船山曰：

> 蓋嘗論之，古今之大害有三：老、莊也，浮屠也，申、韓
> 也。三者之致禍異，而相沿以生者，其歸必合於一。不相濟
> 則禍猶淺，而相沿則禍必烈。莊生之教，得其汜濫者，則蕩
> 而喪志，何晏，王衍之所以敗也。節取其大略而不淫，以息
> 苟煩之天下，則王道雖不足以興，而猶足以小康，則文、景
> 是已。〔案：西漢取黃老，猶得其所說之樸、厚、慈、儉之
> 旨趣。此已不是玄談之莊生。〕若張道陵、寇謙之、葉法
> 善、林靈素、陶仲文之流，則巫也。巫而託於老、莊，非
> 老、莊也。浮屠之修塔廟以事胡鬼，設齋供以飼髡徒，鳴鐘
> 吹螺，焚香唄呪，亦巫風爾。非其創以誣民，充塞仁義者
> 也。浮屠之始入中國，用誑愚氓者，亦此而已矣。故淺嘗其
> 說，而為害亦小。石虎之事圖澄，姚興之奉摩什〔案：即鳩
> 摩羅什〕，以及〔梁〕武帝之糜財力於同泰，皆此而已。害
> 未及於人心，而未大傷於國脈，亦奚足為深患乎？其大者，
> 求深於其說，而西夷之愚鄙，猥而不逮。自晉以後，清談之
> 士，始附會以老、莊之微詞，而陵蔑忠孝、解散廉隅之說，
> 始熺然而與君子之道相抗。唐宋以還，李翱、張九成之徒，
> 更誣聖人性天之旨，使竄入以相亂。夫其為言，以父母之愛
> 為貪癡之本障，則既全乎梟獍之逆，而小儒狂惑，不知惡
> 也，樂舉吾道以殉之。於是而以無善無惡、銷人倫、滅天理

者，謂之良知；〔案：陽明不至此也。船山鑒于明之時風而
聯想及之，不可爲準。〕於是而以事事無礙之邪行，恣其奔
欲無度者爲率性，而雙空人法之聖證；於是而以廉恥爲桎
梏，以君父爲萍梗，無所不爲爲遊戲，可夷狄，可盜賊，隨
類現身爲方便：無一而不本于莊生之緒論，無一而不印以浮
屠之宗旨。蕭氏〔梁武帝〕父子所以相戕相噬而亡其家國
者，後世儒者，沿染千年，以芟夷人倫，而召匪類。嗚乎烈
矣。是正〔陶〕弘景、〔何〕敬容之所長太息者。豈但飾金
碧以營塔廟，恣坐食以侈罷民，爲國民之蟊螣矣哉？夫二氏
固與申、韓爲對壘矣！而人之有心，猶水之易波，激而豈有
定哉？心一失其大中至正之則，則此倡而彼隨，疾相報而以
相濟。佛、老之於申、韓，猶聲鼓之相應也。應之以申、
韓，而與治道彌相近矣。漢之所謂酷吏，後世之所謂賢臣
也。至是而民之弱者死，強者寇，民乃以殄，而國乃以亡。
嗚乎！其敎佛、老者，其法必申、韓。故朱异以亡梁，王安
石、張商英以亂宋。何也？虛寂之甚，百爲必無以應用，一
委於一切之法，督責天下以自逸，而後心以不操而自遂。其
上申韓者，其下必佛老。故張居正瘵天下於科條，而王畿、
李贄之流益橫而無忌。何也？夫人重足以立，則退而託於虛
玄以逃咎責。法急而下怨其上，則樂叛棄君親之說以自便。
而心亡罪滅，抑可謂叛逆汩沒，初不傷其本無一物之天眞。
由此言之，禍至於申、韓，而發乃大，源起於佛老，而害必
生。而浮屠之淫邪，射莊生而始濫。端本之法，自虛玄始。
〔……〕（《讀通鑑論》卷十七〈梁武帝〉）

船山所論，尚不能十分盡其義。蓋嘗論之，法家（申、韓）之所以爲法家，不在其用法，亦不在其信賞必罰，綜核名實；而單在其用法之根據，在其所規定之用法之君之以「術」成。儒家之君之爲神聖以德成，法家之君之爲不測以術成。此實兩者之肯要區別。以術成者，故君之德爲詭密陰險，無仁無智，無禮無義，只是一陰森之深潭，而無光明俊偉氣象。君之本身爲一陰森之深潭，是其本身已陷于殘刻枯燥，而自藏于黑暗之地獄，不能面對光明之眞理，則自不能有光明以傳達于社會而普照于人類。然彼之深潭之權術，又不能無所藉以下達，以收統治之效。其所藉以下達者，唯是極端外在之賞罰之法。是以其所下達者，亦只是黑暗冷酷，將全人類投置於非人性之工具機械之地獄中。君之深潭與社會乃絕然間隔不通者。其所恃以連結此間隔者，唯是法。任何國家不能無法，任何政治思想亦不能不重法，儒者亦不忽視法。惟於法家思想中，君之深潭與社會間隔不通，而唯賴法以下達，則套於此系統中之「法」始成爲莫大之罪惡。質言之，罪惡不在法本身，而在陰森之深潭。就戰國時代言，其時代精神爲「盡物力之物量精神」，其兩眼一往外注，其內在之衝動者一往爲原始之粗暴的物力，是則其心喪已久，其生命早已乾枯而暴燥；處其內而爲之本者，早已成爲虛無之黑暗。而順春秋以來，井田制破壞，君、士、民漸從井田共同體之破裂中而解放出。此時，本當向「客觀的政治格局」而趨，創制立法，正其時也。即本應出現一種法之運用，來完成此客觀的政治格局。然時代精神既爲物量之精神，而毫無文化生命、文化理想，爲其正面之根據，故法之運用，遂不得其正果，而成爲法家手中之法，徒顯一「否定」之用，（否定價值層級，否定人性與個性，順對周之貴族

政治之否定而一起否定之。）顯一「窒死一切」之用，（窒死文化
生命、文化理想，窒死人民之生機，使其純歸於物化而落於工具機
械中。）故由「盡物力之物量精神」，轉出法家而用於秦，遂由物
量而凝結為數量，以成為否定的整齊劃一之機械或渾同。此種顯示
於外的機械或渾同，實由法家的政治運用而形成。而此政治運用背
後之精神，則為一數量之精神、漆黑渾同之精神；其心已喪，其內
在而為之本者，已成為虛無之黑暗，故只有此僵化的渾同齊一之數
量精神。然欲運用法而窒死一切，則必訓練一運用之深潭，即必須
由數量精神再推進一步而建立一陰險黑暗之密窟：此所以由商鞅之
法、申不害之術，而至韓非之法術合一，乃為一必然之發展綜和。
其學至此而完成，其政治運用亦必至此而完成。在商鞅，尚只為一
數量精神，然凡此類天資刻薄之人，其心已喪，由其心喪所成之
「虛無之黑暗」尚為一自然的不自覺者。至韓非，經過申不害，則
根據此「虛無之黑暗」自覺地建立一陰森之密窟，以為不測之深
淵。至此，大惡乃成。秦始皇即以其變態之心理、陰狠之天資，而
以李斯助其虐，運用此一套而窒死天下者。及其窒死一切，其自身
亦死。實則彼早已心喪，故早已死。說其自身至此亦死，乃謂其至
此必轉而為窮奢極欲，毀滅其自己。故趙高勸二世，謂：所貴為天
子者，即在享樂腐敗。當其黑暗之發洩尚在有對之時，彼必堅持其
狠愎。及其黑暗渾同一切，以為天下已無事，彼自身即吞沒於此黑
暗中而被毀滅。天下並不死，毀滅者其自己也。

二

韓非所自覺地建立之密窟，正有合於老、莊之本體。蓋道家所
復之本體，正是只有普遍性而無個體性之「渾同之全」。彼等破除
一切有限對立之涯岸與界限，而唯是顯一純圓之普遍性，顯一無限
之渾全。彼等亦否定價值，否定人性個性。此渾同之全，落於
「心」上說，只是一無內容之虛靈覺照（與良知不同，船山於此不
辨。）故純為認識的，而非道德之天心。故仁義不能從此出，內在
道德性不能由此立，而將仁義禮法，一切價值性，俱推出去而視為
外在之相對者，視為人為之虛妄分別，巧慧之穿鑿。故老子云：
「大道廢，有仁義。」而莊子則必齊物而歸於渾同。老子《道德
經》中尚存有樸厚慈儉諸觀念，故西漢初年用之而得小康。（亦唯
樸實之平民政府可用之而得其利。）至莊子，則純為玄談。魏晉以
後，知識分子承風接響，而益為恣肆，玩弄巧慧，始大害乃成。此
種只有普遍性而無個體性之渾圓，否定價值，否定人性個性之「玄
同」，最易取為法家之「體」，故韓非有〈解老〉〈喻老〉之作。
其自覺地建立陰森之密窟，正以道家之本體為據也。此兩者必相濟
而相沿。戰國時，此種思想尚屬開始。其相濟相沿尚不顯。魏晉以
後，理論上與時風上，其相濟相沿乃成為必然之慣路。蓋其背後，
俱為一純否定之渾同精神。道家唯是顯一無限（渾同之全），故其
本身亦為「純量」之精神。（純普遍性即是一未界定之純量。）落
於實際，即為物量數量。故船山云：「其敎佛、老，其法必申、
韓。」而當浪漫否定之時代，或物化墮落之時代，人之生命一切不

能承受，即以此「渾同」為理想，以陰涼暗淡之浮明投射此渾同為
其奄奄待斃之生命之光景。此為軟性之放縱恣肆。承風接響，一切
皆悲觀，一切皆暗淡，不能有一可肯定，一切皆視為桎梏萍梗，而
必須衝破，必須廢棄。相習既久，則必激出粗暴之反動，而為硬性
之放縱恣肆，此則有種種形態：夷狄盜賊之屠戮，申、韓之殘刻，
今日之共黨則尤其顯然者。而當此之時，則嚮往渾同之浪漫恣肆已
不可得而存在。是則此兩者不但相沿相濟，而且相反噬而顛倒無已
時。以往只是申、韓、佛、老之相沿相濟相顛倒，而今日則有蘇俄
共黨集申、韓、佛、老於一身。彼以唯物史觀、唯物論，自覺地渾
同一切，漆黑一切，而投射一渾同漆黑之「全」於未來，以為玩人
辱戮人之影子與藉口，此即其所謂無階級對立之社會。彼復自覺地
以其道訓練其自己而為心喪之密窟，陰險殘刻之深淵。復由此而玩
弄一切如芻狗，而否定一切歸虛無。佛、老尚是嚮往一虛靈之渾
同，而共黨則向下以純物化引發一渾同。申、韓尚守一整齊劃一之
法以愚民，而共黨則唯是恐怖玩弄說教（邪教）而無法。當其未得
政權也，則以其渾同之影子吸引誘惑具有浪漫理想之青年。及其已
得政權，或一落於其彀中，則軟性之浪漫者被否定，而硬性之浪漫
者則正投合而無間。在以往為申、韓、佛、老者，在今日必轉而為
共黨，或傾向於共黨。此是一脈相承之精神，而唯因唯物論、唯物
史觀而加深其禍害，加重其罪惡，造成更大更普遍之毀滅。愚賤無
知之輩，謂中國布爾什維克氣質所如此之烈，乃儒家理學家所養
成，而不知其實在申、韓、佛、老也。以如此之愚賤無知而妄說，
如何不引出共黨之反動而辱戮之如芻狗？肯定人性個性，肯定價
值，捨儒家其誰肯樂道之？其誰能庇護之？而亦唯儒家精神始能容

納愚賤無知而諒其胡說。若只嚮往渾同而否定一切之新式的申、
韓、佛、老，尚能容許汝之存在乎？蓋彼正由於此類之卑陋無知，
昏暗成性，而起之反動也。故王船山曰：「賊聖人之道，以召異端
之侮而堅其邪僻者，小人儒也。異端則旣與我異爲端矣，不相淆
也。然異端亦固有其端，非沈溺於流俗之利欲而忘其君父以殉其邪
者也。〔……〕君子小人之大辨，人禽之異，義利而已矣。小人之
趨利而無恥，君子惡之，異端亦從乎君子之後而惡之，不敢謂君子
之惡非正一也。唯小人而託於儒（今日則託於知識分子），因挾儒
以利其小人，然後異端者乃挾以譏吾道之非，而曰：爲小人資者，
儒也。〔……〕」（《讀通鑑論》卷十八）自五四運動以來，此種
小人儒布滿朝野，把持政教，斲喪文化生命，摧殘文化理想，遂激
出異端之反動，而殃及生民。以此輩人而反異端，吾知其必愈反而
愈多。世運如此，豈不哀哉！

三

　　朱子曰：「佛老之徒出，彌近理而大亂眞。」蓋眞理有多高，
魔亦必隨其層次而與之同高。彼若不徹上徹下，通透其爲魔，則不
足以興風作浪，迷惑愚衆。魔之界定爲「純否定」。不肯定價值，
不肯定人性，否定人文世界、人格世界，即爲「純否定」。以往之
佛老，尚是個人之修養，一往內歛而復其虛靈之圓覺，故放棄一切
而退處山林，而不與世爭。其放棄人倫，否定價值，只是爲其個人
宗趣而然，尚未敢回過頭來積極破壞而毀滅之，忠臣孝子，信人善
人，彼亦敬愛而護念之，雖視之爲俗世人，爲未覺者，尚不敢詬詆

而摧殘辱戮之。又彼講慈悲、寡欲、戒殺，此一限制亦留人間元氣
不小。竊其說以用世，或自社會生活、時代風氣而言之，則爲害不
淺。然彼限于其自身而不用世，亦未始不是人間一付清涼散。（凡
佛、老之徒，其心必冷必忍，故必須自封自限，不可外出牽連世
事。所謂慈悲、渡人、渡世等等宣傳，最好還是收起，庶可少造
孽。作個阿羅漢而爲小乘，是其本分。過此以往，即變質。變質即
不是其教所能勝任。大乘之任非轉爲儒教不可。關此，本文不能詳
論。）自新式異端出，則無如此客氣與限制。由個人的變爲集團
的，由內斂的變爲外逐的，由虛靈圓覺之心境變爲「無限的物質」
之漆黑。他們宣稱要救苦救難，爲無產大衆之解放盡其神聖之使
命，而奔向那漆黑之渾同。漆黑之渾同是一個絕對，是一個最高之
層次。依此，他們的事業是神聖之事業。他們全幅是正義，因而他
們自己就是神聖自己，（物質的神聖，注意。）他們要訓練其自己
成爲如此之神聖，首先以外在的無產大衆（一個集團概念）爲標
準，而以「漆黑渾同」爲影子。然無產亦大衆亦是凡人，又根器不
必深厚。所以由他們來替天行道，要放棄一切來學那赤裸裸無牽掛
的無產大衆。（但不幸無產大衆亦有妻室兒女，並非那樣赤裸
裸。）他們這種學習，就是要客觀化普遍化他們的生命于集團概
念，于漆黑渾同。這一步客觀化、普遍化，遂使他們自覺儼若爲神
聖，儼若擔負一個神聖之使命，因而發出儼若宗教之狂熱。他們只
有普遍性而無個體性，只有黨性而無個性。在共產主義的旗幟下，
是沒有兩種意見的。在共產主義的社會裡是沒有私人存在的。誰若
有「個性」，就必須以整風運動來連根剷除之（他們名「個性」爲
小資產階級意識）。他們要把你的生命完全僵化而套于機械系統中

（完全普遍化即完全僵化）。他們知道人倫是仁義之根源，所以必須劃除之。他們說人倫是封建關係，仁義是封建道德，而道德名譽是資產階級的自我陶醉。假若你有不忍之心，他說你這是小資產階級的慈悲。假若你有人倫之牽連，他們說你未脫掉小資產階級的包袱，你未曾客觀化普遍化你的生命。所以你要客觀化普遍化，你必須心喪。心喪而套于機械系統中，依普遍性之漆黑渾同而運用其邪僻穿鑿之巧智，儼若一切為廓然而大公，一切順機械系統之「如其所如」而無一毫私意精采留其中。（此即道之「似」。）假若你固執你過去之經驗與成績，守之而不放，以為措施之根據，則名之為經驗主義，此必須打掉。假若你想出風頭，露精采，剛愎自用，擔負過多，而不知順機械系統而進行，因而衝破普遍性之全體，則為英雄主義、個人主義，此亦必須打掉。假如你死守依普遍性、機械系統而定之教條，而不知活用，則為形式主義、八股主義，此必須打掉。假若你情感行動而激急前進，則為左傾幼稚病，此必須從根磨練。假若你太靈活，而罔顧機械系統之全體，則為機會主義，此必須整肅。假若你有人味而忘掉神聖之大業，則為溫情主義，此必須嚴厲制裁。諸此種種，不一而足。其用心之深，體會之透，可謂盡魔道之極致。「心達而險，言偽而辯，行僻而堅。」于此，吾始得其解。從此，你可以了解，有理想熱情而不得其正的青年及知識分子，何以趨之若鶩而甘心為之喝采？從此，你也可以了解共黨政治革命之本質之何所是。

　　共黨的政治，用老話，古典一點說，完全是一種講學的政治，宗教說教的政治。但是，盜亦有道，乃是假其道而成盜。以往聖賢講學，亦是教人廓然而大公，順「良知之天理」走，使有限的人心

變爲神心之用，透至最高層，而達最圓熟之境界。他也敎你首先從
私欲氣質鍊子中解放出來，客觀化你的生命，而達重生之境地。但
是他敎你由「仁義之心」入，由「內在道德性」所見之性善而轉
出；他的客觀化是基于你的「主體性」之卓然獨立，他的普遍性是
不捨棄你的「個體性」，他的重生是眞正之覺悟，是光明之源泉，
理想與價值之根源。但是共黨則從窒死你的生命入，從殺戮恐怖狠
愎之制裁而轉出；從種種侮辱挫折中，使其不成爲人而投入機械系
統中而轉出：他的客觀化是敎你下齊于物，他的普遍性是敎你渾同
于漆黑，他的重生是敎你不成爲人而重生爲活禽獸。但是他藉用了
種種莊儼偉大的名詞來說他的敎。爲道之「似」而非道，爲眞理之
影子而非眞理，爲純否定之魔而非神性。茲引王龍溪一段語錄以作
對照：

> 荆川唐子〔即唐順之〕開府維揚，邀先生往會。時已有病，
> 遇春汛，日坐治堂，命將遣師，爲防海之計。一日退食，笑
> 謂先生曰：「公看我與老師之學，有相契否？」先生曰：
> 「子之力量，固自不同。若說良知，還未致得在。」
> 〔……〕荆川憤然不服云：「試舉看。」先生曰：「適在堂
> 遣將時，諸將校有所稟呈，辭意未盡，即與攔截，發揮自己
> 方略，令其依從。此是攙入『意見』，心便不虛，非眞良知
> 也。將官將地方事體請問某處該如何設備，某事卻如何追
> 攝，便引證古人做過勾當，某處如此處，某事如此處，自家
> 一點圓明，反覺凝滯。此是攙入『典要』，機便不神，非眞
> 良知也。及至議論未合，定著眼睛沉思一回，又與說起，此

等處認作沉幾研慮，不知此已攪入『擬議安排』，非眞良知
也。有時奮掉鼓激，厲聲抗言，使若無所容，自以爲威嚴不
可犯，不知此是攪入『氣魄』，非眞良知也。有時發人隱
過，有時揚人隱行，有時行不測之賞，加非法之罰，自以爲
得好惡之正，不知自己靈根，已爲搖動，不免『有所作』，
非眞良知也。他如製木城，造銅面，畜獵犬，不論勢之所
便，地之所宜，一一令其如法措置。此是攪入『格套』，非
眞良知也。嘗曰：我一一經營，已得勝算，猛將如雲，不如
著一病都堂在陣。此是攪入『能所』，非眞良知也。」
〔……〕荆川憮然曰：「吾過矣。」〔……〕

意見、典要、擬議安排、氣魄、有所作、格套、能所，一一打掉，
方能顯「良知天理」之活用。進而言之，人必須致得「良知之天
理」，方能開始其重生，方能客觀化普遍化其生命。在以前，就是
作聖賢。實則大學問，大事業，俱從此起。然「重生」是重生其爲
一「眞正的人」，客觀化普遍化是從恢復你的「眞正主體性」起。
新異端所要去掉者，亦類乎此處所說之意見、典要……等等。彼自
覺爲神聖，作神聖事業，實有其故。然一在顯良知天理之活用，一
在歸於純粹之物化。其爲「道之似」之大魔，不亦顯然可見乎？

原載《思想與革命》第1卷第1期　　1951年1月20日

青年人如何表現他的理想

一

　　這個時代的悲劇就是：大多數有性情的青年人，要表現理想，必須藉共產黨那一套來表現。要他不如此表現，便儼若癡呆；而凡不能這樣去表現理想的，大多數又都是卑俗平凡，或追逐現實的人物，要不然，就是昏天黑地，只知道恬戲享樂的人物。

　　其原因何在？從表面上，你也許可以列出很多來。如政治不好，經濟有毛病，社會到處有缺陷，令人不滿。但這些弊端，並不自今日始。人間不是天國。歷史上太平盛世，究竟有多少天呢？何必一定要出現共黨那套思想？何必一定要藉共黨那一套來表現他的理想？你不能只從社會的種種缺陷方面來了解青年人的理想性。這須進一層看。蕭伯納也說：一個青年人，若不作共黨，是沒有出息的。到了中年以後，他還要作共黨，也是沒有出息的。這是文人的說法。青年人何必一定要作共黨才算有出息？但是我們試一看社會上，作共黨左傾的青年人，大多數是有性情或有志趣的人，這卻也是事實。（雖然有眞性情、眞志趣的青年不必作共黨。）其理由何

在？蕭伯納沒有說明。但是他說：中年以後還要作共黨，也是沒有
出息的。這句話的涵義，至少可以表示：真理不盡於共黨，也不止
於共黨。人生的境界及其把握真理，究竟在共黨那一套以外需要有
所轉進。這且不提。至於青年人作共黨有出息與能否把握真理，是
兩回事。青年人不一定真能把握真理。但他的性情與志趣很可以象
徵他有出息。但在這裡，我得告訴大家，青年人要有出息，決不可
作共黨。你們切不可以蕭伯納的話為依據，以為我要有出息，我必
得作共黨。若是為的有出息而去作共黨，那你的共黨性決不純粹，
你決定是沒有出息的。你若是情不自己，必須作共黨，則無論你是
堅持到底，或是中途轉變，你於人於己總是沒有好處的。你若是堅
持到底，你只有一生作孽，而且流毒無窮。你若是中途轉變，你如
果沒有大根器、大覺悟，你是很難得成正果的。何以能如此，我要
虔誠地告訴可愛的青年。

　　我不說：青年人為的有出息，才作共黨。我承認青年人的性情
及其理想性的真實性。但我同時也得指出：作共黨的性情不是人生
向上的真性情，由於相信馬克思那一套所見的青年的理想性不是純
潔的青年人的真正理想性。但是在這可悲的時代，可悲的青年人的
性情及其理想性究竟常是藉共黨那一套而表現。青年人相信馬克思
那一套的動機與馬克思及共黨發那一套的動機不一樣。但是他們雙
方究竟接了頭。我現在且不就馬克思及共黨那一方面說，我且就青
年人的性情及其理想性（此皆可屬於青年的動機一面）方面說，就
他們雙方接頭那一點說。

　　青年人的性情及其理想性是什麼呢？就是嚮往「普遍性」的那
一種「衝破的浪漫性」。共黨所發出在外面而與青年人接頭的那一

點是什麼呢？也是嚮往普遍性的那種衝破的浪漫性。

二

　　人自有生以來，父母懷之抱之，提之攜之，完全是爲的要扶養他的柔弱的身軀，使他逐漸長成。在他逐步長成的過程中，完全是他的生物生理的身軀的發育過程。他的發育過程必須取得現實環境的培養與物質東西的滋養。這兩方面與他自身生物生理的身軀的發育合而爲一統，是一個現實的系統。他有意識，他有心靈，他有聰明才智。但他這一切都是不自覺地隱伏於那個現實系統中作順隨現實的表現。趨利避害是生物的本能。隱伏於現實系統中的聰明才智不能不與趨利避害糾結於一起，這個時候，他的心靈，他的聰明才智，不能脫穎而出，樹起獨立不依的道德人格，也不能轉化而爲理智的思想。道德的人格，理智的思想，都必須有賴於那隱伏於現實中的心靈之徹底透出，也必須有賴於從不自覺地順隨現實之心靈表現轉而爲自覺的心靈表現。通過自覺的就是從現實中逆回來；不通過自覺的，就是順現實而下去的。通過自覺，樹立起道德的人格，轉出理智的思想，這在古人，就是所謂「覺悟」。

　　一個人順他的身軀的長成，他可以表現他的矯健的體力，表現他的縱橫的才氣，抒發他的曼妙的才情。這時，他可以成爲才人、情人、英雄豪俠。但這一切都不是通過自覺的。這是在他身軀的長成中所培養出的原始生命之充沛的衝動，自然的發揚。所謂蓬桑弧矢，男兒志在四方，也是表示他的生命要不自覺地衝出去，作一番事業。但這作一番事業的志趣，其理由好像：人當該如此，不當該

畏縮，落於平凡。一般人也大多是在賭一口氣中表現這種志趣。若是理由只在這樣賭一口氣中，也不是通過自覺的。這種不自覺也很好，也常可以作出有價值的大事來。在中國以往，大體說來，通過自覺的，是聖賢豪傑境界，是宋明理學家所講的那種成聖成賢的學問。不通過自覺的，是盡氣的英雄豪俠之士，是盡才盡情的才人情人。這後者是個人表現，現實中的風雲人物、獨特人物；人間世的熱鬧光彩，富有戲劇性，大多寄託在他們身上。而前者則是領導時代，闡揚文化，扶持教化，端其方向，使人別於禽，義別於利。個人表現而富有戲劇性的那些人物，則是在前者所抒發的文化背景的籠罩下而表現，他們不必顧及到籠罩他的這一套文化背景，他們不顧前不顧後。他們只是內在地盡他的才，盡他的氣，盡他的情。而如果他真能盡他的才、情、氣，他必能作出一番有價值的事業來。他雖沒有通過自覺而樹立起他的道德的人格，轉出他的理智的思想，但他能盡他的才、情、氣，他決不至於十分不道德，鬧到不堪的地步，他也不至於作出流毒無窮的大孽來。

以上兩類人是中國以往的歷史的兩個骨幹。現在不同了。聖賢豪傑的境界沒有了，宋明理學家所講的聖賢學問沒有人過問了。而盡才盡情盡氣的現實人物，打天下的人物，出鋒頭的人物，都要講主義，用概念，運用思想，來領導時代，轉移風氣。原來是兩個骨幹，並行而不悖，現在合一了。

但是，講主義，用概念，運用思想，談何容易。且就政治說，歷來打天下的都是走英雄的路，而走英雄的路，多或少總得靠天才，或其才氣總有過人之處。才氣是假不來的。但是天才不世出，且是可遇而不可求的。人類發展到十九、廿世紀，出現了馬克思、

共產黨，才不走英雄的路，而走概念的路。所以他們講主義，用概念，運用思想，以領導時代，以打天下。以概念來領導政治，自共黨始，亦至共黨而至其極。以概念所領導的政治生活概盡一切生活，亦自共黨始，且也至共黨而至其極。本來，以概念、思想、原理來領導才、情、氣是很好的，也是應當的。因為才、情、氣總屬有限，必得以思想原理來補其不足。這就是古人所說的「必須學」。無論才氣如何大，總得靠學問來完成他的天才，或者至少可以說：學問總可以使他百尺竿頭進一步。天才總須歸於理性，以安頓他的天才，以客觀化他的生命。這是古人，尤其漢唐以後，從宋明起，所親切意識到而講說不已的。但是在共黨手裡，則不是這個古典的意思。他們所用的思想、原理、概念，亦不是傳統的那一套。他們另有一套邪僻的理論。所以他的走概念的路，完全是一個邪僻的近代化的東西。因為如此，所以他才能造成曠劫以來最大的罪惡。

這就表示：用概念是不容易的事情，用概念必須走正路，而概念的運用必須在人的精神表現上，在通過自覺而轉出的理智思想中，找其根源，尋其歸宿。我且就此點，略述西方人的精神。因為西方人就是善於運用概念的。

三

我前說：人當該從自覺中，把你的心靈從現實系統中脫穎而出，樹立起你的道德的人格，轉化出你的理智的思想。中國學問用心之所在，其講自覺是著重樹立「道德的人格」；西方學問用心之

所在，其講自覺是著重在轉出「理智的思想」。這是中西過去的兩
個傳統。西方之著重轉出「理智的思想」，從希臘起即如此。蘇格
拉底、柏拉圖、亞里士多德，這三個大哲一線相承，即把這個理路
彰著出來。後來承之，於此骨幹外，遞有增益，可是不能否定此骨
幹，或背棄此骨幹。

　　理智的思想就是「純粹的思想」。它是以把握「普遍者」（理
型、概念）為其唯一的作用。心靈從感覺的夾雜中，從現實的糾纏
中，澄清出來，轉為「思想」（thought），這是人類靈魂的「純
潔化」之一重要的一步。思想的「所對」就是理型。所以當純粹的
思想一經轉出，則內而純潔化我們的心靈，外而呈露對象的理型。
在紛然雜陳的物質對象中，你要把它的脈絡理路浮現出來，這是思
想的作用。你把握住。它的脈絡理路，你可以觀萬物瞭如指掌。你
可以在變化中見貞常，在紛然中見條理。所以當思想能於變化紛然
的對象中撥雲霧而見普遍之理，你才算有了真知識。你純潔了你的
靈魂，你照察了萬物的普遍之理，下來你有了知識，上去你開擴了
你的心境。這就是你的生命之從現實的狹隘中糾纏中客觀化出來的
一步解放。所以柏拉圖當發見「理型」時，驚喜若狂。所以他才
說，當你發見理型世界，你的靈魂才算有了真寄託。這是一步重大
的覺悟。古人講這一層思，是向上看，著重在開擴心境，後來則是
向下看，著重在成知識，成科學。這是兩頭通，一線相穿的。從
此，你可知科學知識之成確有其覺悟上的根源。而純粹思想之轉
出，也必以這一套為其固有的意義，當行的本分事。

　　這一套把握住了，你可以作概念的思考，你可以運用概念。從
此，你馬上可以看出：運用概念必須落在「通過自覺而轉出的理智

思想」中，必須落在「心靈純潔化的精神表現」上。

　　但是，這一步轉化只是在「理智的思想」中開擴心境，成就知識。你還須要進一步。你須要在自覺中樹立起你的道德的人格。你當在道德的人格中培養你的仁心，開發你的悲懷，滋長你的宏願大勇，而且要在此潤澤你的理智的思想，使之有歸宿。

　　這一步樹立，也足以客觀化你的生命，使你把握普遍的理境。惟這種客觀化，是在你的仁心悲懷中成己成物，或忘我捨生的客觀化，不是在理智的思想了解中客觀化。而在這一步樹立中，把握普遍的理境，也不同於在思想中把握事物之理型，而是在你的仁心悲懷中所培養出的「涵蓋的德量」，你可以真實感覺到你的生命是與人間社會息息相通，是與天地萬物痛癢相關。上下與天地同流，圓融周匝，無一物之可外。這是你的德量，同時也是你的德慧。

　　在理智的思想中，向下看，你可以成知識。在道德的人格中，根據你的仁心悲懷，你可以成德業。一夫不得其所，若己推而納諸溝中。如是，你願望皆得其所。你必尊人性，重人道。好善惡惡，皆本於仁，是即皆不失其正。你可以刮垢磨光，作種種的大事業，發種種的大願望。但你決不能背棄人性與人道而可以有事業，可以有願望。你也決不忍毀棄你的族國，你的祖先精神流露所成的文化，而可以有事業，可以有願望。因為這些都是人性人道之所函攝。人性人道決不是光禿禿的，決不是動物的性、動物的道。人性人道必然含著德業的。這都繫於你道德人格之樹立。

　　人必須撥開現實的雲霧而客觀化他的生命，而開闢他的普遍的理境。這就好像是撥雲霧而見青天。為什麼要見青天？因為希求光明是人性人道之內蘊。光明是個標準。有了這個標準，你才可以反

照出現實上的缺陷，你才可以衡量出是非與善惡。所以在自覺中客觀化你的生命，開闢你的普遍的理境，為的是要回過頭來成就現實，糾正現實，提撕現實。撥雲霧為的是見青天。你若一味陷溺於現實，順著現實滾下去，而不想在自覺中求一個光明作標準，則你自身就已隨現實的僵化墮落而亦僵化墮落於其中。因為現實時時須要糾正督促與提撕才能完成其為現實。若設一個能提撕它的東西，它自身就順著它物理墮性，必然日趨下墮乾枯而至於消滅，就不成其為現實。所以人若是糾結於現實中而不得自解，則亦必隨現實之日趨乾枯而乾枯，隨其毀滅而毀滅。你若陷溺於現實而不得超拔，你見到現實的江河日下，日趨墮落，你滿眼只見黑暗，你必厭惡之心生，而且愈厭愈甚，到處可厭，你必狠愎之心生。如是，你想打毀它，全部否定它。你以為你這樣打毀它，否定它，你這是在革它的命，你這是表現你的思想。你以為你這樣可以作一番大事業，可以發一個大願望。但是，須知你完全錯了。你不知你的本源已枯已死，你不知你是厭惡之心與狠愎之心作主。你不知你在厭心與狠心作主之下，你不能有任何理想、任何宏願、任何事業之可言。你當知這只是你的自毀而毀人，實亦只是隨現實的乾枯毀滅而一起毀滅。

所以你必須先護住你的那點仁愛之心，你才能改正現實，完全現實。你要抒發理想，表現宏願，你必須在自覺中樹立你的道德人格，培養你的悲懷。這是你的生命之真正客觀化，你的智慧之真正把握普遍者之根源。你必須落在這個根源上，你才能成正果。

四

人的思想發展之第一階段，雖然是在：首先把握「普遍者」。若不如此，你不能客觀化你的生命。因而你的人格也不能有飛躍的轉進。原始生命充沛的人，你如何能叫他沒有飛躍的轉進？但是飛躍的轉進，把握普遍者，是談何容易。這就是青年人的關口所在。可愛的青年，你要衝過這一關，你才能創造你的命運，救住你自己。

我上段所說的是落在一個根源上的眞正客觀化，眞正把握普遍者之道路。我現在要說一個無有根源的邪僻路上的客觀化與普遍者。

一個原始生命充沛的人，若是自然地要衝出去，既沒有通過自覺而轉出理智的思想與樹立道德的人格，亦沒有落在邪僻的路上去，則是他的天資高，生命強，這是英雄天才一類的人物。在他衝的過程中，他可以有獨特的表現，亦可以帶出一番事業來。他雖不必能理性地客觀化他的生命，亦不必能自覺地把握普遍者，但在他衝的過程中，他可以逐步客觀化他的生命，而遙契那普遍者，總不至於鬧到不堪或無可觀的地步。此之謂天才。

若是有生命蠢動，而不健康，既不能成英雄天才一類人物，又不能轉出理智的思想，樹立起道德的人格，以成正果，而只兩眼從負面的觀點或以否定的態度，來思量現實的一切；或只就現實之爲現實來看現實的一切，以爲現實的一切都是束縛我們的，限制我們的，牽連我們的，而一切仁義道德禮法也都推出去作爲外部的事物

看，作現實的事物看，以為它們都是相對的，人為的，毫無根於人
性的價值性、理想性，亦不能見出它為現實之本源，足以提撕現
實，完成現實；如是，他不安，他想解脫，如果他必把這一切現實
的差別都予以否定或泯除，而嚮往那個無差別的虛無渾同之道。他
以為這樣他才算灑脫自在，他去掉一切牽累，他客觀化他的生命於
那個無差別的渾同之道即「普遍者」。如是，他自以為他這是一步
大解放。然而很清楚，這是一種浪漫的反動，這是一種病態的思
想。他的客觀化不是真正的客觀化，他的普遍者不是真正的普遍
者。在這裡也不能說理想，自然也無德業之可言。如果從思想發展
的途程上看，這只能算初階，而且是病態的初階。說它是初階，因
為它究竟代表了一個衝破的飛躍。說它是病態，因為它既不能成知
識，亦不能成德業。若是終於如此，它只代表一個反動的異端。在
古人，老、莊的思想就是這一類思想。所以老子說：「大道廢，有
仁義。」而莊子則以伯夷殉名，盜跖殉利，為同類；以仁義為號
召，使天下疲命於仁義，其為殉也同，故皆足以亂天下。此種思想
顯然是病態。所謂病態者，即其本源已乾枯，其內心已黑暗，故不
見有任何光明，而只以無差別的渾同（普遍者）為光明。殊不知這
不是光明。

　　但這還只是從否定現實的一切差別而嚮往一個普遍的理境，這
還是一個向上的飛躍。（所謂向上只就其泯除差別而嚮往渾同
言。）還沒有落下來，從死物質方面言渾同，言普遍者。而且它還
只是一個渾同，不作任何肯定，亦不從政治社會歷史上描畫出一些
死概念來以為人殉命之所。到了共產黨才落到死物質方面言渾同，
而把他的渾同又從政治社會歷史上確定出來，以為人類的喪命之

所。他所這樣確定的渾同，就是把人性、個性、理想、價值、民族國家、歷史文化都否定了，而嚮往一個無階級的社會、純量的享受的動物生活。他以這樣下齊于物為他的普遍者。但是光這樣說（雖然揭穿了，實只如此），尚不足以吸引青年。他必指出家庭是束縛我們的，國家是罪惡的根源，人倫道德、一切禮法都是限制我們，使我們不自在的，社會上一切風俗習慣制度都是我們的障礙。我們必須毀滅它，我們必得解放。但是，如光只如此，還不足以鼓動青年。他抓住了社會一個毛病，就是有貧富不均。他把這事實確定為階級壓迫，經濟剝削。他要打抱不平，為眾生請命，替天行道。他在正面為青年提出一個積極的使命來。若只是消極的否定人們不相信（這就是他們比老、莊還利害處），他必須提出一個積極的工作。他抓住了這一點，再讓你回過頭來否定那一切。你才覺得我的否定是有理由的，有所為的。他的罪惡不在他指出社會上那個毛病，而在他內心的病態鼓盪著他因那個毛病而否定一切。社會的毛病多得很，人間的缺陷多得很。要是這樣牽連起來，則沒有任何病是可以醫治掉的。腿上生一個瘡，只能治那個瘡，不能牽連全身，說把整個身體毀了吧。尤其不能牽連到父母祖先乃至於上帝。但是共產黨卻有這樣的氣魄。這不是氣魄，這是狠愎，這是喪心病狂。

　　但青年人看不到也想不到這發動否定一切的狠愎根源，喪心病狂的根源。他只為他所發在外面的使命所迷惑，他只外在地看那個使命，看那對著使命而來的否定一切。他的動機、根源，不同於共黨，他不知道也不能想到否定一切的利害。他不知道也不想到這是否定一切。這就表示在青年人的動機裡，不是否定一切，只不過是否定了若干外部的東西。在青年人的動機裡，否定一切中的「一

切」是有限的，不是無限的。青年人的動機裡藏著許多不自覺的良善的東西。就是這一寶藏，遂使青年不覺得是否定一切。但在共黨則不如此：共黨心中的「一切」是無限的，是澈底的，而且他的動機已清清楚楚全部漆黑，他已自覺地要作到此，才算典型的黨員。這點，青年人不能知道。但有血性的青年人有衝破現實的浪漫性，有嚮往普遍者的理想性。只因他不知道衝破的正當根源，不知道嚮往普遍者的理想性之正當的理路，所以他才區別不出共黨發在外面的那種衝破性與普遍性究竟是善是惡。他以為這總是代表一個超現實的理想。就在這一點上，他們雙方接了頭。但是共黨清楚得很，他早知道青年的這種浪漫性不是他們的那一套，他反過來卻說：青年的革命性是不可靠的，只可一時利用，而不可認真。他拿小資產階級一詞來確定青年的浪漫性。要成為幹部，必須澈底訓練。在這一關上，青年人有了歧途：他或者也全部漆黑，或者知道原來如此，受不了，而遭犧牲。可怕的魔鬼！可悲的青年！

但青年人開始不認為可悲，他認為這是進步，這是解放大業，這是光明。他要迎接光明。如果他們學習扭秧歌，這不諧和的醜惡。他們覺不到這可恥的醜惡。他們放棄書本，讀不下去，要學習勞動英雄，只是動動鐵鍬，搬一點土。他們築不起一道牆，搬不動一塊石頭，實際的工作還是泥水匠作的。但是為的要爭取勞動英雄一名，乃貪人之功以為己力，這自欺欺人的虛偽。他們覺不到這可恥的虛偽。在這種吠影吠聲、燈蛾撲火的風氣下，青年人就鑄定了他們自己的命運。知識份子之受欺受辱，自樂自賤，無過於此。蒙古人入主中國，列人為十等，而七優八倡，九儒十丐。這是明顯的污辱。而共黨則是用魔鬼的十法玩弄，當鷙狗來耍你。但你不知道

這可恥的玩弄。當對於這一切，你都不能振作起來覺得是可恥，你就鑄定了你自己的命運。

五

青年人以爲共黨從政治社會歷史上所給確定的那個無階級的社會，那個純量的享受的動物生活，那個下齊於物的普遍者，足以客觀化他的生命，足以表示人的覺悟；如是，他要丟掉一切包袱，要學習否定一切來追逐那個影子。他不知道那個普遍者是不可實踐的一個虛無。因此，他也不知道那種客觀化是無成果，無任何事業可給的，因而也不是眞正的客觀化。他客觀化他的生命，只是把他的生命投到虛空裡去，投到沒有著落的黑暗裡去。你不能背棄那個通過自覺而轉出的理智思想與道德人格而嚮往普遍者，而客觀化你的生命。共黨的普遍者只是發之於狠愎之心而由否定一切所透示的一個虛影。凡是爲一點外在的毛病而背棄本源，而否定一切，都是一種狠愎之心，由此所透示的普遍者都是虛無，都不是眞正的理想。（共黨把一切與他那一套心思行動無關的，都認爲是資產階級的虛無主義，實則他才眞正是澈底透出的一個虛無主義。）因此，由之而客觀化你的生命，只是無代價無成果的毀滅。共黨站在旁邊，看見你的毀滅，正是他的狠愎的實現，他發出魔鬼的獰笑，你不能拿「魔鬼的獰笑」那一套來表現你的理想。

客觀化，把握普遍者，是人格的擴大，是精神的表現。有血性的青年，他的生命的蠢動與不安，自然要迫使他嚮往這一步轉進。但是你須知，你這時只是一種蠢動，你沒有眞正把握到普遍者，你

沒有真正客觀化。此時,你必須不要誤入歧途。此時,你若是一個
健康的生命,你必須發出追求真理的真興趣,愛好普遍者的理智興
趣與美感。人生的客觀化途程,常以這一階段為在先,而道德的人
格的樹立,則常較居後,才真正意識到。如是,當第一階段時,你
要把握普遍者,你必須讀邏輯、讀數學、讀科學。你在對於這些學
問的追求中,你真可以發見一個「普遍的理底世界」。這就是你的
理智思想之磨練。在此磨練過程中,你的「思想主體」不期然而然
的脫穎而出。此時,你的生命,內而完全是一個「思想主體」,外
而完全是投入那純理的世界。你對於現實的一切,你可以完全忽
視,甚至你個人的現實生活,你的生物生理的生命,你都可以不在
意。你可以廢寢忘食,你可以食無定時,睡無定時,沒有那些講
究。你不注意你的衣飾,你的房間可以亂七八糟,旁人看著不順
眼,你可以居之而心安。對人你可以無禮貌,你可以忘記打招呼。
他們取笑你,看你是怪物,你決不理會。你覺得這個現實世界可有
可無,甚至你的生活也可有可無。這不是你的傲慢,這是你的忽
略,你的忘記。這個忘記,就表示你的生命完全客觀化,完全投入
普遍者,也表示你的個性是無限制的忘卻。因為這時,你只有一個
思想主體,只有一個理世界。你這時的客觀化是有所成的,你成功
了一個科學家、數學家、邏輯家,你對於這些學問有了貢獻。而對
於現實生活,你也算是有了一種偉大的衝破,浪漫的衝破。

　　你不能永遠停在那個思想主體與理世界內,你要從個性的忘記
中、現實的忽略中覺醒。你要肯定現實生活。這不是說你世俗化
了,你墮入名利中。這表示你從抽象轉到具體。你轉到具體的生
活,你才能尊人性,重人道。如是,你覺得你要自覺地樹立你的道

德人格。你要對人有禮貌，你要通人情，要表現忠恕之道，你要表現你的智慧。在樹立你的道德人格中，你培養仁心悲懷。你要見諸事業，你要提撕現實，指導現實，糾正現實。現實世界不合理的太多：政治的、社會的、經濟的、風俗習慣的，到處皆是。但是你不能為一局部的缺陷而發狠毀棄一切。你要本著你的仁心悲懷，在現實的現制與核對中，你逐步磨去。甚至你可以爭，你可以鬥，有可以讓，有決不可讓的。但是這一切都在現實的限制與核對中釐定出。你的悲懷廣大，仁心無量，但你一落到現實的限制核對中，你就要守概念的層次，受概念的指導，而逐步磨去。你磨一步，你就有一步的德業，一步的成果。精神表現無有不在限制與破除限制中進行的。事業成果亦如此。

　　你的發自悲懷的事業之心，必須客觀化、妥實化若干概念的層次中，概念的指導中。你不能漫蕩而不著邊際。概念是有層次的，有範圍的。這就是你的悲懷落下來的邊際，也是你的事業的完成所依據的規模。所以如果你要走概念的路，運用概念以指導你的行動，你必須知道由發自思想主體以把握普遍者而來的概念的本義。用到你的政治社會運動上，你必須一方面知道承認經驗，承認對方，而與他磨；一方面你也必須知道肯定人性個性，肯定理想與價值；同時，你還須知道你所能解決的問題，所能實現的理想之歷史脈絡中的理路與歷史演進中的階段性。你必須從這各方面確定你的概念，而這些概念也就是指導你的事業的原則，為你的事業完成之型範。同時，你的仁心與悲懷也在這些事業與概念上獲得它的證實性與客觀性。你不能在「因局部的缺陷而發狠毀棄一切」上描畫你的虛無不可實踐的概念。你用這種概念來指導行動，你只有毀滅一

切，最後完成一個「魔鬼的獰笑」。這樣，你沒有仁心悲懷，你也沒有事業成果，最後你終於消滅概念。共黨的「普遍者」是一個虛無不可實踐的影子，指導他的行動的概念與思想都是根據毀棄一切而發的。他教你學習這一套而趨於全毀。所以他的概念是沒有層次沒有範圍的，也就是不著邊而不是概念。所以他不能解決任何問題，成就任何事業。

一個有出息的青年必須具有浪漫性（在以往就說不羈之才）。但你的浪漫性必須衝入有所成的領域內：你要成科學家、藝術家、哲學家，這些都足以實現你的浪漫性。但當你要見諸事業而作政治社會文化運動，你的在現實方面的浪漫性必須納諸概念範圍內，而歸於切實平實，你要有聖賢的悲懷，且要有英雄豪傑的才氣。總歸一句：你要走正路，你要對於祖宗子孫，全體人類，負責任。上面是蒼蒼者天，下面是萬民，中間是你的良心：你不能瞞昧一點，馬、恩、列、史的那一套邪僻，在這三方面是不敢抬頭的。

原載《明天》第33期　　1951年5月1日

領導時代之積極原理

一

　　一般人感覺到思想的重要，但是自己豎立不起來。他們以爲共產黨的妙處在唯物辯證法。如是，首先想去批評唯物辯證法。但是，他們不知辯證法的意義，亦不知唯物辯證法根本是一個不通的東西：物質與辯證根本合不在一起。馬克思把它們倆合在一起，根本是一個大攪亂、大比附。恩格斯隨他去講自然辯證法。因爲一說到物，就想到自然宇宙。自然宇宙當然就是物理化學所釐定的物質世界。如是，唯物辯證法遂籠罩了整個自然宇宙。他們又以物的觀點看歷史，如是，唯物辯證法又籠罩了整個人文社會。反對這思想的人，不知從根本上抉擇，也隨他們滾下去：從自然現象方面，或自然科學方面，支支節節地這裡去抓一把，那裡去抓一把，以爲這樣就算批駁倒了唯物辯證法，並且還想利用相對論、量子論去批評它。姑不問有幾人能了解相對論、量子論，單說你這樣從自然現象方面支節地去挑剔它，憑你的經驗與觀點去找些不合辯證的例子，馬克思也可以憑他的經驗與觀點，去找些合乎辯證的例子。這樣爭

論起來，無窮無盡，你只有隨他滾下去。滾久了，攪成一團，你不知辯證法的本義，你不能從根本上堵住辯證法之應用於物質。你以為馬克思的唯物辯證法是當然的，只不過因為你反共，所以你去批評它。

第一、你須知辯證法根本不能應用於物質，你從根本上堵住，你就用不著去找例子批評它。第二、你須知，共黨亦不是從學術的立場上講唯物辯證法。斯大林到不喜歡「否定」的時候，他不准講否定的否定。到他喜歡穩定平衡的時候，他可以禁止原子跳動。這樣你還去和他爭論甚麼呢？第三、你須知就使辯證法可以應用於物質，他要這樣去觀物理世界，也不是共黨發生力量的地方。因為這樣觀世界，並不涵教你去殺人，去否定人性、個性。所以，就使你從自然現象方面把唯物辯證法整個批評倒了，你也無損於共黨之分毫。照馬克思的預言，共產革命當該發生在英、美，但是偏偏發生在落後的俄國與中國。人們說馬克思錯了，可見馬克思主義非真理。可是，你這樣批評他，他根本不在乎。他還是要革你的命。

所以，我在此鄭重告訴大家：共黨發生力量不在唯物辯證法，而在唯物史觀；甚至也不在唯物史觀，而在他那種黑暗的唯物論。

共黨的唯物史觀，你也不能從經濟學的立場或作學問的人的客觀態度去看它。你若是這樣去看它，經濟史觀亦無所謂。因為經濟究竟是人類社會的一個重要部門，從經濟方面看歷史，有何不可？而且這樣看法也不涵教你殺父殺兄，滅絕人性。所以馬克思之講經濟史觀，不是你這樣客觀的態度，也不是你那種學術的立場。經濟史觀之作孽根本是由它背後的那種唯物論。馬氏拿他那種看不見光明而只看見黑暗的陰險狠愎心理，因而也就是拿他已經心死的黑暗

的唯物論,來講唯物史觀,唯物史觀才作孽,而共黨發生力量的地方究竟也不在唯物史觀,而實在他那種唯物論。

而共黨的唯物論也不是哲學史上爲一哲學系統的那種唯物論。馬克思於批評費爾巴哈時,明明指出:他的唯物論是由「理解」轉到實踐,由「自然」轉到社會。哲學史上的唯物論都是解析自然宇宙的。但是他們在人間過生活還是要合乎人道。希臘的原子論者並沒有滅絕人性。現在,從理解轉到實踐,從自然轉到社會的唯物論是甚麼?大家可以在這裡用點心。在社會實踐方面講唯物論,根本是一種墮落、放肆、縱情的物化。這種「物」是可以「唯」的嗎?在解析自然宇宙時,其人說原子,某人說物質,根本都無甚要緊,我們也不容易發出這種疑問。但是在實踐方面,我們就要發這種疑問,而且我們還應當斷然拒絕這種唯物論,我們斷然地說:這種「物」是不可「唯」的。共黨就因爲「唯」這種「物」,所以他物化到家,毀滅一切:人生、個性、價值、理想、家庭國家、自由民主、歷史文化,他統統不能承認。總之,凡屬於「精神」的一切,他都要破壞。這就是共黨所代表的原理:純否定的原理。人們要想領導時代,人類要想自救,必須直接從這裡解放出來,必須對他那黑暗的唯物論直接予以呵斥。

二

不管馬克思那種唯物論是如何,他卻反過來把一切思想系統分爲唯心論與唯物論兩種。並認爲:凡是唯心論的,都是反革命的,都是他所要否定的。因此,他偏愛一切唯物論,不管哲學史上的唯

物論並不是他那種唯物論。人們為他的詐諉唯心論所威脅，遂不敢
主張唯心論，並對於「唯心論」一詞，心中有莫名其妙的想法，避
而不敢談。因此，不敢正視人生，不能直斥馬氏之謬，不能嚴整地
認識罪惡與從罪惡中解放出來而立於克服罪惡的思想大流上。卻偏
偏規避躲躲，想玩點小聰明而向旁枝曲道上走；想跳出唯心唯物以
外，另出個花樣。以為若談唯心唯物，就落於馬氏的圈套，所以必
須跳出唯心唯物以外。但是，你往那裡跳呢？你或者根本不講，以
表示你的跳出，或者想於唯心唯物以外另有所建立，以表示你的跳
出。你若是根本不講，你是否也與共黨一樣，否定人性個性、理想
價值、家庭國家、自由民主、歷史文化呢？你若是不否定這一切，
你有真熱情、真性情，來作人、作事。你昂起頭來，堂堂正正來尊
己尊人，尊天地萬物，則你就是理想主義者（唯心論者）。你往那
裡跳？你若是想於唯心唯物以外，另建立一個思想系統，找一個非
心非物的東西，以為這樣就算超過了它們，比它們高一級，綜和了
它們，則天地間沒有這樣便宜事、容易事。這不過是玩個巧花樣，
耍點小聰明，那裡是高一級的綜和？而且你那個非心非物的東西，
若是落實講起來，不外以下三種概念：

　　一、生命或力；

　　二、羅素所謂「事」；

　　三、混沌或漆黑一團。

　　現在的人們總想在這些偏支概念上打主意，而且他們還不了解
代表這三種概念的成樣子的系統。生命哲學是從生物學的赤裸裸的
生命入手，講的最好的就算柏格森了。但是柏格森的哲學就是不入
大流的哲學：海洋派不喜歡它，大陸派不喜歡它。就是柏格森個人

晚年也漸漸走上了正路。混沌或漆黑一團，不唯心，也不是物，心物俱由它出。這種宇宙論的思路，直接反應的淺薄思維者最易走上去。他那裡知道學問眞理的甘苦？（提出生命來代替心物的，也是這種態度。）老、莊對於這個混沌，叫它是「道」，你難說它唯心，也難說它是物。但是老、莊之建立這個系統，別有他們的人生態度。想跳出唯心唯物以外的人們，並不想從老、莊之學的途徑來講這個非心非物的東西。他們只是從宇宙論的立場來作直接的反應。斯頻諾薩在心物二屬性以外必置定一個絕對（上帝），但是他這個絕對只是一個邏輯概念，所以他的系統澈頭澈尾是一個形式主義，是一個純理智的機械系統。現在講非心非物的人們也決沒有他那種冷靜的理智心境以達到這樣一個系統。至於羅素所謂「事」，則是根據相對論的物理世界觀來說的，他用它來於科學知識上指謂經驗現象，他從邏輯分析的立場上來擴大這個概念，他有「物底分析」、「心底分析」，他在邏輯分析的立場上，說物的現象，心的現象都是「事」，說「事」的目的在去掉「本體」（substance）一概念。近代的人不喜歡這個概念。物理學不須有這個概念，亦可描述物理世界；邏輯分析之所及亦不須要有這個概念。所以羅素只說他的思想是「邏輯原子論」，他既不能否定唯心唯物，亦不能肯定唯心唯物，他避免這些形上學的問題。他之避免，不但是從宇宙論本體論那種形而上學的立場上避免，他也從人生實踐或精神表現方面來避免：他根本就不從正視人生實踐或精神表現來講哲學。所以他的哲學只能在邏輯分析的範圍內，亦只限於科學知識的說明與討論。然而須知唯心論（理想主義）的大本源及其堅強根據就是在人生實踐或精神表現這一面。至於宇宙論、本體論，那種形而上學

（以及科學知識），也是在這個大骨幹的籠罩下講的，所以有它獨特的意義，而不是從單純的「理解」方面，直接向自然宇宙去瞎猜測。關於這一層，羅素終生不得其解，所以他始終不了解唯心論。他在科學知識與邏輯方面，他可以歸於大流，但在歷史文化、道德宗教方面，他終始不能歸於西方文化的大流。可是現在講非心非物的那些人，又何嘗了解羅素的那一套？

你要反對共黨那一套黑暗的唯物論，你不能利用這些偏支的思想，你要歸於大流。你要領導時代，你也只有歸於大流。你不能利用柏格森的思想，你也不能利用老、莊的思想，你也不能利用羅素的邏輯分析。這些都於時代的文化大糾結解決毫無能為力的。共黨固然不贊成這些思想，但他同樣也不看重這些思想。他為什麼力反唯心論？就是因為唯心論是大流，是中外古今的大傳統。它的力量太大。若把唯心論的思想拉掉了，人類的歷史文化也所剩無幾了。所以共產黨不惜毀棄一切歷史文化。若把那些偉大的唯心論者、聖賢人物拉掉了，人性個性、理想價值，無人尊重，無人發明，人類的光明也完全沒有了。所以共產黨不惜毀滅人性個性、理想價值。若把那些尊人尊己、尊天地萬物、有熱情、有正義的理想主義者拉掉了，自由民主出不來，民族國家建不起。所以共產黨不惜毀棄自由民主、民族國家。

你要自救救人，你要領導時代，你為甚麼不堂堂正正地立於這個大流上呢？你為甚麼不從共黨所否定的地方直接翻出來而立住你自己呢？真理與罪惡的對照這樣顯明，你不肯嚴肅地正面而視，你要往那裡躲閃迴避呢？

三

　　西方歷史上那些大思想家大哲學家不用說大都是唯心論者，或總是理想主義的，就是中國歷史上那些聖賢人物，若用哲學系統把他們的思想行動詮表出來，也無一不是唯心論者。我現在不從純哲學上來講唯心唯物。我要從馬克思的墮落物化的那種唯物論直接翻出來而講唯心論。因為馬氏是從自然轉到社會，從理解轉到實踐，而講唯物論。這裡正恰好。我們就要從人生實踐、社會實踐或精神表現上，講唯心論，轉一個名詞，這就是「人文主義的理想主義」（humanistic idealism）。我們從人文主義起建立理想主義；從精神表現上講辯證法、精神表現或道德實踐的辯證法。

　　人性、個性、理想、價值、自由、民主、民族國家、歷史文化，這些都是人文主義的堅強根據。這每一個根據都是精神上的一個原理。因此，你必須無條件地直接肯定它，方能說其他。「人性」不是邏輯定義中，「人的本質不涵人的存在」那個人性，而是儒家所說的「立人極」中的那個人性。前者是從「理解」來把握的，後者則是直接從道德的怵惕惻隱之心、仁義內在所見的性善來把握的。這根本是精神表現的一個最基本的原理，這需要你直下認定，毫無躲閃迴避的餘地。你不能用任何詭辯來化除它。家庭中的天倫就是它的最直接而親切的表現處。因此，它就是天倫的超越根據，足以使父子兄弟夫婦足以成為天倫者。因此，天倫也不能用任何外在的標準、詭辯的理由來化除。「個性」就是人性之在具體而現實的個人中之獨特的表現。你尊人性，就必須尊個性。尊個性，

方能言文化創造、精神表現。你不能只有普遍性，而抹殺個體性。你不能用任何外在的普遍性的標準，如階級或其他，來消除個體性。你不能說「個性」是小資產階級的意識。你這樣說，只是你的自毀而毀人。普遍性必須是「內在的普遍性」。這種普遍性與個體性有一綜合的統一。整齊劃一，不能離開個性。任何外在的普遍性之整齊劃一都是毀滅之道，因此，都不是真正的普遍性，只是一個虛無、一個影子。

尊個性，方能言自由民主。而「自由」的基本意義必須是通過自覺而來的「主體自由」。（必須肯定個性，方能允許人有主體自由。）而政治社會中的權利義務以及出版、結社、思想、言論等自由，則是它的客觀形態、文化形態。民主必須在這些自由中方能有其「客觀的形式」，就是說，必須在這些自由中，方能創制立憲，共同遵守，共同約定，互相爭取，互相限制，而成為真正的民主，有制度基礎，有客觀妥實性的民主。所以自由民主是精神表現的客觀形態。它也是一個最基本的精神原理。你不能用任何曲辯來化除它。

精神表現到了自由民主的成立，就是達到近代意義的「民族國家」的成立。從血統的種族進到民族國家方能表示精神的成果。所以民族國家是代表精神與理性，它也是精神表現的客觀形態。它既不是某一階段中不真實的東西，階級壓迫的工具，也不是代表霸道，由武力形成的。所以你不能用這些外在的理由或概念來化除它。同時，你也不能拿一個光禿禿的「大同」來作為廢除家庭國家的理由。你須知取消了家庭國家，你的那個「大同」只是一個虛無、荒涼的大同，而大同所代表的普遍性也只是一個虛無，它並不

能代表更高一級的綜和或諧和。「大同」那個普遍性完全要靠人性、個性、自由民主、民族國家這些精神原理來充實它，它始有意義。所以「大同」也當該是一個內在的普遍性，而廢除家庭國家的那個大同，或共黨所嚮往的「無階級的社會」的那個大同，「純量的享受」的動物生活的那個大同，就是一個外在的普遍性，一個虛無，一個純否定的影子。

「理想」必須根於道德的怵惕惻隱之心，必須植根於人性個性、自由民主、民族國家，始可爲一精神的原理，始可以有其客觀的形式與現實上的工作性與指導性。它不能從「純否定」來顯示，因爲這樣，它便只是一個所投射的虛無、影子，而不是一個理想。依此，理想也不能只是一個外存的虛擬，而亦當有其內在性，植根於人性個性的內在性。無內在性的影子終歸可以揭穿，可以撥掉。而植根于人性個性的「理想」則是鼓舞僵化的生命，通透現實的僵局，而爲精神表現之原動力，所以「理想」也是一個精神上的原理。我們必須正面而積極地認識它的意義。在共黨的純否定原理裡，是不能保持理想的。肯定理想，始能肯定人格的價值層級。價值觀念也是精神表現上一個不可撥掉的原理。它首先由植根於人性個性的理想而確定，這是人格的價值層級之所本。這就是孟子所謂「貴於己」的天爵。其次，它再客觀化而爲國家政治上的分位等級，這也是一個價值觀念。這是由精神表現的客觀形態而證成。這種價值原理決不能由外在的普遍性來代替，來化除。共黨想拿物質的階級一觀念來代替它，化除它，這只表示由他的純否定所顯的渾同，歸於純量的動物生活的一刀平。他以爲這是「平等」，其實只是漆黑的渾同，不可說「平等」。平等也不是一個外在的普遍性，

它必須是植根於人性個性而與價值觀念統一起來的「內在的普遍性」。老、莊把仁義禮法都推出去視為外在的、人為的、相對的東西,而都予以泯除,以顯他那個齊物的「絕對」、渾同的「混沌」,也是一個外在的普遍性。所以他也是反價值,反人文的。

以上那些精神原理,匯歸起來,都要通於歷史文化,因而也必肯定歷史文化為一精神表現之原理。精神根本要在歷史文化中表現,而歷史文化也就是精神表現的發展過程之成果。你的生命必須通透於古今,你才有精神表現之可言。往聖前賢的精神必須通透於你的生命中,你的精神表現才能豐富,而為更高價值之實現。因此,你必須從精神表現的發展過程之立場看歷史,你才能真了解具體而真實的歷史,(考據、排比事實,只是割裂、抽象。)你才能有理路地了解歷史。(考據不是有理路地了解,唯物史觀只是毀滅,不是理路。)因為歷史本身就不是你所支解割裂的史實之堆集,而是有理路的、精神發展之理路。

你必須站在這些原理上,你才能完成「人文主義的理想主義」,你才能喚起生命,領導時代。人必須歸於精神,才能表現精神。這需要你壁立千仞地一立,立在「人極」的大光明上,你才能為蒼生作主,為人類立方向。降至近世,人的精神全散,而下趨於技術、現實與瑣碎,即全部外在化,所以既不能有方向,亦不能有態度。營營苟苟,而日趨於盲爽發狂。共黨由之而起反動,他要把這一切全部打碎,他要告訴你一個理路、一個方向、一個態度,這就是他的純否定原理、黑暗的唯物論。然而他不知這不是一個理路、一個方向、一個態度,而是毀滅理路、方向、態度的狠愎。

四

　　精神必須在上段所說的那些根據或原理上表現。精神表現底發展過程就是道德實踐底發展過程。它的發展過程有其理路與綱領，這就是辯證法的。

　　我已說：辯證法與物的變化合不在一起。物質的變化只是物理化學的變化，無人在此能說它是辯證的。惟有不通的馬克思才這樣瞎比附。凡概念都有確定的意義與其使用的分際。若是這樣攪亂起來，都成了無謂的。我現在只簡單地這樣說：單是在物一面不能講辯證，單是在心一面亦不能講辯證。心，有是指心理學的心理情態言，其變化亦不是辯證的；有是指道德的怵惕惻隱之心言，此就是良知之心，或形上的心。這個亦無所謂變化。它只是一個本覺、一個靈明。茲就良知之心言，單是良知本身無所謂辯證。在「致良知」的工夫上才可以說辯證。而致良知的工夫就是道德的實踐，精神底表現。在這種實踐中，一方要把「良知之天理」披露出來，（即王陽明所謂「致良知之天理於事事物物」。）一方就要把私欲氣質所成的種種間隔障礙破除或化掉。所以就在這種實踐中，就有個異質的兩面存在：一面是良知之心，一面是被克服或被對治的私欲氣質。就在關涉著這兩面時，才有精神表現可言，而其發展才是辯證的。辯證只有在這個分際上講。離開這個分際，都是瞎比附，無指謂的。

　　這個異質的兩面，黑格爾名之曰「精神」與「自然」。其實「精神」只當該說「良知之心」，而「致良知的工夫」才可說精

神。雖然在以前說工夫與本體是一，良知是本體，而警覺的工夫也就是良知之流露，故本體與工夫是一，然究竟可以分開說。「自然」就是物。在個人身上說，就是私欲氣質；在外界而爲知識的對象，就是自然。都可以說「物」。在以前，王學講致良知，注重個人的道德修養，故單說私欲氣質一層，而知識對象一層，則付闕如。其實這都可以在精神表現中統攝起來。

人人都有一個良知之心，即一個精誠無妄的精神生命。然在一個不自覺的心境中，譬如赤子之心的心境，他的良知之心是與氣質（物質世界或感觸世界）夾雜在一起而爲渾然之一體。此渾然之一體，名爲「原始的諧和」（primary harmony）。此並不足貴。然這卻是精神發展的一個底子。他既有一個良知之心，一個眞實無妄的精神生命，縱然是在渾然一體狀態中，他必也常常在靈明之覺中。這靈明之覺就是他的自覺之幾。他一旦經過了自覺，他那「渾然一體」即開始破裂而爲異質之兩面：一面是他的良知本心之呈露，這是他的主體；一面是屬於氣質的物質世界，這是他的客體。從道德的修養上說，這個客體就是氣質私欲。在以往致良知，完全爲的作聖賢工夫，故一往是道德的實踐之意義。而他的良知主體完全仍然保存其爲一「道德的天心」之意，其客體也是對道德的天心而爲私欲。但是既破裂而爲客體，則亦可爲被了解之對象，即知識之對象。客體既爲被知之對象，則「道德的天心」亦必轉而爲能知之「認識的心」，此即是良知轉而爲「思想主體」。但無論爲「道德的天心」之主體，或思想主體（即理解或知性），總有一個異質之兩面。在通過自覺中，一方主體顯明，一方客體顯明。一方他要自覺地保任他的主體，一方他也要自覺地察識他的私欲或病痛。所

謂「顯明」，就是把主體澄清出來，恢復它的純粹主體性，把屬於
氣質的剌出去，恢復它的純粹客體性。這異質之兩面，就名為破裂
之對反，通過自覺而成之對反。在這對反中，主體一面名為
「正」，客體一面名為「反」。所以「正」必剋指作為主體之
「心」言，而「反」則必指作為客體之「物」言。（私欲氣質，知
識對象，皆物也。）正反決不能隨意安排。因為我們是從真實無妄
的精神生命起，他雖然有夾雜而為渾然之一體，但它究竟是一個心
靈實體。在此心靈實體中，對象不顯明，所以小孩把一切外物都看
成是有生命的，與他的生命息息相通，契合無間，他沒有分別，都
是他的情感生命之周流。及至通過他的自覺，外物才顯明地被剌出
去而為客體，這時它即與精神生命為異質。為異質，它即不與精神
生命絲絲入扣，契合無間。它有反作用，它是精神生命（心靈主
體）的一個阻礙，它有否定的作用。它的心的流通的一個牆壁、一
個障礙，它是我的病痛之所在。所以它必居於「反」的地位，而心
靈主體卻正是繼承原來那個真實無妄的精神生命來，所以它是正面
的，它必居於「正」的地位。（若單從物一面說，何所謂正反？陰
電子何以必為正？陽電子何以必為反？反之亦然。此皆無理可說
者。）說到否定，可有三層意義：一、破裂，對於原始的諧和言，
即為一否定。二、物質對於心靈主體有反作用，是一種障礙，你若
保任不住，你可以完全物化，為物所吞沒，此亦是一種否定。三、
當思想主體了解對象時，你必虛己以從物，你可以完全忘掉你自
己，而全移注於物上。不如此，你不能了解物。這叫做自我否定。
有時是自覺的，譬如將欲取之，必姑予之，有時是不自覺的。但無
論是那一層意義，在對反的階段中，都稱為第一步否定。你自覺地

察識你的私欲病痛。你察識它，你是想克服它，化掉它，破除它。
你破除它，你是想不教它為你的障礙。它不為你的障礙，你的心靈
主體始通行而無阻，而它亦為你的心靈主體所貫注。你貫注它，它
不為你的障礙，它即消融於你的主體中而為一心之所化。如是，復
歸於諧和，這叫做再度諧和。此即名曰「合」。合仍歸於心靈主
體。但它不是原來那個渾然一體（原始諧和），它是經過破裂而又
克服破裂後所成的渾然一體。這就叫做奧伏赫變。它經過這一過
程，它充實了它自己。所以這再度諧和是可貴的，它表示一個精神
的奮鬥，它代表一種發展，向上的發展。（凡此皆不可用之以說物
理化學的變化。）再度諧和就叫做「否定底否定」，即對那個破裂
的對反而施以消融的否定，克服那個對反的否定。但是，人是有限
的存在，有氣質的限制，所以他的精神發展隨時可以停滯，因而隨
時可以墮落。一停滯，一墮落，對反又起。是以工夫不可以已，向
上無有止境，戒慎恐懼不可一時或息。得到諧和而停于諧和以自我
陶醉，即是死于諧和，即是執著。執著即不諧和。故工夫無有止境
也。（若是唯物，這些都不能說。故斯大林可以禁止講否定之否
定，因為他已經完全是物了。他已經停滯而不轉，何可言辯證？）

　　以上略說精神表現的辯證法則，這就是精神發展的理路。此何
來顛倒？惟與唯物論合，才是搞亂。

　　良知之為道德天心一主體，冷靜下來，轉而為思想主體，則客
體即為被了解之知識對象。這也是一個對反。你虛己從物以了解
之。你了解之，即是你的精神的理智之光照射於物上，你的精神披
露於物上。物為你的理智之光所照射，它也就因而脈絡分明，這就
是貞定了物。物不純然是物，是精神之所貫注的物。你可以忘掉你

自己，把精神完全移注於物上。這好像你否定了你自己，但若你眞是追求知識，你不是墮落。這是你的冷靜，你的純理智的興趣。惟有當你死在物上，你才是墮落。而當你死在物上，你就不是了解物，你是逐物。你的理智之光已滅。所以當你眞是虛己以了解物時，你的精神主體仍然保任在那裡。你了解到那裡，你的理智之光即照射到那裡。你照射到物上，物已明朗，而不爲黑暗。因而它即不爲你的障礙。所以當你了解到通透，你就消融了物的反而復爲一諧和。所以科學知識也是精神發展之成果，而思想主體即是精神表現之一形態。科學並不是外於精神發展的一個東西，因而也並不是擴大看來的道德實踐的全幅歷程外的一個障礙物。唯一外於精神的就是物，就是自然。而物卻也是精神發展中所不可少的一個成分，它是精神表現的一個工具。

科學知識是在良知轉爲思想主體時成立。思想主體成立，即在此主體自身上，邏輯數學成立，在此主體之了解物上，科學成立。

良知之爲道德天心一主體，是內聖的一層，其客體是私欲氣質。此步致良知工夫是最高的道德的實踐。其轉爲思想主體，其客體是外在世界（自然、知識對象）。內在於此步自身言之，此步是反實踐的，即是說，是「觀解的」（theoretical）。此「觀解的」一層亦可以說是內聖的一層之否定，道德的天心一主體之否定，即道德的天心一主體自我坎陷轉而爲思想主體。旣知是道德的天心之自我坎陷，則可知「觀解的」一層（知識層）亦是貫穿於道德實踐的過程中，亦是精神表現中之一形態。旣知其是一形態，則道德的天心之實踐性終必還要貫徹下去，還要湧現出來。這個貫徹下去的實踐性，可以分兩支說。一支是從轉爲知識說，即：內聖一層的實

踐是向裡收斂，是向上透。但是實踐不能只是收斂，不能永是封閉
的。否則，它要悶死。它必須有透氣處。知識層之「觀解性」即是
實踐之通氣處。這是一步「開」，故內聖一層之自我否定即是為的
要開一個通孔。所以知識不是反道德的，其為觀解的乃是所以充實
而睿智實踐的。「觀解的」一層怎樣開出來，亦要怎樣合回去。另
一支是從轉為客觀實踐說，即：內聖一層的實踐，要義是在建體立
極。但是這個「極」根本就是在盡倫盡制中建立起來，所以當內斂
而建體立極時，就必須肯定盡倫盡制：在盡倫盡制中盡性盡理。性
理（即極）是不能離開倫與制而為性理的。這與耶穌的上帝，佛教
的真如涅槃不一樣。而盡倫盡制就是實踐的外王性。外王就是一種
客觀的實踐，就是內斂的實踐（內聖）之推擴出去；這也是一步
「開」。照這樣說法，這一步「開」是直接下來。直接下來，是以
往的說法。須知以往的「外王」不真是客觀的實踐。真正的客觀實
踐必須是近代意義的國家、政治、法律之成立。而此步之成立決不
是以往所說的「外王」之實踐所能擔負。成立近代意義的國家、政
治、法律之客觀實踐，必須是各個體通過自覺而有國家、政治、法
律一面的「主體自由」方能實現。即：各團體，各行業，必須在對
立限制中互相爭取互相承認，而重新組織起來成一全體（國家），
而制定法律以互相遵守（法律），而立一常軌以便運用（民主政
治）。這一步客觀實踐的根本精神根本是「概念的」，與思想主體
之為「觀解的」有異曲同工之處。它與以前的內聖外王之形式根本
不一樣：以前的內聖外王是從上面下來的，是聖君賢相一二人盡倫
盡制之廣被下來，而個體不起作用，而現在則根本要個體起作用，
才能成就客觀實踐。又以前的內聖外王是絕對精神之直接披露，是

圓而神，根本是「非概念的」，而現在則要從「圓而神」中轉出「方以智」（概念的）。這就表示：必須從「圓而神」之自我否定中轉出「方以智」，才能完成真正的客觀實踐。而惟賴這種客觀實踐才能充實而客觀化那個絕對精神（即聖君賢相在盡倫盡制中所透露的絕對精神，所意向的圓而神的王道。）「觀解的」一層是補充道德實踐的，而客觀實踐一層則是完成道德實踐的。惟有賴「觀解的」一層之轉出，才能達到客觀實踐之轉出，亦始能會歸於客觀實踐。而亦唯有賴客觀實踐之轉出，始能保障「觀解的」一層之滋長。（關於此處所述，必須參看拙作〈平等與主體自由之三態〉一文。）

　　儒家所講的仁義王道，尤其是仁義，常常是令人摸不著邊的。現在我告訴大家兩個理路：一個是宋明理學所代表的，一個是本文之所述。內聖的實踐就是把仁義向裡收斂而建體立極，把良知之為道德的天心之純粹主體性提練出來，其落實的意義與工夫（此就是理路）是在遮撥上：遮撥氣質之私，遮撥習氣機括，一切灑脫淨盡，直下透露天心。這是宋明理學之所走的。客觀的實踐，則是把仁義向裡收斂後所見的「純粹主體性」再推擴出去，使其有客觀的形式。但是客觀形式是一句空話。人們說共黨以無產階級為確定的概念，為客觀的確定範圍，你的仁義將落在那個確定範圍上。如果有了確定範圍，則客觀形式即達到。我說，這必落於客觀實踐上，而客觀實踐的基本概念是人性、個性、自由民主、民族國家、理想價值、歷史文化。如是，切實說：即是落於這些基本概念上，這就是它的確定範圍，它的客觀形式。這是本文之所述，亦是我們所要擔負的一個時代上偉大而嚴肅的文化事業。

　　附識一：本文所講的「人文主義的理想主義」，歸到純哲學上，可以收斂一切正宗的理性主義、理想主義。純哲學上，從知識論到形上學所完成的理性主義、理想主義，若透出來，亦必會歸於這個人文主義的理想主義。

　　附識二：本文須參看拙作以下各文：

　　㈠〈理性的理想主義〉（《人文叢書》）

　　㈡〈平等與主體自由之三態〉（同上）

　　㈢〈青年人當該如何表現他的理想〉（《明天》半月刊第32期）

　　㈣〈佛老申韓與共黨〉（《思想與革命》第1期）

原載《民主評論》第2卷第24期　　1951年6月20日

自由中國的遠景

自由中國將在十分艱苦與高度的道德自覺中勝利。

共黨的觀念系統，在其未得到政權時，尚有迷惑有浪漫性理想的青年及知識分子。現在已握到政權，其行動足以澄清其觀念系統之全幅意義與全幅後果。大陸上的全體人民必然痛切感覺到他的觀念系統是不可實踐的。智者早已見到他必作大孽，愚者則必俟身受其禍而後悟。而歷史的進展足以證明劫難的大歪曲，一旦到全體暴露時，必很快地歸於大方大正，障百川而東之。

近代的西方文化，由自由主義作領導，一方落而爲政治上的民主主義，一方落而爲經濟上的資本主義。一種理想的鼓舞，一旦制度化，它就外在外，因而即失其精神性及理想性；而人們的心思亦在這種制度中，日趨於現實、瑣碎、技術、功利，而忘掉本源上的提撕。墮落、腐化、盲爽發狂，在所不免。此即所謂世紀病，亦即共黨所謂資產階級文化的墮落。共黨看透此點，交引日下，成大反動，必欲整個打碎而後快，而且進而攜其黑暗的、狠愎的變態心理，虛無的毀滅的唯物論，將人之所以爲人的一切亦連根拔除之，而成爲一種魔的宗教。

希特勒反共甚富機動性，其了解共黨之罪惡亦甚能中肯。他明

說他所以反布爾什維克是爲它不能保存個性與價值。這是很中肯的
觀念。個性與價值原是自由主義中的精髓，西歐文化的靈魂。但他
不能了解這兩個觀念的正大意義，他又墮於另一會瘋狂的深淵。他
背後的根據是尼采。他的個性與價值只限於超人的發瘋。他反民
主，因而形成自由的否定。這是反共中的一個歪曲。然而今日的反
共抗俄，個性與價值仍是兩個積極的概念。這是理想性與精神性的
所在。但必須知道與自由民主合在一起，與人性人道合在一起，與
歷史文化民族國家合在一起。就是說，講個性與價值必須歸於理性
主義，歸於正大平實，有規有矩，而不能歸於浪漫主義。這是在反
共抗俄的過程中，經過希特勒的歪曲而重歸於正大。惟有立於這個
正大的規矩上，方能說是眞正的反共抗俄，而不造孽。

　　自由中國將在這個正大的規矩上建立他自己。這個正大的規矩
必然函著中西傳統文化的重新提練與融會。在這個正大規矩的透出
過程中，一切渣滓，一切歪曲，都要在與魔的宗教之苦鬥中淘汰
盡。

原載《明天》第39期　　1951年8月1日

一個真正的自由人

在一次宴會的機會上，有人宣讀了金岳霖先生一篇在北平學習坦白的文字。同時還宣讀了朱光潛、錢端升兩人的文字。本文願就金岳霖先生的一篇，表示一點意見。原文不得見。但是就我所聽得的，金先生的意思已大體可知：

1.強調個人興趣的學風，創造離開現實的哲學體系，陷入資產階級腐朽哲學的泥坑。

2.提倡純技術觀點的學風，著重抽象的分析方法，訓練分析技術。

3.實在論者的立場，堅持實在論中唯物的成分，而且還的確與唯心論者作了近三十年的鬥爭。

我漸漸了解了「心」

我在學校讀書的時候，我聽過金先生兩年課。他是我的先生。我在三年級的時候，作了一篇論文，討論外在關係與知識的問題，大蒙他的贊賞。我那時的論點，至少，是意向與他相同。（但是我生命的內蘊與興趣，卻與他不同。當時不甚自覺。）我的觀點純是

外在的觀點，我的意向想成就泛事實論、純物理主義。因此，在這種觀點與意向下，我極力想把心解析掉。這都是爲休謨所開啓，爲羅素所提倡，而極彰著於維特根什坦的。我那時不能超出這一系的思想的籠罩，而金先生則始終在這一系內打旋轉。後來，我漸漸了解了「心」，轉向康德一路，亦因而漸漸能了解中國的傳統學術，與西方的正統哲學。我與金先生分了家，亦因而能了解共黨的罪惡性，與馬克思主義的最深一層。這是純技術觀點與純個人興趣的自由知識分子所事前不留意不了解，而事後必受其侮辱與荼毒的。金先生在共黨的威脅與壓迫下，從中學習坦白。必受這樣的打擊才自己坦白地說出純個人興趣與純技術觀點之不足。照我所了解的金先生，他這篇文字不是假的。我們也不能說這全是共黨逼的，全非由衷之言。我們也不能說這全是在不自由下的可憐。這裡面含有一個嚴重問題，我們不能自我陶醉。

轉向正途伸大義於天下

　　在受共黨的壓迫下而轉彎，從其受刺激之被動性方面說，開始的情感是不會舒服的。但是不能否認在受打擊下而眞實轉變的極大可能性與普遍性。而何況共黨實有其迷惑人（尤其是知識分子）的言之成理持之有故處！這些自由知識分子，在平時，對其所學與其興趣，決不肯加以反省，而求有所轉進；都是個性甚強，而又滿盤是理的。其個性之強是假的，因而其滿盤是理，亦是可以隨時轉向的。當馮友蘭在成都華西壩宣揚他的「新理學」時，其得意之情與自信自負之強，眞是有「承百代之流」之概，而現在又如何？梁漱溟先生的自信自負，更是不可一世，而現在又如何？人不怕因受打

擊而轉向。但是可慮可嘆的，既不能堅持其個人興趣自由主義的立場，而不捨不放以與魔鬥，又不能轉向正途，伸大義於天下，而卻漸漸轉向共黨的唯物論的立場。我不相信金先生的話全是不由衷之言。我剛才說，開始的情感不會舒服。但既經親筆寫下，說的又頭頭是道，即表示其對以往不全以為是，對共黨所強從的不全以為非。可慮可嘆的，就在這裡。凡是一個新概念，經過自己意識而寫下來，假若自己不能徹底透出，於大道真有自肯自信，則一個概念都有其可吸引人處。說到徹底透出，於大道真有自肯自信，這不是純技術觀點的知識分子所能辦到的。共黨的一套概念，假定進了自己的意識內，對於自己以往的作風起了一個對照，而覺得亦有可議處，共黨的一套亦有其理由在，則其轉向而趨之，並非不可能。在這種情形下，這是知識份子的可悲，亦是中國的可悲，亦是中國學術文化的可悲。

自由主義的靈魂

堅持個人興趣自由主義的立場，而不捨不放以與魔鬥，這是真正的自由主義者，亦是一個真正的自由人。真正的自由人，都有極強的生命內蘊，都有極豐富的理想主義的情調。儘管他著重於抽象的分析、技術的訓練，這是他的理智興趣所發的理智工作，人不能不有工作，但在他所發在外面的工作背後的生命內蘊，理想主義的情調中，有些基本信念不能搖動。個性尊嚴不能搖動，人格價值不能搖動，不為階級所決定的客觀而普遍的真理不能搖動，家庭生活內的父子兄弟夫婦的倫常不能搖動。這些基本信念，正是一個自由人所萬死不肯放棄的，而共黨的那一套概念，正是強迫人要摧毀這

一套。這當該是身居北大、清華的高等知識分子所能看出的。然而不能堅守不捨，所以不是眞正的自由主義者。

正面而視看出客觀原理

一個眞正的自由主義者，有是屬於科學家、數學家的，有是屬於哲學家、講學術文化的人的。屬於前者的，他維持他的基本信念，是靠他的性情，常是不自覺的。所謂不自覺，意即他不須加以反省，正面而視，把這些信念當學問看，看出它們的原理與客觀的意義及文化的意義。他的興趣是在順著他的理智方向而外注，外注於他的工作所研究的對象上去，因而於科學眞理、數學眞理有所貢獻。這是積極的理智工作，亦叫做基層的或第一序的理智工作。這種人要維持他的自由研究、個人興趣，是不能接受任何外來的強禦的。所強施的學習坦白，若是違背了他的個人興趣、自由研究，而搖動了他的生活上的人性人道個性價值諸信念，他必不肯低頭。這裡正是最坦白的眞理，決不能再把它坦白掉。人總須有眞性情，才能作一個眞正的自由人。有了眞性情，縱當是不自覺的，也是一個眞正的自由主義者。個性與價值，是自由主義的靈魂，也是自由民主學術文化的源泉。

屬於哲學家、講學術文化的人的，他維持他的基本信念是靠他的學問，這是自覺的。所謂自覺的，意即：他須把這些信念加以反省，正面而視，看出它們的原理與客觀的意義、文化的意義，這就是上段所說的轉向正途，伸大義於天下。

沒有態度，沒有立場，沒有了心

　　一個哲學家的思考問題、理智活動，不能只認識理智之一面，不能純為「理智」一面所限制。所以他的看理智，是反省理智活動之所成與所限。他不能像科學家、數學家之內在於理智而用理智；即是說，他不能是第一序的。他若是落在第一序上，內在於理智而用理智，他必是技巧的遊戲而落於虛無主義。因為他不是科學家、數學家，所以他的理智運用並不是積極的、有所成的。他的運用是反省的、第二序的，而又內在於理智而為理智主義。所以他一方既不能成科學成數學，他一方又必成落於虛浮無根的虛無主義、懷疑主義或形式主義、隨意假設的約定主義，以滿足其技巧遊戲的邏輯推理，這兩者必不能逃其一。若說金岳霖先生是虛無主義、懷疑主義，他必不服。但是他的實在論卻只是形式主義、隨意假設的約定主義。這是由他個人創造的《論道》一書所可看出的。但是他的形式主義、隨意假設的約定主義，即是說他的實在論，正是離開現實的。在現實的生活上、人生上、宇宙上，並不能算一個立場，算一個態度。純技術觀點的哲學，沒有立場，沒有態度。在這點上說，正是虛無主義、懷疑主義，他不能有任何積極的肯定。在現實生活上、人生上、宇宙上的積極肯定，正是邏輯分析所不能保留的，必把一切分析掉而後快。這也是一種魔。希臘有一個懷疑論者，當他的老師陷在泥坑裡，他在旁邊懷疑究竟救他比不救他有什麼好。你在這裡沒有態度，沒有立場，正是你的喪心病狂，你已經沒有了心。共產黨就從這個地方來打你。你沒有態度，我給你一個態度；你沒有立場，我給你一個立場；這就是唯物論，馬克思主義。一個

沒有了心的人，而若接受態度，若不澈底覺悟，其轉向於共黨那一套是很可能而且很容易的。這正是內在於理智而爲理智主義者的下場。

金先生的坦白文字，裡面曾說：我也反對日本，但是我的反對只是口頭上的；我也反對某某，但是反對也是口頭上的。這正表示他對於現實的人生，不能正面而視，看出他的客觀意義，與學術文化上的意義。他的反對，縱不只是口頭的，也只是一時的情感的。他不能在這裡看出一個客觀的原理。這就是他的純技術觀點限住了他。在抗日那種國家民族的生死鬥爭上，他不能正面而視，看出其客觀意義。在共黨所製造的人類大劫難前，我希望我所受業的先生有徹底的覺悟，不要轉向到共黨所給的態度與立場上去。

基本的立場與態度

用邏輯分析把心分析掉

作爲一個哲學家的自由主義者，他必須是外在於理智而觀理智之所成與所限，由此而進入意與情的領域，以求得一個基本的立場與態度。對於情與意的事實，他必須能正面而視，看出它的原理與客觀意義。他必須不只是由理智以見心，而且還須由情與意以見心。純技術觀點的理智主義者，即，內在於理智而用智者，天天在使用理智，而卻不能由理智以見「心」。卻只是繞出去，外於心，用邏輯分析把心分析掉。此不反之過也。既不能由理智以見心，當然更不能由情、意以見心。但是古人聖哲、中西正統學術，卻早見

到了此中的層次。他們由理智以見「心」，知道如此所見的「心」尚只是「認識的心」（即知性或理解），這只是主體客體對立中了解外物的心，邏輯數學的思想所規定的心。他們且由此進而由情與意以見心，知道如此所見的心，是道德的天心、道體的心、形而上的心。古人講學，都從此立言，從此用心，視此為大學問之所在。就是講智，亦必收融於此而立其本。惟因如此，所以古人才能立出人生宇宙的大本原，開出人類精神的光輝，歷史文化的成果。

由理智以見心，進而由情、意以見心

　　但是，純技術觀點的現代知識分子，卻視此一切為迷妄。以其邏輯分析的外用，專斷一切，剷除一切；視此一切為糊塗，為不真實，為非學問之所在。決不肯正面而視，從這裡開闢出學問的領域。從科學的立場，物理主義的立場說，這些東西既不能由官覺經驗以證實，復不能由數學以排比，所以都是虛妄的。從純技術的觀點來看，這些東西更非邏輯分析所能及。在邏輯分析裡，父子兄弟夫婦的倫常不能保，人性人道不能保，個性價值不能保，民族國家不能保，歷史文化不能保。這些都不能作成命題，都不能以官覺事實來證實，都不是一件一件的原子事實（atomic facts）可以用邏輯分析來分析。所以都被拆掉而歸於虛妄。上帝成了迷信的對象，仁義的心成了糊塗的字眼。什麼叫道德？道德多少錢一斤？歷史成了一大堆外鋪的史料，文化成了無用的古董，國家成了抽象的假名，父子兄弟夫婦成了一大堆原子細胞，個性價值都被那從事實論、物理主義所剷平。這一切都給共黨鋪了先路。他們拿邏輯分析來拆掉，共黨則拿階級一觀念來拆掉。他們的拆除是消極的、無所

立的，共黨的拆除是積極的、有所立的。它在你的虛無處，填上一個階級，這是它的態度與立場，而現在就拿這個立場，叫你坦白學習，以成全那徹底透出毀滅一切的虛無論。消極的魔，引生這個積極的魔。因果報應絲毫不爽。

純技術觀點以上的學問

由理智以見心，進而由情、意以見心。如此樹立你的基本立場。如此所成立的基本立場與態度，不是個人的，亦不只是情感的，乃是由純技術觀點以上的學問而完成的。這裡有其原理，有其客觀意義與文化上的意義。你不能縮在家裡，光只是習慣上、生活的自私上，認識自己的父子兄弟夫婦，你還能從這裡認識它的客觀意義。你見到了被共黨所挑撥的父子兄弟夫婦師生之相殺，你知道這是人倫之大變，人性之毀滅，這不能只是他的事，不是我的事。你若認識了這一層，你就知道父子兄弟夫婦師生之客觀意義與文化上的意義。你若認識了它的客觀意義與文化上的意義，你就知道古人聖賢不是虛妄，古人以此為大學問，不是糊塗。你這小智小信的人，玩點小聰明，其愚不可及，還有什麼臉面來詆諆古往聖賢，自負自傲？你從這裡正面而視，認識這是大學問之所在，由智、情、意以見心，反省出人生宇宙的大本，反省出其中的原理，與客觀的意義，你就知道邏輯分析不是專斷一切的，原子事實不是概盡一切的。你也可以知道，邏輯分析之所及，只是這個大本之凝結成為表面處；分析之所及的，正靠其所不及的而可能，而有意義。人們天天活在情與意中，這是一個創造原理，實現原理，但是不知反，真是所謂百姓日用而不知了。但是一個哲學家卻不能不在此反而知

之。你在此反而知之，你的理智活動才是積極的，有所成的，這就是哲學之所以爲哲學處。科學家內在於理智而用智，所以成科學成數學。哲學家外在於理智而用智，所以成哲學成教化。如此，你的邏輯分析方有歸宿，而不落於虛無主義、懷疑主義、形式主義、隨意假設的約定主義。你有了態度與立場，魔進不來。他叫你學習坦白，你當該替他祈禱。你這些罪惡的人，還來叫我學習坦白嗎？事實界與價值界都須正面而視，邏輯域與道德域，無一可廢。這就是轉向正途，伸大義於天下。

純技術觀點的自我封鎖

金先生的坦白文字裡說：「我的確和唯心論者作了近三十年的鬥爭。但是，我的注意點，並不在唯物與唯心在觀點上的分別，並不在唯心論出發點的錯誤，而只是在唯心論底說不通。」假定金先生明白了以上所說的一切，他現在可以放棄他那和唯心論者的鬥爭，他也可以知道唯心論並非說不通，唯心論的出發點亦並無錯誤。所謂錯誤，所謂不通，只是他那純技術觀點的自我封鎖。自己劃了一個清一色的圈，再見不到其他的顏色。反對唯心論的，不只是共產黨。大陸上的知識分子，在學習坦白的鞭策下，不敢不反對。若從近代的學風上說，不是不敢不反對，而是由衷的異口同聲地皆反對。反共的人也反對，非共區的自由分子、知識分子，有幾人能脫掉那種技術觀點的陋習？有幾人能正視傳統學術正宗哲學？有幾人能由智、情、意以見心，正面而視，看出其原理與客觀意義，視爲大學問之所在？有幾人能肯定家庭、國家、大同之眞實性？有幾人能洞徹自由民主之根源、自由主義之靈魂？這些都是唯

心論者所念念不忘的，都是唯心論的哲學所極力肯定而想予以成全的。反共的人們，還有何臉面來反對唯心論？冤哉痛哉！不亡何待？我不能忘掉大陸上的高等知識分子所受的荼毒與悲慘的遭遇。但是，他們的習性，都很容易適應環境。我所最痛慮的，是他們是否能堅持自由主義的立場？是否能轉向正途伸大義於天下，立起基本的立場與態度？若是經過這樣的荼毒，還不能痛切反省，開闢學問的領域，改變學風，那才是眞可悲的哩！

原載《自由人》第87期　　1952年1月2日

要求一個嚴肅的文化運動之時代

一

　　在反共建國的立場上說，最必須的是強烈的文化意識與歷史意識。西漢時，董仲舒的「復古更化」的那種強烈的文化意識與歷史意識，因而建造漢朝大帝國，可以類比於我們今日建國的立場。在清朝，曾國藩的強烈的文化意識與歷史意識，因而打平太平天國，可以類比於我們今日反共的立場。

　　文化意識不是把文化視爲外在的一件一件的東西看。因此，說中國文化不過是打板子、抽鴉片、纏足、太監、娶姨太太，固然是無聊，就是說中國文化比西方好的地方只在會吃，亦同樣無聊。這都不是鄭重嚴肅的態度。在今日這個遭逢人類奇變的時代，固然不應當如此，就是在三十多年前，如果以誠心商量文化問題，指導自己之國運，亦不應當如此。同理，歷史意識亦不是把歷史看成是外在的一大堆物件，如數家珍，或如同看百貨商店。

　　文化就是「人文化成」中的那個文化。人性、人道、個性、價值，就是「人文」的根源。你知道共產黨是徹底反這些東西的。歷

史就是一個民族在其集團實踐中實現理想的精神表現過程。你知道
共產黨是徹底否認這種歷史觀的。強烈的文化意識與歷史意識就是
不甘於人變爲禽獸，不污蔑祖宗乃至全體人類的活動的向上性。因
此，有強烈的文化意識與歷史意識乃可以疏通我們的文化生命與歷
史生命，因而精神既內斂又昂揚。如是，始可以湧發理想，開啓聰
明；而一遇劫難困惑的時代，它就自然會醞釀成一種文化運動，暢
開當前的鬱結，指導未來發展的途徑。

二

　　五四運動時的所謂「新文化運動」，消極方面是反帝國主義、
反封建，積極方面是肯定民主與科學。總的意思，我們現在可以
說，是求中國現代化。「現代」不只是一個時間觀念，而乃是在精
神發展上表示精神更進一步理性更豐富一步的實現。但是，這個意
思，當時的風雲人物並不十分清楚，並不能確定地把握住。因此，
對於西方的民主與科學如何出現的基本精神以及文化生命、歷史生
命的基本脈絡亦未有清楚的認識。民主與科學不是兩件物事，說拿
來就拿來。可是當時人們的心理好像是我需要民主與科學，所以我
要拿民主與科學。結果可是總拿不來。同時，民主與科學也不是兩
件孤離的東西。可是，當時人們的心理就是這樣淺見而孤離，因而
對於民主與科學在人類精神上的莊嚴性與豐富性也完全參不透。至
少，在民主一面，也要通著近代化的國家、政治、法律講，在科學
一面，也要通著繫屬於「知性」的邏輯、數學講。如果立於較高一
層的文化生命上說，這兩行同屬於一個基本精神，這就是我常說的

「分解的盡理之精神」。（參看拙作〈人類自救之積極精神〉、〈平等與主體自由之三態〉等文，俱見《民主評論》。）而此後面的意識底子是理性主義與理想主義。可是，當時的人物對於這些全不解，其尚遺留到現在的仍不解。因爲如此，所以在反帝國主義方面，只是覺得中國不行，受西方帝國主義的壓迫，要打倒它，並不在「自立之道」上用心，也不在如何疏通出一個文化生命來，堵絕帝國主義之出現。這方面我且不說。在反封建方面，尤其糊塗顢頇。試就這方面略說幾句：

反封建是對中國自身的文化說。我現在且如此設問：反封建究竟有何確定的意義？如果無確定的意義，還天天嚷反封建，其歸結當如何？

西方的文藝復興是對敎會的壓迫與束縛而發，先求精神上理性上的解放，並不是對中世紀的封建制度而發。中世紀的封建制是羅馬帝國崩潰後，各新興民族退處於其自身的滋長發育。這與中國的分崩離析以及民國以來的軍閥割據不同。各新興民族自身的滋長發育形成中世紀的文明。這以十二、十三世紀爲代表。文藝復興時的精神理性之解放，正是誘發十二、十三世紀的中古成就趨向近代化。我們也可以說西方的近代化正是以中世紀各民族自身的滋長發育爲底子而以文藝復興的精神理性之解放（從敎會的束縛中解放）爲引子而開發出來的。這由胡爾夫的《中古哲學史》、《中古哲學與文明》以及張伯倫（英國種的德人）的《十九世紀的基礎》各書即可看出的。他們的近代化並沒有反封建。由中世紀各新興民族自身的滋長發育所開發出來的，是：各民族國家的成立、民主政治的成立、科學的成立。

　　五四運動時的反封建有確定的意義嗎？以「皇帝為大家長」式
的君主專制之政治形態，宗法與五倫所維繫的既堅實而又親和的社
會形態，散漫的個體則游刃有餘地生息活動於這兩個形態下，而皆
以個人之姿態表現其自己；農工商則各安其業，作羲皇上人，知識
分子士大夫則套入君主專制的政治形態中而推動這個只有吏治而無
政治的龐大帝國之機構。領導這個民族生命文化生命的大龍頭是兩
種基本精神：一是順孔、孟之教下來的盡心、盡性、盡倫、盡制之
聖賢學問、聖賢工夫所完成或所表現的道德獨體之聖賢人格；一是
由劉邦所開啓而亦可說明社會上情人、才人、詩人以及江湖義俠之
士之盡情、盡才、盡氣所表現的英雄人格或藝術性的獨體人格。前
者，吾名之曰「綜和的盡理之精神」；後者，吾名之曰「綜和的盡
氣之精神」。前者成聖賢；後者成英雄，作皇帝。前者是理性的；
後者是天才的（或云才、情、氣的）。前者興教化，維持人道於不
墜；後者則亦不悖乎前者而為極富有戲劇性之人物。這是中華民族
中最生動活潑而足以代表華族之靈魂（基本精神）表現華族之文化
生命的兩類人物，而皆以個人姿態而表現。以這樣的一個政治、社
會、文化之形態，究竟是不是封建的？究竟是否可以拿「封建」一
詞來了解？這是極難確定的。就是馬克思主義者也不能拿解析西方
的經濟史觀中的社會形態表來安排中國的歷史。他們不能指出西周
是奴隸社會，他們也不能指定秦漢以後是封建社會。馬克思本人也
只能說之以亞細亞的生產方式。

　　這樣的一個政治、社會、文化之形態，經過拙稿《國史之精神
發展的解析》一書之寫成（尚未印出），我的認識綜起來是：宗
法、五倫、與靈明。宗法、五倫，則是由周公的制禮所演成，這就

是中國文化之屬於禮教型，而不是西方文化之屬於宗教型。靈明，則是由孔、孟之教所開啟，經過宋儒之講習，發展到王陽明的「良知」，達到最高峰、最透徹的境地，所完成者。靈明就是良知之靈明。社會上以宗法的家庭族系與五倫來維繫，已無問題可言。所以學人講學亦不向外用心，以外面無可用心處，而單向裏用心。向裏用，收歛到家，攝於一點，此一點徹底點出，便是良知之靈明。直下以此為安身立命處，便是道德獨體的聖賢人格之完成。這不像西方社會有階級對立，因而隨時有待決之問題，因而學人講學不能不向外用心，而思有以解決之，因而遂有種種學問之成立，遂有種種建樹之完成。聖賢人格老實說是空蕩蕩的，並不須要有種種建樹與種種學問才能成為聖賢人格。拿「事功」來責備聖人，或拿「沒有開出科學與民主」來責備聖人，這都是不通的。

　　這樣的一個政治、社會、文化之形態，說它簡單，亦實簡單。你若不認識其基本生命與精神之所在，你若不認識其中豐富之意義與高遠之理境，你說它貧乏，亦實貧乏，可憐得很，良知靈明的學脈，隨明亡而亦亡。所剩下來的只是宗法與五倫。然而你須知：只是此，就算是失掉靈魂了。自民初五四運動以來，由孔、孟之教所開啟而發展到王陽明的學脈完全不能認識，而只從外在的雜碎方面看中國文化，當然一無所有。因此，只有從反面從壞處看中國文化，因而亦只有打板子、抽鴉片、纏足與太監了。從好處看，亦只有「講究吃」一面比西方好了。其實，不用你打倒孔家店，就在古人講學，亦不注意這些雜碎。陸象山就說：「非我注《六經》，《六經》注我。」然而這卻代表了一種堂堂正正的精神，卻也正繼承並發揮了孔、孟的精神與學脈。而五四運動以來整理國故的人，

後面卻一無所有。

宗法、五倫、靈明，簡單固是簡單，然亦實無可反對處。「宗法」這個令近人肅然而又生厭的名詞，其實只是家庭關係之釐定，只是親親、尊尊、長長、男女有別、大宗小宗、長子長孫，簡單得很。東西各國大體亦不能悖乎此。這與家族主義不同。以前特別加重這一點，是因為這一套直接貫徹到那個家長式的君主專制之政治形態上。這一套政治形態諧和在一起成為一個綜和的統一體。辛亥革命是對君主專制革命，不是對封建革命。這一革，那個政治形態變了，那個「綜和的統一體」崩潰了。而宗法家庭制沒有崩潰，不過隨「綜和統一體」的崩潰而變為輕鬆了，稍為軟性了。父子、兄弟、夫婦，沒有人反對。親親、尊尊、長長、男女有別，也沒有人反對。只有共匪自覺地來毀滅它。這方面沒有人反對，則五倫方面，除君臣一倫外，也不會有人反對，而君臣一倫處之問題，卻正是老的政治形態變了，而趨向於現代化之問題。可是，這一步現代化，卻正是宗法、五倫、靈明，所直接轉不出的。這一套在應付我們所要求的東西上，所需要解決的問題上，無能為力。它退處於其自身而潛存在社會上。它既無能為力，所以大家不理它了。它雖沒有崩潰，而亦無用（叫共匪這一攪卻真崩潰了）。可是它雖無用，我們既非共匪，則於我們所要解決的問題上，它也無妨礙。

依此，反封建一詞是沒有確定意義的。中國文化的核心是無可反處。我們不要從「反」方面想，我們當該從正面來疏導一下，真實見其不夠處。「不夠」並不就是壞。它只發展到這個境地。說它落後，也只是對它未發展到現代化而言。因此，這個「落後」也不表示：它本身就是壞，或完全過去了，成陳迹了。它本身倒是永恆

的眞理。我們只有如此認識，才不至於把中國文化全部否定，或連根毀棄。否則，我們的生命眞成眞空了，眞成只有赤裸裸的生物生命了。我們只有如此認識，才能疏通我們的文化生命、歷史生命，洋溢起我們的靈魂與理想，來暢通當前的鬱結，指導未來發展的途徑。

三

　　在「反什麼」之下而來的新文化運動中，當然含有從所反的東西之壓迫與束縛中解放出來的意思。解放亦可以說是精神、理性的解放。那麼，我們看看究竟什麼東西壓迫與束縛了我們。帝國主義侵略壓迫我們，這沒有問題。在反封建方面，在中國文化方面，究竟有什麼東西來壓迫我們，束縛我們？西方文藝復興是對敎會的壓迫束縛言。中國有這類的情形嗎？孔、孟沒有壓迫束縛任何人，宋明儒者沒有壓迫束縛任何人（他們倒是常受昏濁腐敗的政治的壓迫）。他們所繼承而由之以講習開發其意義，因而成聖賢人格的「禮樂型的敎化」是由夏商周相承而來的人倫之常道。歷代帝王維持這個東西不算是壓迫人，我們也不能說儒家利用帝王拿這套東西來壓迫人。儒家也未成一個僧侶階級。如果連這點東西都不能承受，都說是壓迫，那麼，人就只有成爲赤裸裸的動物。套在政治系統中的一般知識分子，也無不首肯這一套。民初以來的知識分子還是與以往同爲一系。誰壓迫了民初以來的知識分子？農工商無不贊成宗法與五倫。他們作羲皇上人，也未感覺到君主專制那個政治形態有什麼壞（就是到現在，他們也未見出今日的民主政治有什麼

好）。反封建無確定的意義，壓迫與束縛亦無確定的意義。但是，民初以來的知識分子所想與所嚮往的，究竟與以往有點不同，他們究竟有點覺醒。其確定意義是什麼？

　　據我想，壓迫束縛有因階級對立自外而來的，有因自己頹墮停滯，處於不自覺的睡眠狀態中，不識不知順帝之則的潛伏狀態中之自己的膠著或鬱結而成的自我壓迫與自我束縛。中國歷史上由科甲出身套在政治系統中的一般知識份子或所謂士大夫，其精神上之為睡眠狀態，與農工商之為羲皇上人無以異。滿清以來，講學之風已息，知識分子流入考據，其精神上之卑陋更甚。民國以來更是六神無主（宋明儒者不能與一般知識分子相提並論），這些知識分子之處於睡眠狀態的壓迫束縛中，猶如柏拉圖所謂靈魂陷於軀殼的洞窟中而為囚犯。他們的覺醒是因西方文化的衝擊與帝國主義的侵略而覺醒。他們因外來的刺激，見到西方五光十色，燦爛奪目。反觀自己，乃知身處洞窟，自慚形穢。這如淺薄之輩，由鄉間到都市，反照自己，不但看不起自己，連父母兄弟姐妹一起看不起。他的解放就是從自己的形穢中解放，他的反封建就是無的放矢地反自己形穢的那個封建。他的覺醒就是從看不起自己的形穢而至羨慕五光十色。覺醒，在原則上，本當是精神理性的覺醒，而現在則卻是從昏沉睡眠於形穢中復一跤跌入「昏沈睡眠於五光十色中」。這算不得是覺醒。因此，他們對於西方文化是：「我需要民主與科學，所以我要拿民主與科學」的態度，而且也只是孤離地看民主與科學的態度。而對於自己的文化，則是外在雜碎的觀點，結果是一無所有。對於西方是百貨商店的態度，對於自己是垃圾堆的態度。他們不是真正精神上理性上的覺醒，因此對於西方現代的國家、政治、法

律，繫於知性的邏輯、數學、科學，都不能疏通其文化生命上的本原，滲透到其人類精神上的莊嚴性與豐富性。同時，亦不能疏通自己的文化生命，先把自己立在一個清醒的境地上，依據一個精神理性上的原則，如何轉出近代化的精神與心境，如何講出近代化的學術本原。他們只是昏沉睡眠於五光十色之中，因而其基本靈魂是淺薄的乾枯的理智主義、自然主義、功利主義。這個，一落在具體生活上，便轉出個人的自私主義。這三、四十年來的時代精神，以及流風餘毒，我只這樣總持地一說就夠，不必詳細縷述。這就是反封建不得其確定的意義，而又天天嚷反封建的結果。誰不喜歡自由？但是在無一個積極的精神上理性上之覺醒的情形下，自由徒成自私的掩護。誰不喜歡民主？在昏沉睡眠的狀態下，民主只是胡鬧的別名。誰不喜歡科學？在功利主義、淺薄的理智主義下，科學只成了拒絕真理的擋箭牌。

　　現在，共匪出來連根拔。我們處在迫切需要一個嚴肅的文化運動之時代中，首先得從共匪的摧殘荼毒中恢復人性。不要說五倫，就說父子、兄弟、夫婦三倫就夠了。先從這裡作起碼的人性的覺醒，理性的覺醒（這點，在非共區的人還悠息。但是在大陸上的人，卻是迫切的要求）。再進而疏通自己的文化生命，西方的文化生命。如何從中國文化生命中「綜和的盡理之精神」（成聖賢人格，使人成為「道德宗教的存在」的精神）轉出「分解的盡理之精神」，轉出近代化的國家、政治、法律之精神，使人成為「政治的存在」；轉出繫屬於「知性」的邏輯、數學、科學之精神，使人成為「理智的存在」。把這個作為肯定的信念，忠實的理想，以精氣內斂的誠敬之心以赴之，以為從文化生命中建國之途徑，來完成五

四時所提出的新文化運動。

　　我個人以及幾位朋友數年來的用心，大抵在此。本文掛一漏萬，辭不能備。為篇幅所限，亦不及詳。承《中央日報》囑為「星期專論」欄撰文，乃略抒所懷如此。

原載《中央日報》　　1952年5月25日

論文化意識

　　每當一個膠著鬱結，底子是全部物化，裡面是昏沈恬嬉的時代，只有文化意識的提高始能鼓舞其生命，暢通其鬱結。此之謂文化生命之貫通百代。惟文化生命之貫通鼓舞，始能排除一切障礙，克服一切惡魔。障礙是由於物化而成的糾結，惡魔是物化而成為惡道。

　　在中國歷史上，第一次以強烈的文化意識轉而為文化運動，以開通文化生命者，是西漢初年由賈誼的醞釀而至董仲舒的「復古更化」。「復古」這個名詞，在近人聽起來是很不順耳的。因為在昏沈恬嬉的時代，一切都是直接反應而不深究其意的。膠著於名詞，而有許多忌諱。英國人至今工黨以外的那個黨還是沿用保守黨一名。可是中國人誰肯自稱曰保守？董仲舒生當樸厚的時代，究竟尚無許多忌諱就直名曰「復古更化」。他「復古」一詞所對的「今」是指秦與法家的流毒而言，秦始皇焚書坑儒，以法為敎，以吏為師。其結果是摧殘生命，鑿喪聰明，使天下人盡成為漆黑一團的黔首。其荼毒敗壞而至於斷滅，無可復疑。故董仲舒曰：「自古以來，大敗天下之民，未有如秦者也。」其目睹之「今」既如此，為可不提起文化意識以更化？提起文化意識就得貫通夏商周以來以至

孔子所表現之文化理想與文化生命。所謂「復古」者就是貫通以往
之文化生命而可以湧發爲當今之理想者。所謂「更化」，就是根據
積極之文化生命、文化理想而欲以「德化」代替秦與法家所行之斷
滅之「物化」。果然，大勢所趨，人心所向，董生一倡，共起響
應，此時代精神之上反，因而亦建造漢朝四百年之大帝國也。

　　第二次之強烈的文化意識所成之文化運動就是北宋初期孫泰
山、石徂徠、胡安定等人之講學，而下開宋明之理學。他們是對殘
唐五代無廉恥人不成人之敗壞而發，亦復對魏晉南北朝隋唐以來之
佛老學術而發。人不成人，就須嚴人禽之辨以立人道。立人道，重
人倫，就得歸本於華族生命自己所發之正宗的文化生命，因此不能
不排佛老。民族生命歸位，文化生命亦得歸位，而爲諧一之發展。
民族生命與文化生命不諧一，亦如一個人之人格分裂。宋儒看透這
一點，遂著重這一點。他們的講學，其對於政治經濟社會之關係，
雖不如漢儒之直接生效，然他們就華族生命中所獨發之內聖外王之
傳統文化生命之綜合體，而特加以提煉，專提煉內聖之一面，使人
之所以爲人的「內在道德性」昭然若揭，壁立千仞，確乎其不可
拔，則在人類精神表現上，使人成爲「道德宗敎的存在」，首先林
立起這個本原形態，其貢獻可媲美於西方之基督敎。無人能懷疑其
對於人類的高貴價值。

　　明亡，民族生命大受曲折，以文化意識者與滿清相搏鬥，見之
於劉宗周、黃道周、張蒼水、朱舜水、黃黎洲、顧亭林、王船山，
而鄭成功之不屈，則是此一系相承之勢力派。終不能抵，乃轉爲暗
流。暗流既久，遂曲折而爲洪秀全。有洪秀全之歪曲，遂有曾國藩
之委屈。洪秀全之民族主義是空頭的，無內容的。他否認了中國的

文化生命。他的文化生命是不三不四的基督教。在他這個集團上，民族生命與文化生命不能諧一。其自身先破裂，所以終爲有強烈的文化意識的曾國藩所打平。曾氏的文化意識未轉爲一文化運動，他是在「直接致用」上表現，即，致用於「打平太平天國」這一事件；未能綜和地、構造地，開闢一新時代、新形態。他這個「致用」是一個「事功」的形態。與漢宋不同。然就這一點文化意識，就可以掃除太平天國之魔道。湘軍初起，其基本幹部，大體皆秀才也。白天打仗，晚上講學。沒有一股新精神，如何能與魔鬥？

我們必須認淸：眼前的中國共黨與蘇俄正是近代化更兇狠化的秦與法家。他們正在拿他們的魔道（馬克思主義）來荼毒中華民族與世界人類，使人不成其爲人。他們現在介入朝鮮戰爭，在大陸上正呼號著抗美援朝的時代，也恬不知恥地鼓吹愛國主義，歌頌中華民族歷史的悠久，文化的高深。他們歌頌著：「在中華民族主要地是漢族的開化史上，有許多偉大的思想家、科學家、發明家、政治家、軍事家、文學家和藝術家，有豐富的文化典籍。」不錯，是有這些。但不是他們的魔道所能承認的。他們只承認黃巢、張獻忠、李自成。外此，都被他們罵爲反動的。因此，他們歌頌還有絲毫誠心嗎？還有絲毫衷氣嗎？一個唯物論、工人無祖國的魔道集體還來鼓吹愛國，歌頌漢族，這眞是欺人乎？欺天乎？在這點上，他們比洪秀全更乖巧，但是實際上比洪秀全更爲敗壞民族，敗壞文化。他們本質上是否定民族國家、歷史文化的。在洪秀全，尙可以說民族生命與文化生命分裂，在他們是一失敗，亦無所謂分裂了。依此，他們具備著摧殘生命，鑿喪聰明的秦與法家之性格，具備著毀滅人性人道，使人不成其爲人的魔道，（比五代尤甚，因爲五代是自然

的，他們是有意的。）具備著毀滅歷史文化的太平天國的性格而殆尤甚焉。文化意識之斲喪，無過於此。我們也可以說：「自古以來，大敗天下之民，未有如共黨者也。」

在此種情形下，強烈的文化意識最爲必要，首先，對看他們的鬥爭父母兄弟夫婦師友，只承認階級，不承認其他標準的毀滅人性人道，來一個宋儒式的講學文化運動，先使人恢復人性，成爲其人。這是第一步人性的覺醒，理性的覺醒。其次，就須根據強烈的文化意識來致力於「反共抗俄」一事功之完成。此與曾國藩之打平太平天國一形態同。最後，我們的強烈的文化意識，還不只是專爲這一件「事功」，還須轉爲一個構造的、綜和的文化運動，完成中國的現代化，在政治經濟社會上，開出未來發展的途徑，給人類樹立一個堅定不拔的理想根源。這與西漢的文化運動爲同類。

原載《台灣新生報》 1952年5月28日

開明的層層深入

　　表現在社會上的現象有合理的與不合理的。因此，我們也可以
說有光明面與黑暗面。我們總是想拿光明來燭照那黑暗而化除之。
但是，社會上的光明與黑暗都可以追溯到人性中的光明面與黑暗
面。我們可以說，社會上的光明與黑暗都是從人性中光明面與黑暗
面這兩個源泉不斷的放射而成，從人性中黑暗面放射出來的，其根
淺的，其爲不合理亦容易對治，其根深的，便不容易對治。容易對
治的，人易見其爲不合理，而對治它的光明，來源之根也可以停在
比較淺的階段上，就是說，發這個光明的來源之根，縱使是淺的，
也可以有效。但是放射黑暗的根深的，便不容易對治，而對治它的
光明，其來源之根也必須從深處發。這就表示說，開明的程度是層
層深入的。這就引導我們對於人性的深處，無論光明面或黑暗面，
都有作深入的認識之必要。

　　從人性的光明面放出來的光，一成爲社會上外在的行事，都是
有局限的，就是說，它一落在社會上面成爲合理的，都是有局限
的。它的左右前後上下都有些不合理的環繞著或夾雜在內。同時，
它既成爲社會上外在的行事，它亦就成爲突然的。

　　它的理想性與精神性已經喪失，而只成爲外在的合理的成規。

當通過人的覺醒，爭人權的呼聲，而建立了民主政治，人人有不可
侵犯的權利義務時，忽然有一個乖戾之輩來侵犯了你的權利義務，
你可以訴諸法律，法律可以保護你。但是這種乖戾，若不只是個人
一時的衝動，因種種因緣，超出個人以外，而成爲集團的行動，成
爲時代的風氣，轉而爲政治運動，成爲一國之內的鬥爭，甚至成爲
世界上對立的鬥爭，牽連到整個的文化問題，生活方式問題。則訴
諸法律便無用。你若只用實然的合理，實然的權利義務的光明，來
對治它便不夠。你這點膚淺之光、局限之光，亦不足以燭照它，轉
化它。這時候，你放光的根源必須深入。你對於那些爲乖戾的根源
的認識也必須深入。人性中的光明面是無窮盡的寶藏，黑暗面也是
個無底的深淵。你覺得我不犯人，人不犯我，是天經地義。但是，
就有一種乖戾的變態，偏要無理取鬧，偏要看不慣你這種規行矩
步。個人如此，社會風氣醞釀到某一個階段亦有時如此。到了這個
時候，你的天經地義的實然的光明便不夠。譬如眼前對治共黨的黑
暗便是一例。

近讀某雜誌有思光先生〈漫談自由中國的言論〉一文，其中論
及「常識的束縛」一義，非常警策。他說：「一個人在知識上若以
常識自縛，即等於不作思想邁進的努力。思想不能步步邁進，則文
化的活力無可避免地將日漸消沉。不幸的是現代一般知識分子正犯
這種毛病。」這還是「就知識內容說，所謂常識還可有另一種意
義，這種意義即是境界的意義。〔……〕常識的境界實是精神封鎖
在實然中的境界，這裡的常識不是相對的意義，而是絕對的意義。
因爲人類于實然過程中皆以一個動物開始，所以常識的境界是人的
成長進程的公共始點，我們對它亦不必蔑視。但人的成長正是要由

實然封鎖中超脫出來。因此，人類萬不能以常識的境界自縛。只有超越常識的境界，人始成爲德性的主體，始能實現價值，始能不與一般動物同爲被動者。這裡常識之害遠勝於前一情形。在知識內容方面，囿於常識的人尙不過是淺薄無知，對文化無所貢獻。在境界方面，如止於常識心靈而不昇進，則人即成爲一個不懂善惡是非的狡猾動物，對於價值旣無所體悟，當然便只縱肆欲望，不講道理了。這是我所最憂歎的事。當代的知識分子不僅常常在知識方面囿於常識，不能作思想的邁進，挺身出來面對時代尖端的問題，以作推動歷史的努力；而且在境界方面，墮落成了風氣。大多數的知識分子，自己不但不能超越實然，朗現德性，而且根本視德性爲幻想，等於做動物。進一步更以這種境界衡量一切人甚至一切文化成果。歷史在他們眼中，成了一種進化了的猴子的打架紀錄，學說在他們眼中成了有大腦的動物的精巧謊言。這是人類自己毀滅自己，危險程度勝過一切外在的挑戰。」

常識境界的庸俗淺薄引生共黨的魔道來毀滅一切。共黨的魔道發自人性黑暗面的最深處，你若拿常識中的那點突然的外在的光明來對付它，根本不能動搖它絲毫，而何況這種常識的境界根本就是它反噬的對象，它是從人性黑暗面最深處發出來的反動。我們在這裡，如果不能透悟到光明面的最深處，煥發出最高的德性以及人類精神及文化的總根源，你即不能對治它的荒誕而條暢之，而消除其黑暗。拉丁文中有一句成語說：「我相信它，因爲它荒誕。」（Credo quia abaurdum.）這不是一句淺薄的話，也不是一句荒誕的話。人性最深處，無論光明面或黑暗面，都不是清淺的理智之末光所能企及，你若止於清淺的理智之末光，你以爲它們都是荒誕，

但是偏有人就相信這些荒誕，這也是人性之所發，你應當正視這種人性，這不是清淺的理智所能禁止或所能化除的。你若眞能「超越實然，朗現德性」，透到光明面的深處，則黑暗面的荒誕亦可以得其條暢而化除矣。

說到這裡，我想起了羅素對於英國維多利亞時代大政治家格來斯同（Gladstone）與列寧的評論。他說：「格來斯同是維多利亞主義的化身，而列寧卻是馬克思信條的化身。二者俱非實在的人，但各有一種天然的權威。」「對於格來斯同，我眞的不能想像有人敢在他面前說及稍帶淫猥的故事。他那種道德上的凜然氣概，是會使講者不寒而慄的。」「對於一半的英國人，他幾乎是等於一位神明。」「列寧生性殘忍，而格氏則非；列寧藐視傳統，而格氏對傳統卻非常尊重；列寧認爲爲了共產黨的勝利，一切手段都是合法的，格氏卻認爲政治是一種遊戲比賽，有若干規條應該遵循。這些不同之點，我認爲就是格氏的卓越之處。因此，我可以簡言之，格氏的成就是一個善果，而列寧的努力卻是一個惡果。」「當我問列寧關於農業中的社會主義時，他卻歡天喜地的解析他如何煽動貧農反抗富農，『很快的把他們吊在附近的樹上──哈！哈！哈！』他一想到殘殺，便哈哈大笑。眞使我血冷心寒。」（以上徵引見《民主評論》第二卷第19期。）

從這裡，我們可以看出，格來斯同的權威是發自堅強的道德信念，他永遠相信上帝與他俱在。即使他用權術，也認爲他的權術是上帝賜與的。我們可以說這是從人性深處的光明面發出來的。而列寧的暴戾恣肆殘忍冷酷，卻完全是從人性深處的黑暗面發出來的，所以這完全是個撒旦。他們倆也許都有其荒誕蒙蔽、執扭頑梗處，

但究竟有光明面與黑暗面的不同。這時你不能光止於清淺的理智之光來抹殺他們。一個偉大人物都有其荒誕無稽處。所以你必須透悟到人性的深處，把光明面澈底透出，把黑暗面亦徹底暴露，而由光明面所發的無盡藏的光來燭照那黑暗而化除之。

原載《台灣新生報》　　1952年6月26日

當代青年

　　當代青年是自覺奮鬥的青年。我這裡所謂自覺奮鬥，著重在「自覺」二字，是說：一切都要通過自己的考慮而建立，與普通所說的「憤發有為」，為自己的事業出路甚至學問而努力向上，其涵義很不同。這後者的意思是一個通義，是各時代各個人都當如此的。只具有這種意義的努，不是這個時代的特徵；只在這種意義的努力下而努力的青年，亦不是象徵這個時代精神的青年，而只是一般普通的青年、普通的人。實在說來，這一類的青年並不足以構成這個時代中的青年問題與問題青年。因此，這類的青年，在這個時代中，只是被動的，個人的，他很可以飛黃騰達，這都不算。他們不是時代精神表現在青年方面的象徵。

　　作為時代精神的象徵的青年是自覺奮鬥的青年。在自覺奮鬥中，是說在這個時代沒有任何公共遵守的成規成矩可資憑依。家庭成規沒有了，人們對於家庭的看法不同了。對於家庭中的成員的屬性也有不同的考量：子女對於父母不是以前的看法，雖是發自於天性上的「情感傾向」不會大變，但是發自理性上而來的文制上的屬性卻有大變，因而亦影響情感的意義。所以子女對於父母不是以前的看法。同樣，父母雖然愛護子女，而看法亦隨發自理性上的文制

之變而變。父母子女間尚且如此,兄弟不要講了。最起變化的是
「有男女而後有夫婦」,對於夫婦的看法大變了。由男女性愛的結
合而結婚為夫婦,這全部過程的意義不同了。自易卜生拉娜出走的
家庭劇出現以後,影響了中國家庭的整個關係。中國知識份子沒有
考慮到中國的社會文化所凝結成家庭之意義與夫易卜生問題劇所由
出現的西方社會文化所凝結成家庭背景,而冒然接受了他的觀念。
因此把原來諧和妥貼的那一套全給弄得橫撐豎架而支解了。自希特
勒嚷出婦女回到廚房的口號後,這又來了一個觀念,復影響了中國
一部份人的心思。出走與回廚房是對立的兩個意識中作意的觀念:
在中國原來的家庭裡全沒有這種觀念。每一觀念是一思想系統,照
中國的文化系統,家庭關係完全是天倫,這裡邊容不下互相限制互
相對立的觀念系統的。一加上這些東西,便從此天下多事矣。觀念
一進來,大家便都要意識地從觀念上來考慮父子兄弟夫婦的關係以
及其所由成的全部歷程:譬如父子關係,就有許多解釋:政治的、
經濟的、社會的、性的,而中國卻乾脆只說個天倫,沒有許多說
法。一有說法,則父子之恩情薄矣。夫婦關係尤甚:結、離,是一
套觀念。當由戀愛而結合時,完全在意識觀念中考量對方,選擇對
方。性情、思想、見識、個性、事業,合了便結,不合便離。一個
青年人當然在觀念上是不會成熟的,因此,意識觀念在過程中動盪
變化,而夫婦的關係也總是在過程中動盪不安。須知人是有限的存
在,一切若都靠浮在意識上面的觀念來決定,其不可靠與變換多端
是當然的事。而人若總是在這種意識觀念中過生活,亦必是十分痛
苦的。總得要靠一個在意識以外的超自覺或不自覺的東西作根據,
人只有在這個根據下,始能潤其生命,養其天年。這就是人所必須

預定的一個超越的根據。而在人間文化生活上說，這個超越根據必須假藉一個公共遵守的客觀文制來表現。人只有在一個客觀文制裡過生活，才不須一切都要通過自己的意識觀念來決定。就是說，在文制上，亦須有超自覺不自覺的東西作背景，因而並不須一切都要費心思。在中國以前這種超自覺不自覺的超越原理以及其所藉以表現的客觀文制都是十分清楚而表現著的。一般人雖不必能意識到，但聖賢立教卻在此十分著意。中華民族的生命之所以源遠流長。這未始不是一個重要的原因。不自覺超自覺，足以養其天年，這是好處，當然亦有其缺陷。沒有自覺，就不能有精神生活的奮鬥以及其成果，這是中國之所以終不出現科學與近代化的國家、政治、法律之故。我們處在今日是在一個轉變時代：從不自覺到自覺。因為在這個轉變時期，外部的影響先衝破了以往的客觀文制，社會文化生活上沒有成規可守，因此一切都須要通過自己的意識觀念來決定，天下從此多事，人生從此痛苦，而最受痛苦受犧牲的是青年人。而青年人，因在精神上身體上都在生長發育時期，理想性、浪漫性、追求性都極強烈，所以都要通過自覺而奮鬥，因而其在此奮鬥中所呈現的毛病、痛苦、不安與問題又極其顯著。青年人在時代精神上，先表現了象徵的作用，問題的出現，但他們自己並不能建立客觀文制：他們的自覺奮鬥、意識觀念，不能擔負這個責任。他們只是表現這個一切無法守須靠自己的意識觀念來決定的時代癥結以及其在此癥結中痛苦犧牲而已。

　　我前邊只是就家庭而言。因為這與人的現實生活最密切。實則不只這一面。家庭生活是整個文化系統、文化生活的落實點，所以整個的文化系統都向這裡凝結。這裡如果起變化，則其他一切亦起

變化。故不獨「家庭關係」方面變，其他方面亦同樣無法守。社會上風俗習慣變，一切學術思想都當作個人的思想理論看，因而都是相對的學說，沒有一個可以作共信的中心思想。（凡思想理論皆如此。）須知若是一切學術思想都當作個人的思想理論看，看不出有一種學術可以具有客觀文化上的意義與成果，則超自覺不自覺的超越原理以及其表現而爲客觀文制，都是不可能的。這就是所謂「無道揆」。孟子說的「上無道揆，下無法守」，在這裡才見其意義之重大。以前的人以爲諸子百家是個人的思想理論，而儒家學術所代表的文化系統則不是個人理論，而是具有客觀文制的意義與成果。所以必須崇聖宗孔（不是從思想理論上宗。）但是現在的人卻不知此義，這固然由於以往的文制已解體，但近人把一切學術思想都看成是個人的思想理論，這個觀點是害事的：以往的文制固已變無可變，但這個觀點則不能建立起現在所需要的客觀文制。這個意思青年人不能了解，但謀國者不能不了解，指導時代的思想家不能不了解。

　　一切都看成是個人的思想理論，叫我從誰呢？當然只有自己的主觀來決定，而且須從自己的意識觀念來決定。以前宗孔，現在可以不宗孔。孔子亦不過是一家之言，因此宗馬克思乎？宗耶穌乎？宗希特勒乎？宗蘇格拉底乎？而在中國人看來，無論馬、耶、希、蘇，也都是些個人理論：信不信、宗不宗，由自己。而這些外來系統實則不皆一樣：有的是個人理論，有的具有客觀文制意義，如耶教。但在中國人看來，則都是一樣的。信自由，在中國只轉爲個人的主觀自由，不知所信者的客觀文制之意義。因此，耶教在西方是一個文制，而在中國則毫無文制的意義，因此亦不見其積極的作

用。

西方有耶教文制，有已奮鬥成的民主政治之常軌，有科學。這三者來維繫他們的文化之統一，生活之道揆法守。但是中國人卻只從個人的意識觀念來注意這些東西，因而亦只當一些思想理論來襲取。耶教上之文制意義，中國吸收不來，也如上述。民主政治之爲政治生活之常軌，因而亦成爲一文制，中國人亦始終不能洞其肯要而由共同意識以建立之。所以國家不能建立，政治制度不能建立。在此方面亦極見混亂，此今日中國之所以受劫難也。至於科學方面則有定規定性，不易起混亂，因爲科學是純知識。它之定規、定性一在於經驗，一在於數學，這兩種把它限制住了。證實就眞，不證實就假。這裡容不下任何意氣意見的爭執。但是就因爲它是純知識，所以它無色的。由它那裡建立不起人生的軌範。宗教不能從科學裡建立，民主政治亦不能從科學裡建立。人不能都是科學家，亦不能只過純知識的生活。就是科學家亦不能只過純知識的生活，所以科學雖有定規定性，而於我們的「法守」之建立毫無助益。現在的中國知識份子完全不能意識到社會文化生活的「法守」之意義，而只知道科學，成了「科學一層」的見識。以前的一套固然起了變化，但它卻是屬於社會文化生活方面的法守之意義。而西方亦不只是純知識的科學，他們亦有其社會文化生活方面的道揆法守。這可見現在的中國知識份子尙未能面對時代癥結而用其誠，而表現其智慧，而意識到其中的問題所依據的學問與原理。浮在上層領導社會的知識份子旣無道揆法守，亦不注意道揆法守之建立，科學雖有定規、定性，而不可爲道揆法守，如是，則欲蠢蠢欲動的青年人不橫衝直撞、顚倒氾流，不可得也。依此在青年方面，是虛無主義、浪

漫主義；時而東、時而西、時而左、時而右。而青年人之不安即為野心家利用之工具。野心家無眞心誠意，眞知灼見，以建立道揆法守也，只是魔心之追逐而已。魔心的野心家與不安的青年人是這個時代的龍頭。其餘則自私自利，斤斤自保，以與現實浮沉推移而已。

所以這個時代，你如果仔細一觀，洞見其裡，則只是不安的青年人與魔心的野心家在若干觀念口號下橫衝直撞，此是動的一部份。其餘則是極端的自私，極端的個人主義，此則沉滯不動，為死的一部分。下面有死的一大堆，上面即有不負責任，無邊際、無界限，氾濫無歸宿的虛無主義、浪漫主義，野心家乘之，即轉出魔道與權力慾。虛無主義、浪漫主義的結果，遂只以空頭的社會主義為理想：家庭有了問題，國家有了問題，道揆法守有了問題，一切學術思想都只有個人的思想理論，道德宗教無其客觀文制上的意義，只縮而為個人的；個人的，無有【編按：此處疑缺一「不」字。】被視為迂腐的。因此，只有吃麵包，是人之所同然，只有「經濟的不平」才為人兩眼所注意的唯一大問題，因而求經濟平才是唯一的理想。以此為唯一的理想就是空頭的社會主義，亦就是吾所謂量的社會主義。這是三四十年來無人敢說一個不字的時代上的一個主流。有此為主流，馬克思主義之風行，無怪其然。共產黨成立，則魔道與權力欲即脫穎而出，視為當然。此就是共產黨的極權統治，摧殘生命，斲喪慧根。到此地步，則向之虛無主義、浪漫主義，遂收縮凝結於共產黨的魔道而被消滅、被挾持，而向徹底的虛無主義以趨，這就形成今日世界的大災難。而受苦被犧牲的，又豈只青年人而已。

　　所以領導反共抗俄的人，必須大其心公其心，在反共過程中嚴
肅地意識到「道揆法守」的綱維性，自覺地要為此而奮鬥，社會上
中堅層的知識份子亦必須在這裡而用其誠，而表現其智慧，而意識
到這是其中的問題所依據的學問與原理；在自覺奮鬥中的青年人亦
必須先對於若干規範如家庭、國家、歷史文化、道德宗教，作無條
件的肯定，然後再進行其意識觀念中的自覺奮鬥，不可像以前那
樣，只表現為虛無主義浪漫主義的情調，只顛倒於拉娜出走與回到
廚房的階段中，須知對於若干規範先作無條件的肯定的意識，就是
創造道揆法守的意識。而只有這個意識之加強，纔能建客觀的文
制，湧現超自覺與不自覺的超越原理以保障吾人的生活。而只有這
套理想建立起來，才能消滅共黨的魔道與權力欲，而吾人亦只有為
此理想而奮鬥才能昂揚起反共的情緒而足以言反共。

原載《當代青年》5卷1期　1952年8月1日

理想、團結與世界國家

　　我們所處的時代是人類有史以來最嚴重的一個關頭。假若蘇俄共黨不放棄他那套反文化毀人性的唯物論與唯物史觀的思想，不放棄他那種極權的政治統制，以及他那種奴役人民的社會主義，則這個世界無法協調地生活下去。對立是必然的，趨於一戰也是必然的。但是對立必須能意識到自己是什麼，對方是什麼，而且也必須由意識到自己是什麼而來一個真正的團結。

　　飛機的發明把世界縮小了。我們的世紀是空運世紀，也是一個原子能的世紀。科學與工業進步得太快。但是人們的意識、文化的意識、政治的意識、以及民族習性的意識，卻落在後面跟不上。在空運世紀裡，歐洲的那些民族國家，都變成和希臘的城邦一樣，和十四、五世紀前的義大利的城邦，如威尼斯、佛羅倫斯、米蘭、紐倫堡等一樣。標準性的民族國家縮下去了，不再是首出庶物的存在，而是要向更高一層的存在上凝結。這是科學與工業所拖帶出的一個趨勢。世界要向統一成為一個「世界國家」的趨勢走。但是，科學、工業、空運、原子能，雖拖帶出這個趨勢，而在文化理想、生活方式上，卻有一個蘇俄與共黨在作梗。這表示這個世紀裡有兩個理想，兩個價值標準。我們儘管可以說共黨所代表的不真是一個

理想，不眞是一個價值標準，它是一個假象、一個撒旦。然而他用
全幅機智巧詐及熱情來固執他那個撒旦的標準以衡量一切，判斷一
切，他究竟也代表了一個撒旦的理想，撒旦的標準。我們不能純用
民族國家向外膨脹的帝國主義的觀念來看蘇俄與共黨。因爲這樣，
我們是會上當的。如果自由世界的人士不能迫切地認識這一點，這
就是我們「了解對方」的意識跟不上。在了解對方上跟不上，則在
現實的措施上，必然是處處被動，著著落後。

如果不但在了解對方上跟不上，而且在了解自己方面，意識上
也跟不上，則必然不能團結起來，守住自己，以與之爲對立，再進
而期轉化而克服對方。在這點上，自由世界裡的一些國家的責任太
重大了，太嚴肅了。像英國那種自私自利，那種老帝國主義的方
式，那種斤斤較量於爭自己的虛榮，其意識是太落後了，太不知警
醒了。像法國除掉這些壞習氣以外，其內部的腐敗與靡爛殆尤甚
爲，聽說他們那些黨派在競選時無不以反德爲號召，就從這點上，
你可以看出他們的墮落與落後。他們竟不知眞正而可怕的敵人在那
裡，而惟斤斤以防德爲事，這就是意識的落後。這種落後是民族習
性中的意識之落後。由這種落後，遂產生政治運用中的意識之落
後，不能隨空運世紀之趨於一的趨勢而湧發高遠的理想以振作自
己，契合他人。這裡顯示出總癥結是在文化意識的落後。要團結，
以守住自己，就必須守住自己所信的超越原則。但是超越而普遍的
原則在那裡？這不能光從現實上的自由民主說。這必須從沉悶的現
實中，墮性的現實中，振拔一下，湧現一個綜合而籠罩的文化理
想，以爲大家所共信，這才是一個超越而普遍的原則。艾森豪的
「歐洲十字軍」還是說的第二次大戰。現在才眞正需要一個對付蘇

俄的世界十字軍。大西洋公約、歐洲聯邦、世界十字軍、世界聯邦，都需要一個超越的文化理想、活潑的文化生命，才能真正建立起來。若無一超越的文化理想，光從現實上、自己生活的民族上、軍事的武力上，誰也不服誰，也永遠團結不起來。只有互相抵消，泄沓復泄沓，終被對方的撒且魔道所吞噬而後已。因為對方的世界革命是不會放棄的。對撒且的世界革命，我們就必須有一個超越的文化理想來完成歐洲的團結與世界的十字軍。這樣躍進一步，才算是文化意識能跟得上科學與工業、空運與原子能，所拖帶出的天下一家的趨勢。這裡我們所說的文化意識之跟得上，顯然不是隨科學與工業、空運與原子能，而如之，而趨時。因為隨科學而只科學，隨工業而只工業，這正是內在於科學與工業而滾下去，這正是今日之大弊，也正是我前文所說的文化意識之跟不上。因為這樣並沒有從科學與工業中跳出來再調整一下人們的意識。所以文化意識之跟得上必須是在科學與工業以外重新調整其民族習性的意識，調整其政治的意識，總之湧現一超越的文化理想來重新調整其文化意識。

凡是當大難當前、生死鬥爭的時候，惟一重要的關鍵就是從理性上湧現一公共的理想以革除舊習氣，以引生新心靈。這裡若沒有一種大喜大捨的精神，是很難超拔得起的，因而亦很難獲得團結與共同安全及世界諧一之結果的。大喜大捨為一客觀而公共的理想來奮鬥，來團結，並不是消滅自己之個性。因為凡是主動地根據自己之宏願以忠於理想，正是自己個性之新生、自己個性之超拔與擴大，而且亦惟有在此團結與共同安全下，才能保住其個性。若是科學與工業所拖帶出的天下一家的趨勢已形成，各民族國家之退縮而為城邦的趨勢已形成，而各國家還仍固執其舊習氣，仍以其各自的

民族國家爲標準，則即爲不識客觀時代要轉形，亦即爲文化意識與
客觀時代之趨勢配不上。這兩方面的背道而馳，將造成無窮的悲
慘，將造成不堪設想的結局。紀元前四世紀的時候，希臘爲正興起
的馬其頓王國所威脅，雅典的政治家們就呼籲希臘城邦團結。紀元
前三世紀的時候，他們又爲興起中的羅馬帝國所威脅，有識之士又
呼籲他們團結。但是希臘人一再遲疑，終於被羅馬征服了。當中國
春秋時，尚有尊王攘夷的文化理想，故得以維持諸夏於不墜。到戰
國時，客觀而公共的理想沒有了，一切都落下來而歸於現實自私，
完全是一團墮性的舊習氣，故偏居西陲的秦國挾法家的思想得以滅
六國。這種悲慘的結局，我們當然不願其重見於今日。若眞重見於
今日，其悲慘當更甚於希臘與六國。這點很足以使我們有迫切之感
了。但是我感覺到自由世界內的國家對於這一點的感覺仍不迫切。
他們所迫切感覺到的是他們的私利，而不是根據公共理想以團結。

　　我寫此文時，適見美國總統艾森豪的出巡演說辭。其中有云：
「今日世界上的爭取自由鬥爭是一次總體及普遍性的鬥爭。它牽涉
到人們生活的每一方面，它是在每一地區進行的。受了威脅的文
明，必須作戰以求生存。它在韓國、印度支那及馬來亞的戰爭上，
是一項軍事鬥爭，是一項經濟鬥爭。亞洲的一次稻作被毀，或者美
國的重要生產落後，都等於是打了一次敗仗。〔……〕它是一項心
智的鬥爭，是一項精神的鬥爭。因爲共產主義對於人性的基本假定
是他們不能自己管理自己，不能達到精神標準。這些都需要個人的
自動犧牲，以謀取共同福利。因爲這整個鬥爭，以其最深的意識而
言。不是爲了土地，不是爲了食物，不是爲了權勢，而是爲了人本
身的靈魂。」（見六月十一日《中央日報》）這段話很足以表示艾

森豪本人有一超越的文化理想在鼓舞。這不是因爲美國在自由世界
內居領導地位，才說這樣的大話。這不是大話，也不是好聽的話，
這是這個時代最眞實的本質。不但是美國人需要了解，任何反共的
人、反共的民族，都需要了解，都當具備著這充沛的文化意識，以
獻身於團結。在這一點上，各國都可以居於領導的地位。這不是國
的領導、勢力的領導，而是觀念理想的領導。在這點上，是無分大
小強弱的。而且惟有嚴整的理想、充沛的大義，始能使民族雖小亦
大，雖弱亦強。若無嚴整的理想、充沛的大義，而惟斤斤於從現實
上爭虛榮，自己無力作領導，而又強爭領導以挽面子，這才是自卑
的反動。若自己在現實力量上弱而小，而又不知振作文化意識以自
強，亦終於被領導，聽人擺佈而已。此於自己固無好處，於團結以
及反共亦無好處。

原載《中央日報》　1953年6月28日

文化途徑的抉擇

　　當希特勒不可一世之時，有人寫了一本小冊子，名曰《尼采？還是基督？》（著者之名已忘記，中文亦未見有譯本）。我們現在亦可以說：究竟是馬克思還是孔子？希特勒的納粹運動與共產主義運動實含有一種文化理想爭霸的意義。即，尼采、馬克思與孔子、耶穌爭霸。這實是本世紀問題的癥結所在。現在，希特勒已被打下去了，共黨集團亦必走上同樣的命運。那就是說：人類究竟還是要走孔子、耶穌的路。

　　尼采痛斥基督教與民主主義，以為前者是奴隸道德，後者則取從愚眾，皆足以貶損生命之奮發，人格個性之昂揚。所以他要建立一種無神的新宗教，一種反陰柔的陽剛道德。代表這種新宗教與陽剛道德的人當是一種新貴族階級，就是他所說的「超人」。他所說的「超人」完全以生命的不羈來規定，而生命本身就是「非理性的」。所謂超人當該就是一種原始充沛健旺的生命之飄忽馳騖于人間。這種完全以生命的不羈來規定的超人實是一個生物學的觀念。若只從生命強度來觀人，人實有高下強弱之別。這就是中國以前所說的天資與氣質。天資與氣質是從生命強度來了解，這裡是沒有理由可說的。這裡一比，便見高下。在比賽之時，你不及就是不及。

所以在這裡亦實可以說有天才的地方。尼采想從這裡形成一個新貴族階級以統治世界。這種新貴族的觀念還是一個生物學的血統觀念。一落實，還是一個「打出來」的觀念。那麼，我們可以看出他所謂超人或新貴族之所以為超越為高貴，並不是從「道德理性」來規定來了解的。在道德理性面前，人人平等，這裡沒有高下可言。道德理性使人高貴，此就是孟子所說的「貴於己」的天爵。人人皆有貴于己者。貴于己之貴並不是一個生物學上生命強度的觀念，所以也並不凌駕人，而倒是尊重人、愛護人。而被尊重被愛護的人，依其道德理性，他也可以與你分庭抗體。此所以高尚其志，不事王侯，此所以嗟來之食不食；此所以呼爾而予之，則路人不受也。在這個普遍的道德理性面前，生命的強度便要低頭。惟有依賴這個標準，才可以調節安排生命強度而救住人間。否則，未有不弱肉強食者也。這個標準，在西方是基督教所代表的；在中國，是孔、孟之教所代表的。尼采只見出基督教與民主主義的流弊，沒有見到其本質上之可貴與不可須臾離性。從道德理性來看人看道德，則可剛可柔。該剛則剛，該柔則柔。有柔和仁慈一面，亦有剛毅奮發一面。並不像生命氣質之一味剛或一味柔也。尼采見不及此，遂成為怪誕。

若沒有希特勒的納粹運動，尼采的思想也不過是放言高論而已。有希特勒的政治運動，與尼采連成一氣，遂使人有「究竟是尼采還是基督」的呼聲。這個呼聲的涵義是非常嚴肅的。希特勒紹述尼采之道，身敗名裂，且招亡國之禍。平心而論，希特勒並不是沒有他的靈感。他在他的《我的奮鬥》中，曾說：我為什麼反布爾什維克，就因為他們抹殺「個性」與「價值」（人格價值）。這是很

中肯的一個認識，而個性與價值又是多麼響亮的兩個口號。但是他
不知道，既肯定個性與價值，就不能否定民主政治。而他在尼采的
精神下，只變成個人英雄主義，而個性與價值只變成超人的個性與
價值，一般人是沒有分的。那麼個性與價值也是從生命強度來規定
來了解的，而不是從道德理性來規定來了解的。依此，遂成為反民
主政治的。民主政治這個政治形態，既可以保障天才的個性與價
值，也可以保障一般人的個性與價值，使他們生息於這個架子中而
相忘，藉以盡量表現其自己所欲表現者。依是，民主政治也是代表
理性的一個架子。道德宗教方面之以道德理性來節約生命強度以立
人道之尊，亦猶政治方面之以民主政治這個架子來節約政治權力之
氾濫以保障人權。是以凡道德教化方面之以道德理性而重人道、尊
人性，未有不歡迎民主政治者。民主政治究竟也代表了一點王道。
我們很可以鼓勵人自尊自強，健行以成德，但這只是道德宗教之從
人品的完成上說，這並不能藉以為反民主。反之，民主政治倒更可
以保障人的自尊自強以完成其品性。若如尼采、希特勒之徒，則其
自尊自強顯然只是以生命強度說，而不以道德理性說。這樣才成為
反民主的，因而也成為個性與價值之否定。須知個性與價值是道德
理性上的觀念，並不是生命強度上的觀念。經過尼采、希特勒這一
鬧，遂釀成本世紀的第二次世界大戰。若從反共歷程上說，這實是
一大曲折。這一曲折倒反使共黨集團更抬頭，更易迷惑人，更易博
得世人的同情。民主國家倒首先與蘇俄聯合起來打倒希特勒，而今
日還須與共黨作誓死鬥，這豈非人間一大悲劇？

　　共黨集團更狡猾，更兇惡。奉行馬克思主義，以摧毀一切。以
階級觀念來玩弄人民。藉口群眾，而實是芻狗群眾。輕輕以「資產

階級的民主」一名而抹殺民主政治，抹殺個性與價值，抹殺人性與
人道。凡道德宗教與自由民主俱為其所反對。這根本是一個反文化
毀文化的魔道。其為魔遠非希特勒所能及。那麼，我們今日豈不應
說：究竟是馬克思還是耶穌？究竟是馬克思還是孔子？假定我們在
這裡有透徹的認識，有堅定的信念，則反共抗俄，雖比打希特勒更
要艱難，而孔子、耶穌、自由民主終於勝利，則決然無疑。這是二
十世紀文化途徑的究竟抉擇。

　我們今日之說孔子、耶穌，乃是視之為一個象徵：這是文化的
象徵，人性人道的象徵，個性、價值、自由、民主的象徵。這一整
套就是抵抗共魔的長城，也就是消滅「共黨黑暗」的光明火焰。這
一整套決不能腰截地只取其一，而忽視其他，以造成自身的分裂與
敵對。任何自身的分裂與敵對，都是於共黨有利的。我們再不要視
孔子為封建，以講孔子的為迂腐、為頑固，以講中國文化乃至文化
的為逆流、為不科學，以講道德宗教的為政教合一、為極權、為與
共黨氣質為同類。這些淺薄的詆誣之辭，實在是有害無益的。

　　　　　　　　　　　原載《中央日報》　　1953年7月26日

略論對於中國文化了解之過程

　　民國以來，對於中國文化時有反省的了解。然其發展之階段，亦有可得而言者。

　　五四運動時所謂整理國故者，乃根本不了解中國文化之精神與價值。這也無怪其然，因為他們的基本精神是在打倒，而不在求了解。惟當時有一特出者為梁漱溟先生，他著有《東西文化及其哲學》。他對中國文化，亦有其悟入處。他的悟入處亦有中肯處與獨到處。但他不能順他之悟入處，向裡向深處，盡量披露出來，亦即於中國文化之本源，不能「致廣大而盡精微」地充分開示出來，即轉入他的社會改造運動。而他的社會改造運動及其理論，亦終於與他講中國文化之悟入處所透露之本源，弄成兩橛，而有啣接不上、貫通不起之感。此可由其近數年來所出之《中國文化要義》，惟是自橫剖面的社會組織，以及由之而生的社會生活、生活習性而立言，即可看出。後來又有馮友蘭先生著《中國哲學史》，首言對於中國思想文化，須有「同情的了解」。此比五四時代稍進一步。然其「同情的了解」畢竟不夠，根本未接上中國思想文化之核心。其書上下五千年，如數家珍，好像無甚毛病者，實則於根本義理根本精神處，全未抓住，因而亦根本不相應。此其故，是因為他的學力

是停在西方新實在論哲學的立場上，故根本不入，亦不相應也。倒是以寫小品文起家，號稱幽默大師的林語堂先生，對於中國文化的精神與價值，確有親切的體會。雖是偏於軟性，不能以積極而嚴肅的態度出之，然在其本分上，亦算不容易了。這是他自處之格如此。

了解中國文化，亦須了解西方文化以取得對照，而且現在反省地了解中國文化之程度，亦常隨了解西方文化的程度而定。在西方文化方面，如果不了解它的文化生命之徹上徹下的主要特徵，以及其中之幾個主幹，如希臘的傳統、基督敎的傳統，便無法說是了解西方文化。在中國文化方面，如果不能徹上徹下，把握而且通透其文化生命之主流（儒家），以及其旁流（如道家、佛家），亦無法說得上了解中國文化。在西方哲學或思想系統上，如果不能深入希臘的理性主義，繼承希臘理性主義而建立的中世紀的神學（經院哲學），以及近代的理性主義與德國的理想主義，這一大流而把握其眞實義，則亦不能盡其文化生命之蘊，亦即無法取得對照，以盡中國文化生命之蘊。如果爲近代精神所限，爲科學精神所限，而停在隨此等精神下來的經驗主義、自然主義、唯物論、實在論、唯用論、進化論等，則無法了解西方文化之主流，亦根本接不上其學術思想之大流，反感覺與之爲對立，而且亦根本不能接觸文化問題，且反而亦必不能了解中國文化爲何事，且更感覺與之爲對立，而覺其爲一無所有也。中國自淸末接觸西方文化以來，第一階段有嚴復翻譯亞當斯密的《原富論》、穆勒的《名學》、《群己權界論》等，大體限於英國經驗主義的思想傳統中的著作，而這些亦比較切於現實，近於常識，而嚴復之翻譯此類著作，其動機亦大抵是在補

偏救弊，補中國傳統文化生命中之所缺。其本人亦未必就是此立場。彼亦不必感覺到這些東西，必與中國文化爲對立，當然彼亦未能反省中國文化精蘊之何所是而疏通以貫之。至五四運動爲第二階段，始籠統地以科學與民主爲號召，而以廣泛的理智主義爲基本精神，因而始直接地與中國文化爲對立，而必欲打倒之，毀棄之。此純爲表面的近代科學精神所限，既不能通透西方文化生命之源流，故更不能疏導中國文化生命而接契之。此純爲一否定之階段。此後稍沈潛而歸於切實。然大體仍是以理智主義、實在論爲基本精神。而一般之風氣，則在此基本精神下，走上純理智的煩瑣學究之態度，支離破碎客觀外在的考據途徑。上面說到的馮友蘭，即是此過程中之人物。此種基本精神，亦根本不能通曉西方文化生命之大流，故亦根本不能接上中國文化生命之內蘊。但是醞釀到現在，遭逢時代之大變，面對共黨唯物論唯物史觀徹底反文化之大魔，實易引生我們重新反省中西文化之大流，亦實應從理智主義實在論再進一步，上通希臘的理性主義，中世紀的宗教精神，以及近代的理性主義，德國的理想主義，窮盡通透其文化生命之全幅內蘊。夫如是，再返觀中國文化生命之內蘊，便可接得上，而覺其並非一無所有，頓時覺得其全幅內蘊，整個明朗活現起來，而得疏導出其盡處在那裡，其不足處在那裡。此當是我們現在所處的第三階段。此當以理想主義、人文主義開闢價值之源，貫通道德宗教與科學民主爲基本精神。而代表這第三階段的基本精神的，現在有唐君毅先生剛出版的《中國文化之精神價值》一書，我願鄭重地介紹給讀者。（正中書局出版）

　　吾人今日了解中西文化，實在疏通中西傳統文化生命而復甦

之，以重開文運。惟重開文運，始能一方抵住共黨之道，一方重建支離破碎之文化世界。所以在重開文運中，必一方立敎化，整風俗；一方創政制，開國體。使中國以及世界文化走上康莊諧和之大道。即照中國歷史言之，西漢初年「復古更化」，即含有立敎化整風俗，創政制開國體之兩面。故富于建構性與綜和性。宋儒講學運動，本亦含有此兩面，惟范仲淹與王安石之兩次變法運動失敗，于創政制開國體一面未有積極之彰顯。然宋儒在立敎化移風俗一面，則固有極大之心力。其復興儒學，由人極以立太極，在文化史中實佔一極高之位置。即西方之文藝復興，亦一方開啓近代文化文明之精神，一方亦促成各民族國家之建立。吾人今日乘時代之所需，重開文運，則亦必含有此兩面而無疑。一個自由中國的青年，對于此類問題亦當略有所知，方不負吾人爭取自由之意義。爭取自由是在「必有事焉」中爭取，而不是空頭的爭取。所謂在「必有事焉」中爭取，一方是對共黨的極權反文化，一方即在疏通中西文化生命之大流，而湧出吾人的信念與理想。爲此之故，吾故略論如上，以喚起青年之注意，而不可一味茫昧也。至于由吾本文所言，而想作進一步之了解，則在有心之讀者之好學。

原載《自由青年》第9卷第7期　　1953年9月上旬

論堅定與開拓

人人皆說民國四十三年（一九五四年）為重要的一年。我似乎也有此預感。按中國的甲子算，四十三年為甲午年。從中、日甲午之戰起，到今年正好是六十年。在這六十年間，中華民族所遭遇的，歷歷在目。我們應當反省一下，何以會有今日。大家都致力于國家的建立，何以國家始終未建立起來，而竟有共黨的大歪曲？大家都致力于文化的反省，何以文化生命始終未走上正當而健康的途徑，而竟有共黨的大破滅？這其中的詳細原委，本文不能縷述。但是在這重要關鍵的四十三年，我願提醒大家，就是：堅定我們的信念，開拓我們的境界。

局限於臺灣，空間是狹小的。但是我們的信念與理想不應隨之而萎縮。國際局勢的翻雲覆雨是驚險的，但是我們的信念與精神不應隨之而搖動。這就是堅定與開拓。堅定，不單只是意志的孤行與固執。意志的堅定須有內容以充實之，內容就是我們的理想與信念。亦須賴內容以生動活潑之，這是我們的創造與開拓。如無內容以充實之，不能藉內容以生動活潑之，則意志的堅定可轉而為膠著與固蔽，馴致于枯萎呆滯，而不成其為堅定。拿理想信念來充實意志，活轉意志，以開拓我們的境界，這便是古人所說的「以理生

氣」。堅定是誠守並明澈我們的理想與信念，開拓是擴充我們的理想與信念，以求生命之廣大與感通。先活轉了自己，然後始可感通世界。

須知人民之渴望光明，無有過於今日者，眞如大旱之望雲霓。而就光明以抒發陽剛之理想亦無有急於今日者，此眞是「正其時也」。歷來政權之更替，無論採取何種方式，但既得之後，必服從三個標準，以求有以適應之。這三種標準：一是歷史文化，二是民族國家，三是人民的生活幸福與起碼的基本自由。必不違背這三個標準，然後這三個標準始能反而支持那個政權而成一諧一體。歷史文化是天，民族國家是地，人民的生活幸福、起碼的基本自由是人。天、地、人三極不背，始可云政。現在共黨對於這三個標準無一不毀，則其趨於固陰沍寒，全成爲陰森之黑暗，不言可喻。鐵幕一詞，猶未能盡其罪惡。然則，我們表現光明，抒發陽剛之理想，在理與勢，豈不是皆已到了極顯豁而又順適的境地？民族國家、歷史文化、自由民主，皆是生命中表示理想一面的，也是表示光明的東西。共黨把這些全抹殺，就表示它全不走理想與光明一面。黑暗與光明的界線，現在十分淸楚。這是共黨的物化所逼出來的。孔子說：「道二，仁與不仁而已。」這「仁與不仁」的截然翻轉，未有顯明於今日。它以陰，我們以陽；它以險，我們以易；它以苛煩，我們以簡。心靈處於簡易陽剛之地，才是光明之源。這是心靈之大灑脫、大自在。心靈灑脫自在，才能開拓變化，昂首天外，不爲現實事勢之迂迴曲折所滯窒，所阻障。所謂昂首天外，不是虛脫。心靈活轉，則「德行恆易以知險，恆簡以知阻。」（《易・繫》語）知險知阻，則險阻即爲心靈之光所照澈，而不險不阻，險阻即化除

矣。共黨整個是險阻，此不必說。就是國際局勢的迂迴曲折也是險
阻。自己的心靈主體先處於簡易陽剛之地，則迂迴曲折的險阻，我
們用穩順以通之，然後始可進而破除共黨那整個的險阻。這就是開
拓變化。

　　心靈活轉，信念堅定，理想正大，自己的生命先不陷溺於迂迴
滯窒的羊腸小徑中，則隨時可以暢達無礙。自己不陷溺於小徑，即
是不陷溺於「物勢的機括」。不為「物勢機括」所陷，則共黨的唯
物史觀、唯物辯證法，無所用之，卻反而促成它自己之崩解，決定
其自己物化之命運。此則決為不移之理。然理無偏私，事無幸致。
故唯在自己能堅定信念，開拓境界耳。

　　是以民族國家、歷史文化、自由民主，決不只是一個名詞、口
號，只讓它在口頭上滑過即算完事。必須明澈其內蘊，信守而不
捨，讓它在生命中發酵、醞釀成生命中積極之理想，而獻身以赴
之。善不孤行，光必放射。故孟子曰：「日月有明，容光必照
焉。」此是開拓變化之根源。當三十八年，我們退處台灣的時候，
那是田單守即墨的境地。有死之心，無生之念。那是呼吸之間，生
歟死歟，存歟亡歟的鬥爭。故只是一哀兵憤兵之氣。人到呼吸之間
生死繫之的時候，則一切可以摔掉。然摔掉一切，方可獲得一切。
放棄生命，方可得到生命。這是宗教上的真理。惟是那時哀兵憤兵
之氣，只可一時，不可久遠。可久可大之道，必須有進於「只是
氣」者。四、五年來，峰迴路轉，讓我們鬆一口氣。但是讓我們鬆
一口氣，不是讓我們泄沓恬戲。而是讓我們活轉心靈，抒發理想，
堅定信念，以期更廣大之開拓變化。這是從「只是氣」而進到「以
理生氣」的較高境界。在這一層上，我們的生命必須透，我們的心

靈必須透。一透，才可以「天地變化草木蕃」。當劉邦困處於漢中的時候，他正在那裡醞釀透。故當項羽衣錦還鄉，韓信陳倉暗度，他的生命即開始開拓變化。其過程雖不免險阻重重，然而無有足以當之者。最後垓下一戰，張良玉笛一歌，吹散八千子弟，則項羽死矣。我們現在的活轉心靈，抒發理想，堅定信念，以期開拓變化，正是醞釀透的時候。最後的開拓便是瓦解共黨的固陰沍寒，吹散它的毒霧迷天。

在這重要關鍵的四十三年之開頭，讓我們徹底反省一下，這步通透的工作究竟作什麼程度？假定尚有所不足，則必須痛下決心。因為我們尚在困處的時候。

原載《中央日報》　1954年1月3日

關於簡體字

我的意見如下：

凡主張一件事必有理由。我看主張簡體字的理由，大都不能成立。

（一）語言文字是全民族所使用的自然演變成的工具。字有一定的寫法，字與字間的結構有一定的語法。教員教兒童或青年識字造句，依照通行的標準，糾正他們的錯誤，是應當的。這是教員的責任，也是他的道德。字寫錯了，應當吃紅槓子。別字、錯字當該糾正。通行的簡筆字，雖不算錯，但在教與學的立場上，以正字為準，教他們認識正字，書寫正字，這是教員的認真、高度的負責。依此，給他們拉紅槓子，不能形成嚴重問題，不能以此作為提倡簡筆字的理由。若因吃紅槓子，便認為是嚴重問題，便認為須提倡簡體字，則勢必無人敢糾正錯誤，無人敢認真作事。此將完全失掉教與學的意義。此完全是苟偷方便取巧的心理。

（二）若因筆畫多而造成錯簡，造成青年的過重擔負，因而成一嚴重問題，故須提倡簡體字，則試問統一而合法化了簡體字以後，即能保兒童、青年無錯簡乎？此決無人敢保。如是，又必有人認為嚴重，來一運動，再定一套文字。如此方便下趨，不但完全失

掉教與學的意義，且滋擾混亂，不可收拾。以此爲提倡簡體字之理
由，全無是處。

（三）在全民族四萬萬人所使用的文字工具中，有幾箇筆畫多
的字，便認爲是兒童青年繁重的擔負，一定要來一箇運動，推行簡
體字，製定簡體字敎科書，我以爲未免太張皇了一點，太不識大
體。敎兒童青年認識正字，書寫正字，不算是浪費了他們的時間，
繁重他們的擔負。許多無謂的浪費不設法免掉，而偏在幾個文字上
打主意，這豈是爲人父母，爲人師長，爲全民族全社會著想者，所
應存心？小學兒童，也只是敎他識字，洒掃應對，幾個筆畫多的
字，就阻礙了他們的發展嗎？中學青年所學的多一點，然試問幾個
筆畫多的字，就妨礙了他們學英文，學數學，學理化嗎？他們自己
寫筆記，寫稿子，寫信札，仍可用簡筆字。這裡並沒有人禁止他。
（至於先生閱日記改作文不准寫簡體字，這是先生的認眞。而且也
不是絕對的。）然則何必定要推動簡筆字，製定簡體字敎科書呢？
難道看正體字的書，也耗費了他們的時間嗎？簡便主意決不可在這
裡使用。

（四）全民族所使用的文字工具，無所謂新舊，也無所謂古雅
不古雅。如提倡簡筆字，便以爲是趨新，是進步；反對的，便以爲
是守舊，是落伍；這完全是虛張聲勢，不著實際之見。維持通行的
正體字以爲標準，不是好古慕雅。這不是琴棋書畫，駢體文。觀
念、學說、主義，以及發明眞理，可以言新，但新不要新到的文字
上來。隨觀念及眞理內容，可以造新字（如化學上的），造新名
詞，但這不是簡體字問題。文字筆畫之多少是字本身的事，是依造
字規律自然演成的，也不都是繁，也不都是簡。這不是憑空隨意可

以製造的。若必以自訂的簡體字為新,為進步,則必有以廢除漢字,另造一套,為更新者。

（五）正體字對於科學並無妨礙,簡體字對於科學亦無助益。有些學科學的人,以為筆畫多的字浪費了他們的時間,因此主張簡體字。試問數學書,物理化學書裡,有幾個普通文字（即自然文字）?數學有數學的符號,自然科學裡亦多用符號。幾個正體字豈便妨礙了學科學?

（六）簡體字是「大眾的要求」。這並無根據。在這裡亦不可以動不動說大眾。國民教育是強迫教育,這裡面的兒童當然是一部分大眾。中學青年也是一部分大眾。還有失學的,以及受國民教育、中學教育,甚至大學教育,即停止而轉業的,也是一部分大眾。試問這些大眾都贊成簡體字嗎?有誰測驗過?（誠如胡秋原先生所說,要測驗回大陸。）說是「大眾的要求」,我看完全是代聖立言。但這不可不慎。就兒童而問之,他們能有一定的意見嗎?就中學青年而問之,他們敢說有一定意見,決然負責嗎?就社會上一般大眾而問之,他們敢說定要簡體字嗎?不要說沒有問過,測驗過,且說這種事也不是問兒童青年及社會上一般大眾,所能決定的。民主也不是可以到處應用的。若有人無故生事,要開民主會議,來問:要不要我們的語言文字?要不要我們的國家?要不要我們的父母兄弟?這行嗎?這是可以拿大眾來說來試的嗎?我看只有共產黨敢如此。

依以上所述,結論如下;

（一）簡筆字,誠如胡秋原先生所說,是手稿字,當然可以通行,而且已經通行。這無人反對。

（二）印刷書籍、報章、雜誌，總之，凡印刷文件仍須俱以正體字爲標準。（若有人好奇，自辦雜誌，其中刊上簡體字，如林語堂以前之辦《論語》，當然有他的自由。）

（三）教育部若認現時流行的簡筆字，有錯亂，不整齊畫一，認爲即簡筆字亦不可亂寫，集合專家而統一之，整齊之，標準化之，這是可以的。但不可以此代正體字，尤其不可行之於教科書。教育部管了這麼多，也負不了這大的責任。

（四）教育部一定要超過它的本分而推動這種革命性的事，立法院可以過問。

原載中國文字學會（編）：《中國文字論集》（上冊）　1955年10月

與貫之先生論時事

貫之吾兄大鑒：

七月廿七日賜示奉悉。《人生》經吾　兄主持，數年來確極新穎活潑。尊著〈人生隨筆〉，尤親切獨到。心地淸和，故義理洽浹。此種情味，至爲可貴。時下言論，多趨偏激刻薄，或荒腔走調。吾　兄事上磨練，就此把得穩，便是眞實學業。弟無足稱，無可增益吾兄處。有唐先生朝夕相處，便是最佳之風範。吾兄深自謙抑，弟不敢當。然在吾　兄自是大成襟懷。國步多艱，生民太苦。若非大其心量，宏開理地，實不足以運時代之機軸。故居常講習，必以立志發心恢弘文化意識爲主旨。此門一開，理境無邊。深切著明，存乎心悟。專此奉候，敬頌

大安

弟牟宗三上　八月七日

附：王貫之先生函

宗三先生賜鑒：

奉　八月七日手教，至感奬掖厚意，然自度未足語此。談到事

上磨練，深愧年逾不惑久矣，迄今猶有不少困惑橫亙胸中。約言之，一為如何在此複雜的時代，複雜的思想，與複雜的人事中，立一成純之局？一為從「必有事焉」到「行所無事」，其間應如何修持？其以「念茲在茲」為是耶？其以「枯槁不舍」為非是耶？一為內欲走向自己，外欲走向眾人，在內外不易一致之時，既不願取一捨一，又將如何兼顧而不走失？一為智者不「弊弊焉以天下為事」，吾人具此不安不忍之心，將如何在分內提掇大綱而細細理會去，不陷事中？數年來弊弊於此一小事業，基礎尚未穩定，而身心已將成為弱駑之末，此其不勝任，正如莊子所說的「水之積也不厚，其負舟也無力。」每旰衡世事，輒不勝幽憂勃鬱，而藉酒澆愁之文人氣習，今亦去除未盡，益可見聞道之淺，無以自致其疆固與貞恆也。暇乞針對此病痛，惠施箴砭。

　　近閱港台諸報刊，有不少談及新儒學者，此在今日殊不失為一可喜之事。然欲如何新，乃不致重蹈追逐時式之覆轍，永成為時間之俘虜？如何新，乃真能含弘光大，德智圓融，有足轉運時代之樞軸？敬懇　于講習之暇，特為《人生》寫一論文。對所謂「新」的真正意義，尤望藉此對國人劌切一指陳之。專肅，恭候
教安

後學王道拜上　九月十日

生命之途徑
——保孤明以通千古，握天樞以爭剝復

貫之吾兄大鑒：

　　九月十日賜教奉悉。吾兄所疑，皆修持上之大問。古人言之備矣。弟自愧不能踐履于萬分一。何敢率爾作答？莊子曰：「參萬歲而一成純。」此實「內部統一」之謂。惟內部統一，有捨離而至，有不捨離而至。宗教家求道福者，則捨離而至。其難在捨離，既捨離矣，則成純之局易顯。釋・道兩家皆捨離者。儒者不捨離而至。無捨離之難，而有不捨離之難。不捨離，則易紛馳而成俘虜。既不捨離而又不紛馳，此其成純之所以難也。捨離而至之成純，無特殊規定者。依黑格爾，此只為單純之普遍。不捨離而至之成純，則隨時隨事有特殊之規定。即在規定中顯其成純也。孔子曰：「仁者不憂，智者不惑，勇者不懼。」此不捨離之成純也。非「智者不弊弊焉以天下為事」之智者。走向自己是成純，走向眾人，是不捨離。成純在不捨離中顯。則矛盾即統一。弟於此不必多作理論之闡釋。試就吾人所處之艱困時代而特殊地言之。弟近來常有低氣壓沉悶之苦。此低氣壓是整個的：社會風氣、學術風氣、共禍之不能克服，整個合起來不見有一生命之途徑。一切皆在昏沉紛馳而為盲目之勢攜之以趨。此不能不憂，不能不懼。然而未嘗惑焉。仁者固不憂，

然聖人不能無憂慮。勇者固不懼，然不能不臨事而懼，好謀而成。此亦是矛盾之統一。不憂自其內心之成純言，不能無憂慮，自其不捨離言。懼與不懼亦然。沉悶實沉悶，憂患實憂患。然而不能因而紛馳失守。日暮途窮，倒行逆施，此紛馳失守也。為盲目之勢攜之以趨，而無自己生命之途徑，是紛馳失守也。然何以能憂患而不失守？當知仁心之成純而有特殊之規定，仁不能離開智。智不紛馳以逐物而回歸於其自己，則觀照此低氣壓之何由成，盲目之勢何由來，非一朝一夕之故，則欲其轉也難矣。知其難而有觀照悲劇之智，則內心之光明，生命之途徑，雖只內在於其主觀之自己，不能客觀實現，然而其未來之信念，途徑之確定，則無疑矣。雖當其身不能觀其成，甚至自身在時間過程中亦隨悲劇而同歸於盡，則亦承當之而已耳。吾身歸盡，而光明途徑不歸於盡也。故有觀照悲劇之智，亦當有承當悲劇之義。此古人貞吉貞凶，而總以貞勝者也。如是，則固不憂不懼而不失其成純矣。然膠固窒塞，陷于固執狠愎，自己無生命之途徑，而終淪胥以亡，崩潰以死，則不可曰成仁，亦不可曰貞勝。社會風氣，學術風氣，終不覺悟，雖日嚷反共，而反不下，終為共禍所吞歿，則亦不得曰成仁，曰貞勝。以無生命途徑故。有生命途徑，雖前仆後繼，皆成仁也。思想、時代雖複雜，然其所以陷溺而為盲目之勢攜之以趨者，其來龍去脈之理路，則甚顯然。此吾人之所以疏導歷史文化也。成純而不捨離之機端在是矣。就現實言之，短期內實無可樂觀處。吾人此生也許終不能見轉機。然無傷也。保孤明以通千古，握天樞以爭剝復，則即是不捨離之成純。文化有主，國脈有主，決不捨離。父母之邦不可輕去。作猶太人而為國際遊魂，決非光榮。遠逃美國而說風涼話，決是可恥。近

人意識只是橫剖面之現實社會中所有者來回拚合。此種不捨離只是
紛馳。不能疏通歷史文化以定生命之途徑，決不可語成純。其所以
不能通者，悲心切感不足故也。吾 兄「雖弊弊於一小事」，然心
思不爲此事所限，而常有越乎此者以爲骨幹，則無所謂「弱弩之
末」，基礎穩不穩亦無關也。事待緣而顯，骨幹一立，則緣會隨時
而來，即一時不來亦無所謂。理事圓融，然必理主於事，是即理越
於事。圓融非陷於事也。事皆特定，陷於特定之事，非圓融也。故
心思必常提起而不可同一於特定之事，譬如《人生》內容，如吾
兄所常言，多係俯就應化，故有零碎之象。然若心思不同一於此
象，則可不成定局而亦可不爲其所限矣。強固與貞恆不能寄託於特
定之事上，惟在通千古之文化生命以不憂不惑不懼耳。故願吾 兄
多在骨幹之樹立上用心。人常能讓開一步，雖日在事中，而若無事
焉。弟所能言者不過如此。至於新儒學問題，則當別及。又人生常
靠一外在希望以維持其生命。一旦撤消其希望，或整個無可望，則
墜落頹廢而惶惑無主。此處最是難事。弟決不作遠離不切之高論。
然內心之孤明決不可喪。在無可望無可爲之中，藉酒澆愁亦無不
可。人不能總在緊張中，亦不能天天愁眉苦臉。幽默感亦是活轉生
機之一道。人不能總是「頂瓜瓜」，有時「亞亞烏」亦是可許的。
生命強烈的人，大有爲者，「亞亞烏」常不可免。在幽默感中，忘
掉一切。無可望，無可爲，亦要忘掉。如是心靈回歸於其自己，一
切急切渴望之功利心皆不存在，眞理本身就是目的。心靈回歸於其
自己而上通千古，上通千古就是目的。躍然浮現而四無傍依。如是
通千古，即開來世。此亦是讓開一步之收穫。若不能使心靈回歸於
其自己，則「亞亞烏」終於「亞亞烏」而已，亦說不上讓開一步

也。弟於此感觸良多，亦不敢多說。惟盼吾人相與努力通歷史文化
以定生命之途徑耳。拙作《歷史哲學》，本囑出版社寄百部，想陸
續可到也。盼　兄予以追求而指正之。不盡一一，敬候
大安

弟牟宗三敬上　九月十七日

附：王道〈人生之困惑〉

宗三先生賜鑒：

　　九月二十日讀　先生九月十七日大示，真是對症良藥，使此疲
弱之身心，不禁為之挺拔，若欲有所卓立，而欲罷不能。平日涉獵
釋、道兩家言，所悟得者，惟在「破有生之執，盡有生之用」；而
對我先儒的天人性命之學，則嘗約之為「以生為體，以仁為用」與
「為仁求智，以勇行仁」。數年來居夷處困，參變守常，固若略知
酌所以自處者，然因義未精，仁未熟，每念上帝之所以隱退，大道
之所以不行，反覆尋思，實不能無惑於天人之故；而坐視群魔亂
舞，生人道絕，有若刀光奪目，哭聲盈耳，實亦未能靜定不紛馳
也。

　　　　念古之聖賢，其以中國為一人，天下為一家之仁心，如天地
　　　　之無不覆載，本其至誠惻怛之情，發而為言，顯而為事業，
　　　　皆沛然莫之能禦。吾佩之敬之，願馨香以膜拜之。然吾復
　　　　念，古今之聖哲多矣，其嘵音瘏口，以宣揚愛之福音，顛沛
　　　　流離，以實現愛之社會，所以救世也。然世果得救乎？人與

人之相嫉忌猶是也。人與人之相殘害猶是也。試思地球之上，何處非血跡所渲染，淚痕所浸漬？而今之人類，正不斷以更多之血跡淚痕，加深其渲染浸漬之度。人類果得救手？何終古如斯之相殘相害？彼聖哲者，出自悲天憫人之念以救世，固不計功效之何若，然如功效終不見，世終不救，則聖哲之悲憫終不已。聖哲之心，果能無所待而自足手？吾悲聖哲之懷，吾知其終不能無所待而自足也。吾每念聖哲之行，恆不禁欲捨身以遂成其志。吾固知吾生之不能有爲也，即有爲而世終不得救也。吾今茲之不忍之念，既不能化爲漠然，捨身又復何難？然吾終惑世既終不得救，而人何必期於救？宇宙果不仁手，何復生欲救世之人以救世也？宇宙果仁手，何復救世者終不能得遂成其志也？〔……〕吾輒念之而惑不自解，悲不自持。

　　唐先生此言（引自《人生之體驗》導言附錄），實最足以表達我內心困惑之所在。每憶黃道周先生之答學生問（大意爲國亡、身死、道常存），雖易地而處，亦只能作如此想，如此說，然總覺此言至可悲，此心至無可奈何。王船山先生說：「孤月之明，炳於長夜，充之可以任天下。」保孤明以通千古，固爲古今大儒之所貞勝，然如何充之以任天下，則正爲儒者之所短也。

　　道嘗默察人性，認爲上帝或儒者所握之天樞，即爲人類向上向善之本願。　先生的《歷史哲學》從人的本願中認取歷史的光明道向，此義昭如日月。然人類此一向上向善的本願，是「操之則存，舍之則亡」，非有學問的修養與師友的夾持，則其向上之勢，每挽

不住其向下之勢。因為向上勢逆，須用力；向下勢順，不費力。而絕大多數人既不足以言師友夾持與學問修養，則其依于人類來自動物性的一切弱點，實無一不傾向于抵抗力之最低處走也。譬如登高攬勝，只是少數人「日月至焉而已」，其餘多數人經常生活在聲色貨利之中，心放而不知求，其因本願的提不住而流于乖謬邪僻，乃為勢之最自然者。此中關鍵，當即《書》所謂「人心惟危，道心惟微」，與夫上帝的指引戰不過魔鬼的誘惑之故。因上帝有所不為，魔鬼無所不為，其間道力與魔力的盈虛消長，固若早判然矣。為著此一問題，道曾懸想今有大思想家與大政治家能順性命之理，應時代之變，重新建立一套不違中和大端之新社會學與新社會制度（亦即新禮樂），以宏揚敎化，並措之于政事，冀能于百年之間，挽轉人心頹勢，蕩滌煩苛弊習，導致于政通人和。然此非有大德在位之王者實不足以興。退而求所以盡其在我，則為如何在人欲中體察天理，如何在天理中疏導人欲？（存天理去人欲之敎，不足以語于衆人，亦為儒者外王一面之所以不顯。）換言之，即為如何使「在山泉水清」的源泉（衆人所同具的本願，少數人所操存之孤明。）能周流迴注于廣大的心田，以蕩滌其習染，化除其乖戾。此為數年來所常困心衡慮，如王船山先生所謂「因時之極弊而補之，如衡低而移其權，又慮其昂。」總不易允執厥中，泛應曲當，是以常用困惑。

　　先生在〈說懷鄉〉（《人生》44期）一文中曾云：「我們這一代在觀念中受痛苦，讓他們下一代在具體中過生活。」此為生在艱難時代中而毅于自任者，對自己所願有之承擔，對未來所當有之信念。　先生之疏導歷史文化，開拓理境，求能湧現有足安定人生建

立制度之思想系統，當即爲此一未來信念之內在根據。對于此一大
開大繼的工作，道自知學術基礎太差，無足與言建樹。但自略知憂
患，具有多少「人」的自覺，對凡爲人所當用心者，則似覺曲能有
誠。由此一曲之誠所浮露的一曲之明，則覺得凡　先生等之所爲，
以及古來大師之所爲，均係建立通千古來以開來世的必須條件。而
來世之開之遠不如古來大師之所期望，則爲充足條件之缺乏。此一
充足條件，　先生已不斷指爲「分解的盡理的精神」，或「理性之
架構表現」，亦即客觀制度與客觀精神。而道則在此之外，認爲如
何使學術思想與道德理性能普遍接引衆人，能滲入一般人的日常生
活之中，因以通天下之志，成天下之務，亦爲最主要的充足條件之
一。因爲客觀制度與客觀精神，不能遠離衆人而建立。由少數人的
觀念生活到多數人的具體生活，其間必有可以過渡通達的橋樑。倘
若少數大師之理性架構，或分解的盡情精神，尙不易爲一般中下層
的智識份子所理解接受，則其餘大多數芸芸衆生之必將順著人性的
弱點，爲魔鬼所誘惑裏脅以去而從流忘返，蓋爲勢之所必然。在孔
子之世，幸而有管仲，故不至於披髮左袵。倘今之學術敎化不能顯
出外王，一面以陶鑄多數管仲，則人類之災禍不知伊於何底，當不
僅吾人這一代之受痛苦之承當悲劇已也。每念及此，實不禁「中夜
起危坐，若傷天地心。」退而思蟻負一粒，求有以盡橋樑之責，使
一面承接高明，一面通向中庸，雖若途徑在前，實苦荊棘難闢。此
中所關涉者爲個人的知行問題與群體的政敎問題，其糾結難解之
處，已略見于〈論儒家的人文思想〉之末段，茲不贅述。

　　凡諸困惑，雖出于情之不容已，實亦爲出位之思。今爲自致寧
靜，祇有以不忍之忍，不捨離之捨離，暫忘一切，如　先生之所指

示，使生命回歸於自己，而多在骨幹樹立上用心。處無可奈何之世，抱無可奈何之心，縱使孔子復生，其所以指導吾人以立身行己，居易俟命與守常處變者，實亦不外如　先生之所言也。每讀　先生文，若見泰山巖巖之孟子氣象，「滿腔是文化理想，通體是光輝」，「永遠看不出萎縮的樣子」。　先生無論那一篇文章，都是此一精神在澈上澈下澈內澈外直貫到底，此種截斷眾流與一以貫之的心胸氣魄，正爲道所心焉嚮往而不能至，道之對　先生深致崇敬者亦在此也。近因遵醫囑，不宜多用腦。如上所述，殊未盡此中情蘊於萬一，容他日當再求教。專肅，敬頌

教安！

後學王道謹呈　九月廿八日

原載《人生雜誌》第10卷第11期　　1955年10月16日

論學與讀書

　　古人說：「學者覺也。」大抵學的過程即是覺悟的過程。要學必須讀書明理。當然人可以問：不知三代以上曾讀何書？人可以撇開書而直接面對自然。但須知直接面對自然，自然固可刺激你，使你有所警覺，但自然並不能把眞理現成地送到你的心上來，而你的一生也是很短促的，若皆直接面對自然，則皆過而不留，人的覺悟明理必不能滋長擴大，始終停在原始狀態與野蠻狀態中。時間雖至於今，而人之爲原始仍自若也。長此終古，終古如一，亦必等於無覺悟，未明理。經驗是累積的。古人之所明者很願記載下來，留傳後人。人之創造文字不是可以造，也可以不造，那是必然要造的。所以記載他的覺悟與所明之理以留後人，也是必然的。而後人之讀書，通過古人之覺悟與所明之理以滋長擴大，也是必然的，而且是必須的。

　　讀書明理以求覺悟，是根於人性向上愛好眞美善之不容已。人見眞就喜悅，見美就喜悅，見善就喜悅。所以孟子說：「理義之悅我心，猶芻豢之悅我口。」眞美善之悅我心，則我心即欣趣於眞美善。心之欣趣眞美善是心之內在的衝動。這種衝動，我們名之曰最內在的美學欣趣。故所悅者不管是眞是美是善，要必有一種美學的

趣味在鼓舞。此即所謂愛好。

所愛好的眞美善很可以是低級的，也很可以是夾雜的。所謂低級，是以接近「物質的情欲」來規定的；所謂夾雜，也是以物質的情欲參與其中來規定的。但無論如何低級，如何夾雜，要必有眞美善的成分在其中始可被愛好。人不能愛好那毫無眞美善於其中的東西。這毫無眞美善於其中的東西是什麼很難說，也許什麼也不是，是個大混亂，大混沌。人固然在某種發展階段上，也愛好混亂，愛好混沌。譬如在浮文過度時，就愛好混亂，厭惡秩序，而莊子也稱讚混沌。但此種愛好也是套在眞美善的系統內說的。而此時其所好的混亂混沌也毋寧是代表眞美善了。所以若抽掉一切眞美善的意義而什麼不是，根本不套在眞美善的系統內的混亂混沌是決不會被人愛好的。

人在讀書明理時，其內在的美學趣味是形態多端的。蓋眞美善是要在具體中表現的，因此是有內容的，有特殊規定的。因此就有各方面各種姿態的眞美善。譬如愛好形式之美的，就比較容易欣趣於幾何與數學；愛好具體之事態的，就比較容易欣趣於歷史；愛好機械之整齊性的，就欣趣於物理；愛好生命之跳動的，就欣趣於文學。而在文學中，喜歡散文是散的興趣，喜歡詩歌是韻律的興趣。即在詩歌中，也有廣度的興趣與強度的興趣：廣度的興趣是鬆散的，強度的興趣是緊密的；鬆散的，則好敘事，行雲流水；緊密的，則好意象，生命熱情。同時，質的興趣則愛好價值、人文，量的興趣則愛好齊一、自然。人的興趣在後天環境或風尚的影響中，常不能順適調暢地發出來，或被埋沒，或被歪曲。然它的本眞終必衝出來。這就是人的眞性情。所以人的眞性情既不易表露，也不易

被發見。人常連自己也不知自己的眞性情在那裡，此是在不自覺的混沌狀態中。眞性情如從環境風尙的影響中衝出來，人便在自覺中或處於自覺中。而這便是人格之一致。一個人若永不表現其性情，則是虛偽的人，或是無性情的人。若無所謂虛偽，也無所謂性情，則是平庸的人，根器陋劣的人。

人表現其眞愛好、眞性情、欣趣於任何一面，便在該一面有成就。所謂有成就，便是對於那一面的眞理有所明。荀子說：「眞積力久則入。」入即能透徹明其理之謂也。故讀書淺嘗輒止者，浮光掠影者，皆眞未積，力不久，而不能入也。不能入則無下手處，無下手處則無用心處。故心思總在散亂浮動中。此人即無眞性情。入則按部就班，順序前進。蓋入則理現，而理本身就有序，此之謂「理路」。順其理路而前進，則系統成焉，此之謂終始條理。入而有理路，則爲有法度。有法度則不荒腔走調。法度有自「家法」言，此即所謂師承。此是法度之主觀意義，而其客觀意義則在「理路」。尊師是重法度之主觀意義，重道是重法度之客觀意義。故讀書明理以求覺悟，必尊師而重道。一人之心力有限，故尊師；遇有疑難而不解，故尊師；停滯僵化而不能有轉進，故尊師。師助之，指之，點撥而活轉之，則生命暢通而近道。近道而印證於理，則重客觀之法度。故讀書明理，於「眞積力久則入」外，必尊師而重道。矜持虛浮散亂，皆尊師重道之大障。個人矜持虛浮散亂，則爲無法度之人；世皆矜持虛浮散亂，則爲無法度之世。無法度之人爲亂人，無法度之世爲亂世。

中人之資皆有相當程度之眞性情，而所以終虛浮散亂而無成者，則因刺激紛馳而亂其心思。亂世則尤甚。故人生於亂世，如眞

覺有責任之感，最好先於刺激紛馳中，一任其真性情之流露，而欣趣於真理之一面，以貞定其心志。此謂藉欣趣而凝聚。所謂「弱水三千，我只取一瓢飲」。人必有所不為，而後有所為。心志凝聚，則免於虛浮散亂，而矜持去矣。如是，尊師重道，順序前進以明理。世皆散亂，而吾以一心斂之；世皆浮動，而吾以一理貞之。

在順其欣趣以明理中，人又常易為一定系統之理所拘束，而流於固蔽。故人必須常能開擴活轉其內在的欣趣以去執去蔽。所謂開擴活轉，不是無所不知。重要者在令人去執去蔽。孔子曰：「知之為知之，不知為不知，是知也。」能知界限分際，便能去執去蔽。莊子說：「知止於其所不知，至矣。」此亦是去執去蔽開擴活轉其內在欣趣之話頭。前文所說各種形態之趣味，若能開擴活轉，則皆相助相成，而且相養。若不能開擴活轉，則相壅相蔽，而且相害，則每一形態皆可流入惡情惡趣。故人於順內在欣趣而明理中，能漸進而用心於內在興趣之開擴與活轉，則其覺悟與明理又進入一較高之境界。此即古人講學用心之所在。所謂「大學之道，在明明德」也。近人言學，則在順個人內在的欣趣以明外在之理為主。此而漸漬日久，則必當進而用心於內在欣趣之開擴與活轉，方可說真覺悟，真學問。學與讀書，並無巧妙方便處，只有「透露性情，凝聚心志，尊師重道」三語而已。

原載《大學生活》第1卷第9期　　1956年1月5日

關於外王與實踐

一

宗三先生垂鑒：

　　〈人文講習錄〉之十七，已在一二九期《人生》上發表，此中辨析精微處，真是發前人之所未發，使此一渾淪之心為之豁然。十八、十九兩講，並乞惠予檢寄。

　　唐先生談及　先生願屈就社務委員，至為《人生》歡幸。唐先生常講師友之道。道頗想使師友之道，能多少體現於《人生》事業。由師友之道生發文教事業，由文教事業為下一代開拓一外王所必須憑藉之社會基礎，此蓋為吾人最大可能的行得通之路。《人生》幾年來所做的多數是適度工作或接引工作，亦即對無根柢之青年轉移心習，指點目標，此後所應著重的工作，是如何運載此已覺醒的青年以到達彼岸，以成德達材。此全賴有如　先生等之大學問大心願，以為運載之舟楫，以為陶鑄之洪爐。而道則當始終勉為後知後覺之播道者耳。

　　平居視現實世界之「赤焰流天，生民道苦，先聖先賢之學脈將

斬，西方理想主義之正音，亦復難聞。」（唐先生語）每不勝殷憂
在抱。省察吾人環境。亦不知有若干苟安日子，可以讓吾人從容盡
心。故在一二九期《人生》上之一二雜感，不免對所謂實踐與外王
有所強調。然再深細一思，不但覺得言之太早，而語義諸未周匝，
亦足滋生流弊。倘若使在學青年忽略讀書而好高騖遠，且屬莫大罪
過。此大崩解大否塞之世，自己且不知所謂外王的實踐將從何處著
力，又何可以空言責望他人！自愧口中筆下常謂己立而後能立人，
而自問對於政教之本源與學術之大體，則無一可言立者。故邇來亟
思擺脫雜務，將平日聽講閱讀所得做一番融會條貫的工夫，並自求
有所精進。雖平生志抱不在著述，然苟無適足之學術基礎以為運用
資具，終恐不免長此耿耿以終古耳。「中夜起危坐，若傷天地
心」，此時輒想到宗教家與仁人志士之犧牲精神，以及中山先生之
奔走鼓吹，但清晨醒來，面對現實，自問此筆此口之所言者幾何，
此足之所能到與此肩之所能負者幾何，以及此身心之所能勝於空乏
行拂者幾何，則又不禁廢然若失。

　　由此一念退轉，亦頗想冷眼觀世，學邵康節之在急流中取得十
年快樂，而游心於「一陽初動處，萬物始生時」，然終不能使自己
獲致寧靜。心靈長此困擾，每唸「知我者謂我心憂，不知我者謂我
何求」，讀　先生所引的「有情皆病，予亦隨病」，更不勝其忐
忑。所幸邇來健康日有好轉，差足告慰於愛我之師長耳。隨感信
筆，不盡所懷。敬頌

　　　　　　　　　　　　　後學王道謹上　三月十一日

二

貫之吾兄大鑒：

　　三月十一示敬悉。《人生》一二九期吾兄及王恢先生大作已拜
讀。今時強調實踐與外王本甚重要。吾兄紀念中山先生一文，尤具
恢弘之度。使中山先生以後所沾染之駁雜，一反而歸諸正，此亦前
此所未見，而主事者則仍在順流而下中。今言實踐與外王，對於政
教本源與學術大體，實不可不有重頭之覺悟。弟對此實想仔細一
想。故有理性之運用表現與架構表現一理路之開出。弟將詳言之於
《論治道》一書中。弟意仍須由儒家學術（正宗之文化生命）而開
出，不能求之於墨子、法家一流。弟對於墨子以及後來之顏、李
（其他不必說），總不喜。他們雖都有慨乎言之處，然其直接的事
功與實用精神，總無用。凡事不能純出之以有激而發（偏激）。有
激而發，可以刺弊，然激本身不能成事功。墨子、顏、李一流人，
對於一世不能知音，對於歷史亦不能知音。不能聞絃歌而知雅意，
開不出事業來。自己生命先隔了，接不上，故不能調適而上遂。操
切急躁之心以求用，總無用。成事功要在不犯陰陽之忌而已。要建
國，不能不識建國之體。操切瑣碎於雜務有何用哉？要有機械之
用，不能不先開出科學。攀援欣羨，操切急躁，有何用哉？要造原
子彈，只有訴諸科學家與工業條件，直接之實用觀念，無論如何
急，亦用不上力。是以臨淵羨魚，不如退而結網。凡事皆須讓開一
步。能暫時放棄實用之觀念，而有不關心之追求與貞定，則大用來
矣。此之謂聞絃歌而知雅意。墨子、顏、李皆不能開啟未來之生

命，正示其急用之無用。此之謂「不知音」。能游心於「一陽初動處，萬物始生時」，亦是知音也。專此不盡一一。敬候

大安

弟牟宗三上　三月廿六日

三

宗三先生垂鑒：

　　讀三月廿六日手示，對　先生截斷眾流，盡掃枝葉之教，自覺頗有會心。　先生謂「激本身不能成事功」，「直接的事功精神與實用精神，總無用。」此皆不易之言。所謂「不犯陰陽之忌」，應即條件具足、機運成熟之意。反之，則為捷徑窘步，欲速不達。總言之，是大經大本不立，則一切枝枝節節，均將徒勞無功。然此中道覺得有若干實際問題：

　　一、大經大本之理論建構，應兼從客觀實踐的體驗中去完成，或專從主觀智慧的燭照中完成（亦即經驗主義與理性主義之分合問題）？如屬前者，則因其分心於客觀實踐，不能聲光凝聚，使生命完全回歸於自己，實很難調適上遂，致廣大而盡精微。如屬後者，則歷來大師之理論建構，曾少見有能使後王措之於政事而開啟外王之事業者。（此因讀者總不若著者本身的見道之深、信道之篤；而時勢更易，理論與現實亦未必恰能相應。）故言大經大本之理論建構，窮吾人一生心力，未必即能經分綸合，體大思精，即能粗具規模，亦多數於身後即被置於著作之林，與造作本意不相涉矣。

　　二、自然科學的原子論能產生出原子能，社會科學的人才論、

建國論，是否即能陶鑄人才？即能建國，道亦嘗有疑慮。因人才必須兼在實踐中磨練而成。即使理論能孕育人才，亦必要有相當悠久的時間。以言時間，原子能再遲兩千年出現，於人類不成什麼問題。反之，倘若人才不出，建國不成，則人道牛馬，生靈塗炭，將不知伊於何日！（在此時而欲游心造化，實只有暫時的理智上的可能，而非經常的情志上的可能。）三、理論的建構，有如爲理想大廈繪畫理想圖案，這是極基本極重要的工作。但這是極少數的工程師——具有剛健的生命、通透的智慧、深遠的義理，與縱貫而綜和、能綱維全面文化意識的大工程師，始克勝任，不能寄奢望於中下之資。世人不按圖而胡亂建築，固必將浪費人力物力，但工程師在圖案之外，必須同時重視造林、冶鐵、打石、挑土等實用精神與瑣碎雜務，則亦當是義所應有。在變亂之際，開創之時，沒有適足的人才，可作合理的分工，迫得工程師不得不兼顧實用，兼親雜務，蓋亦勢有所不免者。（若諸葛之自校簿書，即其一例。以諸葛之明達，又豈待法正之言？特因事無大小，總必有人做，無人肯提起，即不容自己放下，故鞠躬盡瘁以至於死。）

四、先生在《新思潮》三十九期〈現時中國之宗教趨勢〉一文中，談到「我要作一件事」，此中之「我」與「一件事」，是表示生命之降落與局限。此中意思，該是說凡宜於作理論建構的大工程師，中途轉向於某一特殊事業，使兩種工作均不能做到家，因而對其在學術上可能的更大成就與對國家社會可能的更大貢獻而言，是表示生命之降落與局限。假若非能勝任理論建構的人，而各盡所能以求「我要作一件事」，則應爲先生所許，而不視之爲生命之降落與局限。因爲吾儒講內聖既爲通外王，由內在的生命智慧而表現爲

外在的典章制度，以及每一件事，蓋有如樹之開花結實。孔子之常夢見周公，應亦係寄意於此典章制度下每一件事所和合之教養兼施，人文化成。故道覺得理法界與事法界之本末體用應當分，而對兩者的價值則必須同時加以肯定，乃能策勵衆人各就才性之所宜而各盡所能，各得其生命上的安頓。類若王陽明〈拔本塞源論〉所謂「處於煩劇而不以爲勞，安於卑瑣而不以爲賤」，那種理想主義者的瑣碎事務，同樣是留心建國者所不宜輕忽。

　　五、墨子與顏、李對生命本源的智慧不透，而徒重視外在的事功，自與儒家正宗之文化生命有偏全精粗之別，不可以等量齊觀。然墨子與顏、李之所非所尚，均爲針對當時頹風，而思用大力求有以矯其弊，在歷史行程上，實有其必然產生和存在的理由。其受外來之激盪，與世相抗以興起，自行其心之所眞是，摩頂放踵，枯槁不舍，亦正表現一豪傑精神。雖其言行偏重於剌弊矯弊，忽略全體大用的政教本源與學術大體，不能開啓未來的文化生命，然其所深刺所力矯的當時禮樂之流弊，與理學之流弊，卻正爲吾人所亟應深心注視。正如社會病理學家（中山先生批評馬克斯）雖不能醫治社會病，然吾人對其所揭發之社會病狀病因，卻正宜細加察認，然後能對症下藥。道嘗謂反共不能不兼反殖民主義與資本主義，以及反資本主義必須以民生主義代替社會主義，乃可避免其流弊，均係據此而云然。道前日覆政通兄一信，謂顏、李所言有足爲宋學之他山攻錯，亦係從此處著眼。（前日的識見雖僅達於此，然自覺無害於前日的修辭存誠。今後苟有更進于此者，則爲得自先生之所啓發。）

　　凡上所述，是就道在先生極簡約的語句中，所觸發的若干應有

之義，求爲衆多讀者所共喩而稍爲申述。簡言之， 先生所不重視者，是無源之水，無體之用，亦即不根於學術之事功，不根於理想之雜務。先生所不喜者，是墨子與顏、李之不足爲學術文化之主流，之不能開啓未來之生命，然無害其可以集思廣益，相觀而善。於此「否」運，志切「同人」，就理論上的建樹而言，自應建中立極，管歸一路；就實踐上的配合而言，則應多所肯定，多所涵容。先生亮此孤懷，想不怪其蛇上添足。至 先生所謂「暫時放棄實用之觀念，而有不關心之追求與貞定，則大用來矣。」此不但最足開悟大心深心之士，對道而言，尤爲金石良藥。爲求有足仰副 師長之厚望，不敢以學力不逮而自畫也。《論治道》一書何時可以問世，甚願得早日細讀。專肅，敬頌

教安　　　　　　　　　　　　　後學王道拜上　三月卅日

原載《人生雜誌》第11卷第11期　　1956年4月16日

悼念韓裕文先生

　　友人韓裕文先生，以癌症，逝世於美。聞訊之下，不勝悲悼。
裕文卒業於北京大學哲學系。卒業後，從熊師十力先生於嘉定復性
書院。時日機狂炸嘉定，熊師且受傷。旋因故，熊師離嘉定，裕文
從之，亦離去。時抗戰初期，生活艱困。熊師離嘉定，無安身處，
寄棲於璧山獅子場國民小學中。裕文亦侍居於此。時余在重慶，聞
訊往拜熊師，候起居。夜晚抵獅子場。進門，見師母正補綴衣裳。
即告曰：先生在裡屋。余趨入，一燈如豆，先生呻吟於榻。相視，
不覺悽然淚下。裕文亦泣。晚間，裕文告以所以離嘉之故甚詳。翌
日，吾擬返重慶，裕文止之曰：「汝來住一日，即返，恐先生不
懌。先生心境不暢，吾等相聚，彼稍得安慰，何可即返！」余頓時
既感且愧。感裕文之殷切，愧自己之懵懂也。乃留侍數日，先生精
神亦稍佳。後熊師卜居於來鳳驛黃家花園。裕文復隨侍。生事益
艱，且不得飽。後裕文告余曰：「先生課讀甚嚴，乃饑腸轆轆，輒
不終卷。」師生相依為命，誠如孔子在陳絕糧矣。余見裕文從師於
患難，乃知其肝膽照人，古道猶存。
　　抗戰勝利後，裕文任教浙江大學哲學系。於民三十七年夏首途
赴美。至今已八年矣。方期學成歸來，朝夕相聚，共宏斯道。孰意

一去不返，竟成永別，豈不傷哉！念茲亂世，師友散離，或睽隔大
陸，或遠適異方。今裕文復半途謝世，益增凋零之感。

　　裕文山東萊蕪人。萊蕪於古屬魯國。裕文天性誠篤，尊師重
道。其猶古魯學之遺風歟？然胸次不豁達，嫌拘謹。嘗自謂狂進不
足，神解亦差。熊師稱其篤實，常思有以啓迪之。然究不甚能推拓
得開，拘謹則不免抑鬱。其家又遭共黨荼毒，父母兄嫂皆掃地出
門，逼令無生地。其心中之痛苦，可想而知。憂能傷人，不其然
乎？遠適殊方，異國情調，亦未能解其抑鬱也。吾聞訊而悲，乃略
述其生平，以資悼念。

原載《民主評論》第7卷第8期　　1956年4月20日

青年與時代

各位先生，各位同學：

今天承黃校長盛意，約我講幾句話，我很感榮幸。現在我想和諸位同學講的題目是「青年與時代」。這是我們時常聽到時常見到的話。現在我想從比較能與諸位同學發生親切關係的方面講一講。我爲什麼要拿這個題目和諸位談呢？因爲中國近三十多年以來，在師範學校和師範大學裡面求學的青年們，心理上總有一點委屈。什麼委屈呢？那就是種種的限制。因爲讀師範學校的同學，家庭大多比較清寒一點。不能像入普通中學的學生，家庭能供給足夠的學費。師範學校是公費，一切皆由學校供給。可是問題就在這裡。你們自己仔細想一下，你們之所以進入師範學校甚或師大之原因，是否皆出自自願呢？我想決非完全出於自願。所以我說這種限制，使同學們受了委屈。師範學校乃培養師資的。它爲你們的前途已安排好了既定的方向。師範生將來是爲人師表的。「爲人師表」是何等好聽的名詞。孔夫子是萬世師表，也總是爲人師表。但他是聖人。至於我們之「爲人師表」，實在只是一種清苦的職業，這裡並無若何風光可言。所以社會上並不眞重視我們這區區的教書匠。因此就造成了這麼一種現象，即，對一般從事教育工作的人，口頭上是恭

維，骨子裡是瞧不起。認爲你沒有什麼出息，不會有什麼發展。有志之士自己也不會甘心承受這種限制。大丈夫志在四方，那麼我們又何苦教書呢？可是我們畢竟進入了師範學校。既進入師範，就得受這個預定的限制。我們爲什麼要受這個限制，因爲我們不是富有的家庭，我們的父兄沒有充裕的經濟力量。農家子弟，貧苦出身，我們也要受教育，也想與於知識學問之域，不得已，我們進師範。這就是委屈。可是我們既受國家的優待，我們就得盡義務。這裡使我們在委屈中正視了道德的義務，體認了道德的意識。農家子弟，來自田家，並不是壞事，委屈並不是壞事。這是「動心忍性」的開端。

中國傑出的人物大都出自農村所以說這不是壞事，反之，倒是我們的光榮。因爲惟有這種人，他纔知道人生艱苦。知道艱苦的人，纔能夠正視人生。不像一般富家子弟，經不起一點考驗，性浮不定。原因是我們沒有任何憑藉，我們每走一步，都有障礙。這種障礙，要自己用智慧毅力去克服。因此師範學校出來的青年往往有一些很傑出很不平凡的人才。就因爲他們知道艱苦，所以才能克服艱苦。這種人的生活力特別強，亦具有眞性情。可是一般貴公子卻少了這份生活力。他們的生活力弱得很，受不了任何打擊。三十多年以來師範學校出來的人才固然有好多是正面的，可是也有負面的。我們希望青年人要成爲一眞正的青年人，進一步，要成爲一眞正的中國青年人。何謂眞正的青年人？單純、誠樸，渴求知識，嚮往理想。何謂眞正的中國青年人？心思凝聚，定在自己國家的建立上，自己歷史文化的延續上，把自己個人的生命接上中國的文化命。這一點，師範學校的青年是比較適宜的。而要出自師範學校的

人才使之成爲正面的，也只有以這一點爲準。普通中學乃至大學的
青年，多是精神散亂，性浮而吃不得苦。我們目前的國家之所以
弱，乃文化不能配合建國之故。進入普通中學的青年，其心思是敞
開的，其未來生活之門亦是敞開的。他們由於平時所修科目異於師
範學校，不注重國文，而偏重英文、數學，畢業後要升學，要出
國，都在他們的夢想中。這就不免於散亂與紛馳。本來說心思敞
開，未來生活之門亦敞開，這本不算壞。人的心思本要敞開，如是
才能昂起頭來。而師範學校裡的學生，無論中等或高等的，其一般
氣象，又總不免於萎縮。所以對這萎縮而能敞開硬朗，當然是好
的。可是，假若我們生在大唐盛世，我們能敞開，當然還可以說硬
朗。不幸，我們生在眼前的中國，正無足以支持我們的敞開，亦無
足以使我們的敞開轉爲硬朗。這敞開，不但不好，且轉而爲散亂之
壞，不但不足以硬朗自己，且正好轉而爲卑屈。這時代的青年、中
年，乃至老年，全成爲散亂與卑屈。一味趨時務外，全喪失了自
己。老子說：「五色令人目盲，五味令人口爽，馳騁田獵，令人心
發狂。」這時代的人全在盲、爽、發狂中。譬如說，人們意識上，
都以過耶誕節爲進步，然而在內心裡卻總以過舊曆年爲親切。而這
親切之情卻藏在心裡，不敢露面。我說這時代的人是散亂與卑屈，
實可從這個例子來了解。這種散亂與卑屈即是一個人的生命分裂。
中華民族時下正是在生命分裂中。一個人的生命分裂，不能說是個
站起來的人。一個民族的生命分裂，不能說是個站起來的民族。我
們要想自己站起來，民族站起來，就必須先使自己成爲一眞正的青
年人、一眞正中國的青年人，進一步，使一切中國人成爲一眞的中
國人。要這樣，就必須先去掉散亂與卑屈。而師範學校的青年要作

到這一步，就比普通中學與大學的青年容易得多。所以我們要想使青年人，成為真正的青年人，成為真正中國的青年人，還須向師範學校多多注意。這裡正用得著我們的「動心忍性」。家境清苦並不是壞事，委屈並不是壞事。而散亂與卑屈才是壞事，才是可恥。我們首先須要一個「動心忍性」的凝聚。

中國近三十幾年來師範學校多出若干不平凡的人才的原因，就因為他們大都是來自田間，知艱苦，有性情，生命力強。可是除去這些外，還得步行在真正的道路上。毛澤東就是師範生，可是他並沒有走在正道上。所以，這幾十年以來，師範學校出來的人才，雖都是不平凡的，但大都是負面的。這是一個嚴重的問題。所以你們必須善於運用自己的性情與強力，循著正當的途徑謀取正當而合理的發展。若干生命力強的人，非凡的人，就因為沒有循正當途徑，結果非但不能有益人群、社會，反而禍國殃民了。所以現在我們一定還要「動心忍性」，目前已臨此抉擇階段了。那麼哪個途徑才是我們應該走的呢？我們應該慎重考慮。根據自己的「動心忍性」來創造我們的途徑。使我們的所長真正發揚出來，使我們的文化發揚光大。這才是真正青年人應走的途徑。中國三十幾年來，師範學校的青年，有若干具有良好基礎的，因為他們沒有獲得發展的機會，沒有發展到真正的途徑上去，所以都未免浪費了。這是師範教育的失敗。三十年來大中學師範學校出來的人，都一直對中國文化不能瞭解。要想挽救這種文化的盲目，首應有文化意識的覺醒，進一步徹底透徹自己的文化生命之來龍去脈。這責任當該落在大學的國文系。可是眼前大學的國文系乃最不重要的一系，最糟糕的一系。在現在國文系裡，任何學問接不上；這裡不出文學的天才，不能有歷

史的意識與智慧，也不能有思想與義理。所剩下的只是讀《爾雅》、《說文》，讀甲骨、鐘鼎，一點點的小學，再加上那點濫文人的秘書文學。試想一個生死完全陷在這種圈套裡，其心思自不能不瑣碎，其器識自不能不卑陋，亦根本無器識。小學畢竟是小學，什麼叫學問？學問就是科學、哲學、道德、宗教的總稱。可是負責文化使命的國文系卻任何都接不上。中國的文化生命低落到這般境地，那麼讀師範的應如何才能表現自己的文化生命呢？既沒有光明的途徑又為什麼不去挺而走險呢？這就是三十多年以來不出正面人才之故了。

要有正當的途徑，必須接上自己的文化生命。什麼叫做文化生命？文化生命就是一個民族表現其觀念、理想的態度，也就是其自處之道。這是直從生命之動向上說，不是從外在的遺蹟上說。我現在以孔子作例來表明文化生命之意義。孔子是繼承夏、商、周相傳之文統的。但是他身上不是背著一大堆骨董，他有極強的歷史意識，所謂「損益三代」，他有極強的文化意識，所謂「鳥獸不可與同群」。他能通過往古的文化遺蹟而點醒其意義價值，他以他自己的德性生命來證往古的德性生命，他的生命直通著黃帝、堯、舜以來華族文化生命之大流：他直接貫通著往古而承當了下來。所以他能開文運。我不必講得多，就這一點，就足以明文化生命之意義。所謂接上自己的文化生命，就是也和孔子一樣，能貫通著往古而承當下來。這裡是思想義理之所在，也是道德宗教之所在。人們在這裡有了覺悟。有了通透，算是有了生命的途徑，在這途徑上使民族生命與文化生命合一，如此方能說建國創制。一個民族能通透了他的文化生命而建國創造，這就是盡了他的民族之性。一個人須是自

己文化生命中的人，一個青年須是能嚮慕敬仰自己文化生命的青年。如是，方是眞正的青年，眞正中國的青年。一個眞正中國的青年，要覺得散亂卑屈是可恥的，要覺得紛馳務外，專趨歐美時尙，是可恥的。以有恥之心來進入自己的文化生命裡，來了解古先聖賢之思想義理。中國文化不只詞章訓詁，講思想義理不能全立根於西方。在這兩個「不能」上，站立起我們自己。這是師範學校的青年在這個時代中發展其自己的正當而積極的途徑。

（1956年11月6日講於臺中師範學院）

原載《中師學報》第25期　　1957年1月10日

與貫之先生論慧命相續

貫之吾兄大鑒：

　　四月七日示　敬悉。吾兄爲《人生》奮鬥，良不易。內容方面，充實尤難。數年來賴唐先生時有佳作，使人對於人生得有正鵠。人猶苦於難讀，認爲不能普接群機。殊不知談人生本甚難。居今日而談人生，又不能不通著時代，亦不能不通著文化。而今日之人生亦實大成問題之人生。動盪不安之時代，末世衰運之文化，打動每人之心弦，造成人生之大苦。關著時代與文化，接觸人生之深處，此正古今聖哲智慧之所會萃。人不於此企往高明，接通慧命，而唯以難懂爲苦，貪圖便宜，是自甘頹墮庸陋，而無悱啓憤發之情者也。接引群機而使之向上，正視時代，正視人生，非可順其庸俗而遷就其頹墮也。頹墮者不可讀《人生》，讀《人生》不可作消遣。《人生》非茶餘酒後之談資，亦非幽默小品之趣味。青年讀者，有性情者，有志氣者，再不應說如過去數年所成形之《人生》尚爲高深，尚爲難讀。再求通俗，則不堪入目。究何所取義乎？時代如此嚴重，文化生命如此低沉，文化理想如此衰微，人之德性、志氣、智慧如此陋劣，生民如此痛苦，即每一人自己反躬自問，尚有何憑藉足以自安而可引爲得意？試看國在那裡？家在那裡？大宋

已無土矣！文化生命已斷絕矣。中華民族已成為無慧命之民族矣。炎黃子孫並不是原始野人，因夠不上說野人。直是庸俗與瑣碎，巧慧與機詐：在泥淖渠溝中播弄精魂，相刃相靡，其行如馳；而莫之能止。什麼事都懂，什麼聰明都有，偏是振拔德性，開拓慧命，本文化生命立大信以造國，這點子簡易道理，認為高深玄虛而不可懂。此尚可謂為此時代中之青年乎？真可謂懵然無覺，架空漏過者矣。左傾青年自認有歷史使命，有未來途徑；而反共青年，則庸俗恬嬉，無所用心，無縱貫意識，無客觀理想。生命安於現實，任何開拓心靈志氣之理想觀念皆不能契悟，而若隔萬重障。吾　兄於此試患豈可無所抉擇，而惟遷就其頹墮乎？

關著時代與文化以談人生，由時代與文化之癥結以契悟人生之深處，則不能不有一種「大的情感」與「大的理解」。大的情感是超脫乎個人、現實之泥淖渠溝而直向往古聖賢之原始文化生命滲透之縱貫的意識與向超越方面肯認之宇宙的悲感。沒有這大的情感，不能衝破那重重的障隔，不能暢通那文化的生命。這大的情感只是個悱啓憤發，撥雲霧而立大信。大的情感一開，自家生命之仁體立現。這仁體便是「維天之命，於穆不已」之仁體，天之所以為天之仁體。這個不是知解的事，亦不是技巧的事，乃只是對於時代、文化、生民、國家、乃至各人自己之「不忍」的事。這不忍之一念開發「大的情感」，呈現自家生命之仁體。這點一開，我的生命直下與孔、孟的生命相通，與程、朱、陸、王的生命相通，而通過與孔、孟、程、朱、陸、王之相通，亦直下與中華民族之文化生命融通而為一。此之謂慧命之相續。在慧命相續中創造真正之人生，建立自己之國家。在創造真正之人生中，是謂盡己之性；在建立自己

之國家中，是謂盡民族之性。要了解這道理，就要直下從「大的情感」之開發起；要作這件事，亦要直下從「大的情感」之開發起。契爾克伽德說：「沒有一個世代的人能從前一代學知真正的人生。由這一方面來看，每一世代都是原始的。它所負的工作並無與前一代的有什麼不同，它亦不能勝過前一代而更有進步。（注意這不是技術知識問題）例如沒有一個世代能從前一代學知如何去愛，除從頭做起外，也沒有一個世代能有任何其他開始點。同樣，信仰亦是如此。沒有一個世代能從與前一代不同的一點做起，沒有一個世代能不從開頭做起，同時也沒有一個世代能勝過前一代。」真正的人生都要從頭做起，前聖後輩，其揆一也。這是成德過程之重複，盡己之性與盡民族之性之重複，而無所謂進步。可是這也就是慧命之相續，「偉大本身之連續」。

　　由大的情感來大的理解。沒有大的理解，不能疏通時代與文化之癥結，不能解答時代所賦給我們的課題，不能相應人生之正面與負面而盡其曲以立大信。大的理解有兩面：一是形而上的（道體的），一是歷史的。形而上的，則契悟仁體，以及仁體在險阻中之實現。此就是聖哲智慧之所會萃，道德宗教之所由立。此而有悟，則孔、孟之所說，耶穌之所說，釋迦之所說，程、朱、陸、王之所說，可一旦而得之。在大的情感與大的理解下，去印證聖言量，並吸納消融於自家生命之仁體中自得而證悟之。最忌以俗情識心推出去作知解較量，此則全不相應，無從說起。因角度根本差謬故。尚不知其語言文字意指為何事。並非其聰明不夠，亦非其知識不夠，乃其性情不及，情感不開，角度差謬，是以理解有乖。至於歷史一面之大的理解，則是一民族盡其自己之性之事。本其文化生命以建

國是盡民族之性之大業。疏導文化生命之發展而見其何以至今仍不能民主建國而終有共產主義之歪曲，此是此理解之主題。關此弟之《歷史哲學》已粗具規模，由慧命相續而開出，而亦足以迴證此慧命之相續。義理之生，其源一也。若無大的情感以暢通慧命，則猶面牆而立，終不得解。迴機以盡性，則且暮遇之矣。

此兩面之理解決定真正人生之創造。「飛鳥有巢，狐狸有洞，人之子無家可歸。」正視這「無家性」。在慧命相續中創造你的家。「鳥獸不可與同群，吾非斯人之徒與而誰與？」在「人之徒」中創造你的家。吾兄主持《人生》，寄深情於中國文化，定宗趣於儒家學術。然中國文化累積已久矣，要撥開累積之陳迹而接通文化生命之動脈。儒家學術沈澱腐朽已久矣，要以大的情感與理解來接通孔孟之慧命。一個失掉慧命之民族，是難立足於歷史舞台的。《人生》之讀者，豈可專安於瑣碎庸俗而貪便宜乎？弟不能多助於吾　兄，常感慚愧。環讀來函，書懷以報。不盡一一。

弟牟宗三上　四月廿四日

原載《人生雜誌》第14卷第2期　　1957年6月1日

孔子與「人文教」

　　普通常說孔子是某某家，如大思想家、大教育家、大政治家、大軍事家等等，這都是不恰當之詞。這是近人以逞能鬥富的心理來了解孔子。雖是稱贊，實是貶視。古人不如此了解孔子。聖人不可以什麼家來論。孟子說：「聖人，人倫之至。」荀子說：「聖人，盡倫者也。」宋明儒者皆以天地氣象來說聖人人格。所以了解孔子必須從人格、氣象、德量、德慧等方面來了解，不可以專家、才能、知識之多寡等來論。他已超過了專家、才能等的境界。我們必須知有專家以上的人品人格。在西方基督教，就是耶穌所代表的；在佛教，就是釋迦所代表的；在中國，就是孔子所代表的。

　　普通又說孔子的學說如何如何。孔子的教訓不可以「學說」論。孔子並不是哲學家，他已經超過了哲學家。凡學說都是對於某一個問題或某一事實之某一面所表達出的一套理論。凡學說、理論，皆無普遍性與經常性。馬克思主義是一套理論，哲學家的種種系統是一套理論。諸子百家「各得一察焉以自好」，是表示一套一套的理論，也就是一些學說。而孔子的教訓不是一套理論，不可以作「學說」看。自五四以來，人們要把孔子的優越地位拉下來，先把他看成與諸子百家同。孔子也不過是一子而已，也不過是一套學

說而已。既然只是一家言，一套學說，則沒有可以被獨尊的理由。而凡是學說或理論，其本質就是無普遍性、無經常性的。因此，我們何以必須相信它，遵從它，這是沒有理由的。近人是拿這種觀點來看孔子的教訓，所以站在學術自由的立場上，儘管個人可以自由去研究（當然也可以不研究），但其在教化上人倫上的普世性與超越性被抹去了。近人以爲這是進步，其實是卑陋。這是泛學說、泛理論的觀點。我們必須知有超乎學說理論以上而不可以學說或理論看的「常道」。亦猶之乎在概然性的科學知識以外，還有不可以經驗知識視的邏輯數學之眞理——這也是常道。

孔子的教訓只是仁義之心之點醒，其廣被於人群而成爲文制以爲日常生活之軌道者只是親親尊尊與人倫。仁義之心不可以學說看，人倫亦不是學說或理論。這是定然之事實。此其所以爲常道也。孔子所點醒而彰著的，只是人格世界之樹立，此即所謂「體天道以立人道」。復亦只是禮樂人文之樹立，此即所謂「人文化成」，開闢價值之源，立人極以參贊天地之化育也。人道、人倫、人之尊嚴與地位，完全爲孔子所點醒。這就是光，就是道路，就是生命。所以往賢有云：「天不生仲尼，萬古如長夜。」這個光或道路，就是孔子所抒發中華民族所表現的「人文教」。

孔子攝宗教精神於人文，而不是隔離的、非人文或超人文的宗教精神。吾友唐君毅先生云：「吾於中國文化之精神，不取時賢之無宗教之說，而主中國之哲學與道德政治之精神，皆直接自原始敬天精神而開出之說。故中國文化非無宗教，而是宗教之融攝於人文。余於中國宗教精神中，天地鬼神之觀念，更特致尊重，兼以爲可以補西方宗教精神所不足，並可以爲中國未來之新宗教立基礎。

余以中國文化精神之神髓，唯在充量的依內在於人之仁心，以超越的涵蓋自然與人生，並普遍化此仁心，以觀自然與人生之一切，兼實現之於自然與人生而成人文。」（見其近著《中國文化之精神價值》一書序文。）

唐先生此義，我完全贊同。此種「宗敎融攝於人文」之精神完全由孔子所成就。此種人文敎之精神每不能爲基督敎徒與佛敎徒所尊重。從基督敎方面說，他們每不贊成中國之祭天祭祖祭創造歷史文化有功德於人民之聖賢豪傑之人格。他們只崇拜獨一無二之眞神。崇拜獨一無二之眞神，是可以的，但必把人間的精神生命之崇敬全割斷（實則是割不斷的），即在此一念間，他們的生命全傾注於一邊而隔離掛空了。隔離掛空即有僵滯之虞。僵滯於神，則忘了自然與人生。僵滯於自然與人生者，則忘了神，遂視自然只是物，人生只是生物的人生，原始生命的衝動。這種一刀兩橛的精神，扶得東來西又倒，互相傾注搖擺，實是西方文化之大病，而今日之禍亂，亦未始不由於此也。何不於此而深自反省以期有所轉進耶？從佛敎徒方面說，他們每以其毅然出離而嚮往解脫之精神爲表示超越向上之宗敎精神，以爲儒家只拘拘於人倫日用之間，成爲生命之萎縮，糾纏於現實，而無超越之理想。實則彼出離之精神亦是一刀兩橛之隔離精神，而與人間通不起。而孔子之人文敎，從其文制爲日常生活之軌道方面說，固不離人倫日用，然又豈只限於人倫日用純爲現實的而無超越理想耶？若誠如此，則中華民族早被淘汰矣。而尚能延續至今耶？從仁義之心之點醒方面說，體天道以立人道，則上下貫徹，通透而不隔，既超越而又內在，既內在而又超越，所謂「肫肫其仁，淵淵其淵，浩浩其天」，則生命之奮發、超越之理

想、人間之光輝，固已函其中矣。若如彼兩橛論者，則不傾注搖擺不可得也。

　　時至今日，共黨方以其唯物論劖平一切，直接對顯而足以對治而消滅之者，惟在人格世界之樹立，惟在人文教之彰著。此是消毒素，亦是中流之砥柱。故吾人數年來之紀念孔子每有其痛切之意義。故今略論如上，以俟有心者之憤發。

原載《人生雜誌》第14卷第8期　　1957年9月1日

《人生雜誌·青年節專號》刊前語

　　《人生雜誌》為紀念青年節，託人文友會諸友撰文，編成紀念專號。撰文諸友，俱屬青年。他們並非博學專家，亦並無足以炫人的豐富知識。他們所接觸的問題亦並不真能達到通澈無礙的境地，故亦不必真能如理如實地說出。然他們有真性情、真信念、真嚮往。而他們所接觸的問題亦常不是博學專家所能契接：一個科學專家，無論是自然科學或社會科學的，對於這些問題常是茫然不解，或是無動於衷；而一個記誦博雅的人，亦常為其博雅所窒息，而陷於支離膠著之境。

　　撰文諸友所接觸的問題是世運的問題，是這個時代文化學術國家政治的方向問題、途徑問題。他們是直立在中國文化生命、民族生命的立場上，對於自己的國家與人民所處之苦境與厄運，有痛切之感的；並且亦是直立在中國文化生命、民族生命的立場上，尋求嚮往國家民族之途徑的。若說國家民族的途徑是肉食者謀之，在位者謀之，政治專家謀之，你們青年何足以知之？學術文化的途徑是從事於專門學術研究的博雅之士知之定之，你們無學青年又何足以知之定之？曰：是不然。肉食者鄙，固無論矣。在位者、政治專家，常是內在於政治而知其技術與細節，常不能超越於政治而通觀

其途徑，決定其方向。又處於政治利害之際，權力角逐之場，常為私心、貪欲所蒙蔽，唯在現實泥坑中以拖混。學術文化方面亦復如此。博學專家之不能契接世運中學術文化之方向與途徑，吾固適已言之矣。

人文諸友直立在中國文化生命、民族生命的立場上說話，這是他們的立足點穩當無歧出，亦表示他們的心思能凝聚而不散亂，能提起而不塌落，這是真性情；直接從中國的文化生命民族生命上立大信，這是真信念；從這裡通觀中國歷史文化的發展而開出其未來之方向與途徑，這是真嚮往。他們不喪失自己文化生命的中心，而逃于佛，逃于耶。他們亦不依傍科學而抹殺各種真理之領域。他們亦不落於十九、廿世紀來各種時尚的主義學說以定其信念。這是代表著一個躍起而凝聚的心靈，綜和而不偏激歧出的心靈。對五四運動以來的風氣言，這是一個撥亂反正的方向。我們願望著這一代的青年有這樣的覺悟，有這樣的呼聲。因為這百年來的歷史都是沒有立在自己的文化生命民族生命上起大信的，都是假借外來的支辭浮說以抹殺自己的文化生命之原理的，都是想立足於時尚中的主義學說，以偏賅全，以易天下的。要不然，只是以科學為宗教；要不然，則是逃于耶以作遊魂。這都不是從中國的文化生命、民族生命上立大信，替自己的民族國家作主負責的。青年人不能永遠散亂而歧出，浮靡而暴戾。青年能轉過來，就是下一代的光明，亦即是新途徑的決定。此固不是博學專家之事，亦不是在位肉食者之事。

我們亦希望這時代的青年都有此信念，都如此存心。信念正而定，存心純而潔，再繼之以現實的磨練，學問的充實，則各方面積極而健康的人才，即可產生。有真人而復有真事。天下事決無可僥

倖者。世之讀斯刊者，若以為空疏無物，只以說大話空話視之，則
不足以知此專號之意義。一葉知秋，世運剝復之機，常繫於一時代
青年之存心與信念。此豈是粘牙嚼舌以爭博雅者乎？

　　　　　　　原載《人生雜誌》第15卷第10期　　1958年4月1日

心靈發展之途徑

　　今晚的講演主要是當作課外的閒談，題目爲「心靈發展之途徑」。此題可作抽象地講，亦可講得很玄。目前青年人的內心多有難言之苦悶，處於今世，一個人的內心有苦悶的感覺，也是理所當然。不然，若非愚蠢庸俗，即是陷溺於某一點，對整個時代反無感覺了。愚蠢者的意識，達不到時代的問題；聰明的知識青年，處於當世而有內心的痛苦，可以說是應該的，亦是人所能想像得到的。由於感覺的深淺，遂顯出對於時代了解的程度上的不同。一般言之，青年個人方面的苦悶，約有經濟問題、家庭問題、戀愛問題等等，諸如此類的問題皆可令人不安。又如生存問題所造成的阻礙，亦可引起莫大的痛苦。這些問題，可以靠個人奮鬥的精神去克服。另一方面，在亂世的流離中，亦會引發痛苦，此是時代的大問題。個人的問題，並與時代的問題連在一起，更加深了我們的苦惱。今晚所講的，即是與時代的大問題連在一起所引生出的痛苦，進而提醒大家，在這種痛苦之中，應站住自己，此即接觸到心靈的發展。對於這個題目，今晚只能作具體的說明。

　　處於當世，不僅青年人的內心感到痛苦，就是中年人、老年人亦復如此。因此可說這是一個普遍地存在的問題。因爲當世是一個

混亂而出了毛病的時代。人類文化的歷史，說近一點，也只有二、三千年，何以會演變成目前的問題，這是值得我們去仔細考量的，如果時代的問題，單是政治的，倒易於解決。但事實上，並不單是一個政治問題，而是整個人類的行為的「是非」標準發生了問題。這裡所說的「是非」，是從根本處講，不指一般所說的是非，因此，是接觸到人生最根本的地方來說的。例如希特勒的精神受了尼采的影響，結果第二次世界大戰末期即有人寫了一部書，題目是「尼采？還是基督？」。如今我們同樣可以問「馬克思呢？還是耶穌？」或「馬克思呢？還是孔子？」這種根本問題的出現，就表示現代人類文化理想出了毛病。

中國於此變局中，首先遭受了苦難。九一八事變以來，中國人就感到了不安與恐怖。抗戰前一年，中、日之間有所謂「塘沽協定」，又稱「何梅協定」。其中的內容，主要是要國民黨與憲兵第三團撤出北平，此是日人壓迫威脅下的結果；然而竟能大快當時北平某些人的人心，而很少人能自覺到這是國家民族一種悲慘可恥的事情。又如抗日戰爭開始後，知識分子於流亡逃難之中，並沒感到這是一個大刺激，大家的心靈上也並沒有因這次民族存亡之戰而有什麼啓發。做學問的仍然躲在自己的小圈子裡，念邏輯的人只注意邏輯推理過程，棄現實問題於不顧。近聞大陸上某教授在共產黨的壓力下反省做學問的態度，即承認這一點。在這位教授的坦白書中，有一段提到在抗戰期間往後方流亡中，發現不出眞實的原因，究竟何在。因而隨政府到後方，也只不過是隨緣順俗而已。這是因爲在他的學問範圍中，找不出逃難的積極理由。於此，不禁令人起大感嘆。可見平常念哲學乃至做其他學問的人大半如此。兩國間

「戰爭」的意義如何，也不能清楚了解。此是普遍的學術風氣。又如有人說任何人可放棄自己的國籍而進入自己喜歡的國籍；這已經是很流行的觀念，在自由權利上說也是可以成立的。但事實上，也有人並不願如此。我就寧願放棄此權利，而決不作美國人。試問對國籍態度的不同，其中表示的意義何在？

中國人自九一八起即處於動盪恐怖之中，一直到今日，中國人所受的痛苦，已不再是一瞬間的，而是一經常性的痛苦；此即我們處在台灣，大家內心都有痛苦的癥結。不僅台灣如此，就是整個人類，亦處於迷亂危機之中。從外部看，沒有人能夠支配自己的命運，因而可說完全是在「事不由己」之中。羅素曾說：「原子彈握在瘋狂無理性的人之手中，人類早晚難免於毀滅。」對此問題作表面的樂觀有無用處？所謂經常痛苦之緣因究在何處？此即要時時地正視、了解，並接受這個時代大刺激，在精神上有所啟發。擴大言之，整個世界亦是處於此一奇特的大變局之中，予人一種莫大的不安與無家可歸的感觸。西方的存在主義者，即發出此種感覺。現代人反對中世紀，其實中世紀的人最有安全感，最有永恆感。原因是中世紀人的精神是向上提的，兩眼看上帝，所以雖然社會上不平等，陰暗面有種種荒誕的現狀；但一般而言，人們的心中一方面嚮往神性，一方面有罪惡感，這就比現代人強多了。同時中世紀人重視理性，能夠忍辱負重。文藝復興以來，人的心思往下看，因此，便照察出政治上、社會上種種的毛病，這種落實的照察，創造了近代的文化。發展到現在，已有三、四百年的歷史了，依馬克思的說法，此即是第三階段的成就。然利之所在，弊亦隨之，「落下來看」的心靈活動的形態，是代表什麼樣的精神呢？綜合起來說，近

代文化之成就是在民主政治、科學、民族國家之建立等三方面，這些是代表「質」的精神，是有價值的。但是民族國家演變到最高峰時，就成為帝國主義；因此，現代人一般的心思，對國家這個觀念，多不敢正視。至於民主政治，已有三百年的成就，到今日，大家只知在制度中過生活。形成民主政治的精神因素，大家已淡而忘之。又在自由開放上，向下墮落的趨勢，亦不可免；此趨勢起於十九世紀末，人的生命，一步步地逐漸走向「泛化」、群眾化、社會化與客觀化。其結果，就是個性不顯。由向下墮落看，近代「質」的精神，遂逐漸轉向「量化」的精神；因此，在創造的心靈中，反而埋沒了獨特的人格，於此，美國的社會，可作為實例來看。

上面已提到生命「泛化」的結果，是個性不顯現了。此即創造的生命已被淹沒了的意思。這在十九世紀末，已為人所感到。人們的精神墮落，共產黨斥為「第三階級的墮落」，民主政治成了庸俗的政治，宗教亦成為不純淨的了。就人來說，當代人缺少了「土氣」與「野氣」，生命中一股粗獷之氣已經消失了。因而不出大好人，也不出真正的大壞人。這表示現代人無力量作好，亦無力量作壞；於此，可看出現代人生命力的衰敗與精神上的腐敗。一般庸俗的生活，可說已成了今日世界的特徵，並顯出無體、無理、無力的近代精神。所謂墮落，即由此諸義來規定的，共產黨在此趨勢下起來，針對此庸俗的量化現象而興起。但它卻是順著這量化而更進一步，而至於徹底之量化，它是有理論作根據而加意造作的量化。共產黨完全代表一量化精神，其背後的理論即唯物史觀與唯物論，成為行動上徹底地量化的動力，此即人民公社之所以出現。當我們感覺這些問題後，心靈才能接觸到問題的核心。

一般說，心靈的發展始於廿歲左右。看心靈的傾向，青年人有向外衝破現實之藩籬，以進入到混沌的衝動，這自然帶了浪漫的革命性，其中亦有種種的變形。譬如說，有傾向於浪漫而帶反動性的玄理的興趣者，像欣賞老、莊，而不欣賞儒家；又如純以其理智的興趣而嚮往邏輯、數學、科學者，而反對講人生價值的學問，這些都是對天天在講宗教道德者之反動。當正視這些，就可接上心靈發展的正常道路。不然，只好往庸俗流下去。共產黨在這個時代即代表一種大浪漫大氾濫的精神。它的徹底的量化精神雖是魔道，但它本身卻帶了一種疑似的理想性，欲衝破一切，抹殺一切；因此，便很能夠一時迷惑住許多青年；所以它的成功，也不是偶然的。

心靈發展中量化的要求是第一步，以後有機會再往下講。我們今日對共產主義所代表的量化精神，與其所函的疑似的理想性，要有所認識而向上翻轉過來，當可回頭徹底地站住自己，方能驚醒於習俗之昏昧，而步入心靈發展之真正途程，與安身立命之道。大家不可順著量化的方向來反對共產黨，因為這是無效的。要反對共產黨，必須在客觀上把握住質的文化，如民族、國家、歷史、文化、宗教、道德等；而在主觀上，大家要把自己的生命看成精神發展的主體。儘管目前對時代無助，亦不必悲觀。而更應當自覺地好好讀書，在動亂中站住自己才是。並且要時時培養觀照悲劇的智慧，從照察之中去了解歷史發展的必然性以及時代的病態與其悲劇意義，進而擔負起責任，為自己作主，為國家民族作主，為整個人類之未來作主。則心中安然矣。

（49年3月16日晚，郭大夏記錄）

原載《民主評論》第11卷第18期　　1960年9月20日

《家國時代與歷史文化》序

近來喜使用「內容眞理」與「外延眞理」兩詞。以此兩詞劃分眞理領域，尤見確切。內容與外延，係取自邏輯。內容是說一概念之特徵，抒其意義。外延是說一概念應用之範圍，定其種類。借此原義，用之于命題，而有內容命題與外延命題之分。依羅素，外延命題所表示的概念連結，純爲客觀的類的連結。依此，外延命題必須一、脫離主體，而客觀化。二、取決于類而量化。而內容命題所表示的概念連結，則繫屬於主體，因此亦不能客觀化而成爲類間的客觀關係。以此爲準，吾再將內容與外延兩詞用之于眞理。而有內容眞理與外延眞理之分。**外延眞理是脫離主體而客觀化量化的眞理，內容眞理繫屬于主體而常保持其質的強度的眞理**。依是，凡數學眞理皆外延眞理，此是形式的外延眞理，以無經驗內容故也。凡自然科學的眞理皆是外延眞理，此是實際的外延眞理，以有經驗內容故也。有經驗內容，而解之以外延之類，故成爲外延眞理。

凡道德宗敎、家國天下、歷史文化的眞理，皆是內容的眞理，皆不能脫離主體而純外延化與量化。當然，吾可用科學方法、科學語言，而使之客觀化與量化，以成爲外延眞理。但爲此即喪失道德眞理之原義，宗敎眞理之原義。吾可用生產關係、生物關係解析家

庭關係，但如此即喪失「不可解於心」的倫常意識。吾可純用外延詞語，解析國家組織中各部門權力之分配與限制，以及人民之權利與義務。但這只是政治科學中的語言，而不是創造國家與實現義道之道德精神。例如自由，吾可純用外延詞語解析為各種權利之加和，但這不足以盡自由之真實義，即經由自覺以奮鬥之真實義。天下代表大同。吾人期望天下一家之大同，此尚未出現。在未出現而待創造之時，則尤足見其須有待於人類精神之函量與相契而純內容者。大同內之細節組織，你可用外延詞語解析之，但創造大同之精神則斷然不可用外延詞語以解之，而使之成為外延之真理。吾可用科學方法、外延詞語，整理歷史文化，以成所謂考據之學，但如此即喪失歷史意識與文化意識，尤不足以通歷史精神與文化生命，而觀人類于艱難困苦中以實現理想與正義之奮鬥過程。于以知，凡道德宗教、家國天下、歷史文化，自其最根源處言之，皆屬內容真理之範圍。要想用科學方法而處理之以外延言辭，即不足以盡此種真理之真實義，亦不足以契此種真理之根源義。

　　內容真理是人間之大本。欲盡而契之，端賴人之**真性情與真志氣**。此非科學方法事。**由真性情而有單純之肯定。由真志氣而有單純之信念。**吾自卅八年來台，目睹**大陸之沉淪**，縱觀時代之風氣，深覺此中之癥結，**惟在喪失其本**。司馬遷云：「春秋之中，弒君三十六，亡國五十二，諸侯奔走不得保其社稷者不可勝數，察其所以，皆失其本已。」此言誠不虛。此誠有其「存在之真實感」。中華民族之喪失其本，蓋由來久矣。逐步步下墮，一朝而淪于紅色政權罪惡之深淵。此一大變局，與秦以法家之術統一六國有何異？而一般之時風與學風，則唯以技術知識是趨，唯以外延化量化之學是

尚。而其靈魂則唯是空虛。自墮于灰色，則未有不追逐于黃色者。黃色之反動，即是紅色。三色相沿相噬，而顛倒無已，人類遂陷于浩劫而無由自拔。此即所謂虛無之時代。虛**無者喪失其本也。喪失其本者，無單純之肯定與信念之謂也。**是以自卅八年來，吾與青年接近，凡有講說，唯就此義加以指點，期豁醒人之心志，使人人當下皆可抒發其單純之信念與單純之肯定。此非技術知識事。人方以外延知識是尚。學院專家唯此是趨。蓋以為除外延真理外，並無真理矣。而吾則唯期開拓人之心胸，使人確然知于外延真理外，尚有內容真理之領域，而此則為更根本，更重要。且要以真性情真志氣始能契而盡之。而日事于外延化與量化以求術知者，其真性情與真志氣反日沉埋而式微，故對於內容真理亦日趨於茫然而不覺。夫人能開其性情與志氣之門而洞然深入於內容真理之堂奧，則學問之大，真理之真，孰有過于此者？光暢其生命，條達其智慧，揭然有所存，惻然有所感，孟子曰：「反身而誠，樂莫大焉。」則天下之樂，孰有樂于此者？反觀學院專家之日趨于量化，而靈魂空虛無聊者，真渺乎其小矣！不亦鄙哉！不亦陋哉！

　　象山唯以尊德性與先立其大教人，蓋亦確然見到喪失其本之可悲。吾與青年言，唯以暢通歷史文化意識，家國天下之懷念，以啟迪其真性情與真志氣，使其深入于內容真理之堂奧，抒發單純之信念與肯定。此亦是尊德性與先立其大之轉換語。全部內容真理，皆繫于一念之覺醒。故王陽明云：「蓋《四書》、《五經》不過說這心體。」此即因洞然了悟《四書》、《五經》之所言，全部皆內容真理，全部皆繫屬于心體，而不能推出去視為外延之真理，與己不相干，故如此云耳。夫推出去而訓詁其字句，考訂其名物度數，豈

不亦表示一些外延眞理？然此要非《四書》、《五經》之本義。
《論語》以仁爲主，《孟子》以性善爲主，《中庸》以誠、中和、
愼獨爲主，《大學》以明明德、誠意爲主。《詩》以溫柔敦厚爲
教，《書》以百王心法爲教，《易》以窮神知化爲教，《春秋》以
禮義大宗爲教，《禮》以親親尊尊爲教。凡此皆屬內容眞理而不能
脫離主體者，故陽明云「不過說這心體」。此豈好爲玄言者哉？蓋
唯有眞實感者，始有此單純之肯定與此單純之信念。推出去而日事
於訓詁考訂者，不能會歸于心體，不能契悟其中之眞理，得謂之能
通曉《四書》、《五經》乎？

　　仁厚從予遊，觀其性情甚厚甚篤，觀其心志甚專甚一。常與之
講說，使其篤厚之性情調適上遂而與內容眞理相契，使其專一之心
志，灼然確然而與單純之信念與單純之肯定爲一。仁厚常能契接而
無乖謬舛訛。故亦發其悲懷，撰爲文字，以期于虛無之時代稍有裨
益。王貫之先生時稱而美之，以爲契接青年，感發性情，不可無此
類性情之文字以爲媒介，故力促其編輯成書，樂予付印；並囑余爲
一言以序之，故略言如上。兼爲青年同學指示一途徑焉。

四十九年六月牟宗三序于大度山

原載《人生雜誌》第21卷第4期　　1961年1月1日

有感於羅素之入獄

　　第一次大戰時，羅素因反對戰爭，被判入獄。在獄中，他寫了一部《數理哲學引論》。現在正接近第三次大戰的邊緣。這未來的第三次大戰，是否能免，無人能知。核子戰爭的毀滅性，人人皆怕。無論美國或蘇俄，都不一定願打這種足以自毀毀人的戰爭。但是儘管不願打，卻都拚命地作武器比賽，作核子試爆。吾人實看不出避免這核子戰爭的途徑究竟在那裡。雙方似乎都想以武力壓倒對方，威脅對方，使之不敢戰，藉以為避免戰爭辦法。但一看便知這不是辦法。因為比賽競爭的緊張決不是止息之道。

　　在這個時候，羅素這位英國哲學家，又鼓其風燭殘年的餘勇，來作反核子戰的宣傳運動。前幾天，我在一張畫報上，看見一張照片，一大堆群眾在倫敦海德公園裡密集攢動，中有一位髮白如霜雪的老頭子拿著一張紙作宣讀狀，那就是羅素。在這以前，似乎聽說他亦曾參加遊行的行列到英國國會的門前作反核子戰的示威請願。當時隨便談起來，亦覺得好笑。以為這老頭子，返老還童啦！不在家裡靜養惜福，卻要出來擠在人群裡，湊熱鬧。想是耐不住這老年的寂寞無聊吧！亦難得這分童心。但仔細想來，亦並不這樣簡單。他如果沒有一點「存在的」真實感，亦不會作此表面看來似乎幼稚

的舉動。實在，處在這個時代，什麼是幼稚，什麼是不幼稚，也很
難說。不幼稚的，又怎樣？作無聊、幼稚看，可；不作無聊、幼稚
看，亦可。一個思想家，不在其位，不當其政，無運籌措施之權，
除了著書立說，端正人的思想途徑，指導人類的文化思想以外，又
有甚麼辦法？面對現實，事已急矣。若能當下有所表示，有所呼
籲，提出一個辦法，點醒人類，尤其知識分子的意識方向，雖事涉
迂闊，渺茫得很，亦並非無意義。人的真誠所至，什麼是可能，什
麼是不可能，是很難預料的。然則羅素的反核子戰的宣傳運動，亦
不可簡單地只看成是幼稚與無聊。

　　最近這幾天，他因反核子戰的宣傳，又被判入獄七天。罪名是
因反核子武器，煽動民眾，作不服從運動的宣傳，今天，1961、中
華民國五十年、九月十八日報載，他在獄中又發表「廢除炸彈」運
動的宣言，向國際上喚起各國民眾，號召作反核子戰爭的抵抗運
動。該文分寄十七國。其中最主要的意見是：「希望科學家們拒絕
作核子武器上的工作，希望工人們對於核子有關的工作一概不做。
各運用其能力，從事於求生存的奮鬥。把人類燒光的行為，我們是
絕不能容忍的。各國政府，現已變成白癡地堅持於保持他們的威
望，而無可救藥。我們應該對這些政府表示，叫他們勿阻著我們求
生之路，快快滾開，勿威脅著人民，以人民為人質。」這些理想性
的意見，人們看著當然認為是書生們的迂闊之見。儘管你在獄中如
何號召，人們還是一笑置之。

　　前年我在東海大學時，暑假期間，有些青年學生到日本去參加
世界青年某某大會，他們問我有什麼意見。我當時就他們的情況，
忽然想到說，你們實當該在大會上提議全世界的科學家當有一種自

覺運動，使科學成一獨立的王國，全體撤出對於核子武器的製造與
研究。科學家當該有一種靈魂上的自覺，恢復一點希臘的精神。把
科學研究提升到純理論的興趣，自覺地提升到柏拉圖、歐幾里得的
追求「形式美」的境界。實用科學暫時停止。尤其關於核子的試驗
與製造，當一致地宣稱不作與不懂。科學無國界。全世界的科學家
都當從其所屬之政府國防軍事研究機關中撤退，自覺地向獨立王國
走。我說此意，當時幾位青年不見得十分懂。即或略有所懂，亦覺
得決作不到。我說不管作到作不到，青年人當該有此單純的理想與
簡潔的襟懷。即令人說是青年不懂事，亦不妨。在青年人身上，人
們不能說是迂闊。現在羅素以八十多歲的老哲學家竟然亦提出這相
似的意見。人們當然可以譏笑他幼稚、無聊，或說他是書生迂闊之
見。但縱然如此，這裡面確有一種單純的理想與簡潔的胸懷。其背
後當然還有一種迫切的真實感，雖入獄而不惜。這就不單純是青年
身上的意味了。我承認這是一種迂闊之見。但是不迂闊又怎樣呢？
當然解決問題不只是一面。但就科學研究的知識分子言，這種覺悟
並非無意義。

　　我亦知道這是決難作到的。人們首先可以說，科學家可以不愛
國嗎？但是時至今日，愛人類，愛同胞，愛文化，使之從毀滅中得
救，就是最高度的愛國。當然一個國家的當政者，處在現實之局
中，若不從事於自己國防的預備，讓敵人來征服，亦無以對國家對
人民。誰能擔負這個罪名呢？套在這一環裡，政府有權徵集科學家
合作，為國服務，科學家亦無辭自免。若以這一環為最高原則，一
切人的意識與活動，皆隸屬於此原則下，而不得自拔到高一層，則
正是大家具體地向毀滅之路走。人們堅持、固執於這一原則，把全

人類盡拖於這一原則下的現實之局中，而不得清醒豁朗其心思，共謀自救之道，這誠如羅素所說，各國政府已變成「白癡」的狀態。站在高一層上看，這誠然是白癡。不但政府是白癡，全體人類都集中在這一標準下，如醉如癡，混沌下滾，如陽焰迷鹿，燈蛾撲火，而不能自主其命運，可以說全部是白癡。但是又有誰敢擔負這個不為自己國家謀的責任呢？雖是白癡，卻又有一點正義。為了這點正義，而向毀滅之途走，這是人類陷於「聰明正義的白癡」之兩難之局中之不可免的悲劇。但是白癡總是白癡，毀滅總是毀滅。人類能不能拿出高一層的智慧，跳出這兩難之局，以謀自救之道呢？這說起來容易，作起來卻真不易。耶穌肯作贖罪的羔羊，但是在這一環節裡，有那個國家，肯而且敢先自犧牲，作贖罪的羔羊呢？

自由國家的學人、知識分子是自由職業。所以科學家們，如果一旦自覺到這個問題，則他們是可以不作核子武器上的工作的。但是蘇俄的科學家們，那就難了。他們沒有進出鐵幕的自由，他們被豢養在指定的地點與工作上，不得過問任何事，不得聽到鐵幕外的任何消息與聲音。在這種情形下，你若希望科學家們拒絕作核子武器上的工作，如果一旦發動起來，那就只有自己先解除武裝，等於自己先投降。蘇俄決不會因此受感動，把科學家們放出來。他反而倒是深自慶幸，覺得這是求之不得的。他更可以有恃無恐，恫嚇得你自己癱瘓，等著他來征服。他甚而還可以作歪曲的宣傳說資本主義國家裡知識分子起義了，與他們的反動政府分裂了，不作帝國主義的侵略工具了，社會主義勝利了，無產階級革命勝利了。不信，試看我們的科學家！卻是深明革命的大義，與政府合作無間，大家一起向著共產主義的大路邁進。它這樣宣傳，你是無奈他何。你說

他厚顏無恥，他卻笑你愚蠢得可憐。因為世界革命是他的最終目的，旁的他毫不在乎。和平共存是武器執行下不得已的虛偽說法，到那時便用不著和平共存了。

為了免除人類的毀滅，反核子戰爭是對的，希望科學家從核子武器的工作上撤退，也是富有理想意義的。問題是在如何著手進行，如何能把這消息或呼聲傳達到鐵幕內，如何能解放蘇俄的科學家。我想這問題是兩方面的：一方面，科學家須有一種自覺，先在社會上作一種科學獨立運動（在核子武器上獨立），向全世界的科學家，尤其蘇俄的科學家，呼召他們向科學獨立邁進，不作幫凶，不作助殺。一方面把這問題提交聯合國，與各會員國的代表共同商討，使蘇俄無所遁其形。如果蘇俄真有裁軍、禁止試爆的誠意，他須把他們的科學家解放出來，恢復他們的自由，共同參與科學獨立運動。如果作到這一步，便是自由世界向鐵幕內作了一次最大的解放攻勢。這一步作到了，其次便是生活方式的比賽，看看究竟誰的制度好。把自由與極權兩個世界的對立，降而為生活方式的自由比賽之文打，不要上提於核子武器之武打。試問蘇俄敢不敢這樣作，敢不敢拉開他的鐵幕？

核子戰爭究竟不是可以輕易發動的。儘管蘇俄於本年八月底背約，搶著首先試爆，也不過只是恫嚇而已。不幸的是自由世界的人士，常常為其所唬住。赫魯雪夫天天嚷著他可以毀滅西方，其實美國又何嘗不可以毀滅你整個的鐵幕？不過自由世界究竟有所顧念，不像蘇俄天天嚷著只要殺人。有人說現在的戰爭不像以前訴諸英雄的意志決定，而是要訴諸理智的衡量與控制；誰也不敢隨便逞意氣。這話不能說無道理。但是若沒有一種辦法，把核子武器撤銷下

來，天天在爭著試爆的緊張中，遲早總要失掉理智的控制的。因為
世界的死結太多了，柏林問題、東西德問題、南北韓問題、中國問
題、南北越問題，這些問題總不能永遠懸掛在那裡。所以也有人
說，這樣緊張推移下去，不定什麼時候，糊裡糊塗就打起來了。而
羅素則定然地說，核子武器握在一群暴徒手裡，遲早總要毀滅世界
的。這話也不能說無理。有誰能保證人類的理智能永遠清醒呢？假
定真清醒了，何至有如此不講理的世界？未有天天在不講理的蠻橫
乖戾中，而可以保理智之有效。羅素看到了這一點。他是全部注意
於核子戰爭的恐怖的，所以他不顧一切，只要反核子戰爭。但光只
是反，沒有用。就是科學獨立運動，雖富有理想的意義，也不是容
易實行的。如不能使之切實可行而有效，亦徒減弱自己的步驟。在
這裡，我們的口號當該是解放蘇俄的科學家。科學家要有一種靈魂
上的自覺。要使這運動有積極的意義。科學在核子武器上要成一獨
立王國，要參加聯合國與蘇俄折衝。這是最切實、最重要的一個步
驟，不要徒在社會上造空氣，使自己渙散疲軟。後面要有一種積極
的意識，不要像羅素那樣，以為如其核子戰爭不可免，還不如讓蘇
俄來統治。這是一個投降的意識，徹底灰色的失敗主義（羅素前幾
年有此表示）。羅素之所以有此意識，只因他只知道核子戰爭之恐
怖，而不知自由與極權之鬥爭，其最高原則是一個價值觀念，是人
性的尊嚴問題。「時日曷喪，吾及汝偕亡！」讓蘇俄統治焉見得比
核子戰爭好？這裡看出羅素的生命之闇淡，這與他平常的學問思想
有關。他平常對於生命、德性的學問，是不講的。只憑他那邏輯分
析、理智主義、科學至上的路數，到緊要的關頭，只有落到卑屈、
勢利的偷生苟存，而完全喪失其理想主義的情調。

　　我們自始即以為自由與極權的鬥爭是一個價值問題，是文化理想墮落與否的問題，所以我們自始即在科學以外復重視道德宗教的學問，重視生命、德性的學問，重視文化理想之疏導，重視自由民主之理想性。我們也只有在這裡肯定自己，定住自己的信念。在這種積極的理想主義之信念下，如何促成科學獨立運動是值得考慮的。如果真能作到科學家自核子武器上撤退，使核子戰爭止息，則根據理想主義的信念與蘇俄自由比賽，則鐵幕總有撤捲的一天。不然，試看今日的中國：如果沒有核子戰爭的顧慮，以中共如此之暴政與災荒，中國大陸上早造反了，台灣早反攻了，何至兩眼瞪著乾著急，讓中共逍遙自在荼毒人民而毫無忌憚呢？言至此，覺得真是氣運造劫、天理安在！

原載《民主評論》第12卷第19期　　1961年10月5日

十年來中國的文化理想問題

各位先生，各位同學：

今天，承貴校邀請作一小時的演講，心裡很感快樂。在這一小時內，我想把我國近十餘年來有關中國文化理想的問題，就我個人所接觸到和我所理解到的，向各位作一個簡單扼要的報告。

民國卅八年大陸陷共，政府自大陸撤退。我們這些因大陸淪陷而流亡至台灣或香港或其他各地的人，在痛定思痛之後，不能不深深地對中國文化來一個徹底的反省。這個反省最主要的是：我們中國有幾千年的歷史文化，爲何今日會爲共產主義所赤化，在大陸上建立了共產政權呢？爲了要對此一問題作思考與討論，我和幾位友好曾在香港《民主評論》半月刊上寫了不少的文字。這一雜誌可說是在自由中國中，最早創辦的一個有關文化思想方面的雜誌。它一直被維持到現在，故它亦是今日具有最長久歷史性的一個雜誌。這雜誌的前半期（民國卅八年到四十四、五年間）大體上是對於我們所面臨的文化問題最爲用心。我個人在這一時期在這刊物上所發表的文章，後來編成了三本書：一、《歷史哲學》；二、《道德的理想主義》；三、《政道與治道》。這三本書的內容，可以代表我當時對中國文化的反省。同時唐君毅先生在這時期在這雜誌上亦發表

了很多有關文化思想的深入廣大的文章，後來亦集成了三本書：
一、《中國文化之精神價值》；二、《人文精神之重建》；三、
《中國人文精神之發展》。除我和唐先生外，很多其他先生在當時
亦對文化思想各方面的問題在該刊物上發表了很多文章。此後，我
們並繼續在此上面用心。現在，我即本上述幾本書的內容為骨幹，
來和各位講一下中國的文化理想問題。

　　我們的思想都有各方面的經歷，但最後是歸根於儒家之本源
上。我和唐先生和幾位朋友都認為我國文化應以儒家思想為中心。
我們要瞭解我國思想的主張，不可不瞭解儒家思想，而我們之瞭解
儒家思想，則不同一般人將儒家思想或中國文化當作死了的客觀對
象去研究，如同研究已死了的巴比倫文化一樣。我們對儒家思想的
態度，是以儒家思想為一種甚深的智慧、生命之學，不只是求了解
死了的客觀事實。儒家思想對我們是一個信念，一個肯定。這個信
念用一般話說，是帶有宗教性的信仰。當然我們亦同樣有客觀學術
上的研究或說先有客觀學術性的研究。這是經過了慎審的研究了解
後，所比對出的一個信念。我們即本這個肯定的信念去看這個中國
文化的主流。

　　我們以儒家思想為中國文化的主流，以之去看我國長期以來文
化生命之進程並去了解這個主流怎麼會沒落。現在有很多人說它的
生命已經枯竭了，它已不能適應這個時代了，但我們不這樣想。

　　自大陸變色後，由人們對這個思想的背叛，許多人認為中國文
化已失去了時代的價值，對儒家思想更諸多非難。但是，我們認為
這些見解都是一時之偏見。我們要曉得，中國文化源遠流長，有如
長江大河，我們不應只看它的一小段即妄下斷語，此正如我們不能

只看黃浦江頭而即話長江如何如何。要說長江是怎樣的，我們應對黃浦江頭以上有所知，並要上溯至其發源之處。我們要瞭解中國文化儒家思想亦當貫通地看，不能以其在一段時期內出現了毛病而言其整個如何如何。我國文化生命之所以在近代失效，實在說這並不是這個生命本身已經死了，而是我們自己的生命接不上去或說貫通不起來。這正好像一個人上下隔氣，幾至窒悶以死。只要我們對這個生命，這個動脈能接得上，能貫通起來，則他的生命即會活轉而有力了。

我現在將以儒家思想為主流的中國文化分成三個時期去說，由對這三個時期發展的情形之瞭解以幫助我們瞭解中國文化生命之進程。

第一時期：先秦到漢朝，亦就是孔子到董仲舒的時期。此是儒家思想影響漢代之政治而建立了漢朝大帝國，而表現了其一方面之使命。

第二時期：東漢末年經魏晉而至隋唐。這個時期是中國文化生命的曲折時期。在這時期內，初是玄學的盛行，繼之是佛教的傳入，而至佛學之大盛。在這時期裡以儒家思想為主流的中國文化起了一個大彎曲，此一大彎曲經歷了六、七百年的時間。

第三時期：宋明新儒學時期。此一時期由宋初至明末，中間夾著一個元朝。這個時期亦有六、七百年。在此六、七百年間，宋明儒者對抗佛教而弘揚新儒學。由新儒學之興起而使中國文化生命在長期彎曲中再回到其原來的軌道上。

但是接著一個不幸的階段隨著而來，那就是明朝的亡國。這是中華民族發展中的一最不幸的挫折。以魏晉南北朝來講，那只是文

化生命的彎曲；明朝之亡，則是更加上民族生命的彎曲。這一個彎曲使我們文化生命在一個病態中延續下去。明朝亡國時是西曆十七世紀，這個時候的西方正是開近代文明，學術思想在蒸蒸日上的時代。此後三百年間東西兩方之學術大不相同。而我們所講的「現代化」正是西方近代三個世紀的事。這三百年間，我們的學術文化的發展恰和西方相反。後者是蒸蒸日上一帆風順，我們是步步下降顛倒頹墮。因步步下降，所以各方面皆受到挫折受到彎曲，可說全部是一種病態。清代乾嘉年間的考據學，在某一方面說亦有貢獻，但它不是中國文化生命自然的發展，而是在彎曲之下而來的一種病態的結果，中國以前文化中的智慧完全喪失。滿清三百年，無論從那一方面說都不精采，而所表現惟一的一點精采就是那部中國文學名著《紅樓夢》了。此好像是不夠嚴肅的說法，但事實是如此。此外納蘭性德的詞也代表著它的精采，但此均不是中國傳統文化的生命精神之大流。總括起來說，中國的傳統學術思想、政治、藝術等在清代均告喪失，而至民國初年，中國人幾乎到了不會用思想的地步了。沒有正常的思想及正當的理路，即不能說是有思想。無論那一種學問都有一個傳統。假若我們到了一個時代甚麼都不懂時，民族文化的生命也就沒有了。中國在先秦時期是百家爭鳴，都有其根源的生命與智慧。魏晉有玄學，那時的人懂得玄理。南北朝隋唐有佛學，他們懂得空理。宋明有心性之學，他們懂得性理。這都顯示有思想有理路，惟有清代沒有思想，沒有理路，使文化精神喪失，內心空虛。顛倒的結果，到民國以來，那更錯亂了。因此馬克思思想乘隙而入。而當時一般大陸上知識分子被其荒謬的思想所誤，皆以馬克思思想來衡量一切問題。左傾即表示進步，右傾即反動。各位

青年的朋友要了解當時大陸上的情形，可看現在日本知識分子的情形。而這種現象的出現不是偶然的。在明朝亡國與在西方開近代文明的時候，中國也出了幾位偉大人物，如顧亭林、黃黎洲、王船山等。我們通常稱他們為明末三大儒。另外有朱舜水於明亡後跑到日本去傳道，在那裡發生了很大的影響。但明末三大儒在異族統治之下，其思想被堵絕而得不到伸展。

宋明儒者講學主要是對付佛教，故著重於內聖之學。但只注重講內聖，而忽略了儒家外王之學，亦即忽略了社會、政治、經濟、國家等等事功問題。明末三大儒因亡國之痛即有見於此，而力求開展出宋明儒所忽視之外王之學。但他們的學術見解在滿清的統治下終歸於幻滅，所抱之理想亦只有掛空。明朝之亡國當時對中國知識份子之打擊之沉重是空前的，當時他們心情之悲哀，到民國卅八年大陸變色，我們流落至海外之後，我才深深地體會到。黃黎洲寫了一本《明夷待訪錄》，從其書的命名，我們可以見到他的失望，他的心情之沉痛。

明末的三大儒不能有所作為，使中國文化生命遭受了三百年的衰落。今天我們的文化生命仍在曲折的過程中。要想有所糾正，必須在這彎曲之上扭轉使其歸回正道。

今天大家皆想各以其襲取之道以易天下。有的人停於自由主義以抹殺其他。無疑地，自由主義是反共的一個有力口號，但在中國平面地單講自由主義是不夠的。有的人想以基督教的信仰來貶抑中國文化生命之主流。信仰自由，我們不反對任何宗教，但若想以基督教來壓儒教，我們必反對。有人專門提倡科學，我們不反對科學，但不能只講科學。這些人只想吃現成的，都不是對於中國文化

生命之命運有眞切感受的。我們在上面講到中國傳統文化之生命在目前只是一個彎曲,它不會像一般人所說的已不能適應這時代已經枯竭了。它只是一暫時的彎曲,因此我們今天重要的是了解此彎曲,同時,對於這個大動脈大生命亦應有了解。當我們對其當前的彎曲與其本身的大動脈大生命有了認識,我們即易於扭轉彎曲而回歸於正道,那時便是重開太平的日子。

本講稿是牟先生應中國文化學院董事長張其昀先生的邀請,於民國五十三年四月廿七日在華岡中國文化學院向全體同學演講詞,由王俊一、羅敬之記錄。

原載《中國一周》第736期　1964年6月1日

中華文化之發展與科學

　　關於科學與實用技術一層，我們須先承認中國古代之文化，分明是注重實用技術的，故傳說中之聖王，都是器物的發明者，而儒家亦素有形上之道見於形下之器的思想，而重「正德」、「利用」、「厚生」。天文、數學、醫學之智識，中國亦發達甚早。在十八世紀以前，關於製造器物與農業上之技術知識，中國亦多高出於西方，此乃人所共知之事。然而我們仍承認中國的文化，缺乏西方科學者，則以我們承認西方科學之根本精神，乃超實用技術動機之上者。西方科學精神，實導源於希臘人之爲求知而求知。此種爲求知而求知之態度，乃是要先置定一客觀對象世界，而至少在暫時，收斂我們一切實用的活動及道德實踐的活動，超越我們對於客觀事物之一切利害的判斷與道德價值之判斷，而讓我們之認識的心靈主體，一方如其所如的觀察客觀對象，所呈現於此主體之前之一切現象；一方順其理性之運用，以從事純理論的推演，由此以使客觀對象世界之條理，及此理性的運用中所展現之思想範疇、邏輯規律，亦呈現於此認識的心靈主體之前，而爲其所清明的加以觀照涵攝者。此種科學之精神，畢竟爲中國先哲之所缺，因而其理論科學不能繼續發展。而實用技術之知識，亦不能繼續擴充，遂使中國人

之以實用技術，利用厚生之活動，亦不能儘量伸展。中國人之缺此
種科學精神，其根本上之癥結所在，則爲中國思想之過重道德的實
踐，恆使其不能暫保留對於客觀世界之價值的判斷，於是由此判斷
即直接的過渡至內在的道德修養，與外在的實際的實用活動，此即
由「正德」直接過渡至「利用、厚生」。而正德與利用厚生之間，
少了一個理論科學知識之擴充，以爲其媒介，則正德之事，亦不能
通到廣大的利用厚生之事，或只退卻爲個人之內在的道德修養。由
此退卻，雖能使人更體悟到此內在的道德主體之尊嚴，此心此性之
通天心理——此即宋明理學之成就——然而亦同時閉塞了此道德主
體之向外通的門路，而趨於此主體自身之寂寞與乾枯。由是而在明
末之王船山、顧亭林、黃梨洲等，遂同感到此道德主體只是向內收
縮之毛病，而認識此主體有向外通之必要。然因中國之缺理論科學
之精神傳統，故到清代，其學者之精神雖欲向外通。而在外面世界
所注意及者，仍歸於諸外在之文物書籍。遂只以求知此書籍文物，
而對之作考證訓詁之功爲能事，終乃精神僵固於此文物書籍之中，
內旣失宋明儒對於道德主體之覺悟，外亦不能正德以利用厚生，遂
產生中國文化精神之更大閉塞。但由明末清初儒者之重水利、農
田、醫學、律曆、天文，經顏元、戴東原，以直至清末之富強運
動，此中仍一貫有欲由對自然之知識，以達於正德兼利用厚生之要
求貫注於其中。而其根本之缺點所在，則只在此中間之西方理論科
學之精神之媒介，爲中國文化所缺，而不能達其目標。中國人欲具
備此西方理論科學精神，則卻又須中國人之能暫收歛其實用的活
動，與道德的目標，而此點則終未爲明末以來之思想家所認清。而
欲認清此點，則中國人不僅當只求自覺成爲一道德的主體，以直下

貫注於利用厚生而爲實用活動之主體，更當兼求自覺成爲純粹認識
之主體。當其自覺求成爲認識之主體時，須能暫忘其爲道德的主
體，及實用活動之主體。而此事則對在中國之傳統文化下之中國
人，成爲最難者。但是中國人如不能兼使其自身自覺爲一認識的主
體，則亦不能完成其爲道德的主體與實用活動之主體。由是而中國
人眞要建立其自身之成爲一道德的主體，即必當要求建立其自身之
兼爲認識的主體。而此道德的主體之要求建立其自身兼爲一認識的
主體時，此道德主體須暫忘其爲道德的主體，即此道德之主體須暫
退歸於此認識之主體之後，成爲認識主體的支持者，直俟此認識的
主體完成其認識之任務後，然後再施其價值判斷，從事道德之實
踐，並引發其實用之活動。此時人之道德的主體遂升進爲能主宰其
自身之進退，並主宰認識的主體自身之進退，因而更能完成其爲自
作主宰之道德的主體者。然而我們可以說，人之道德的主體，必須
成爲能主宰其自身之進退與認識的主體之進退者，乃爲最高的道德
的主體。此即所謂人之最大之仁，乃兼涵仁與智者。而當其用智
時，可只任此智之客觀的冷靜的了解對象，而放此智以彌六合，仁
乃似退隱於其後。當其不用智時，則一切智皆卷之以退藏於密，而
滿腔子是惻隱之心，處處是價值判斷，而唯以如何用其智，以成己
成物爲念。依此精神以言中國文化之發展，則中國文化中必當建立
一純理論的科學知識之世界，或獨立之科學的文化領域，在中國傳
統之道德性的道德觀念之外，兼須建立一學統，即科學知識之傳承
不斷之統；而此事，正爲中國文化中之道德精神，求其自身之完成
與升進所應有之事，亦即中國文化中道統之繼續所理當要求者。至
由理論科學之應用以發展實用技術，以使中國工業化，則本與中國

數千年文化中重利用、厚生之精神一貫者,其為中國人所理當要求,自更無庸論。

原載《國魂》第272期　　1968年7月

悼念張丕介先生

　　抗戰勝利後，我隨中央大學復員回南京。時友人徐復觀先生辦
《學原》雜誌，丕介先生參與其中，我始與丕介先生相識。然亦只
一面之雅，未曾有往還，亦不知其住處。民國三十八年，我去台，
丕介先生留港。時復觀先生復籌辦《民主評論》半月刊，由丕介先
生主筆政。雖異地相隔，而聲氣相通自此始。

　　當時共產主義征服全部大陸，《民主評論》首以鮮明之態度，
從文化理想與民族生命之道路揭反共之旨，明共產主義一時之勝利
不足恃，現實勢力之消長不足以決定道理之是非。當時參與撰文者
有錢賓四先生、唐君毅先生、徐復觀先生以及區區，此外尚有其他
服膺民主自由之人士，然大體仍以文化理想為領導原則，不以寡頭
之自由主義為滿足。在共產主義席捲大陸之際，人皆啞口吞聲，噤
若寒蟬；稍有異議者，亦吞吐含混，不敢直言；而《民主評論》獨
在四無傍依之中抒發天地間之正音，人皆譏以為迂，而殊不知此乃
《民主評論》之大勇。丕介先生主筆政，毅然承當此責，容納彼撰
文者之議論，此亦丕介先生之大勇。若非有堅定之信念，焉肯如
此！時至今日，港台無有如此風格之雜誌，把筆為文者日趨頹靡瑣
碎，無有如此振拔之文字，壁立千仞之精神。然則丕介先生所主編

之《民主評論》乃三十八年後自由世界發展史上重要之一章,不可
不大書特書者,亦是丕介先生個人生命史上重大之業績,亦不可不
大書特書者。

在丕介先生主編《民主評論》之時,復與錢賓四、唐君毅諸先
生籌設新亞書院。《民主評論》是一刊物,只要有社址,有印刷
費,有紙有筆,即可風行天下,聲音遍寰宇。然新亞書院是一學
校,此則便不如此之簡單。在獲得雅禮援助以前,苦撐、苦頂、苦
應一切雜務,大體皆繫於丕介先生之一人。下種、萌芽、生長之痛
苦,我想丕介先生感受最切。涓滴之水可以成江河,得道多助,乃
有今日之新亞。樂成與謀始不同。新亞謀始之艱苦亦是丕介先生一
生最大之業績,乃不可不大書特書者。功在新亞,遺愛留於學子。
樂成以後,人淡忘之,此亦人情之常,不足介意也。

吾來港後,得與丕介先生常往還,然亦各守崗位,談鄉情話家
常而已,不復有當年之議論。時移情遷,機不可再故也。丕介先生
精研經濟,與吾所學不同,吾知之甚少。其門下多賢士,必有能沾
其學者。其他詳情,吾所知亦不多,不能縷述。茲特舉以上兩大端
告世人,並致悼念之意。

原載《新亞生活雙週刊》第13卷第5/6期合刊　　1969年9月6日

羅素與中國知識分子

羅素最近逝世，壽高九十七歲。若依中國積閏的算法說，可算是一百歲。哲學家活至近百歲的，很少很少。羅素可說是空前，眞可謂大富貴，宜壽考。著作等身謂之富，名滿天下謂之貴。活至近百歲，當然是壽考。他曾來過中國作一年的講演，他亦很關心中國的問題，所以於他的逝世，中國方面理當有一個紀念。現在我只略說以下六點：

㈠他的著作，通俗方面的幾全都有中譯，而純哲學的書，則除《人之外界知識》（*Our Knowledge of External World*）外，無一有中譯。他的通俗書雖皆有中譯，然而對中國知識分子的影響卻並不很大。人們看過即完，並無多大的震動力。這類書背後的總精神是自由主義，而中國近五十年來一般知識分子的意識卻爲社會主義（其極爲共產主義）所佔有。自由主義與社會主義相比，其震動力相差甚遠。它被吞沒於社會主義的意識中起了助成的作用，而其自身的獨立意義與作用倒反不顯。這裏大家可以看出空頭的自由主義何以無集中的力量，以及所以對中國知識分子無多大影響之故。又此類討論人事方面的通俗性書籍，其中所表示的意見大都仍是英國傳統意識的經濟主義與功利主義的態度，時有可喜之論，而無深

遠的根柢；有英國式的幽默之慧，而無聖哲的智慧。這種型態的議
論對於歐洲傳統有其消導的作用，對於中國則無多大的作用。

　　至於純哲學的書，因較爲專門之故，當然亦不會起多大的影
響。現在從哲學界方面說說這方面的情形。

　　㈡羅素於五四運動後來中國，北京大學以客座教授名義請他講
學兩年。後大病幾死，痊癒後即回國，講演期不過一年。所講者爲
《物之分析》、《心之分析》以及《數理哲學引論》。大體是口述
這已出版的三部書。當時任翻譯者爲趙元任先生，有筆錄刊行。據
當時哲學界的程度觀之，是不能親切於這三部書的內容的。從當時
口講比較通俗一點，聽者恐亦不必能眞切於其思路。趙元任先生後
改行研究語言學，我想其哲學的造詣恐亦有限。能擔任口譯者且如
此，其他可想而知。當時前前後後來中國演講的還有美國的杜威，
任翻譯者爲胡適之先生；德國的杜里舒，任翻譯者爲張君勱先生；
印度的森林詩人泰果爾，任翻譯者爲徐志摩。除泰果爾不論，這些
歐美的哲學家俱以其所學來中國宣揚，中國的知識分子對之亦一律
歡迎，致其欣羨仰慕之忱，然大皆是過眼雲華，不必能眞切於其所
學，其欣羨仰慕者是當時啓蒙運動的新鮮感覺，難說是學問的理
解。就中羅素所學尤其獨特，了解更難。《數學哲學引論》是《數
學原理》（ Principia Mathematica ）的通俗簡述；這是一種專
學，即使是通俗簡述，據當時哲學界的邏輯程度而言，亦很難契接
此中的義蘊。《物之分析》與《心之分析》雖比較屬於西方哲學傳
統中一般性的心物問題，然羅素之處理此等問題是比較有一獨特之
心靈，這是他的邏輯分析法之應用。據吾後來讀此兩書，實覺是在
表現一種高度精巧的邏輯分析，吾不以爲當時哲學界的程度能了解

這兩部書的內容。後來一直無人能翻,即可作證。

㈢北伐後,張申府先生首先在北京大學哲學系開「數理邏輯」與「羅素哲學」兩課,我是這首班中的學生之一。從此開始,數理邏輯在中國流行。他是初講,講的很簡單;我是初學,聽起來也很生疏與吃力,不像現在青年那樣熟習,比較易於接近。但我很有興趣,許多邏輯專名都是張先生與我斟酌譯定,一直流傳至今,大體不變。當時清華的金岳霖先生正在努力於傳統邏輯的 AEIO,尚未接觸到數理邏輯。所以在中國,若講數理邏輯的傳統,張申府先生是開山祖,我是第一代的學生。其功不可泯。金岳霖先生曾親口告我說,張先生在符號演算方面比他熟,為他所不及。後來這個傳統為清華方面奪去,大家都知清華方面重視邏輯,代代流傳。這當也是事實,因為張申府先生後來政治興趣濃厚,漸漸脫離邏輯的鑽研,而我也並無這方面的天才可以成一個邏輯學家,我的興趣與思想的觸角也不能止於此,所以我在這方面也無足稱處。但是抹殺北大方面的開創,這是不公道的。即比我晚幾班的,北大方面還有一位胡世華先生,此人的造詣並不在王浩之下,但是清華方面出身的人卻根本不願提此人,這不能說不是門戶之見。

張申府先生對於羅素的著作,生活情調,以及思考問題的態度與處理方法,都知之很詳而且很親切。可惜他的政治興趣太濃,又為馬克斯主義所震動,自亂步驟。他後來進入清華,而不久被解聘,即因此故。他自己本人缺乏精深的思考力,也可以說是學無根柢。他喜歡把羅素、孔子與馬克斯拉扯在一起,不倫不類,也說不出個所以然。他好像又喜歡羅素,又喜歡孔子,又喜歡馬克斯,只是一種喜歡,並無真正的思想立足點。也未見他想修改羅素,或修

改馬克斯，使他們可以相協調，並與孔子相融洽。只這「雜而無統」的單純喜歡害了他一生。我當時極喜歡羅素與懷悌海等人的思想。我本著羅素的思理見出羅素的思想與馬克斯主義不能相融洽；我反對他的拉扯，以及其爲馬克斯主義所震動。如是，我們師生兩人分了家。此後我即很少和他來往。

我默察當他在北大開課的那幾年中，正是了解羅素的頂盛時期。那時也正是羅素與懷悌海等人的重要著作俱已出版之時。他如果能專心致志翻譯幾本羅素的著作，於已於人將都是有很大的益處。我那時正在閱讀這些人的書。我曾把《物之分析》的第四部——最精釆的一部譯成中文，也曾把懷悌海的《自然知識之原則》與《自然之概念》兩書譯成中文，但俱未得刊行。譯稿俱留在故鄉，我想早已被清算鬥爭了。因爲我知道我留在家鄉的英文書俱被鬥爭過，已分發給婦女們，但不知她們拿去作什麼用了。假定那時能繼續多太平幾年，把這些人的書能多翻譯幾本，那多好！可惜九一八以後，國家多故，不久中、日戰爭爆發，人的學問心思便不能再如前此那樣寧靜了。就是在抗戰期間，我還讀到羅素後期的重要著作《意義與眞理》一書。我曾作長文介紹並評述這部書。我是一直在留心羅素的哲學著作的。清華方面的朋友未見有如此鑽研羅素的著作的。

㈣清華方面金岳霖、沈有鼎兩先生都是比較有興趣於羅素的邏輯，但於其哲學著作，邏輯分析方法的應用，則無甚興趣，亦未見有若何受用處。金岳霖先生的邏輯思考力極強，但不是羅素所表現的「邏輯分析」那個形態。他後來寫成一書曰《論道》，這是他的形上學。其中的主要觀念是「道、式、能」，似乎有點像亞里士多

德的思路，又有一些傳聞的道家的意味，是他自己的獨立思考，並不本於亞里士多德，亦不本於道家。那時正是馮友蘭享盛名的時候。他的這部《論道》書無人理會，亦無幾人能讀。他自己曾感慨地說：此書出版後，如石沈大海，惶恐的很！其實他的哲學造詣比馮友蘭高得多。但由此書亦可見並非羅素的思路。沈有鼎先生有邏輯的天才，但哲學方面亦不走羅素的路。他喜歡胡塞爾（Husserl）的「意指分析」，但卻不是羅素的「分析」。我看他們對於羅素的《邏輯分析》的浸潤與欣賞，都不比我強。

三十八年撤退到台灣後，有殷海光先生。他對於羅素極端崇敬，也只欣賞讚嘆他的《數學原理》，對於他的哲學著作並無所得，對於他的《邏輯分析》亦無精熟的訓練。但你在他面前不能批評羅素。他自己的才力、學力於邏輯方面不能再有進步，於哲學方面又無興趣，所以在他羅素成了可望而不可及的人物。他在台二十年實並未好好用力於學問。他不研究邏輯而宣傳邏輯；他不好好研究羅素，訓練邏輯分析的方法，來處理邏輯問題或哲學問題，卻宣傳邏輯實證論。邏輯與邏輯實證論是他的宗教，他欲以此道易天下，所以顯得極端偏激，不容忍。他的政治興趣與一般社會文化移風易俗的興趣特別濃厚。當然這並非無原因，亦並非不是好事。但談這方面的問題也要有這方面的準備，他卻只以邏輯實證論的口號（簡單觀念）橫掃一切。他去年逝世，年齡並不大。聽說臨終時有轉變，也可惜得很。

㈤我個人四十歲以前極喜歡讀羅素等人的書。羅素的哲學書我幾乎全讀過，對於他和懷悌海合著的《數學原理》三大卷，我作演算的訓練也並不少於人；對於他的《邏輯原子論》（*Logical*

Atomism）亦極能稱賞。但我的思想不能止於他的立場。我的心態
與他不同，我也無邏輯數學的天才成一個邏輯專家。他們構造出
來，我能跟隨著了解，即如加拿普（Carnap）的書我也從頭抄錄
過，但我自己卻無這技術方面的聰明與學力。我的興趣是在「邏輯
後學」（meta-logic）與「數學後學」（meta-mathematics）方面
的問題。在這方面，我不能贊成羅素的講法。我對於邏輯系統與數
學系統的了解步步逼迫著我走上康德的路。我這樣作，我發現我可
以復活康德，並可以消化十九、廿世紀以來邏輯、數學、與理論物
理學方面的成就。近代這三方面的成就，在原理的了解方面，可以
羅素作標識。羅素事事與康德相反，這是個兩極。但在邏輯後學與
數學後學方面，羅素他們那種順著講未必是究極之道。十九、廿世
紀以來這三方面的成就有重新予以消化融攝的必要，康德的批判考
察未必是過時的。如是，我從羅素處向後返，返至康德。至於羅素
以後，他的後學所開出的邏輯實證論以及牛津派的語言分析，我愧
未能追隨。英、美的思想家順英國的傳統心態常不喜歡德國康德傳
統的哲學家，而德國的哲學界又極輕視英、美的思想。中國的留學
生又常隨著他們的偏見而有偏見。我既非留英、美，亦非留德、
法，我只是留中。我以中國人的立場，顧念中國的文化傳統，我不
能止於羅素的立場。須知西方哲學中能與中國哲學相契接的只有康
德的哲學。我們通過康德的哲學，可以見出中國哲學的特點以及西
方哲學的長處與短處。由此比觀，西方哲學中柏拉圖傳統、康德傳
統以及來布尼茲─羅素傳統，都有其精彩處，但均未能達到哲學智
慧之究極。在這裡，中國哲學正有其高明處。這需要有一個極大的
融會與判教，就像吸收佛教時那樣的判教。人們可說這只是大話或

夢囈。但說者自說,解者自解。

㈥說到中國哲學的特點,必須先承認有中國哲學,方能說它的特點。如果像一般西方人士不承認中國有哲學,那裡還能說特點?在這裡,我們感謝羅素先生!他寫哲學史首先加上「西方」一個限制字,這就是表示有西方哲學史,亦有中國哲學史、印度哲學史。這是他的自由主義的精神之可愛。但是他的精神心態卻澈底是西方的、英國的。他很關心中國問題,但他並不了解中國文化傳統。他在北京大學講演時,曾稱引《老子》,但這並不表示他能了解道家。儒家與佛教尤非其所能了解;即了解,亦非其所能欣賞。因為他的心態隔的太遠。羅素畢竟是一個智者型的哲學家,而不是一個聖哲型的哲學家。我們讀其書不可不知其人。這個時代恐不是空頭的自由主義與「邏輯分析」的思想形態所能擔當的!他於人類文化很有熱情,反極權、反教條,但學無本根,他說:「要打,乘蘇聯未有原子彈時趕快把他打掉。蘇聯一有原子彈,便不能再打,最好讓他來統治算了。」我們覺得這不成話。原子戰爭無人喜歡,但亦不必讓蘇聯來統治!

（講於1970年2月13日羅素紀念會）

原載《新亞生活雙週刊》第12卷第17期　　1970年3月20日

中國文化的問題

　　〈中國文化的問題〉是新亞書院學生會所舉辦的「中國文化講座」其中的一講。時間爲三月十八日下午三時至五時。地點爲新亞書院圓亭教室。本篇紀錄稿已經牟宗三先生過目。須加說明的是此紀錄非當日演講內容之全部，其後尚有論到中國知識分子的浪蕩性及中國民族性的部份，牟先生暫不欲以文字發表，故暫付闕。

記錄者汪立穎謹識　　一九七三‧四‧四

中國文化大動脈之焦點

　　梁實秋先生曾有句幽默的話：「人的腦袋只有這麼一點點，那能裝得下中國文化這個大問題？」說起來確是相當困難，在困難之中迫不得已的唯有用一方便的方法，即是簡單化，集中在問題的焦點上來討論。我們現在說中國文化問題非如一般研究文化學的態度，研究文化學是將文化作爲一種專門學問來討論。這是二次大戰後，西方流行的一種學問，所謂文化型態學。大家知道從西方說起，希臘爲一型態，羅馬爲一型態，進到日耳曼世界也是一種型態，印度也是一型態，中國也代表一型態。在文化型態學裡面，研

究每一型態在文化之成就上，如宗教、科學、藝術、音樂等各方面，開發出什麼東西？我們現在談中國文化問題，不採取這種文化型態學之立場，即非客觀地了解某一文化系統中有何問題，而是單單就我們自己生息於其中，或呼吸於其中的文化，也就是我們切身感受到的文化來說。而切身感受、呼之、吸之的文化，也就和魚與水的關係一樣，魚若離開水，即無生命，故水對它有一種眞切感。今天所談者即此一點。

　　我們將文化集中化，歸結爲中華民族各種生活方式之一綜集。在中華民族如此眾多的人口中，分各種行道，即普通所謂的七十二行，各種行道即有各種生活方式。「行道」之「道」字，乃表示我們在此行道中生活，不僅是突然的方式，而是不論自覺或不自覺，總有一觀念或原則在後面指導，領導它的生活方式。譬如強盜，七十二行中恐怕並無此行，實在算不上是行道，但《莊子‧盜跖》篇中說及盜跖，是盜亦有道，故可說各種生活方式後面總有自覺或不自覺的觀念和原則來作他的指導。中國社會以農人作基礎，農人有農人的生活方式，此所謂方式非指其下田耕種之技術，而是一年十二月、廿四節氣中，他有他的生活方式；其中有道，有觀念。此是大家可馬上聯想到的。工人也有他的生活方式，有他的道；商人也有商人的生活方式；讀書人亦復如此。這是士農工商的一般人民，再擴大而說及作大事的人，那些英雄豪傑，幹政治的也有其生活方式，也有他一定的道理。如我們將作大事者集中在政治上說，政治有一定的道理，或爲政道，或爲治道，如你合乎這道理，則你才像一個幹政治的人的生活，同時我們可稱你爲政治家。到迫不得已時需要革命，那麼革命也得有一定的樣子，我們才可稱你爲革命家。

這裡我們所說的各種生活很廣泛，把中華民族從古至今的所有活動總結起來，是謂中國的文化。

如今我們感覺到其中有問題，是我們自己呼吸於其中所真切感受到的問題。那麼，為何出問題？則需察看中國各種生活總集起來的文化、及對其活動的大動脈加以了解。如何去了解呢？剛才說各種生活方式太廣泛、太複雜，要集中在一點上——政治，而加以了解，此乃文化大動脈的一個焦點，一切力量向此輻湊，而其他社會上之一切變動，或受影響，問題也由此而放射出去。故雖然文化這麼大，我們可集中於此焦點上來介紹。

皇帝與人民之解脫

中國文化大動脈的發展，經夏商周、春秋戰國，以至於到秦漢大一統，很清楚擺在我們眼前。發展至秦，還是依附於春秋戰國一直下來，還是貴族社會的後果。秦承上而漢開下，漢高祖創天下，與秦始皇不很相同。秦始皇之秦，仍由諸侯封地而來。至漢高祖出，則以一布衣而有天下。漢高祖之出現，在當時是曠古未有，造成中國歷史上不平凡的時代，但漢之大一統，仍承秦始皇而來，故我們稱秦漢大一統。在政治焦點上是個什麼局面呢？戰國時代法家出現，在秦國變法，在楚國活動，又在魏國活動，這是戰國時代共同之趨勢。在政治上有影響力的，不是儒家，也不是墨家，而是法家。法家的工作，盡了它時代之使命。經濟方面，從井田制中解脫出來；政治方面，從貴族制中解脫出來。在秦漢大一統中所構成的政治局面，是三種成份，即君、士、民。君所代表的大集團是有勢

力者，亦即是當權派，複雜得很。另一端即為民，民在貴族社會中，無大轉動之自由。法家廢除井田制，使民從中解脫出來，而得到了動轉的自由；土地私有，亦從此開始。在貴族制中，君亦受公子公孫等貴族的束縛，不能解脫；法家出來，廢掉了貴族制，亦就使君從中得到解脫，使君得到超然之地位，成為全國之領袖，而非單是貴族之領袖。這就是戰國時代法家所做成功的。從此立場言，即從現實歷史發展上講，由貴族社會進到君主專制，亦為一進步，雖然君主專制並非吾人之所理想。

在君民二者解脫出來後，中間還另有一部份人，即為士。士在春秋戰國時已經出現，他很有伸縮性，下與民很接近，上亦可升為貴族。不過上升的等級很有限，如以管仲而言，他的功勞有多大，但他是士，雖是宰相，而爵位很低，不能列於貴族之林，僅可以接近貴族而已。孔夫子亦為士。（貴族是沒有用的，《左傳》中所謂「肉食者鄙」。）故在春秋戰國，士為社會之中堅份子。到秦漢大一統，士當然亦解脫出來，士為國家之士，民為國家之民，君是對全國而為君。所以法家是尊君而打擊貴族的。在此意義上，豈不是進步嗎？儘管三代貴族社會給中國文化造成偉大的傳統，孔子讚周公曰：「郁郁乎文哉，吾從周。」但從政治制度上看，從歷史發展上看，從貴族制進到君主制，亦算是一種進步。當然此種進步，並不代表它是最好的。

自秦漢以後，一直維持到辛亥革命，二千年來，就是這君、士民三者構成了這一結構。這一結構，是謂君主專制。有人不承認君主專制，以為此乃我們現代人的誇張之詞，目的在罵古人。我以為不然，君主專制，不可辯護，但二千年來之君主專制，並非說沒有

好皇帝，好皇帝多得很，而為何仍是君主專制？君儘管解脫出來，
成一超然地位之君，民亦解脫出來而能自由轉動，士則在二者之夾
縫中活動，大概在治道治權方面佔有很大力量，法家的功勞固然很
大，但君解脫出來後，如何安排他呢？法家沒有做此工作。就像坐
牢之人，從監獄中放了出來，走到馬路上一看，一個朋友都不認
得，四不著邊，晚上住那裡呢？荒村夜店，沒有落腳處。所以光解
脫出來不行，自由太多了，也就會出毛病。因為如何安排君，法家
並無辦法，而無法安排之結果是什麼呢？君高高在上，握有生殺之
大權，絕對的權力。君即成一無限體。君主之專制，亦即在此。超
然固然很好，但需有一回應。沒有回應，即他處於一海闊天空，毫
無限制的狀態，所以他能握有生殺大權，成一無限體。

對君權約束之無力

這制度一直維持了二千多年，這不是儒家所理想之制度，儒家
從孔夫子起，即不贊成此制度，而後宋明儒亦無一贊成此制度。但
中國人對如何安排君，就是想不出好辦法，可以說中國人之頭腦，
至此而窮。在想不出辦法迫不得已之情況下，儒家怎樣來對付大皇
帝呢？後來之儒家就順著你是個無限體來安排。你既是一個無限
體，就要法天；天是一無限體，你要和天一樣。而天是無為而治，
無心而成化，它創造天地萬物，是順應著天地萬物之自然而來；法
天就要具天之德。以此觀念來規範君，這能有力量嗎？沒有多大力
量。但若說它沒有力量，它也有力量。儒家在政治上，盡的就是這
個責任，要從此處來了解儒家。其他什麼儒家是統治階級的代言人

之類，都是不相干的話。儒家以法天來安排君這個無限體，無限體是神，以神來限制皇帝，當然是一很大的束縛；皇帝是人，怎麼受得了？宋代程伊川曾作宋哲宗的老師，即完全以法天來教導這小皇帝，宋哲宗正是小孩子好玩的時候，如何教他法天？但程伊川是書獸子，偏要教他非如此做不可，故當春天宋哲宗折下發芽的柳枝時，程伊川便教訓了他一頓，以此為摧殘生機，有傷天道，哲宗受不了，告到宰相司馬光處，司馬光以程伊川不通人情，革了職。其實程伊川的用心，是要從小培養皇帝法天，因你是無限體，和一般人不同，必須受點束縛。另一方面，他當然也為了維持師道，雖是皇帝，一樣要受教訓。所以這種方法，究竟有多大效用，很難說，是沒有辦法中的辦法。我稱它為以道德宗教來限制皇帝，這是安排皇帝的道德宗教的型態，非政治的型態。如果皇帝遵從，就是好皇帝；如他不聽這一套，則儒家一點也沒有辦法。

再說民這一面，民自井田制解脫出來後，雖有獨立性，但對政治以及國家組織沒有起作用。將民擺在一邊，自由流動，故君仍高高在上，民浮動在下。與政治以及國家組織似乎不相干，即是所謂羲皇上人：「日出而作，日入而息，帝力於我何有哉！」

君與民是這種情況，在中間的士，就很難處了。在君主專制下，士是宰相系統，相當於現在的內閣，但沒有內閣的權力與地位。宰相系統隸屬於此一架構中，便只可幫閒而不能幫忙。別人把天下打來，你只可幫他治理治理。治天下當然亦需要，所謂「馬上得天下，不能馬上治天下」。但宰相下面沒有人民支持，因人民是羲皇上人；宰相後面只有皇帝，皇帝今天用你，明天可以不用你，你完全是被動的，即宰相之地位，沒有取得保障。而君主專制之所

以爲專制，即此三端沒有得到充分的客觀化。君無法安排，是一無限體；人民是羲皇上人；而知識分子的宰相，完全處於被動的地位，沒有保障，因此在中國二千年歷史中，宰相很難做。要求一個合乎宰相格的非常難，因權力中心在君，他本身沒有權力。一個賢相要所謂識大體，有度量，有寬宏之量，眞要有點賢才行。而合乎此格者，歷史上沒有幾個，如漢有丙吉、魏相兩個，唐亦有幾個，明亦有一個劉健，還不大出名，這是王船山的說法。其他如張居正功雖大，但不合宰相之格。亦因爲宰相格之要求太高，沒幾個人能達到，故政治就難了。

我們了解了君、士、民各有其特性，由此三者所造成的結構中就引出主要問題。王船山《讀通鑑論》，對歷史興衰產生痛切之感，發現三大問題不能解決：

一、朝代更替；

二、皇位繼承；

三、宰相難處。

朝代更替無法解決之結果，不外革命與篡奪，如王莽、曹操都是篡奪，故中國歷史發生一治一亂之更替循環。皇位繼承無法解決，還是小問題，因有宗法制可依憑；但在剛得天下時，如嚴格遵守宗法制，亦會出問題，如漢、唐、明、清都出問題，若天下穩定後，大致可行，如無嗣則兄終弟及。宰相難處，一如前所說。

王船山以其智慧，又處於明末亡國之際，反省歷史，發生痛切之感，但對此三大問題，仍無法解決。在無法解決之下，每一皇朝之統一，最長三百年，兩漢合起來四百年，唐三百年，其次下來二百年，幾十年，十幾年。一個皇朝之統一，不管多少年，都是硬打

下來的統一，統治架子之能維持得久，即因其表面的鐵甲殼硬，但此鐵甲殼是硬打來而凝結成的形式。

民族文化之大病何在？

德國哲學家黑格爾了解中國歷史，稱此為「虛浮的統一」。黑格爾雖未到過中國，亦不能看中國書，但他一眼就看到此問題，他稱那最高的無限體為大實體（great substance），此大實體表面上有絕對自由，但此自由是隨意揮洒的自由（arbitrary will），其實是放縱恣肆，沒有束縛，此非真正的自由，因沒有通過理性來安排他自己。在放縱恣肆中，有兩型態：一是硬性的，一是柔性的。柔性的放縱恣肆，表現為好皇帝，有婦人之仁；硬性的放縱恣肆，則表現為暴君，如雍正、朱元璋之類。而無論柔性硬性，都是放縱恣肆。那麼為何會造成這樣的結果呢？即我剛才所說這大實體沒有理性化，民沒有興發起來給它一個限制。所以黑格爾說，要那統一是硬打來的；有民參與的政治，才是真實的組織（real organization），才是真實的統一（real unity）；沒有民參與的，便是虛浮的統一，不成其有機的組織。故中國的民，雖是羲皇上人，但沒有主體自由（subjective freedom），即沒有自覺到自己是個獨立的個體。用現代話說，你是天民，但你沒有達到公民；即通過你的自覺，肯定自己是個獨立的個體。我有我的權利，我有我的義務，一定要爭取參與國家的政治，我的權利，才能得到保障；但光取權利也不行，還得盡義務，故我是權利的主體，同時也是義務的主體。必須有此自覺，才是一個近代化的公民。但中國人民，沒

有達到此地步,故所謂羲皇上人,也沒有眞正的自由。剛才說過皇帝的自由,是隨意揮洒;而知識分子的宰相,也毫無保障,沒有地位。中國的局面,就是這樣,故黑格爾說:「中國的文化,還停在兒童時期。」中國人聽起來很不高興,但我承認它。諸位不要不高興,這是必須要承認的,五四以來,有多少討論中西文化問題的人,能如此中肯呢?

這是我們以前的各種生活方式之綜集。若我們不與西方文化接觸,也許還維持這個型態,但一接觸,問題便出來了。這當然是因清末有外來的侵略。中國人要求富國強兵,其實若單求富國強兵並不難。中國以前一樣很強大,十七、八世紀就是中國的天下。她之爲弱,還是從道光年間的鴉片戰爭肇端。沒有一個國家能永遠強下去,或永遠弱下去。當中國受到外來的欺壓,挑起了求強的意念,目標集中在富強上面,從求強之道而反省到中國文化問題,乃產生種種想法。

照剛才所說,中國文化的問題很明顯,即是如何興發人民參與國家政治的問題,而非解放的問題。因人民早就解放了,早就是羲皇上人,問題的焦點不在此。興發起人民使政治成一客觀化的政治,使國家成一重新組織起來的有機統一。辛亥革命是抱此觀念。此興發也就是近代化的問題。近代化之內容,是民族國家(national state)、人權(human right)與科學(science)。中國以前不是國家觀念,而是家天下的觀念。故民族國家是近代化的觀念,西方也是文藝復興後方有。第二是人權,如法國大革命,口號是平等、自由、博愛,是人權運動;美國獨立宣言,也是人權運動。這對中國人言,就是要其承認自己是獨立的個體,有權利,有義務。

第三是科學，即知識從宗教束縛中解放出來。這三點是近代化所必需的，不管什麼階級，都必需且不能不跨過的。孫中山先生就是此觀念，但袁世凱出來做皇帝，即限制了近代化。可見歷史要向前推一步，眞是難之又難。辛亥革命以來，一幕一幕的演變，清清楚楚地就是走不上近代化。辛亥革命有此意識，但國民黨十三年改組，開始聯俄容共，在近代上又加了超近代的意識。當時沒有了解俄國的革命方式，以爲列寧是新聖人，是第二基督，會帶來新福音，故大家兩眼都望向蘇聯，羅素也跑到蘇聯去看，他究竟頭腦清楚些，與列寧談了鬥爭農民的問題之後，毛骨悚然，回來便放棄了。孫中山沒有了解此情況，聯俄容共，正如燒香引鬼來。達不到近代化，用佛教的話說，乃是沒法成正果，一幕一幕都只是過渡，顛過來倒過去，而最後成正果的是馬克思主義，這也非正果，或稱成結果吧！馬克思主義所成的結果，是從仇恨的反動（reaction）中產生的，好像瀑布從山上流下來，到此停止了，成一大深潭，成一極端，再也不能向前流，再向前便要開通了。

中國文化順著以前的發展，直至現在，就是這個問題，而我們所要走的路，也很明顯。現在的結果，是以毒攻毒而後成的一顛倒，並非健康的正常發展。此顛倒之後面，即是一大無明在推動，所以此顛倒的過程也可說是有歷史發展的必然，是有顛倒的歷史發展的必然性。而如何糾正此顛倒，就需要「明」從無明中冒出來，一有「明」，則明天就可不顛倒。但在現實上，「明」轉出來也很困難，我們不能用旁觀者的態度，只從顛倒的勢上冷眼去看。我們亦需看自己，每一個人都有作用，只要各個人觀念清楚，如了解中國文化是興發問題，非解放問題，觀念一下子就可轉過來。在這方

面說，由無明轉爲明，也就很容易。

原載《明報月刊》第8卷第5期　　1973年5月

中國傳統思想與西方民主精神之匯通與相濟問題

〔本題由陳特先生作錄音訪問，牟先生筆答。〕

（一）自辛亥革命、五四運動以來，中國人盛講民主，試行民主，但民主制度一直在中國未能建立。很多人歸因於西方民主與中國傳統文化有不相合之處。他們認爲以中國的正統文化──儒家精神來說，儒家是重道德的，要求統治者做一個好君主，卻不是像近代西方那樣以制度來限制君主的權力。結果統治者的權力，過度膨脹，遇到賢君還不打緊，一遇到壞皇帝，因無法來節制他，規範他，便政治腐敗，人民受苦。請問這樣的講法在事實上是否正確呢？

（二）如果說統治者的權力膨脹，在中國歷史上的主要錯誤責任，不在於儒家思想而是法家思想。法家是行「法治」的，時下中共的論調亦是「反儒尊法」，有人就說因爲建設國家必須厲行法治。請問這種所謂「法家」的「法治」，與我們現代所了解的民主制度的「法治」，有甚麼不同呢？又合理的法治應該有些甚麼基本的原則？

（三）說到「法治」的問題，有個一般的講法，說是中國只重

人治不重法治，並把這個責任完全歸罪於儒家──全盤西化派人士尤其如此。有人說西方民主法制的建立，是因爲有希臘重概念重純知的傳統，乃開出以理知主義爲基礎的客觀制度；並且有基督敎上帝之下人人平等的觀念，因此，希臘文化、希伯來文化，兩者似乎都有利於民主的誕生。請問這種說法是否對？中國旣無希伯來文化，亦無希臘文化做基礎，民主觀念又如何轉生出來？

（四）有人引孟子「民爲貴，君爲輕」的話，作爲中國也有民主思想的證明，認爲儒家思想是「民本思想」；這個以民爲本，以人民福樂爲出發的思想，也是民主的精神。若然如此，中國文化是否可以憑藉民本思想爲基礎，開出一套新的、現代的、合於中國精神的民主觀念？

（五）當前西方民主資本主義的國家，舊道德崩潰，新道德未立，社會混亂，罪惡頻生，人心無所安頓和歸趨。有些國人目睹這種現象，就藉此攻擊西方民主，認爲這是「民主自由」的必然結果，他們因而聲稱：「這樣的民主自由，我們不要。」請問這種看法和態度對不對呢？西方的民主自由是否是當前西方社會「敗壞」的必然原因呢？

（六）如果說中國儒家道德精神，有其必要的永恆價值，特別是針對當前西方道德無所憑依的情況。又如果說西方民主觀念和制度，爲現代國家政治所必須，更爲中國所必須，那麼，中國儒家道德精神若與西方民主精神結合起來，不正展示了一個新文化進步的契機嗎？對中國和世界不是都有所貢獻嗎？請問，這樣的結合是否可能？

　　關於第一問題，儒家自孔、孟起，即稱贊堯、舜。其所以稱贊堯、舜，一是「禪讓」，公天下；二是無爲而治。後來宋明儒者亦無不以家天下爲大私。雖稱贊三代，然不以其家天下爲然。惟如何能制度地實現公天下之公，則始終想不出辦法。因此，儒家在對政道方面是無辦法的。政道是對政體而言。禪讓之公天下乃屬政權問題。在此方面旣無辦法，故順現實的政體而以治道方面的政治思想補救之。儒家在此方面是德化的治道。德是以「仁者的智慧行仁政」而規定。孔子即說「爲政以德」。孟子具體地說出來，即是㈠「樂民之樂，憂民之憂。」㈡「王如好貨，與百姓同之；王如好色，與百姓同之。」㈢「國人皆曰賢，然後窮之，見賢焉，然後用之；國人皆曰不可，然後察之，見不可焉，然後去之。」《大學》總之曰：「民之所好好之，民之所惡惡之。」《中庸》復總之以一語曰：「以人治人」。「以人治人」者，順存在的生命個體所固有之人性、人情、人道而成全之，非以外在于人之主義或概念而硬加于民也。《中庸》載：「子曰：道不遠人。人之爲道而遠人，不可以爲道。《詩》云：「伐柯伐柯，其則不遠。執柯以伐柯，睨而視之，猶以爲遠。故君子以人治人，改而止。」「柯」，斧柄也，朱子註曰：「執柯伐木以爲柯者，彼柯長短之法，在此柯耳。然就有彼此之別。故伐者視之，猶以爲遠也。若以人治人，則所以爲人之道各在當人之身，初無彼此之別。故君子之治人也，即以其人之道還治其人之身。其人能改，即止不治。」此中所含精神是「讓開散開，物各付物」之精神，所含原則是「就個體而順成」之原則。依此精神與原則而措施政事便是仁者的「仁政」。故孟子曰：「惟仁者宜在高位。不仁而在高位，是播其惡於衆也。」

　　此種德化的治道，吾名之曰：「理性之內容的表現」。因政道方面無辦法，故只好以此種治道補救之。然仁者是可遇而不可求的。故儒者之理想總不易實現也。然謂儒家的政治思想與近代化的民主政治相違背，則非是。問題只在公天下之公如何能制度地被建立。而此種建立即是西方近代化的民主制度之貢獻。這一步貢獻，吾名之曰：「理性之外延表現」。是以中國之「理性之內容的表現」若再進一步開出外延的表現，便是充分建立的民主政治，而仁政亦容易實現。因「讓開散開，物各付物」之精神與「就個體而順成」之原則本質上是敞開的社會，是合乎自由主義重個體之精神的。

　　關於第二問題，中國先秦法家思想的法治與近代化的民主制度中之法治根本不同。近代化的民主制度中之法治其本質的意義就是司法獨立，承認基本人權。先秦法家思想的法治，其所謂「法」不是根據承認基本人權依政道上的憲法而來的法，而乃是自上而定的治道上的法、吏治上的法，此猶不足盡先秦法家之實。平常說管、商、申、韓是法家。其實管仲不是法家，乃是一開明通達的政治家。商鞅之變法主要是打貴族，廢封建，置郡縣，開阡陌，除井田。這些都是可以作的。依信賞必罰的精神作這些事，並不算壞。問題是作了這些事後，政道方面仍無辦法，乃成了極端地尊君。此在商鞅猶無所謂。真正典型而惡化的法家乃在韓非那一套封閉黑暗的思想系統（ideology）。

　　韓非以為申不害只講術而無法，商鞅只講法而無術。他以為必法術綜和始能盡其極致。術的觀念一進來，便把道家引入法家中。術只存于君，法布于官府。君用道家工夫訓練術，那只是喜怒不形

于色，賞罰不測之術。道家變成了極陰險的思想（此非道家之本然），而君則成了一個黑暗的深潭秘窟。以這樣的一個黑暗的秘窟來運用其自上而定的法，則不得不把全社會封閉死，凍結死，窒息死。他這一套思想爲秦始皇所激賞，自謂恨不得與斯人遊。可是他聽了李斯的讒言，又把韓非殺了。而李斯的「以法爲敎，以吏爲師」，正是韓非思想的實行者。因爲韓非已說「儒以文亂法，俠以武犯禁」，皆在所必誅。如是，秦始皇焚書坑儒乃是順理成章的，有其理論的根據的。這一套正是今日中共之所行者。這種法治是極端惡化的，是韓非、李斯思想的法治，不但不是近代民主制度中的法治，且亦不是商鞅的法治，更不是管仲的法治。合理的善化的法治當然是承認基本人權、司法獨立的法治。

關於第三問題，儒者的德化的治道旣是靠仁者行仁政，是理性之內容的表現，當然結果是端賴乎人——仁者。無仁者即不能表現。這不是人治主義，而是政道方面無辦法的不得已。若政道方面得解決，轉出理性之外延的表現，則賴于此仁者的程度即減輕，而民主制度中承認基本人權的司法獨立亦容易出現。中國文化傳統之不容易出現近代化的民主制度，一、由於中國社會階級對立不顯著，不容易出現權利義務之思想；二、由於文化心靈之不重視概念的架構思考，故易于表現「理性之內容的表現」之方式，而不容易走上「理性之外延的表現」之方式。就此第二點而言，政道方面公天下之制度地被建立正是理性之外延的表現，社會方面之階級對立是促成之之現實的因緣。在中國，近代化的民主制度雖不易出現，然並非不爲儒家之所嚮往。西方自十七、八世紀始建立起，正是他們的貢獻。由於他們的貢獻，我們可以覺醒。借鏡而覺醒易，順我

們的傳統心靈之習慣則不易也。故須自覺地要正視西方「理性之外延的表現」之心靈，以訓練自己。孟子的思想對法國之人權運動以及美國之獨立宣言，起了巨大的影響作用。此爲人所公認者。然則孟子的思想在西方可以促成近代化的民主制度，在中國何以不可本之以建立我們的民主制度——順其「理性之內容的表現」轉出「理性之外延的表現」，以解決政道方面「公天下」之問題？上帝面前人人平等，固足促成人權之覺醒，然在中國本有平等之意識（社會無顯著固定之階級對立），何以不易出現近代化的民主制度？平等意識若轉而爲「王侯將相本無種」，並不足以出現有憲法基礎的民主制度也。是故不應說中國文化既不同於希臘，亦不同於希伯來，便無法出現民主制度也。問題只在我們在政道方面的理性覺醒。儒者在此只是一竅未開，然不可謂其不嚮往也。今日知識分子若開了此一竅，豈不是先賢之所喜？若自己仍不開，專門趨炎附勢，有何資格詬詆儒家？

關於第四問題，孟子的民本思想正是儒家德化的治道，理性之內容的表現。若本之而轉出「理性之外延的表現」，以解決政道方面的問題，則正是一套新的、現代的、合於中國精神的民主制度。

關於第五問題，民主制度只是一個政治制度，它不能擔負一切責任。社會敗壞只是人性之放縱。學術文化教育宗教都應負責。若因此而責怪民主自由，則是因噎廢食。若必廢棄民主自由，而讓極權專制來鞭策奴役，則一方是自甘卑賤，一方是泛政治主義，其敗壞更有甚者。

關於第六問題，答覆是當然可能。這正是中華民族順其固有之文化生命傳統所應有之獨一無二的正當生命途徑。這端賴知識分子

之覺悟以及一切當權者之徹底懺悔，掃淸其乖戾不純的無明。

原載《明報月刊》第9卷第4期　　1974年4月

我的學思經過

　　我們的學習過程，一方面要思，一方面要學。孔子說：「學而不思則罔，思而不學則殆。」又說：「吾嘗終日不食，終夜不寢，以思，無益，不如學也。」又說：「好仁不好學，其蔽也愚；好智不好學，其蔽也蕩。」可見學與思的重要。我自唸大學時開始會獨立思想，一直到今天。現在我六十多歲了，仍然沒有一刹那停止過思考，以時間計已有四十多年了，然而彷彿就在眼前。思是不能停止的，學又何嘗不是一樣？當我們思的時候，經常遭遇到閉塞的狀態，無論怎樣思也思不通。這時候我們就要學，需要看看書。學可以開拓知識，撥轉生命的活力。有問題思不通的時候，看看書或和人家談談，可以打開頭腦的閉塞，學的重要就在這裡。

　　我的學思過程，大概可分為兩個階段。五十歲前的學是野馬式的，或說是開荒式的。我像野馬似的在大地上到處奔跑，涉獵新奇的東西。這種學是粗糙的，不能進於細密。年輕時總覺得這本書也要看，那本書也要讀。這不是一個壞現象。在追求的過程中往往是如此，追求過程連續了大約二十個年頭，到了四十歲左右才慢慢似乎有一個立足點，但這還不是成熟的表現。大家常說，人總要到四、五十歲才成熟。但須知這只是中年人的成熟。至多不過是有一

個相當穩定的立足點罷了。有了一個立足點,似乎可運用無窮了。在涉獵的階段,我們的了解不會很仔細,所把握的東西都是粗枝大葉,但總可以把握一些問題的中心。這個階段到了四、五十歲就停頓下來。這時侯,與我們生命不相應的東西不太容易進入腦子裡。年青時,我也能夠講詩詞,也喜歡看看文學作品,但如今我不再去看它們了。年青時所學的,而不能與自己相應的東西,都被歲月淘汰了。而相應的,終生都可以維持。我自己認爲,能夠代表我四、五十歲前的用心處的,且比較有一大略的、粗糙的成熟的作品,是《認識心的批判》。它是我四十歲時寫成的,因爲那時正遭逢劇變,人們無暇及此,出版之後沒有人看。而我那時亦因時代的需要,所用心的問題也不在這方面,所以我自己也暫時停止這方面的繼續用思。出版了,只是把它擱置在一邊。

從四十歲到五十歲,我講文化問題,一講便是十年。這是發議論的階段。每個人都會經過這個階段。譬如你們諸位,都想發議論,但卻發不出來。這是因爲程度不夠。但是到適當的時候,你們一定會發。發議論的時期是中年時期,是與事業心相配合的。王船山的《讀通鑑論》等書都是在五十歲左右寫的。我講文化問題就是屬於發議論的階段。對於時代的問題、政治問題、文化的問題,我談的很多。如果你們想討論這些問題,一定也要先預備才好。在尚未成熟就討論這些問題,不過是時代中直接的刺激反應而已。甚麼學潮,甚麼運動,在這裡面,你們也關心時代的問題,但也只是跟著喧鬧而已,這不是眞正的議論。因爲你們穿不透這浮動的事象,只是隨著事象去浮動。發議論是需要「智」、「仁」、「勇」的,同時也是一種客觀的精神,因此,也可以說是一種開發或發揚的精

神。當然發議論的立足點是由二、三十年來所吸收的東西而凝結成的。但所吸收的東西不一定很細密。譬如我們講文化問題與時代問題,大體是依據儒家的精神,可是「儒家」是個籠統的名詞──包括了自孔子到今天的二千多年──是一個廣義的儒家。從儒家的觀點論文化,這觀點是被預設著的。因為我們的重點不在對於這個觀點本身予以詳細的展開,而是在依據這觀點來討論一些客觀的問題。觀點是我們所預設的,而不是我們所要討論的,你可以從這中心出發,來談論政治、文化,以及東西文化等問題,對於你所預設的,只要知道一個大略亦可夠用。但你不要以為你已經窮盡了儒家學問的全部內涵。例如,以你所了解的儒家思想講社會問題、政治問題、東西文化問題或者文學藝術等問題,你也可以講得頭頭是道。但若以為這樣就窮盡了儒家學問的大海,而認為再往前進就是玄虛,這是你自己的自畫。所謂玄虛並非現在才發明。宋明儒已經是玄虛,甚至《中庸》、《易傳》就開始玄虛了。所謂玄虛,其實也不是真正的玄虛,而是內聖生命的精微化,深刻化。不精微,不深刻,則道德意識或內聖生命便停滯在膚淺的層面了。因此,發揚的精神也不能延續得太久,到時它自然會收斂。

我們的立足點,儘管是夠用,但它所包含的內容是需要經過更透切和更深入的領悟來把握的。自從我在香港居住下來的十五年來──今年我已經六十五歲了──我所用心的就是向這更深入的層面前進。這大體說來,是一個收斂的階段。我不再開荒,亦不再追逐時流的新說奇論,而是要去重溫我以前所涉獵的東西。更細微,更真切地去了解它們。這是要靠收斂的工夫來作的。收斂並非是消極的表示,它具有積極的意義。在這十幾年內,我不停地工作,超過

我以前二十多年來所成就的好幾倍。以前採摘了的葡萄，我將把它
變成美酒而獻於人。朱夫子曾經說：「舊學商量加邃密。」這句話
很有意味。不加「邃密」是不行的。我們不能永遠停留在開荒式
的、野馬式的階段。我們要超越這個階段，蛻變為成熟。當然，每
個階段都有它的工夫。六十歲有六十歲的工夫，七十歲有七十歲的
工夫，就是活到八十歲、九十歲，也有八十歲、九十歲的工夫。孔
夫子也說：「六十而耳順，七十而從心所欲，不逾矩。」四、五十
歲發議論的成熟期，只能算是中年的成熟，一個粗糙的成熟。真正
的學問依然需要努力才能臻達。我引了朱夫子的「舊學商量加邃
密」，就是這個意思。這個六十多歲（在以前已被稱為老頭子），
這個將近老年的成熟，一方面是個好現象；另一方面也是令人可憂
慮的現象。我最近也頗能體會這個「老」字了。「老」，是生命形
態的趨於定型。年青時，生命的形態——譬喻說是三角形，抑是四
方形——是不很清楚的。你不懂數學時，你總希望從數學家那兒獲
得一些數學的知識去充實自己，這是個戰鬥好勝的精神。中年人有
這個戰鬥好勝的精神，青年人更強，誰也不服誰，你今天說我不
行，明天我就行給你看。這是當一個人的生命形態尚未完全結晶化
時所有的可出入的表現。一旦進入老年，一個定型的狀態就顯露出
來了，三角形就是三角形，孔夫子就是孔夫子，定了型一定有些頑
固，因為定了型之後，再也不能有出入了，也很難和其他東西相適
應了。為什麼定型中有老年人的工夫呢？就是要繼續「舊學商量加
邃密」，依照天理做人，這就是老年人的工夫。如果你陷落在氣質
裡，處處受氣質的決定，這便糟糕，便是頑固。所以要常常克己復
禮，常常戰戰兢兢，不要不負責任隨意揮灑，或好像自己無所不

通。這不是無所不通，這是頹墮，不能自持，而流於放縱恣肆，完全收煞不住。假如你是方形就是方形，要在這個方形裡依照天理去對人接物，這才是一個細緻的、成熟的老年人的工夫。不過人到老時氣衰弱了，生命力也萎縮了，很難再挺起來。所以韓愈說：「氣盛言宜。」中年氣盛，說話亦合情合理，寫文章也寫得好。到了氣衰的時候，話說不出，作文章也不能得心應手。凡靠天才來發揮的，通常是這樣子的。這樣，到老年便無工夫可言了。所以聖人教人學思不倦。無論多大的天才，總要藉著學思來精進他自己。但這不是貪多無厭。聖人說：「及其老也，戒之在得。」一落於貪鄙便無足觀了，貪鄙也是生命頹墮的表示。

　　《心體與性體》是我近年來工夫用心之一。它敘述了宋明六百年來的儒學。我集中於九個人來敘述，這九個人就是周濂溪、張橫渠、程明道、程伊川、胡五峰、朱晦庵、陸象山、王陽明、劉蕺山。我把他們每一人學問的性格、義理的規模，都從基本上把它表象出來。我們需要從頭來了解，我作這步工夫前，我先寫了《才性與玄理》，講的是魏晉的思想。我講這兩期的學術都著重在對於文獻的確定了解，我不截引一、二語句隨便來發揮；我把原文整段地抄下來，期望人對之有一明確的了解。如果只截引一二語句，常不能通曉其原義。這樣，便會產生模稜兩可的情形或完全相違的解釋。因此在《才性與玄理》以及《心體與性體》中我便抄了不少的原文。經過這一抄寫，我更加明瞭地把握這些文獻的內容了。所以諸位在閱讀我的書時，先無須看我的疏解，你只小心地看一遍我所抄錄的文獻。（有關文獻的重要部份，大體都在這裡。）我給你集中了它們，不是很方便嗎？倘若閱讀文獻發生困難，再看看我的疏

解，這會對你有些幫助。當然，你也可以有你自己的新見解，可以
把它們提出來。但是在有新見解之前，應該反覆地參考，更仔細地
下些工夫，才能夠明確地把思想表達出來，印證一個道理不是容易
的。

現在我正預備敘述南北朝隋唐這一期的佛學，這就是我將要寫
的《佛性與般若》，我沒有急切地從事這部工作。我以前和熊（十
力）先生在一起的時候，天天也只是道聽塗說，也稍稍涉獵到佛
學。這正如佛教所說的「熏習」。當時我的注意力不在此，所以沒
有多看佛教的典籍。凡做一件工作，要順自然的趨勢，正所謂水到
渠成，就是這個意思。做工夫不能心急。好像現在你們按期交論
文，是不行的，要了解是一個浸潤的過程。既不能急切，也不可使
氣，更不可爭勝，這要平心從容，慢慢地來；一旦成熟，你們就毫
不費力的寫出來了。照我自己的了解來說，我始終鬧不清楚這一期
學術的義理脈絡。平時那些和尚和居士所談論的，都不能使我得一
有條貫的了悟。譬如說和尚方面衰微已久，自民國以來尤其衰微。
佛教的中心是在內學院和居士們身上。後來太虛法師出來與內學院
對抗，跟著有印順。我認為印順的造詣超過了內學院。內學院所貢
獻的是在整理文獻方面，消化教義方面是貧乏的。他們只講唯識，
不講其他。我在重慶與熊先生在一起時，就知道歐陽大師是從來不
談天臺、華嚴和禪宗的。我也親自見到呂秋逸說天臺和華嚴是俗
學。那時候我也不知道天臺、華嚴是些甚麼東西。因為大家都講唯
識，所以那時我曾經唸了一遍《成唯識論》，但以後也忘掉了。對
於歐陽大師的輕視天臺、華嚴，我不大贊成。他們是以宗教態度來
看，偏見當然很大。有堅定的宗教信仰是好的，但卻因而不通達

了，由他們的口中，很難使我了解這一期吸收佛教的發展過程。再者雖然大家口頭都談天臺、華嚴和禪，又有多少人真正能講呢？光說「事事無礙，事理無礙」便是華嚴了嗎？難道這就是華嚴宗的所以開宗處？美國現在流行禪宗，那是日人鈴木大拙宣傳的結果，禪宗也不是可獨立地講的，獨立地講禪會引人誤解的。禪宗是教外別傳，其實是教內的教外別傳，它依然預設了佛教的教義，如果不把各宗的教義弄清楚，也難顯出禪宗的特色。把握禪宗在中國吸收佛教的過程中所扮演的角色也不是一件容易的事。

依我看，天臺宗最難講，也最少人講。大家都喜歡講華嚴，也只是口頭上的。天臺宗的文獻很多，全部都在《大藏經》中，現在只有《法華玄義》有單行本。胡適之先生說，天臺的智者大師只是一個煩瑣的僧侶哲學家。其實這個僧侶並不容易，我們不要把他輕看了。他是首先消化佛教而開宗的。近年來對天臺宗我自己用功，開始時十分困難，因為它有一大套名詞，並有其獨特的義理。我從智者大師開始，一直用功到荊溪和知禮，這三個天臺宗的大人物都是大哲學家，就是多瑪斯、康德、黑格爾也不一定可以與他們相提並論。我把那些文獻找出來之後，做了許多笨工夫，例如智者的《摩訶止觀》，我曾把它分章分節全部抄錄出來；又如知禮寫的《十不二門指要鈔》沒有分段，而且他的疏鈔十分煩瑣，他疏解任何一句或一段，都含有一、二、三的科判，一、二、三中又套一、二、三，你若不從頭看，你不知道這個「一」，是一卷的「一」，抑是一章的「一」，或一節的「一」。他沒有章節的分別，只是一、二、三，一、二、三的套下去，我也把它分開章節予以抄錄；又如署名慧思作的《大乘止觀法門》，我在東海大學時便抄錄了全

文，它比較容易看，而且很有系統，但是它不能代表天臺宗；它是
一本僞托的書，以前陳寅恪先生已經注意到了，他認爲是習華嚴宗
者的假托，他的見解我是由馮友蘭的《中國哲學史》裏知道的，但
是馮友蘭沒有確定陳寅恪的說法，所以他依然依據《大乘止觀法
門》一書來論述天臺宗，好多人都是如此。這皆由于不明天臺宗義
理的緣故，亦由于面對天臺文獻而不能讀，甚至亦不知何者是天臺
文獻的緣故。關于天臺宗的資料，我已整理得差不多。唯識宗方面
我們現在所知道的唯識學是玄奘傳下來的，但是智者大師以前，就
有地論師與攝論師（眞諦）所傳的唯識學。這是早期唯識學的文
獻；玄奘所傳的唯識──或叫做「新法相宗」──是後期的唯識
學。華嚴是從唯識學中演變出來的，但天臺宗則不是繼承唯識學而
開出，這其中的脈絡與系統的性格是很少能弄明白的。禪宗興盛之
後，像唯識宗的大系統，天臺、華嚴的大系統，統統都消沉了。禪
宗是敎外別傳，不立文字的，用的都是「參話頭」、「棒喝」等
等，但你必須要明白它所預設的敎義。解釋《大般若經》的《大智
度論》，以及《中論》，龍樹的哲學思想，我已經寫出來了，《涅
槃經》的佛性思想亦寫出來了。在我的《智的直覺與中國哲學》
裏，有一百多頁專講述天臺宗。天臺宗的整個系統都被陳列出來
了。將來，我還會寫天臺宗的故事，以及它的歷史發展。寫華嚴宗
的工作尙未進行，但唯識學的前期已經寫好了，後期的唯識學大家
比較熟習。我原本期望在退休時把這一期的學術全部寫好的，現在
看來，恐怕還難作到。我現在的工作是兩方面，除了這一期的學術
的寫作之外，翻譯康德也佔了相當的時間。

　　我爲甚麼要翻譯康德呢？康德是十八世紀的人，爲甚麼這樣重

視他呢？康德的作品沒有像樣的中譯本，是中國哲學界的羞恥。英譯有三種，日本人也譯了兩次，胡仁源曾經譯了康德的《純理批判》，但語句無文法結構，這個譯本是不可讀的，他作過北平工學院的院長，哲學是外行，他的翻譯一開頭就錯。那麼由誰來做這項工作呢？鄭昕是研究康德的專家，可惜他只停留在把康德思想當作「木乃伊」欣賞的地步，雖然我們不能說他一定不了解康德，他留學德國，專讀康德，但他又是個共產黨員，這便須相信馬克思主義，這樣就難了。我不知道馬克思與康德有何可相結合的地方，所以我很懷疑他對于康德的了解。我不是一個康德的專家，我看的是英譯本，我也不懂德文。康德的書是不能隨便翻譯的，你們的會話英文比我好，但你們不能翻；你們的理解不夠，閱讀能力也不夠。消化康德的思想是很不容易的，我曾經對孫述宇先生說：「老年人應該做點翻譯的工作，因為理解力比較強，而且文字的運用也比較熟練。」我以前都是粗枝大葉，開荒式的讀書，可是翻譯一遍，勝讀二、三十遍，只讀一、二次是不夠的，讀書光是看不能深入，所以我喜歡寫，喜歡抄，我家裡沒有書，我總是到圖書館去抄書。康德《純理批判》的大部分我已經譯出來了，我也把他的《道德底形上學之基本原則》以及《實踐理性批判》譯了出來。翻譯《第二批判》時，我把此書的內容和儒家孟子系的道德學相比較，使它的精采和缺陷都彰顯出來。

康德的思想在今天依然是活的，反對他的哲學的，如英國的實在論、懷德海的宇宙論、胡塞爾的現象學，都各有精采的地方，但只能說是哲學史上的一些小波浪，不久便會被消化被融攝，它們不能獨自成一個骨幹。羅素講邏輯和《數學原理》是好的，但他不是

個純哲學方面的人材。懷德海的宇宙論系統是無本的，胡塞爾的現
象學太單調。海德格曲曲折折，故示玄奧，實無眞知見。這些哲學
全屬於時代的小波浪，經不起時間的考驗，所以康德不是古董。譬
如當代關於數學的理論有一派叫做直覺主義，就是從康德的《純理
批判》中引申出來的，如果不了解康德，又怎能了解直覺主義的思
想呢？縱使羅素是個邏輯學大家，但他的數學理論並非就是天經地
義的。我自始就不甚贊成他的講法。依我看，康德的理論更接近眞
理。

　　我們面對的時代，有許多基本問題需要正視。最令人注目的是
政治問題。今日的世界有兩個標準：共產主義和自由主義，它們構
成了兩個世界。在這政治問題的內部，是文化問題、哲學問題。以
哲學的觀點看，我們要承繼古人留給我們的財產，通過學思加以消
化。代表中國的文化傳統的是儒、釋、道豐富的思想，我們要把內
聖之學消化後才能承繼。西方的文化是希伯來的宗教傳統與希臘哲
學科學傳統，康德一個人就代表了這整個的骨幹。他的智慧是基於
宗教傳統、科學傳統，以及希臘的哲學傳統而發出的。現代的哲人
中，康德的哲學智慧最高；古希臘是柏拉圖。中國的文化流傳了二
千多年，它的內容是豐富的。我們不要膚淺地零碎地看小了自己的
文化，我們要深入地看，然後再把東西兩方加以比較與會通，但這
不是隨便的比較與附會。我們要作一個康德式的比較，以康德那種
架構來重新融和，作這個時代所應有的判教。我最近寫了一書，名
曰《現象與物自身》，這可以代表我個人的思想。其實我也無獨特
的思想，都是古人所已有的。所以這書也不過是我所學思的總消化
而已。然而在融攝康德上以及在此時代所應有的判教上，也許有一

得之愚。

（郭漢揚記錄）

原載《明報月刊》第9卷第8期　　1974年8月

海外青年應如何認識中國及自家文化

問題一：現時許多海外青年，惑於中共的宣傳，認爲中共的科學及經濟建設有了成就，中國人因爲有了中共而能夠站起來，中國也變得強大。但此等青年沒有採用「人」（人文）的因素去認同中共。此種態度對不對？

答：這是不對的。認同不是問題，那有中國人不愛中國，不認同中國？不過，認同中共與認同中國是兩回事。

原子彈不算成就

至於說中共在科學上有成就，例如原子彈。原子彈不算是稀奇的事，印度可以造原子彈，台灣也可以造原子彈。而中共則是「不要褲子也要原子彈」。

眞正的科學成就，並不是在造原子彈。應該是在自由的教育制度，及學術自由氣氛下，培養出純粹的科學家，才可算有成就。

培養人才是第一

中共的科學家，即如錢學森，他戰前在上海交通大學畢業，後

來負笈美國，在學術自由氣氛下培養出來的。即是說：錢學森並不是中共培養出來的。而中共得到錢學森，祇不過坐享其成。

中共目前的教育制度，很難培養出科學家。海外知識份子從造原子彈說中共的科學成就，這是不適當的。

所見經建是樣板

說中共在經濟建設方面有成就，亦是浮淺之見。如衆周知，往中國大陸參觀的人，事事要依日程表，所見到的東西，都是樣版。

中國社會的生長力強，祇要沒有戰爭，社會穩定，自然繁榮發達。廿八年之久有了一點建設，在現在高度技術的時代裏，眞算不了什麼。香港不是天天在建設嗎？台灣不也是天天在建設嗎？大家爲什麼不注意？爲什麼單對於中共的建設刮目相待呢？難道旁人的建設是本分，不值得提，單是中共的建設才值得提！海外的知識青年常不自覺有一個假定，就是：中國大陸在1949年以前，好像什麼都沒有，是個零；中共建立政權後，從零起，有一點建設便算是了不起。

所以若只從科學成就與經濟建設這兩點去認同中共，這是很膚淺的，而且很脆弱的。

又，中國強大，不是由中共開始，二次世界大戰後，中國躋身四強之列，已經強大了。

共黨問題，不單單是政治問題，乃是人性的、文化的及宗教信仰的問題，這才是造成人類的「大悲劇」。青年人對共黨存有幻想，以爲是理想之所在，新社會之所在，然不知其中含有多少悲慘。

問題二：現代青年應從何種途徑，對中國的傳統精神（人文）與西方的民主科學結合？

答：中國的傳統精神，以儒家為主流。儒家精神涵蓋萬千，基本上與科學以及民主並不衝突。祇是在以往並未發展成近代嚴格的科學，亦未發展成有憲法基礎的民主政體。

儒家的代表人物孟子，早就提出了「民為貴、君為輕」的主義。而且孟子的民本思想，影響了十七、十八世紀的歐洲。

在此兩百年內，西方極為崇拜中國文化。法國的福祿泰爾大力提倡儒家的理性主義，大大影響了法國的人權運動。又據已故的張君勱先生考證，美國的獨立宣言也曾為孟子所影響，可見儒家的思想清楚地含有自由民主的意向。儒家思想在西方十七、八世紀可以促成近代化的民主政體，為甚麼在中國不能？

問題不是將中國的傳統人文精神與西方的民主科學相結合，乃是本著自己的文化生命之根而發展出近代嚴格的科學與近代化的民主政體。科學是無色的，民主政體是中國近代必經之路，亦是永不可缺少者。在此兩方面，中國與西方之差是遲早的問題——西方早三百年，中國晚三百年。

問題三：中國分裂了廿八年，至今還未統一，使海外青年對國家的歸屬感漸冷。若要他們建立歸屬感，則先要從國家的靈魂文化方面做起。請問如何喚起海外青年對中國固有文化的歸屬感？

答：民族國家、歷史文化及民主自由是組成國家的基本支柱。三位一體，不可分離。中國傳統文化根本注重此點。所以青年先要瞭解中國的固有文化。認同文化，從而認同中國。反之，認同中國，亦必然函著認同她的歷史文化與自由民主。

　　中國在現實上是分離的，這是由於中共否定歷史文化、自由民主而然。他們高舉外國的馬克斯、恩格斯、列寧與斯大林，砍斷中國的歷史文化之命脈，否定了自由民主之常軌政體，如是才有分裂的悲劇。這是每一個中國人都應徹底反省的。民族國家以歷史文化與自由民主爲其內容。

　　離開了歷史文化，民族國家成了空頭的，這是說不過去的。洪秀全的先例不可不察。同時，離開了自由民主、基本人權，社會亦難得生動繁榮，人民亦難得正常的生活，這亦是不可不深切注意的。青年人建立歸屬感是應當在此等處著眼而用其眞誠的。

原載《鵝湖月刊》第2卷第10期　1977年4月

從索忍尼辛批評美國說起

各位先生、各位同學：

今天我講的題目是「從索忍尼辛批評美國說起」。我們現在就從索忍尼辛在哈佛大學的講詞對美國的批評開始。

廣義地說，索氏那篇講詞是對自由世界的批評，不過，自由世界以美國為代表，所以，他說話的對象就是美國，事實上，是概括整個自由世界的。

自十九世紀以來，自由世界的毛病是大家有目共睹的。索忍尼辛那篇講詞中的意見，不是他的新發現，不是他的創見，乃是大家共同的感覺。只要大家稍能了解一點西方文化的發展，就可以看出來了。不過，一般人在現實世界裡，一天到晚忙得昏頭脹腦，並不關心這問題；一般的知識份子，也不感覺到這問題，因為「腦滿腸肥」，這個問題就塞不進去了。事實上，有些能夠了解西方文化發展史，能夠對於近代發展（從文藝復興到現在之發展）有了解的人，曾屢次發出警告，屢次發出這一種呼聲來。這是西方文化的一個問題。諸位須知，不單單從清末民初以及五四運動以來，中國文化發生了問題；就是西方的文化，一樣的有問題。

我們中國的知識份子，從民國以來，特別從五四運動以來，只

知道中國文化有問題，不知道想一想西方的文化一樣有問題。可
是，西方比較有識見的思想家，廣義地說，西方知識份子，同樣感
覺到這個問題。這裡我簡單的舉幾個例，大家一想就可以想出來。
從史賓格勒（Spengler）所寫的《西方的衰頹》（*Decline of the
West*）開始，以至於到後來的史懷哲（Schweitzer）還有俄國的索
洛金（Sorokin）這些人，乃至於現在流行的所謂存在主義哲學家
皆是對西方文化有所反省的。不管他們各別立言的角度如何，對西
方文化發展（從十九世紀到廿世紀）這一個趨勢，在這個問題上，
這些人實有共同的意見，共同的看法。記得，我在學校讀書那時
候，大家就已經有呼聲叫出，說是「世紀末」的病。「世紀末病」
這個「世紀」，是指著十九世紀說的，即十九世紀末年到廿世紀。
我們現在正在廿世紀。我那時在學校讀書是廿世紀初年，那時候大
家已經就呼出「世紀末病」這個名詞。這個世紀末的病，一直在持
續著，逐步加深。索忍尼辛，一個蘇俄作家，被蘇俄放逐出來，到
美國親眼所見，看看美國那種狀況，就是那個世紀末的病的更深沉
化。這不是一時的、主觀的感受，他的感受乃是套在文化發展史裡
面，套在一個客觀的意識上面。由這樣的感受來發出他的呼聲。

　　這呼聲不是他一時的感想，它後面乃是有其客觀的根據的。這
種客觀根據，從外部說，就是近代文化發展史的根據；從內部說，
就是思想觀念上的根據。因此，他這一篇講詞，在哈佛大學發表以
後，震動性很大，美國人的反應也很多。

　　平常演講，美國人是不理的。那管這些閒事呢？但這一篇講
詞，指著鼻子罵上來了，罵到家門口來了。所以那個時候連所謂
「第一夫人」──卡特的太太也要表示態度了──表示後怎麼樣

呢？表示後的結果，卡特還是老樣背信。這已經是爲索氏所批評美國人的毛病所涵蓋，大家祇是不自覺而已。

我們這一方面，也看到這一篇講詞，也有反應。我那時是在基隆路三段那個地方住，那是夏天的時候。我沒看到這篇講詞原文，我只看到報紙上的那些反應，大體都是不中肯的。我沒看到那篇講詞原文，我怎麼知道那些反應不中肯呢？因爲，這些反應本身的理路就不夠。後來，我回到香港，一天《讀者文摘》打電話給我，要我對這個問題表示一點意見。我說：「我很少注意這些問題，也沒看到這篇講詞，這件事只好請你們請教旁人了。」他們認爲還是要我表示一點意見，他們答應把材料都寄給我。於是，他們把那篇講詞全部拿給我看，還附著各地的反應——我們這方面的反應，美國那方面的反應，他們都寄給我看。

我仔細看了一遍，我們這方面的反應眞是太差了，甚至並不眞能相應地了解人家那篇講詞。這可見我們這個地方的讀書人、知識份子，太不了解這個時代的問題，太不了解西方的文化問題與文化發展的問題。碰見這種情形，發表意見的，都是那些社會上的「要人」，這些「要人」就是所謂的「文化紳士」。要人怎麼樣？紳士怎麼樣？人家一篇震動世界的講辭出來了，既沒有一個相應的了解，更沒有一篇中肯的反應；光知道人家罵美國人不夠道德，心裡便高興；光知道高興，只高興一下就完了。這當然不行。要知道這是一個「問題」！就文化上講，它是西方文化發展上的問題，由這種文化發展培養出來的風氣，不單影響美國，也影響整個的世界。

我今天並不完全是以索氏的這篇講詞來講話的，我也不想介紹它全部的內容。他的講詞裏面，也有很多話是很不中肯、很不恰當

的。

那一點不中肯呢？

他說現在美國的風氣、那些毛病，即索氏所罵的那些毛病，都是從文藝復興時代那個「人本」主義所留下來的惡果。

索忍尼辛說這句話的時候，他完全是一個宗教信徒的立場。他的宗教信仰很真摯，他是站在一個基督教信仰的立場上來批評，批評近代文化開始於文藝復興，被文藝復興中的人本主義所拖陷。文藝復興中有一個主要的運動，就是 humanism，在這裡翻譯作「人本」主義比較恰當些。（一般地說，譬如我們中國儒家的文化在某種意義上也可用 humanism 這個名詞來表示，但在儒家翻譯為「人文」主義比較恰當些。）索氏為什麼會有這個聯想呢？他說這個為美國所代表的自由世界的毛病惡果，都是從文藝復興時代的「人本」主義留下的、造成的。他認為現代文化都是離開上帝，離開宗教信仰的。這一點，從西方文化發展上講，不是說完全沒有道理，但僅這樣講並不妥當。這表示他們對西方近代文化發展趨向了解不夠。我們要知道，中世紀是「神本」，以「神」為本，到了文藝復興以後，所謂 humanism 出現，是以「人」為本。「人本」就是從中世紀的「神本」中解放出來的。中世紀的人，兩個眼是看天的。想想看，看天看久了（中國話說看天，站在中世紀的立場就是說看上帝），兩眼天天看上帝，把自己忘掉了。我是人，我要盡人的能力，把人的全部所有充分發展出來，這地方就叫「人的發現」，這就開出了「近代文明」，即所謂近代世界（這個「近代」並不是一個時間觀念，是有特殊的內容的，就像剛才所講是「人」的發現）。從第一層處說，我有天賦人權、天賦自由，我要盡量把我的

自由實現出來，這才能夠要求自由、平等、博愛；這才有法國的大革命、美國的人權運動。

再說一層，我是人，天賦人權以外，我有天賦的才能，我就要儘量表現我的才能。譬如說，我有文學天才，我就要儘量表現我的文學天才，從事創作；我有數學天才，我要儘量表現數學天才，研究數學；你教會管不著我，你羅馬那個梵蒂岡教宗管不著我。

再往下說到第三層，我是一個現實的人，我有追求現實幸福的權利；我不能把我現實上的幸福都犧牲，把「我」都犧牲給上帝。這就是叫「近代文明」，「人」的發現。「人」的發現是總說，其中含有人權運動，再進一步就是民主政治的形成與知識的解放。這就是近代文化的全幅內容。這是必須要正視的。儘管順這個人本主義下來有些什麼毛病，有些什麼惡果出現，但是它也有正面的價值，這個正面的價值是絕對不可忽視的。可是索氏偏在這方面分辨不清。他對近代文明不能正視，不能有一相應的了解，一口咬定現在西方世界，尤其美國的這些毛病都是人本主義所造成的惡果。那怎麼行！

這還不算，再進一步，索氏說共產主義、共產黨、馬克思主義也都是人本主義。現在自由世界中部份知識份子，對共產黨一往情深，對蘇俄及中國大陸的極權統治一往情深，特別表示好感，為什麼呢？理由是相同的，也認為是「人本」主義，忘了上帝。「共產黨也是人本主義。」這句話說錯了。共產黨怎麼能算是「人本」主義呢？怎麼能把共產黨與人本主義攪和在一起呢？以上所說，只表示索氏對文化發展史的知識缺乏。這樣，你當然不能說服美國人，美國人當然不服氣。

　　共產黨怎麼能算人本主義呢？索氏引用馬克思一句話，他說馬克思曾經說過 communism 就是 naturalized humanism。嚴格翻譯起來，應該是「自然主義的人本主義」。（所謂自然主義的人本主義，其實就是「唯物主義的人本主義」。）人本主義就是人本主義。「自然主義的人本主義」、「唯物主義的人本主義」不是人本主義，所以我們不能把馬克思主義看成是人本主義。此外，索氏還有一種莫名其妙的想法，他以為：「你看蘇聯的極權統治，中國大陸上共產黨的極權統治，張口說『人民』，閉口說『人民』，天天把『人民』掛在口裡，這豈不也是『人本主義』麼？」其實，共產黨天天把人民掛在口裡，並不表示他是 humanism，這根本是常識，大家一聽就可以知道。humanism 是很文雅的，不管它是「人本」也好，「人文」也好，一說到 humanism，大家都知道是重視人道的，例如說某某人很 human，就表示這個人很懂「人情」，很懂「事理」，對做人做事的原則道理都很懂。現在的共產黨正好是沒有人道的，把人的道理都抹殺了，你怎麼能夠說共產主義馬克思主義是人本主義呢？這就徹底不對了。你更不能因為他閉口說「人民」、張口說「人民」，天天把「人民」掛在口上，就說他是人本主義。把「人民」掛在口上，那是耍「人民」的神話、把戲，就像希特勒當年耍「國家」的神話、把戲是一樣的。它們從來就沒有把「人民」當「人」看過！那麼，它們的「人民」究竟是什麼東西呢？他們的所謂「人民」是不能順「人本主義」的觀念來了解的。簡要說來，它們的所謂「人民」不是「人」，只是「物」。我們應知，近代西方文化是順著三個層次發展下來的。中世紀是「神本」，只有「上帝」沒有「人」，「人」只是「上帝」的奴隸。文

藝復興以後是「人本」，沒有「上帝」只有「人」，「人」是自爲
「主宰」的「人」。到馬克思主義出來是「物本」，沒有「上帝」
也沒有「人」，只有「物」，物是「物」，人也成了「物」，這就
是他們所謂的 naturalized humanism，這就是他們所謂的「人
民」。索忍尼辛在這方面了解得不夠，只看到西方世界一些毛病，
便要把近代文化一筆抹殺。一筆抹殺了，敎「人」往那裡去呢？再
回到中世紀嗎？我們就是從中世紀解放出來的，你怎麼再把我們拉
回中世紀呢？

　　人本主義當然有毛病。而在索忍尼辛，他只以爲人本主義是脫
離中世紀時代的「神本」，所以近代的宗敎精神衰落了；你宗敎精
神衰落了，所以你喪失了道德的勇氣；你喪失了道德勇氣，所以你
生活腐敗，沒有是非，不負責任，不守信用，一切壞事跟著都來
了。這就是索忍尼辛說話的一個目標。

　　他這些話是不錯的。但是，你可以要西方世界恢復一點宗敎精
神，你不能一筆抹殺近代以來的「人本主義」的貢獻。西方文化本
來就是這樣的，它不是一個協和的統一體。例如，它要是走「神
本」的路，大家就哄哄地兩眼都去看上帝；看上帝不夠了，又哄哄
地倒過來去看「人」；看「人」出毛病了，又哄哄地來看「物」，
而且都是極端的。西方文化就是這個樣。我們中國就吃它這個苦，
受西方文化的激盪。它的餘波進到中國來，中國也是順著西方近代
的路走。民國以來走「人本」近代化的路。人本近代化走得不順
適，物本出來了。共產黨說：「你這是第三階級，我們要物本。」
物本是第四階級。所以共產黨主義天天「人民、人民」，那個「人
民」是什麼東西呢？用法家的話說，就是「物化」了的「耕戰的工

具」。你是物化的工具，我就要搾取你的勞力。人民的勞力只有兩種：一種是生產，一種是打架。生產，把人民統統套在人民公社裡，去大力生產；打架，就是打仗，參加韓戰時就是要你去參軍。一個是大力生產，一個是大力參軍。共產黨看人民就是看這兩點，再沒有別的了。它並不把「人民」當個「人」看，只把「人民」當「物」看，當「工具」看，所以它是「物本」。就它的極權統治說，它是「法老本」。「法老」就是埃及古時候的「法老王」。

馬克思把西方的文化歪曲了，經過階級鬥爭，他所嚮往的是什麼呢？他所嚮往的不是從希望傳下來的要求自由，要求理想，要求公道。他鬥爭的結果是這樣：歸到「埃及的法老」。

這個古代埃及法老是個什麼情形呢？天下的財產都屬於「我」，都集中到「我」這個地方，在「我」以下就一律平等。人都成了物，不是都一樣了嗎？一樣了也就「平等」了！這是一個最反動、最落伍、最殘暴、最無道理的一種政體。但是現在卻是顛倒了，大家都被它弄糊塗了，都認為它是最進步的、最理想的，天下的光明正義都在它那個地方。這不是一個大顛倒，純粹的假象嗎？

這個假象大家不了解，就容易為它所迷惑。索忍尼辛講詞裡最大的缺陷就是不能正視文藝復興以來的人本主義，不能了解共產主義是物本，與人本主義根本拉不上關係。他的講詞裡說：我看你們這個社會這麼壞，你們現在想教我把你們這一套拿到蘇俄去，我決不拿的，當然我也不把蘇俄那一套拿給你們。

他（指索氏）現在既不要蘇俄這一套，又不要英、美自由民主這一套，那麼他要那一套呢？他不是落空了嗎？現在沒有第三條路。既然沒有第三條路，那麼他對美國的批評有沒有意義呢？有，

他只是沒分辨清楚。

他的迷惘，第一、在他對近代西方文化發展史沒有相應的了解，一如前述；第二、在他沒有鑑別開自由民主與社會風氣間的分際。

自由民主是個政治的體制，政治的體制不能夠負太多的責任。自由民主的本質，就是把政府的權力盡量予以制衡，不流於極權。所謂力爭自由，就是保證你的人權，給你自由。至於社會風氣，自由民主這個政治體制，就其為一政治體制而言，是不能負這責任的。那麼，這又是一個什麼問題呢？這是個問題，這需要分別說。政治體制是一回事，文化另是一回事。

譬如，你不是要求自由嗎？不自由不平等是大惡，是不公道，不合理啊，近代的文明就是要求這個東西啊！從法國大革命人權運動，美國的獨立宣言，就是要求這個東西，就是要求要建立一個有憲法基礎的政治體制來保障我們的人權，保障我們的自由。但你有了自由，有了人權，至於你如何運用你這個自由，如何運用你這個權利，那是你個人的事情，那就是另一個問題了。這是政治管不了的。負這個責任的是什麼東西呢？是教育，說籠統一點是文化，說得再具體一點是教養。這個「教養」是屬於教育的問題，在家庭裡面是屬於父母的，到了社會上來在學校裡是屬於師長的事。這在主觀方面培養你的道德理性，在客觀方面培養你的文化意識，進而培養你通此主、客觀而為一的智慧與至大至剛、沛然莫之能禦以實現此道德理想的勇氣。這，通泛說來，就是道德。現在的美國，依索忍尼辛所批評的，就是這一方面出問題了。道德是教養的問題，不是作為政治體制的自由民主的問題。索氏在這方面沒有分辨開來，

就把它和民主自由攪在一起罵了。你攪和在一起罵它，罵自由民主這一套不好。你罵它，它自然不服氣。「你不要美國這一套，你要那一套呢？你不贊成極權統治，你又不贊成美國這一套，你跑到那裡去呢？美國最自由了，給你自由了，你不舒服；你不舒服，你到那裡去呢？再回蘇俄去吧，你又不能回去，也不肯回去。那麼你到那裡去呢？」世界上沒有一個真空管好讓你鑽進去。你說美國不好，到英國去，英國也不見得好。所以，這個地方要分辨清楚，有沒有道德是「教養」的問題，不是自由民主政治體制的問題。中國古代的政治家講到政治的時候，說「倉廩實而後知禮義」、「先富後教」。單站在政治的立場，你不能使天下人都做聖人，所以先要叫大家有飯吃，倉廩實然後知禮義，先富後教。這是政治立場，不是道德立場。

做聖人是個人自己做，我不能叫天下人都做聖人，所以先富之，後教之。現在美國的社會那麼富足；就因為富，乃為富貴所淫，這就壞了。所謂「富貴不能淫，威武不能屈」，美國最沒有出息的地方就是在這裡，為威武所屈，為富貴所淫。為威武所屈，所以欺軟怕硬，欺善怕惡；為富貴所淫，所以天天講享福。在生活的享受中，看到這個生命實在寶貴，於是貪鄙無恥無不為己。這就叫做「富而無教」。

愈富的人愈無教，愈壞；窮人還好一點，窮人好教，因為窮人有是非，有良心。人愈富的時候，愈為富貴所淫的時候，愈不能夠接受教養，便愈沒有教養。像卡特這種人就是沒有教養。他沒有教養，他那麼多錢做什麼用？他錢花不掉了，便拿來競選總統。競選總統是玩票，他怎懂得當總統呢？總統有總統該當有的道德、智慧

與勇氣，也就是總統有總統該當有的教養。這個，他沒有，只有錢。錢能使他當好總統嗎？那個自由民主的政治體制能使他當好總統嗎？

富之而後必敎之。美國人在這一方面特別忽略。誰敎你呢？你又不相信上帝，上帝自管不着你。就像現在這個風氣，誰能管得着你？你的父母能管得着你，還是你的老師能管得着你？

一個國家，到了富而無敎的時候就很危險了。索忍尼辛罵美國：「你喪失了道德的勇氣，你不負責任。」他不能負責任啊！因爲他爲「富貴」所淫，他不能知道什麼是他的責任，他也不可能有道德勇氣！從這個地方講，索忍尼辛對美國的批評，統統是對的，沒有錯。

就我剛才所說，這是個文化問題。他的講詞，當然是指着美國人罵啦，「你是『富而無敎』啊！」被指着鼻子罵，罵到門口來了，這是很丟人的。所以美國人受不了啦，因此都有了反應，連白宮的第一夫人都有了反應。反應也沒有辦法。他罵的對，你是答覆不了的。

在那些反應中，有一個最荒謬的，那簡直是騙小孩的。他說，你說我們喪失了道德勇氣，不負責任。我們並沒有喪失道德勇氣啊！你看我們參與越南戰爭打了十幾年，死了多少美國人，花了多少美國錢，我們一下就把它停止了，這不是「大勇氣」嗎？

這不是騙小孩是什麼？這種話怎麼能說得出口？堂堂美國人怎麼可以說出這種話？眞是荒謬絕倫！這也叫做「富而無敎」。

另外，還有一個比較像樣子的是一個文學家、詩人。名字是麻克里希（Maclish）。他說，你說我們不負責任，喪失了道德勇

氣，但是我們是自由人。自由社會裏，「自由」是第一；說到責任，道德的責任是第二——他這個第二的意思，我們不能誤解他，不要說是自由最重要，責任就不很重要。他倒並不是這個意思。——他說的自由第一，責任其次，這是個「前提與歸結」的問題，「條件關係」的問題。他的說法是：我有自由，才能決定責任，這個責任是我自己決定的，所以我決定責任須得假定我有自由才可。他在這個意思上，說到自由人是自由第一，決定責任是第二。我們在自由這個大前提之下，我們自己決定我們的責任。他說：「決定責任，是我們自己決定，不是國家警察替我們決定，也不是國家教堂替我們決定。」

這些話說得很漂亮。他所說的自由第一、責任第二，就在決定責任是我們自己的事；是自己的事，你非得肯定我有自由不可啊！假定我沒有自由，我不能負責任啊！我不能決定責任，你替我決定了，我怎麼能負責任呢？所以，決定責任，不是國家警察替我們決定，也不是國家教堂替我們決定。這話當然是對蘇俄講的，同樣也適用於中國大陸。共產黨的極權統治之下，你能決定你的責任嗎？我能決定我的責任嗎？都是國家的警察替我們決定！國家「教堂」替我決定！共產黨的幹部替我決定！所以沒有自由！這句話當然說得很漂亮！但是，這裡面有個問題，他忽略了。

你是自由了！你有了自由以後，你才能自己決定責任。但是，你有了自由以後，到你自己決定責任，照我們念哲學的人的專門名詞講，不是個「分析命題」。你知道嗎？給你自由，然後你自己決定責任；並不是說你有了自由，你就能夠馬上決定你的責任啊！

有了自由以後，你會不會決定你的責任？你能不能決定你的責

任？這個不是個分析的關係，不是個「分析命題」，用康德的話講，是個「綜和命題」，意思就是說這裡面有好多東西需要加進去。

我承認你這句話說得很漂亮。但是，給你自由，教你決定你自己的責任，我馬上可以問你三個問題，你不一定能回答。

一、你真能知道你的責任嗎？你有自由了，你有了自由之後能不能知道你的責任呢？

二、你知道了，你能不能決定得「起」你的責任呢？

三、你決定得起了，你能不能貫徹下去，決定得「住」你的責任呢？

我問你這三句話，你不一定能答覆吧？因為你不一定知道你的責任。例如：你知道你的責任嗎？你知道你在這個時代裡你的責任是什麼？你懂得嗎？

就譬如說，美國人，你現在和大陸中共建立邦交，你說這是你的責任，你自己決定的，你知道你的責任。但是你真知道嗎？縱然在別處你知道了，你決定得不錯，你能決定得起嗎？有時候知道了責任，不一定決定得起來啊！我明明知道抽鴉片烟不對，結果烟癮一上來，我還是抽啊！我決定不抽了，我還是沒有決定得起啊！縱使決定得起，我不抽了，第二天不抽，第三天不抽，第四天又抽了，我沒有決定得住啊！所以一個是知不知的問題；一個是你決定得起或決定不起的問題；再第三個，你能決定得起後，是你能決定得住或決定不住的問題。三個問題統統都來了。這不是說給你自由，你就可以統統做到。

假如可以做到，參與越南戰爭不是你們美國人自己決定的嗎？

這個本來是法國人的事情，法國人解決不了，你們美國人說「我來」。這個沒有人強迫你們美國人，你們美國人自己決定的。你們美國人知道這個責任不錯，算你們美國人知道了。知道了，你們美國人也決定得起了，決定後打了十幾年，好像也決定得住了。結果打了十幾年，最後還是出賣，還是決定不住。

假如說一有自由，我就可以知道我的責任，我就可以決定得起我的責任，並能決定得住我的責任，那就沒有亡國的了，沒有墮落的人了。墮落的人多得很呢！照個人講，不是一樣的墮落嗎？給你這麼多的自由，給你這麼多的舒服生活，一樣的墮落啊！假如都能知道責任，都能決定自己的責任，決定得很好，國家沒有亡的，社會沒有墮落的。那有亡的國家呢？那有墮落的社會呢？這顯然是一個問題，所以我說，從自由到責任的決定不是一個「分析命題」。

從自由到責任的決定，不是一個「分析」地必然的。你說那種漂亮話有什麼用呢？我想，這個地方索忍尼辛一樣也瞧不起你。但一般人要注意，不要爲這種漂亮話所迷惑，所以我就從這個地方說，這就是現在美國的文化問題、教養問題。

自由、人權，是個民主政治的體制問題；在有自由、有權利之下，如何能夠運用我的自由，如何能夠充分實現我的權利，這是另一個問題是「文化問題」，是個「教養問題」。在這個時代，你要眞正想實現你的自由，要想決定你的責任，決定得起，決定得住，那麼就要看看你在這個時代，你究竟是什麼立場。那就是說，你該當站在自由世界，維護自由。這個維護自由不是那一個人的責任，也不是那一個國家的責任，這是全人類的責任啊！所以現在我們就把這個問題定在普遍性這點上，任何人都有責任。

　　我們不是完全靠你美國，你美國也要靠我們，靠這個自由之得以維繫得住，你才能夠生存下去。維護自由是全世界、全人類的問題。我們把這個問題提醒你們美國人。你們美國人不是領導自由世界嗎？你們美國人不是以自由作號召嗎？你卡特總統不是講人權外交嗎？那麼你們美國，你卡特總統就應該知道這個問題是全世界的問題，而且是全人類的問題；人之所以為人，就基於這一點上。

　　自由既是個世界的問題、人類的問題，不是那一個國家的問題。那麼，任何一個國家生存要維持得住，都要靠這個，不單是你們美國的問題，也不是全世界人都靠你們美國，誰靠你美國幹什麼？你們美國人的頭腦必須要這樣轉一轉，這是一個決定性的重要關鍵。

　　我今天演講的主要目的，就是要想請大家注意，注意美國和大陸上建交，這完全是為鄧小平的「實用主義」所迷惑。這是第一點。第二點，就是投共的知識份子，也是為鄧小平的「實用主義」所迷惑。

　　美國為什麼一定要和大陸上的中共建交呢？說得好聽一點是對抗蘇俄，事實上是為了做生意。資本家要爭取大陸市場，只好和中共去勾搭。以前勾搭不上，因毛澤東把門關起，「不要你美國這一套，討厭你美國這一套。」所以，毛澤東鬥劉少奇、鄧小平，就說他們是修正主義、資本主義，是走資派；現在毛澤東死了，四人幫打垮了，鄧小平出來了，鄧小平就是走周恩來的路線，也就是當年劉少奇的老路線。

　　可是劉、周當年並沒有今天鄧小平說話說得這麼明顯。當然鄧小平為了對付四人幫，打華國鋒，間接打毛澤東，所以說得非常顯

明。那些話是很「動聽」的，很有吸引力的。鄧小平的「名言」大家都知道──香港那些有粉紅色彩的人都喜歡，都認爲鄧小平「不得了」，是「大政治家」。什麼大政治家！──鄧說：「不管你是黑貓、白貓，能抓老鼠就是好貓。」

對鄧小平這句話，美國人敏感得很。在我們聽起來好像很不相干，根本就無所謂，大家都會說，連老太婆也會講。但是在美國那個社會裏，聽見這種話，它很有「吸引力」。道理在那裏呢？

這並不是說馬上可以做生意了，可以賺錢了。而是在思想上，它馬上會使美國人有個聯想，說這是 pragmatism，我們翻譯爲「實用主義」。這個「實用主義」是主宰美國的，是美國的傳統哲學。「實用主義」是誰主張的呢？是約翰·杜威。杜威不是個大哲學家嗎？「實用主義」是美國的思想的一個大傳統，和英國的不同，英國是「經驗主義」和「實在論」。

「實用主義」的傳統，第一代是皮爾士（Pierce）；第二代就是威廉·詹姆士（William James），他是哲學家，也是心理學家；第三代就是杜威，就是中國胡適之先生所崇拜的哲學家。傳到中國來就是胡適之先生，這當該是「第四代」。民國初年，杜威到北平來講演。羅素也來，羅素代表英國。一時，我們中國來了西方兩個「聖人」。英國的席勒（Ferdinand C. S. Schiller）也是屬於 pragmatism。杜威的思想有個時期不很盛行，最近聽說又恢復了。

在實用主義思想支配下的美國人聽了鄧小平這句話，非常入耳，覺得非常有意義；認爲這是 pragmatism，與我們相合，與我們的頭腦差不多。

爲什麼說「會抓老鼠的貓就是好貓」呢？這句話要是當一個原

則，能貫徹下去的話，就是實用主義。因為，實用主義從皮爾士開始，過經詹姆士到杜威，他們就是宣揚這個理論，「黑貓白貓」只是個例子。他們的問題開始於什麼東西呢？開始於哲學上所討論的「真理」的問題。哲學上有個最重要的問題，就是 What is Truth？什麼是「真理」？關於這個問題，哲學家們不是有好幾派的說法嗎？實用主義在此對真理有個特別的說法：我們心中起一個觀念，這個觀念是真，還是假，沒有一定的，就要看這個觀念有沒有「工作性」，是否 workable，就是能不能夠有效驗。假若你提出來的一個觀念是一個空話，完全不能落實，沒有「工作性」，這個觀念就是假的。假若你提出一個觀念來，可以落實，可有工作的效果，這個觀念就是真的，這是「實用主義」規定「真理」的一個定義與基本原則。那麼，這個說法，剛好合乎鄧小平的話。鄧小平說「會抓老鼠的貓」才可以盡貓的責任。

我們平常說真理，不是這樣規定的。我們說一句話，話真不真要通過試驗，看與對象合不合。譬如我說今天下雨，今天下不下雨，要看看天氣，試驗一下。試驗就是要與對象相合。所以，一般人所了解的，什麼是「真理」？就是這句話是否能與對象相合、相對應。這就叫做符合說（correspondence theory），實在論是這個講法。杜威這位思想家就是批評「實在論」這種想法，批評「與對象相合」的說法。我們今天不講這個問題，我只是提示一下。

實用主義很適合美國人的口味。工業社會重效率，那有一定的真理呢？那有先天的真理呢？這是高度工業化社會裡的哲學。我們中國人說「天變，地變，道不變」；教美國人想，那有「道不變」？這是沒有的事情。工業社會裡的人，天天忙得不可開交，他

們是不想的；有是有啊，可是那個沒有「用」，他們是不管的。他們只落實在工作、效率、實用科學範圍之內。所以，鄧小平提出了這個類乎「實用主義」的話頭，美國人一聽敏感得很，認為這是一個好機會，當該抓住，不要放鬆，所以匆匆忙忙的要跟它建交。

建交還有一個目的，就是要穩定鄧小平的統治。穩定鄧小平，你知道這個影響多大？它把大陸上那麼多老百姓的自由希望都壓死了。所以美國混蛋！這就是「富而無教」。

你們不知道，美國人從皮爾士、詹姆士到杜威，講實用主義。在哲學立場，我不贊成這個說法，我自然不取這種說法；但在現實的措施上，在現實上做某一件特殊事情，我也可以說，這不一定是錯的。但我們剛才說，這是一種高度工業文明裡的思想，所以共產黨以前看到這一種哲學——杜威的這一套哲學——就叫它是「庸俗的市儈哲學」。共產黨向來瞧不起這一套思想。但是你瞧得起瞧不起是一回事，你不能不說它有一個文化的背景，即自由社會。自由社會才有這種思想。它的背景是開放的社會與自由主義。所以胡適之先生在這一方面有點真切的感受，並不一定算壞。杜威那套思想傳到中國來，胡適之先生在五四運動的時候，就提出一個口號：「不談主義，只談問題。」就從這個口號一提出來，胡適之先生和陳獨秀便分了家。

陳獨秀要談「主義」，談「馬克思主義」。胡適之先生不贊成那一套，他是根據杜威的自由主義下的實用主義，說「我們只談問題，不談主義。」所以才有他那套思想出來。我們解決問題，零零碎碎的，一個一個特殊問題去解決，不要去空談主義，空談那些大問題。那也就是說，不管白貓黑貓，只要會抓老鼠的就是好貓。這

就是胡適之先生所受用的實用主義。

現在，美國人不顧一切地與大陸中共建交，就因為鄧小平提出那個似是而非的「實用主義」。你真能相信鄧小平會把實用主義當作一個原則嗎？你真能把鄧小平這句話看成是實用主義嗎？假若把這句話當作實用主義，貫徹下去的話，那個影響是很大的。鄧小平就得把馬克思主義的那種極端的專制性、教條性、殘酷不變性、先天的定命性等統統放棄。你問問鄧小平，他有沒有這個意思？

這還不是鄧小平敢不敢的問題，而是說他有沒有這個意思？我敢擔保，鄧小平沒有這個意思。他肯放棄共產主義那套 ideology？他肯放棄他後面那一套東西嗎？

杜威說那套話的後面 liberalism（自由主義）開放社會；鄧小平說那套話，不過是一時的策略運用而已。一時的策略運用對付誰呢？對付四人幫，對付毛澤東，因毛澤東太重視那個「紅」。毛澤東的口號是：寧要「紅」不要「專」——「專」就是科技的問題，是專家的問題——可是毛澤東是以「紅」為第一，所以「政治掛帥」。現在鄧小平出來，雖以科技、以經濟掛帥，但並沒有把「紅」這點否決；他不過是以「白貓黑貓」這句話，來糾正毛澤東的過分重視「紅」。他後面那個「紅」的基本原則，根本是不會動的。美國人在這一方面太沒識見了。

假若鄧小平真正把他這句話當一個原則，非貫徹下去不可，他就要懷疑馬克思主義，懷疑那種極端的專制性、獨斷性、教條性那些東西。因為這些東西根本與「白貓黑貓」這句話是相衝突的。這樣，還要共產主義做什麼？

他如這樣想，他就得奉當年胡適之先生說的那句話為圭臬。那

麼這樣一來，鄧小平就改宗了，他就要把胡適之先生認做他的老祖宗，馬克思主義就要放棄。放棄馬克思主義不錯，這是很好的；接著首先要把天安門上馬、恩、列、史四個像拉下來，換上皮爾士、詹姆士、杜威、胡適之這四個人。我雖然不贊成實用主義，但是假定鄧小平能把馬、恩、列、史拉下來，換上皮、詹、杜、胡這四個人，我也贊成。這樣，他至少是自由主義、開放社會。「齊一變至於魯，魯一變至於道」。

但這可能嗎？

所以，這個地方，美國是受了迷惑——當然美國還有些其他的想法。他們以為共產黨的開放和美國搞外交、發展科技這一套，對於中共不一定完全有利。美國的想法，是一廂情願的。不過，這裏面都可左可右，都有不同的可能出現。

共產黨做這件事，它當然希望有好處，希望不會感染到自由社會裏那些毛病，這是它的希望。但是，它是不是能把美國科技這一套接收過來，又能夠把美國社會裏那些毛病擋得住呢？是不是能一刀割斷、又割斷得那麼清楚呢？也未見得，這也是一個問題。

所以，毛澤東當年不開放，把門關起來，對外造成一種神秘，美國人天天害怕。你一旦開放了以後，大陸上自己承認自己落後，崇洋媚外，就糟糕了，洩氣了。所以，中共同美國來往是不是一定有好處，也很難講。

但是，我們也不要太樂觀，說美國這一套，一定會把中共沖垮。這個地方是有可能。有可能往這邊走，也有可能往另一邊走。「好吧！你們弄邦交吧，你們弄美國這一套吧！」我們當然希望美國這一套進去，把它們沖垮，但是希望歸希望，也要努力啊！不是

光希望就可以行的。所以，在這可左可右，兩可之間，問題就是看我們的努力。這個地方就是在第一層次上用力。在這層次上，我要求全世界特別是我們中國的知識份子──肯定自由、要求自由的知識份子──在這個地方要清楚，要清醒。

先從美國說起，美國從季辛吉開始弄這一套，就是那些半吊子的知識份子──對共產黨一往情深的那些知識份子──把白宮包圍起來了。這些知識份子，索忍尼辛講詞裡批評得很中肯。他說：美國的知識份子，歷來對共產黨就有很深的同情，共產黨做了那些滔天的罪惡，視若無睹，兩個眼閉著不看；到閉不住了，非看不可了，他們又曲為之解，替共產黨辯護。美國從羅斯福後半段快要死那個時候，它那個國務院，到後來的季辛吉，一直為這些份子所包圍。（受共產黨的宣傳，那種統戰工作的宣傳，給美國人影響很大。）羅斯福那時候是拉鐵摩爾等。到杜魯門把第七艦隊派到台灣海峽來的時候，國務院中把拉鐵摩爾等清算出去了。費正清也是這一類。從尼克森搞秘密外交，用季辛吉，這一類人物又來了。如卡特周圍的那些策士便是。這些知識份子的影響很大，他們包圍白宮。美國外交一舉一動的影響那麼大；所以，知識份子若能覺悟，則白宮何至如此墮落！我講的第一層的問題，可以到處應用，也可應用到美國的政府。索忍尼辛就是批評他們這些人，這些人完全無知，完全對於共產黨的本質不了解。他們以為這樣可以沖垮它，他們可以控制得住它。事實沒有這麼容易！你這樣一往情深，背棄自由，完全落在第二層上順著它走，焉能沖垮它？

我的第二步就要說到中國一般的知識份子，像美國政府一樣，同樣被鄧小平的實用主義所迷惑，這個最可惡。一聽見大陸上要實

行科技化了，現代化了，啊！高興得很；又看美國人也承認中共了，又更哄哄地隨風倒。從尼克森一到北平去，你看這個影響多大。

這個影響是什麼呢？

首先受影響的是知識份子的頭腦。知識份子的頭腦受了影響，就造成一種氣氛，這種氣氛就是失敗主義的氣氛，自己先垮下來，這個是最可惡的。那麼你說，光罵這些知識份子有什麼用呢？

共黨雖是一個政治、經濟的問題，但基本上它還是一個思想問題；思想問題自然是有關知識份子的問題。我們都知道共黨當初之所以能竊據大陸，就是靠知識份子的左傾風。知識份子做它的啦啦隊，幫它的忙，它才能在大陸上建立它那奴役人民的反動政權。「解鈴還得繫鈴人」，所以，今天的知識份子便當該有所覺悟，有所警惕，有所努力。旁的問題或可不是思想問題，或可不是知識份子的問題，唯這個對付共黨的問題卻是個思想問題，是一個意識形態的問題，是屬於知識份子的問題。這方面，知識份子實不應當再糊塗。但我們看，今日一些知識份子一聽到中共談科技，便高興得不得了，馬上就跑到北平了。一夜之間，卡特頭腦發了昏，那些大博士們也頭腦轉變了。這個算是什麼知識份子？你的知識在那裡？這邊要開院士會議，有幾個大教授、大博士，到台灣來開會了。開過院士會議，一看布里辛斯基跑到北平去拉邦交，他們便馬上又跑到大陸上去了。天下的便宜他們統統佔了，院士也要當，（你既瞧不起中華民國，你要這個院士幹什麼呢？）大陸也要去。到處佔便宜，這算是什麼知識份子呢！

他們為什麼呢？他們就是要造成一種氣氛，一種失敗主義的氣

氛。他們本來都是反共的，但現在鄧小平出來提倡科技了，他們就認爲不能再反共了。他們說，社會上還有些反共的，一心要想把共黨消滅，這是不可的。

爲什麼不可？

這些知識份子太賤，太不像話。我因此想到你們各位不要以爲那些大教授博士都很了不起，其實頭腦都是一樣的，與以前科舉時代的八股秀才沒有多大分別。說到這裡，我忽然想到那個流寇張獻忠。張獻忠打進了四川，他也要開科取士。啊！四川的那些秀才們高興得不得了，於是文房四寶統統帶進了考場。好，進來吧！你們統統進來，我把大門一關，統統殺掉。這下子非常痛快。所以，以後傳說，成都還有一個「筆硯塚」，埋的就是那些秀才們帶來應考的筆墨紙硯。

當然，現在共產黨不會做得像張獻忠那樣愚蠢，那樣痛快，不過，本質是相同的。這些一聽見共產黨發展科技的聲音，便馬上投到大陸上去的知識份子，等於集體自殺。到共黨把大門關起來的時候，一樣地做奴隸，和四川那些秀才們差不多，和三十七、八年那些左傾知識份子沒分別。都是幫兇、幫閒、自賤，罪大惡極，最可惡。

我剛才說，「解鈴還得繫鈴人」，共產黨那個政權，就是靠知識份子當「啦啦隊」取得的；假定知識份子今天不做它的「啦啦隊」，明天它就完，因爲水的源頭沒有了。所以我要求諸位，不管今天在台灣，將來到國外英、美或歐洲去深造，這個立場無論如何是要守住的。如果聽見共黨說：「我們講科技了，你們來吧！」你可以答覆它說：「你講科技可以，你叫我們回歸『祖國』也可以，

但是你要先把天安門前馬、恩、列、史的像拉下來,恢復教育學術的獨立,恢復中華民國的國號和中華民族的歷史文化傳統,把人民公社解散掉。誰給你的權力,把黃帝的子孫分爲紅五類、黑五類的?黃帝沒有給你這個權力,上帝也沒有給你這個權力。你憑什麼把天下的人分爲紅五類、黑五類,而且成了『定命論』的?在你們的謬妄分別下,一個人一出生就爲階級成分所注定。假若一個人是這個階級成分,他終生而且世世就是這個階級成分,這算什麼呢?誰給你這個權力呢?」

「你要求中國統一也可以。我們當然要求中國統一。但是要淸楚,今天中國之所以不能統一的障礙不在我,而在你共產黨的罪惡;不統一是因爲你共產黨是一個敗家子,黃帝子孫裡出了一個敗家子。是你鬧分裂的,是你把黃帝子孫分成紅五類、黑五類的,是你把人民拉到『公社』裡去的。還說『解放』,你解放誰呢?要解放首先要把人民從『人民公社』裡解放出來。」

在中國歷史上,第一次解放,是春秋戰國時代把人民從「井田制」裡解放出來,這是第一步解放。後來就不是「解放」的問題,而是「興廢」的問題。現在共產黨又把全國的人民關到「公社」裡去。人民在「人民公社」裡,比當年在「井田制」裡的身分差得多,這個才是眞要「解放」的。你還要講「解放」,你「解放」什麼呢?這些名詞都用顚倒了!

古人說:「名不正則言不順。」共產黨就是用不正的名詞到處宣傳。大家一聽「解放」,都哄哄起來了,誤以爲是進步。事實上,你解放什麼?我們還要解放你哩!

共產黨也許會問:「你憑什麼來解放我,台灣那麼一點地

方。」我說：「我就憑這點思想來解放你，用大家的頭腦來解放你。你當初怎麼能竊據大陸呢？還不是靠知識份子。所以，知識份子頭腦一清醒，你共產黨就完了。」這個地方就是我們可以努力的地方。

這第一層的問題，也可以用到美國政府，就是白宮裡的那些策士，一樣也是這個問題。這個問題就是顧亭林所謂「亡天下」的問題。亡天下就是亡人道、亡文化。這是人人有責的。

你「富而無教」，所以索忍尼辛就罵你喪失道德勇氣，精神墮落。這是個人類的問題，你不要以為我們靠你保護，你美國還要靠我們來保護哩！

我們只有站在第一層次，我們的頭才能抬起來，說話才有「力」，才能理直氣壯。

所以，當共產黨要你去參觀的時候，你可以說去，但你也要有條件，才可以考慮去，否則不去。條件就是：「馬、恩、列、史的像拉掉，教育學術獨立，中華民國的國號恢復，人民公社解散，黑五類、紅五類取消，這就可以。」要時時把這個觀念放在心中。不要以為這是扯大炮，這是確實的。這是全民族的利害問題，也是個人切身利害的問題。中國讀書人，讀了那麼多書，在社會上有那麼高的地位，回到「祖國」，到北平一看，天安門前面馬、恩、列、史四個大像掛在那裡，不難過嗎？

馬克思是德國的猶太人，恩格斯是德國人，列寧和史達林都是俄國人。這都是外國人的祖宗，我們中國人自己的祖宗那裡去了？你們欺宗滅祖，還叫我們認「祖國」！「祖國」，我們真正的祖國在那裡？知識份子在此沒有感覺，那麼你得了博士學位，唸那麼多

書，有什麼用呢？這就是良知問題，不是你那個學位、那個專家知識裡的問題。你專家知識裡沒有這些問題，數學裡面沒有這個問題，物理化學裡面沒有這個問題，你讀生物學昆蟲裡面也沒有這個問題啊！這是個良知的問題。

　　現在，問題很清楚，全世界要求自由的人，尤其是知識份子，都當清醒自己，本著自己的良心，對著大陸上的要求科技、要求回歸、要求統一，來點醒它，來揭開它那馬克思主義的硬殼，來瓦解它那極權專制、最反動、最落伍、最殘暴的「法老」統治，「新階級」的統治。若是看見它的要求科技、要求回歸、要求統一，而一味鬧哄哄地順著它，逢迎它，而不敢接觸它的權源，這與張獻忠時的秀才無以異；這是自賤，這是幫兇、幫閒，這是孟子所說的妾婦之道，這是「順而順」。若是順著它的要求科技、要求回歸、要求統一，而點醒它，揭開它的硬殼，則是順其所說而打回去，這是「順而逆」。知識份子只有在此「順而逆」的道路上打回去，瓦解它，才算是在這艱苦的大時代中盡了他的責任，盡了他的本性。

（67年12月26日　台灣大學文學院講堂　呂漢魂記錄）

原載《聯合報》　　1979年1月14/15日

「五四」與現代化

　　本來，我準備參加五月二日《臺灣日報》社舉行的紀念「五四」六十週年的座談會。後來我聽說參加的人很多，每個人講話的時間有限，有些話可能說不大清楚；因此，我沒有出席座談會，才有這次演講的安排。當然，我今天所談的，就是有關「五四」這方面的問題。

　　發生於六十年前的「五四」運動，如單就五月四日那天所發生的事件而言，這是一個愛國運動，它本身的意義是很單純，很簡單的。而我今天在這裡所要著重來談的是「五四」前後蓬勃開展的新文化運動。

「五四」的本質就是現代化

　　如果我們祇用一句話來概括這個新文化運動，那就是現代化。在新文化運動當時所揭櫫的兩個口號和觀念是科學和民主（政治）。當時且有人將此二名詞，依其英文首字之發音譯 science（科學）為「賽先生」，democracy（民主政治）為「德先生」。除了這兩位先生之外，有人又主張要加上一個 moral（道德），譯

之爲「莫姑娘」或「莫小姐」。其實，在這個現代化運動中加上一位「莫姑娘」是不相干的，因爲 moral 不是一個現代化的問題，而是一個永恆的問題，自有人類以來直到現在，再往後延伸至無窮的未來，此一問題永恆常在。

但有些人卻並不持此一態度，譬如曾經在新亞擔任過院長，現在執教哈佛大學的余英時先生，他認爲中國過去太注重道德，像宋明理學家便是如此，而我們應留意學問的風氣，有時便不能以道德爲主，因爲今天是一個重智（重理智的活動）的時代，學術的風氣和方向比較著重知識。他提出這些意見，我也懂得，他是有所暗指的，他暗指的是什麼呢？他暗指的是唐先生（去年逝世的唐君毅教授）等人。由於唐先生和我們幾個朋友，在新亞講學時比較重視中國文化，比較重視德性這一面，但是重視中國文化和德性這一面，並非如余先生所想的那個意思。我們之所以重視德性這一面，是因爲惟有如此，學者才能瞭解中國文化的傳統，而這是一個必須瞭解的基本精神。在新亞我和唐先生以及幾個朋友雖然重視這方面，但是也並非專尙德性，而是從對中國文化的反省與瞭解處著眼。余先生對此則可能有所誤解，所以他說現在的學問方向大體是「重智」，要「重智」才比較能夠符合學院、學術研究的精神，不能再講「道德」。我爲什麼要提這麼一段呢？這是要說明道德是一個永恆常在的問題，不是個現代化的問題。道德不但現在需要講，而且隨時需要講，儘管以前孔、孟講，宋明理學家更已經多所闡發，可是現在還是需要講，而且講這個也不妨礙現代化，不能說拿那一個來代替那一個，這是不通的。

科學·民主·兩大要素

「五四」以後的新文化運動,它所提出來的兩個主要口號是「科學」與「民主」,這兩個口號是中肯的,也是相干的。有些人覺得光講科學、民主,就會使人覺得不講道德了,所以在「賽先生」、「德先生」之外,又添了位「莫姑娘」。不過將道德放在這中間是不大中肯,不大相干的。可是這也並不是說我們求現代化就可以不要道德,而是說道德是一個普遍的問題,是個永恆的問題,是個基本條件;捨卻道德什麼事都做不成,科學也罷,民主政治也罷,都沒意義了。

科學與民主政治是現代化的要素,二者是相干的,中國從辛亥革命孫中山先生做臨時大總統起,就是朝這個方向走,一直走到今天,這已經六十幾年了,原初的動向與目的就是定在這上面。科學與民主,對一般人來說,確很新鮮,儘管是從外邊學來的,但是從辛亥革命以來,學得很認真,也學得很像,表現得很像個樣子。

現代化是我們努力的方向

民國初年,除了那些蠻橫胡鬧不講理、也不懂理的軍閥外,一般比較講理一點的,這個觀念都很清楚。孫中山先生的《三民主義》、《建國大綱》、《建國方略》都是順著這個方向走,觀念都是很清楚的。後來由於種種現實的原因,究竟是什麼原因,我們暫且不論,可是,孫中山先生自己不做大總統,而將大總統讓給袁世

凱來做,這種風度,這種氣象,就是真正的民主政治,這就是我所說的已經很像個樣子了。我們從事辛亥革命反對滿清專制,這不僅是一個民族革命,同時也是一個政治革命,它的涵義也不單單是排滿而已。號召排滿,是屬於一種民族情感,因為比較動人,比較好講話;事實上主要的目標和重點,是將君主專制改為民主政治。所以中華民國成立後,講的是五族共和,漢、滿、蒙、回、藏一律平等,對於滿清的皇帝也客氣得很,待遇好得很,因此宣統還可以住在皇宮裡。假如完全是為了排滿,完全是一種民族情感的發洩,或是像以前的改朝換代,那還會那麼客氣,不能留下禍根嘛!可見辛亥革命主要的重點是在建立民主政治,推翻君主專制的政體。這個意義不但在當時已經非常清楚,而且很鮮明,學也學得很像,煞有介事地就照這個方向做了,這是近代中國的第一幕。而且這第一幕就決定以後六十多年來中華民族的活動,現在努力的方向也就是這個方向,這也是我們在這個時代的使命。但是要嚴格說來,這六十多年,我們並沒能十分地做得好,所以有以後一幕幕的災難。假如做得好,那建國循序而進,共產黨出不來,大陸自不會淪陷。共產黨的出來,而且攫取控制了整個大陸,這表示整個目標與使命的完全失敗與陷落,但陷落下去並不表示問題已了,這還不是終局。因為原初的使命與動向沒有完成,儘管曲曲折折地往前進,卻不能更動,它非往這個方向發展不可。如果這樣去理解的話,眼前大陸的局面顯然是個絕大的歪曲,絕大的挫折與陷落。依民族生命而言,這是一大挫折,依我們使命的往前發展而言,這是一大曲折、陷落,但這不是一個終局。照這條脈絡去看問題,就容易瞭解,容易清楚了。當然這裡面有很多問題可以繼續追溯,譬如為什麼會出現

這個陷落呢？為什麼共產黨得以攫取大陸呢？為什麼會有共產黨的出現呢？等等，這些問題已有很多探究，我們就不多加討論了。我們所要確定的是這個使命與目標是在這個地方，原初就這樣定，而且也沒有錯，儘管這中間經過一幕幕的挫折、彎曲、陷落卻無所更易，所以共產黨今天在大陸的統治不是一個終局。何以說呢？眼前最好的證明，就是中共今天不也在那裡叫嚷要現代化了嗎？

中共要求現代化是假的

我們說「五四」以來所提出的口號——科學與民主，它的涵義就是現代化，現在共產黨也在要求現代化，假如從表面看，中共既要求現代化，自然也不能離開科學與民主這兩項要求。但是，如果中共真是要求這種意義的現代化——要求科學與民主，那它馬上就會變成「自我否定」（self-negation），亦即放棄馬克斯主義。今天中共沒有放棄馬克斯主義，那麼問題就是出在這裡。依此標準，可以論斷中共的要求現代化一定是假的，也就是說，這種要求並非出於真誠，譬如鄧小平出來以後大談要搞「四個現代化」，又是叫嚷打倒「四人幫」，又是走訪美國，就是想朝這個方向走；可是假如他是真誠的，那我們可以按照科學與民主政治這個現代化的涵義質問他，是否準備自我否定——放棄馬克斯主義？對於這個問題，鄧小平是不敢如此說：「是！我要放棄馬克斯主義。」我想他不敢。不但是不敢，他也不能，他也不願意。現在他的原形不都露出來了嗎？當初他叫嚷要搞現代化，大陸就表示要民主、要人權，很熱鬧了一陣子，現在不又都給壓下去了嗎！可見他不敢、不能，也

不願意放棄馬克斯主義。既得的利益嘛！怎麼可以隨便放棄呢！假定馬克斯主義不能放棄，而要求現代化又不是假的，也是相當眞誠的，那我說，中共所要求的現代化，即不是眞正的現代化。這是什麼意思呢？在這裡我們對於現代化就得有一個明確的瞭解了。我們開始就講新文化運動就是科學與民主，這兩個口號是中肯的。科學，這大家都瞭解，這沒啥問題；民主政治就有問題了，因爲這裡面有不少誤解，而且要眞正了解也不太容易。

現代化不可缺少民主政治

科學與民主的確是重要的，中國是需要這兩個東西，中國想要進步，想要堂堂正正地站起來，也要靠這兩個東西，這就是所謂「現代化」或「近代化」（modernization）。爲什麼我們說中共對現代化的要求可能是眞誠的，而它要求的現代化又是假的，是不眞誠呢？這是由於它所要求的現代化可能僅是科學，因爲在科學這一方面，它也許可以不打折扣。這道理很容易瞭解，因爲科學是所謂「不帶顏色的」（colorless），誰都可以去用它，可是民主政治則不然，所以它不要。因此，它所要求的現代化只是科學或科技，而且還比較偏重技術，因爲科學有「純粹科學」（pure science）和「應用科學」（applied science）之分，技術是出自「應用科學」；中共所要求的科學，也不是那個「純粹科學」，對「純粹科學」它沒有多大興趣，它重視的還只是應用科學——技術，它所要求的現代化，充其量僅爲科技的現代化。眞正現代化的本義或是原義是在民主政治這上面，可是中共對這現代化本義的民主政治，它

卻不要，所以我說它所要求的現代化是假的、虛的、不真誠的。因為祇談科技的現代化，不妨礙它信仰馬克斯主義，也不妨礙它繼續走那極權、專制、獨裁、殘暴的老路。蘇聯不也在搞高度的科技化嗎？但是這並不是真的現代化，儘管蘇聯衛星上天，太空人上月球，這也僅是科技的現代化而已。科技這東西，老實說多一點少一點無關現代化之宏旨，所謂現代化與否的本義或原義，也並不在此，這一點是必須清楚確定的加以瞭解。那麼依此立場而言，今天中共要求的現代化只是科技的現代化，而現代化的重心——民主政治，它卻斥之為「第三階級」的過了時的制度而不要。所以美國人今天還在那癡心妄想，以為拉拉邦交，搞搞貿易，可以把它那套傳進去，這是不大可能的。

現在我們再把現代化的本義或原義是在民主政治這上頭的來龍去脈說一說。所謂現代化（modernization），其「現代」指的是「近代世界」（modern world）。我們在大陸讀書時，上海、北平都流行的一個字眼——「摩登」，也就是 modern 這個字的音譯。但是一般人所瞭解的「摩登」，並不是西方文化史上所說的那個 modern world 或 modernization 的 modern，當時所謂的「摩登」變成了一種「時尚」或「風尚」，而「風尚」（fashion）與「摩登」（modern）並不是一回事。

時尚並不等於現代化

譬如今年是1979、民國六十八年，而你穿的卻是像我這樣的長袍，這就是不「摩登」；又像年輕人，頭髮要留得長點，還得配上

條牛仔褲才「摩登」，其實這都是時尚，而不是「摩登」，可是一般人把 fashion 和 modern 混淆了。自從有人把「摩登」當做「時尚」來用，在上海、北平流行開了以後，凡是穿西服、吃西餐所謂的「高級華人」都被稱之爲「摩登」，一個鄉下土包子決不懂這一套。但這完全是時尚，而非「摩登」，因爲如果你探究一下，那些穿西服、吃西餐的闊佬，他們的大腦或心態（mentality）是否現代化呢？可以說，徹底不現代化，他只是浮面地學會了時下流行的一套，根本與現代化不相干。這就很麻煩了！所以從這裡看，要瞭解現代化也不容易。我們以北平這個地方來說，生活在這裡的人，有滿清遺老、漢奸……各色人等，他們的意識還是過去的那一套。從這個角度來看，它很古板、老朽、頑固，但是從「時尚」方面看，它卻比上海還漂亮。就拿西服來講吧，北平長安街那幾家大西服店做出來的式樣就很典雅，在生活方面也非常會享受，北平沒什麼高樓大廈，大都是四合院，但這種房子住起來很舒適，高樓大廈遠不能比。這就可以看出來了，在「時尚」方面，它很「摩登」，但在意識方面仍老舊的很，那有什麼近代化呢！所以瞭解近代化並不是想當然那麼容易。

現代化是不能跨過的

在西方文化的發展史上，所謂的「近代世界」（modern world），這是針對「中世紀」而言，意指從「中世紀」宗教的束縛中解脫出來，開近代的文明；這不是時間上一個「時尚」的觀念，而是有其精神內容的。「近代世界」的精神內容，究竟是些什

麼東西呢？我們常講的有如下三項，第一、就是民族國家
（national state）的獨立，第二、就是人權運動（movement of
human rights），譬如美國的獨立宣言、法國大革命的自由、平
等、博愛等等，這不是「時尚」，而是需要奮鬥的，是眞正代表精
神（spiritual），而有其理想的（idealistic），這表示中世紀以前
是沒這些東西的，因爲沒有這些，精神發展方面就是有缺陷的，也
就是落後的，我們對人權運動要從這裡去瞭解。第三、就是科學
──知識的解放。這些就是所謂「近代世界」的精神內容，一直發
展到現在，這豈是「時尚」可比？「時尚」有如一陣風，流行起來
很熱鬧，過去便完；而上述三者不是過去便完的，儘管它出現的時
間是在十六、十七世紀，但它一旦出現，即有其永恆性、普遍性。
它是一個眞理（truth）。不是眞理的話，那倏忽即過；但如果是
眞理，我們就不能視之爲「時尚」，因爲眞理有其特具的普遍性、
永恆性，不是一陣風。而這一點中共就不瞭解，它把這些限定在某
一個階段，其永恆性、普遍性就沒有了。所以我有時講，共產黨是
想把 modernization 這一步跨越過去，因爲它自居爲「第四階
級」，來革「第三階級」的命，它以爲「第三階級」的歷史使命已
經過去了，但是這種歷史階段的限定是一種錯誤。從這裡來講，共
產黨是想「越過」這個階段而非「經過」；「經過」是說此爲大家
必經之路，非通過這個門不可，儘管這個門很窄狹，但必須通過，
共產黨卻不打算通過此門，它想一步越過，或是在旁邊造一個門，
在這個意思上，如果說得客氣一點，它是「超現代化」，但是，對
於這一點，我們必須肯定一下，「現代化」不能超，也不能越。

「民族國家」是一大特色

首先我要講的是，「民族國家」為什麼算是近代化的第一個精神內容、近代化的第一個特色呢？這是對於「中世紀」一個什麼樣的狀態而說的呢？在西方的「中世紀」就是羅馬大帝國，它統一歐洲，拉丁語的世界語，到了近代的「文藝復興」以後，羅馬帝國崩潰，各民族獨立發展起來，首先即為義大利，然後英國、法國、德國……相繼而起。當初，這些國家在羅馬帝國的統治之下，每個民族特殊的文化和個性，皆無由表現。而近代的文明，卻使各個民族的獨特性得以顯現，有其自己獨特的文化，義大利、英國、法國、德國各有不同，這是從文化方面看；從「國家」方面來看，在羅馬帝國的大一統之下，它是世界主義，亦即我們所謂的「天下」；「國家」這個觀念，意思並不很清楚，所以「國家」也是個近代才有的觀念。「天下」是普遍的，而「國家」是一個個的，互相平行的。中國以前也是「天下主義」，「國家」這個觀念一般人也是不清楚的。譬如春秋戰國時代，各個諸侯上面是周天子，周天子代表的是「天下」。「齊家、治國、平天下」，代表三層意義，天下一層、國家一層、家一層，這三層就是天子有天下，諸侯有國，大夫有家。秦滅六國以後還是個大一統，仍是個天下主義。所以中國以前，它是個「天下」，不是個「國家」，不是當一個國家單位來看待的。

天下‧國家‧意識混淆

　　我們一般人在「天下」這個意識裡生活久了，在觀念上是無外的、無對的，就是說沒有一個東西和我們相對，所以常說「四海之內，莫非王土；率土之濱，莫非王臣。」到了鴉片戰爭之後，西方忽然來了好些個國家，要與我們相對立，不僅不是「四海之內，莫非王土」，而且「率土之濱，莫非王臣」這句話也站不住了。這就是說，我之外，現在有與我相對立的國家了，這個事實，中國人一時之間的確適應不來。假如我們永遠強大，一直是「萬國衣冠拜冕旒」，那沒有問題，但事實我們不能如此，清朝康、雍、乾三朝尚可，到嘉慶就不行了，英國的使節來華，他就不拜你這個「冕旒」。國勢日衰，你還能擺什麼架子呢？鴉片戰爭以後，我們一直受欺負，但一般人還是一個天下意識，國家觀念並不清楚，一些道理仍不懂。所以我們中華民國建國也很不容易，因為一般人對建國這個意識不很清楚。譬如抗戰時，我們說「抗戰必勝，建國必成。」抗戰必勝，我們是成功的，因為一般人都有一個清楚成熟的觀念，抗戰就是打日本。至於建國，姑不論成功與否，一般人在觀念上是不清楚的，到底建什麼國？因為你建你的國，我建我的國，中共在延安不也是建「國」嗎？假定建國這個工作是積極的、正面的（positive），但是如果朝野上下不能相應的瞭解，對這個觀念不清楚，結果就糟了。當時對抗戰我們很清楚，對建國我們就忽略了，本來我們的工作，應該在抗戰這個過程裡面，同時就建國，可是我們就把這一步放鬆了，結果抗戰勝利了，而建國沒建成。假定

建國建成了，延安那種獨立便不會存在，不能說是一個國家之內有
兩個文化系統、兩種教育系統、兩個軍隊系統還可以說是建國的，
因此建國不成，這是必然的。由於大家觀念不清楚，所以建國就困
難了，我們一般人對國家這個意識，本來就不清楚。所謂「民族國
家」（national state），這是近代的一個觀念，在西方中世紀這個
觀念也同樣不清楚，因為它也是個天下主義、大一統嘛！所謂「民
族國家」，它代表的是一個「個體」，就好像我們每一個人是個
「個體」一樣，「民族國家」是一個集團的「個體」。一個個體就
會有所限制，不是無對、無限的。假如是一個個體，不論是獨個的
個人個體或是集團個體，所謂個體概念裡面是有些涵義的，這方面
我們一般人都不清楚，對獨個個體的概念亦然。「民族國家」是近
代出現的，西方不過比我們早出現二、三百年，他們在以前也不清
楚。

談「人權」必先明「分際」

　　第二、我要講的是「人權運動」的問題。剛才說過，獨個個體
（individuals）的概念在西方也是近代才出現的，其所引起的就是
「人權運動」。所謂「人權運動」，就是每一個人自覺到他是一個
個體，每一個體有他的權利、義務。權利、義務這也是個近代化的
觀念，中國以前也沒有，中國不講這個，中國人講的是「分」——
君君、臣臣、父父、子子——父子、兄弟、夫婦、朋友、君臣，各
有不同之「分」，但不講權。這些觀念，一般讀過古書的人都知
道，錢穆先生、唐君毅先生也常提及，這不是復古，發思古幽情而

已,而是對比以往,了解中國的文化發展到什麼樣的狀況,而現在的某些觀念是從什麼地方來的?具有些什麼意義?不同之處何在?有些人喜歡中國以前的那個「分」,認為這個「分」字比較典雅,比較有文化;一提到權利義務,就認為是爭權奪利,不好,中國不需要這一套。這種想法也不對。當然,在家庭裡我們應該講「分」,因為父母子女之間,是一種倫常關係,不講「分」就會破壞倫常關係,這是不能以權利和義務這些政治範疇來對待的,否則家庭非崩潰不可。是故權利、義務、國民、公民等觀念都是政治層面的觀念,只應在政治上運用,不可以隨便亂用、泛用;談到道德,談到家庭,就不需要這些東西。但是從「五四」新文化運動以後,我們中國人就常常不守分際。我們努力學西方,對西方政治上的權利和義務這些觀念,不知好好地用於政治上,卻誤用到家庭裡來。共產黨就專門利用這個機會,來破壞我們的倫理文化和社會秩序。所以孔子常說「正名」很重要,「名不正則言不順」,於是就一事無成,天下大亂。因此,當前這個時代的混亂,都可以說是源於觀念的混亂。由於這種觀念的混亂所引起的災害,我稱它為「觀念的災害」;不是「天災」,而是「人禍」。影響所及,中國固有的倫常關係就遭受到了破壞。試想,父子兄弟之間,怎能講權利義務?講權利義務要立於相互平等的地位,可以運用到政治範圍內,而不可以運用到道德和倫常的範圍內。可見觀念的誤解,名詞的誤用,其所生的影響是非常大的。

「個體」要重視權利義務

中國人以前沒有權利義務的觀念。在政治上，中國人只講「天民」，而不知有「公民」。「公民」就是一個政治上的觀念，是從西方近代「人權運動」而來的。「人權運動」重視「個體」，主張每一個人都是一個獨立的「個體」。如盧梭所說每個人生而自由，有所謂天賦的人權，如法國大革命時的「自由、平等、博愛」等口號，都是基於「每一個人都是獨立的個體」這種觀念而來的。但是「個體」還有「相對」的意義，有這個「個體」，就有那個「個體」；因此在要求權利之際，也就不能不盡義務。從權利、義務兩者相連而生的這種「個體」的觀念，它是政治上的意義，而非道德上的意義。新文化運動以後，中國人不瞭解這種在政治上基於權利義務對等關係的「個體」的意義，而一味倡言「自由」，主張解除個人在政治上，甚至在道德上的一切束縛。這不僅誤解了權利義務是政治範圍，而非道德範圍的意義；同時也誤解了在政治範圍之內，權利義務也還有其對等性，而絕不是漫無限制的講「自由」、講「權利」。嚴又陵先生的《群己權界論》翻譯得很好，這才是真正的自由主義。由於上面所說的兩種誤解，新文化運動以後，人人都高談自由主義，卻很少有人真正瞭解自由主義的精神。所謂自由主義（liberalism）的基本精神還是個體主義（individualism）。個體主義不是講究自私自利的個人主義。個體主義所重視的「個體」，是政治上的意義，是由權利義務來規定的「個體」。譬如國民享有國家所保障的權利，同時他也對國家負有應盡的義務，像當

兵納稅就是。獨立的「個體」，才能享權利、盡義務；如果不是獨立的「個體」，也就沒有權利義務可言。這些都是政治上的觀念。因此，在這種個體主義的意義下，自然就包含了自由主義的意義。自由主義由此而來，這才是自由主義的基本精神。

「泛自由主義」並不可取

　　自由主義傳到中國以後，大家都誤解了。像胡適之先生所表現的就有問題。胡先生並不是不了解西方的自由主義，可是胡先生回國後在生活上的表現，特別是他解釋自由主義的時候，就不夠清楚。從行動上講，自由主義既是政治上的觀念，就必須從政治立場、從憲法基礎的民主政治立場來說明、來實踐。胡先生僅把自由主義表現在社會日常生活上。固然這也並非完全錯誤，但是這種表現應該有其限制。由於我們的日常生活問題，複雜得很，從日常生活中學習訓練自由主義、個體主義，仍然只能依靠政治生活達其目的。譬如我們開一個會議，就是學習民主政治的最好機會；但是我們的日常生活，並不是天天在開會。因此，自由主義表現在社會日常生活上就不免於泛濫，變成了所謂的泛自由主義（pan-liberalism）。子女抗拒父母管教，學生不服老師教導，一切不正常的社會現象，都以自由主義為藉口；而共產黨也就利用這個機會，製造了中國的動亂。我們不能不承認，這就是從五四運動以後延續而來的流弊。

　　中國幾千年來都實行君主政體，對西方「民族國家」和「人權運動」發展的精神不太了解。前面說過，「民族國家」的基本精神

在於「建國」；團結全民族，獨立形成一個「個體」。一方面它要擺脫在「國家」之上的任何外來控制；一方面它也承認還有別於自己的其他「國家」的存在。「人權運動」的精神亦然。中國長期以來的君主政制，造成了「至大無外」的觀念，無法了解「個體」必有其限制的意義，享權利也必盡義務。這種近代民主政治的意義，即使在西方，也經過了長時期的發展演變而形成。如英國，從1215年就有《大憲章》的訂定，然而也還需要幾世紀的努力，一步一步奮鬥才獲得現在的民主政治局面。所以政治上的現代化，絕非一蹴可幾，需要長期的學習訓練；何況中國以前從來也沒有這種觀念。

「反封建」不能代表現代化

第三、我要談「知識的解放」。由於在西方中世紀時代，教皇不僅干涉政治，同時還干涉學術研究。像哥白尼提出「地動說」的理論，受到教會審判，就是一個例子。因此自文藝復興以後，要求學術自由，要求知識解放，脫離教會的干涉，就成為西方邁向近代化的一項重要條件。「知識的解放」在中國不成為問題。中國以往從來沒有像西方中世紀教會干涉學術研究的情形。漢武帝固曾罷黜百家，但這並不等於迫害百家。中國的儒家具有一種寬容的氣質，對其他各家學術思想都不排斥。

因此，「民族國家」的獨立和「人權運動」的興起，造成了西方的民主政治；再加上「知識解放」而後有科學的起步，三者即為西方現代化的條件。更進一步講，從中世紀解放而來的現代化，具有中世紀以前所沒有的豐富內容；這些內容使得人類真正的精神價

值，比以往實現得更多，這就是進步。所以現代化一旦實現了，它就具有永恆性和普遍性。

站在唯物史觀立場講文化史的人，用「封建」（feudalism）一詞來描述近代以前的西方社會。他們主張要現代化，就要「反封建」。這種說法是不恰當的。在西方，feudalism 一詞，原意是指羅馬帝國分裂以後不能統一，各地方退而自保，形成一種分散的政治狀態。用「反封建」來代表現代化的主張是不夠的；不僅在 feudalism 的那個時代，沒有現代化的內容，就是在羅馬帝國以前，也沒有任何一個時代像現在所謂的現代化那樣豐富的內容。另一方面，中世紀還有不是封建的時代；用「封建」一詞涵蓋所有舊時代，固然不恰當；用「反封建」來代表現代化精神，則更是沒有道理。「五四」的新文化運動，主張「反封建」，這都是站在唯物史觀立場談問題，完全不符史實。把現代化的意義說成是「反封建」，用在西方固不恰當，用在中國更不恰當。事實弄清楚，才不會被一些名詞所迷惑。

feudalism 一詞的原意，確難清楚瞭解。但是「封建」一詞卻是中國早已有的名詞。用「封建」來翻譯 feudalism 就好像用「宗教」來翻譯西方的 religion 一樣。religion 一詞，我問過西洋的傳教士，他們也說不清楚原意到底為何。我們「宗教」一詞是兩個字，有「宗」有「教」。「宗」是最高目標，「教」是達到目標的道路。「以宗起教，以教定宗」。西方的 religion 是「有宗無教」；他們的「宗」是上帝，「教」則不知為何，勉強說就是「信仰」和「祈禱」。實在講，「信仰」和「祈禱」都不能算「教」。「封建」也是如此。中國早有「封建」一詞，中國的「封建」和西

方正好相反。西方的「封建」是大帝國崩潰分裂後的社會狀態,中國的「封建」是社會構造的狀態。譬如,周天子統一天下後,「封侯建國」,正是一種構造的精神,用心維繫周朝大一統的局面。「封侯」的主要作用,在於「屯田開墾」;這是蔣百里的說法,是一種政經並行的建國行動。因此在中國,「封建」一詞是說明周朝一統天下後的政治狀態,並無其他任何褒貶的意義。

歷史文化是不斷發展來的

夏、商、周三代都是所謂的貴族政治,到了秦統一天下,改封建為郡縣;漢初劉邦亦裂土封侯,不幸引起七國之亂,亂平之後又成為大一統的局面,以後中國就再沒有封建的情形。中國的歷史主要的是大一統的君主專制,新文化運動講「反封建」,不知指的是那一個時代?是指春秋戰國時的封建?還是指西漢初年「七國之亂」的那個封建?都不是,只好把「反封建」的意義說成為反對一切老的舊的時代。然而反對老的舊的,何必一定要用「反封建」一詞?歷史文化本來就是不斷地向前發展的。兩千年來,無論中國文化或西方文化,並沒有把一切文化內容都表現出來。近代文明是什麼?近代文明有它特殊的精神內容,是以往兩、三千年所沒有達到的境地。歷史文化既然是不斷發展進步的,那麼主張現代化何必要「反封建」呢?

現代化要從政治上來講

中國為什麼需要現代化？絕不在道德方面。不管孔、孟或宋明理學家，他們講道德都講得很好。以前講得好，現在仍然要講，這中間無所謂落伍的問題，這是永恆的、普遍的。因此現代化之所以和以往不同者，只能從政治上來講，不能從道德上講。三代是貴族政治，秦漢大一統後實行君主專制。君主專制政治大家都不喜歡，然而從某一個意義上講，君主專制又比貴族政治往前進了一步。君主專制在以前有它的適應性，否則何以會維持了兩千多年沒有改變？我們無法否定它的適應性，也不能隨時想改就改變得了的，所以說進步是很難的。儒家也不同意君主專制，例如孫中山先生最稱讚的《禮記·禮運·大同》篇的社會，就是儒家思想。孔子理想的政治是堯、舜的「禪讓政治」，可見家天下的君主專制，儒家也不贊同。後來宋明理學家，也沒有一個贊成家天下的。明朝亡國的時候，顧亭林、黃梨洲、王船山都一再反省這個問題，可是始終想不出解決的辦法。可見進步是很難的，儘管不滿意，想要改變卻也很不容易。假如沒有西方文化的衝擊，辛亥革命也許就不會那麼快成功。錢賓四先生最不喜歡聽人家說「中國以前是君主專制」的話，他一向是反「反君主專制」。其實，不僅新文化運動要「反君主專制」，辛亥革命也是「反君主專制」。對於「中國以前是君主專制」的話，我們不必有忌諱。錢先生認為講「反君主專制」會被共產黨利用，其實任何人都「反君主專制」，孫中山先生也「反君主專制」。共產黨的重點並不在此，他是藉此提出「反封建」，反對

一切老的舊的。所以「君主專制」在中國，有它相當的適應性；雖然連儒家也不贊成，卻也想不出方法改變它。一直要到辛亥革命以後，君主專制時代才結束。

　　對於這個問題想要進一步瞭解，可以看看黑格爾寫的《歷史哲學》。五四新文化運動以來，談中西思想的人很多，都不如黑格爾講的中肯。黑格爾雖然沒有到過中國，也不懂中文，他完全是根據傳教士所給的材料，來理解中國的思想。黑格爾認為中國文化發展到清朝，不過是一種「兒童時期」的文化；波斯文化是「頑童時期」；希臘文化是「青年時期」；羅馬文化是「中年時期」；到了近代日耳曼文化是「老年時期」。黑格爾所謂的「老年時期」，指的是文化的「成熟期」。中國人對黑格爾的劃分很不滿意，四千年來的文化發展，何以停留在「兒童時期」？

中國沒有「主觀的自由」

　　黑格爾認為中國文化停留在「兒童期」的理由，是因為中國沒有「主觀的自由」（subjective freedom）。所謂「主觀的自由」是相對於「客觀的自由」而言（objective freedom）。「客觀的自由」代表的是國家、法律、政治各方面的自由等等。黑格爾認為「客觀的自由」要靠「個體的自覺」來實現，沒有「個體的自覺」，國家、法律、政治等所謂「客觀的自由」就無法實現。所謂「客觀」，不是指的在「我」以外的其他「對象」；「客觀」是超越所有「個體」之上，從上一層鳥瞰所有「個體」所聯結而成的那個「結構」。國家、政治、法律的所謂「客觀的自由」，應該由此

去理解。如何達到這種「客觀的自由」的呢？那就要靠每一個人「個體的自覺」。這裡所謂的「個體的自覺」，就叫「主觀的自由」，是黑格爾的名詞。黑格爾認為中國人沒有「主觀的自由」，只有「合理的自由」（rational freedom）。這個 rational freedom 中國人很難瞭解，其意就是 substantial freedom。中國人不懂這個意思，中國人講「天民」，「天民」和「公民」不一樣；「公民」是拿權利義務來規定的，「天民」則否。中國人一向認為老百姓自由得很，天高皇帝遠，沒有誰能給予束縛。國家的統一、政府的構造、政治的運用、法律的訂定，老百姓從來也不參與，都是由大皇帝頒布下來。黑格爾認為在中國，這種經過大皇帝「合理安排」，而不是通過每一個人「個體的自覺」情形，正是中國人沒有「主觀自由」的表現。在這個意義上，我就能瞭解錢賓四先生反對別人講中國人以前是君主專制的意思了。君主專制政治，中國在漢唐時代，固然表現不錯；就是宋朝，雖然國勢很弱，可是他們的文治吏治方面，也都有值得稱讚之處。

自由出於「合理的安排」

中國士農工商沒有像西方的那種階級對立，老百姓有充分的自由。但黑格爾認為這種自由是出於大皇帝「合理的安排」，而不是經由權利義務所規定的自由，隨時會受到摧殘，沒有保障。這種通過大皇帝「合理的安排」的自由，就叫做 rational freedom，它不是經過「主觀自由」的實踐而來的「客觀的自由」。rational freedom 就叫做 substantial freedom，就是「實體上的自由」；也

就等於是一種潛伏的自由，沒有經過「個體的自覺」而來的自由，這是虛的、不實的、要落空的。黑格爾在這種意義上，把中國文化歸入「兒童時期」。黑格爾的話不無道理，但是要注意，這種劃分必須有其限制，只能單就政治而言，從政治立場上來看待這個問題。最初我對黑格爾的這種觀點，也不能心服。中國人怎麼會沒有「個體的自覺」？從孔子開始，中國人就一向重視個人的自覺，講修養；宋明理學家天天講「克己復禮」、「反省」、「省察」，那不都是自覺嗎？但是從某一方面看，黑格爾對中國文化的觀念與批評也是很正確的。問題很顯明，這是兩個立場，從道德宗教立場講，中國人有高度的自覺，這是屬於 moral subjective freedom。黑格爾講的，是從政治立場來看，中國人沒有「主觀的自由」，所以是「兒童時期」的文化狀態。在這種文化狀態下，中國只有一個人有自由，那就是大皇帝。嚴格地講，如果老百姓沒有真正的 subjective freedom，大皇帝的自由，就不受任何限制；這種不經法律程序而來的自由，絕不是真正的自由。黑格爾認為這種自由不是真正的自由，只能算是「情慾的奴隸」。當然中國也有好皇帝，但是不論好壞，都只能算「情慾的奴隸」。因此，平常皇帝和老百姓雖然也可以保持相安無事的狀態，然而一旦皇帝侵犯到人民自由時，人民也毫無辦法來限制皇帝行使權力，保護自己的幸福安全。

「民主政治」就是現代化

現在，讓我們回過頭來談現代化，現代化就是對於權力作一個合理的安排，這就是民主政治，是人類文化發展上的一個大進步，

是以往君主專制時代所不曾有的；這才是真正的現代化的意義。我
們可以用 sub-ordination（隸屬）表示以往老的政治型態；用 co-
ordination（對列之局）表示現代化的精神。sub-ordination 沒有獨
立性，像未成年的子女之於父母一樣，用在家庭是可以的。在君主
專制的政體下儘管有聖君賢相，但仍然離不開 sub-ordination 的狀
態。中國的聖賢都講究「寬容」、「俯就」，所謂聖人襟懷如天
地，無所不包，這種態度就是 sub-ordination，讓所有人都不自覺
地「隸屬」於他。這種觀念在政治上是不可以的；所以仍舊有兩個
立場。一個是道德立場，一個是政治立場。現代化精神其實很簡
單，就是這個 co-ordination 這個字。無論國家、政治、法律諸問
題，其基本原則都是「對列」的，co-ordination 不要翻譯成「協
調」，它就是一個「對列」而成的結構。所以國家是個結構，政治
是個結構，法律也是個結構。以前的中國理學家們講「知」、講
「仁」，為什麼發現不了科學？因為他是站在聖賢人格立場、道德
立場講。譬如王陽明講的「良知」，這個「良知」的責任，它只擔
負了道德的規律，不再擔負科學的發明。所以「良知」感應萬物，
是道德上的意義，而非科學上的意義。王陽明講「無善無惡心之
體，有善有惡意之動，知善知惡是良知，為善去惡是格物」。這個
「格物」不是科學研究，它講的是道德。承認科學研究，成功科學
知識的不是「良知」，是我們所謂的 understanding；「良知」是
moral。「良知」之於萬物的關係，以及與個人心中的關係，仍然
是 sub-ordination 的關係，不是 co-ordination 的關係。中國人喜歡
講「物我相忘」、「混然一體」等這些話，道理在此。中國幾千年
來從孔、孟到理學家、佛教、道家都著重在道德人格的超昇，不講

科學知識，也不講國家、政治、法律；雖然也講齊家、治國、平天下，但仍然在 sub-ordination 這個階層講。像這種 co-ordination 的現代化精神，共產黨絕做不到，所以他至多只能接受「科技」的現代化；政治的現代化，他是做不到的。做不到政治的現代化，就不算是眞正的現代化。「科學技術」是「中性」的東西，任何人都可以應用的；而且「科學技術」的現代化多一些少一些都沒有什麼關係。現代化的本質不在此，不在這種個別的「科學技術」是否有高出別人的地方。老實講，這種單純的「科學技術」的現代化，利弊也是參半的。現在我們知道，有些科技方面的發明，爲人類帶來的害處反而比好處要多，所以「科學技術」的現代化並不能代表眞正認識了現代化的本質。

（郭年昆、佟立家記錄）

原載《臺灣日報》 1979年5月29日至6月1日

肯定自由、肯定民主
——聲援大陸青年人權運動

　　前些時《聯合報》轉載了一個大陸青年魏京生向中共當局要人權、平等與民主的文章，後來其他報刊也陸續轉載了類似的文章。這確是一個很好的信息，這代表大陸青年的覺醒。「亡共在共」，這些青年就是未來的「亡共」之人。但是我們發現他們雖然反對共黨暴政，但對馬克斯主義總還有或多或少的幻想，對眞正的自由、民主涵義總還有那麼「一間之隔」——當然，在大陸那政治環境中能有這樣的覺醒也是很不容易的——現在，我們就以魏京生那篇〈再續第五個現代化〉爲例，在思想意識上點化他們、疏導他們，也就是聲援他們。

一、自由與平等的分歧

　　魏京生在那篇文章中提出「平等人權」一個名詞。這在自由世界的人看來，說「人權」就已包含了「平等」，那還有個不平等的人權呢？因爲，「平等人權」一詞，在西方原是沒有的。但他所以提出這個名詞，也是可理解的，因爲共產主義首出的觀念是平等。自由世界從英國的《大憲章》開始，一直是重人權的，其重人權亦

即是重平等，法國大革命即將自由、平等、博愛連在一起說，而其實皆以自由為基本：因此，在英、美皆以自由為首出的觀念。可是儘管講自由、講人權，在現實社會裡總免不了許多不平等的現象，共產黨即針對此不平等的現象提出社會主義，反對其所謂「第三階級」、「資產階級」的自由，而要爭取「第四階級」、「無產階級」的平等。於此，自由與平等這兩個觀念便有了分歧。他們說選舉權、被選舉權等是第三階級的自由，無產階級則不需要這些，他們寧可要麵包，而不要選舉權。選舉權不要了，為選舉權所代表的自由也被否定了。當大家的自由都被否定了的時候，固然可顯示某種「平等」，可是到頭來，大家還是吃不飽，大家只是平等地被剝削，平等地被奴役，平等地被迫害。結果，要求平等卻形成了像魏京生所說「一部分人有靠奴役他人生活的權利，大部分人只有被奴役地生活的權利，形成了更不平等的不平等、更罪惡的罪惡。」所以魏京生要反覆強調「平等人權」。

馬克思當時提出這種「寧要麵包，不要人權」的論調，乃是針對十八、九世紀帝國主義對外部殖民地、對內部勞工階級極端的剝削而發的。但是這些過渡的現象在今天已不復存在了。殖民地的剝削現象固不存在，今天的勞工亦非馬克思當年所想像的那種赤裸裸地一無所有只出賣勞力的人，因此他那句話，在這個時代已是沒有意義的了。有人說，在今天的美國只有兩種人，一是絕大多數的普通人（ordinary people），這些人的生活都過得不錯，享有相當程度的生活水準；還有一種即是極少數的資本家，他們雖然資產鉅萬，而其日常生活享受實與普通人無大差別。所以，馬克思當年要求改革的那些不平，在今天早已不存在了。

　　不過，馬克思當年以「平等」作爲號召，表面上也並非完全沒
道理，因爲英國的制度確有重自由不重平等的徵象。然而，我們當
該反省一下，其「不重平等」是個什麼意義呢？它要眞地像馬克思
所說完全是個不合理，英國人那能從《大憲章》起，一直容忍至
今？英國人也不是那麼老實的！孔子說：「不患寡，而患不均。」
這句話，當然有其人性的基礎，亦顯示有事實的根據。中國人對於
「均平」問題，一向比較敏感，而在英、美徹底講自由的人看來，
則不喜歡這句話，認爲這句話有問題。（當然英、美人亦非不欲去
「寡」，羅斯福標示四大自由，即有「免於匱乏的自由」，寡即是
匱乏。）我們當知聖人說話乃是當機而發，我們當該反省「不患
寡，而患不均」這句話在什麼情況下有效？我想，這句話當該在很
寡、很落後的地方才有效；在大家生活享受皆不錯的地方，則不適
用。例如在美國即無此問題，實行這句話，不僅沒有好處，反而會
引發福利政治，引發均平主義，而易向極權的路上走。嚴格說來，
講自由的人，大體都不喜歡談福利政治。因在福利政治下，政府像
個保母，把人民的生活照顧得週到。這種凡事由政府安排妥善，乃
是中國人的頭腦，這叫做「家長政治」，英、美人並不喜歡這樣。
因一切都由政府安排好了，個人的奮鬥無處用了，個人的獨立性也
沒有了。他們重視「個性」、「獨立性」，講求個人的奮鬥、主動
的發展，而不喜被動的安排。至於像美國現在所實施的社會福利，
考慮的是社會安全問題，乃是根據人有失業的自由而形成的一種社
會政策，並不能算是福利政治。

　　在中國以前鄉村中，平日裏大家吃的是地瓜，難得吃一餐白麵
饅頭。若是有人吃了幾餐好飯，就很容易引起別人的反感；這種直

接的刺激最易引起他人的嫉妒、不平。是故有錢的人，即使吃得起，也隨時自由警覺、告誡家人，保持勤儉的習慣，以免引起他人的反感。共產黨在這種情況下利用人們心中的不平，而以麵包爲挑撥的手段，可謂百發百中。爲什麼我吃一個麵包，你卻吃兩個麵包？儘管我吃不下兩個麵包，但是若能使你不多吃一個，我也高興。因這樣便無所不平了。馬克思即在此以平等爲號召來取代第三階級的自由、民主，「寧可要麵包，而不要選舉權」。

可是馬克思沒有想到，依這種做法下來的社會主義，究竟能平等到什麼程度呢？其結果眞能平等嗎？「平等」本來是他意識得最清楚的問題，然而結果卻演變成魏京生所說「人只有被奴役地生活的權利」。這句話根本是不通的，被奴役那能算是個權利呢？人被分成了奴役者與被奴役者，奴役人民的共產黨則成了一個「新階級」，自以爲「替天行道」，爲替「人民」爭「平等」而奮鬥，自命爲「無產階級的先鋒隊」，高高在上；下面廣大的被奴役的人民眞地一律平等了，因皆是平等地被奴役的。這本質上只是個「法老統治」。這算什麼平等？平等那能那樣實現呢？這種方式的實現平等，這種大毛病，還不容易被拆穿嗎？爲什麼還有人受他的迷惑呢？最近有個從大陸逃到香港當過紅衛兵的青年，在香港的《中國人》雜誌第三期發表文章，指出共黨所說的「人民」有兩種意義：一種是具體的人民，就是被共黨奴役的人民；一種是抽象的「人民」，就是被共黨用來做號召時所說的人民。他們口口聲聲說這個抽象的人民，就如同希特勒藉口國家，耍「國家」的神話一樣，只是耍「人民」的神話；而具體的人民則是被奴役者，人人皆受奴役，自然是「平等」的。再就那新階級的黨說，黨實際由一人代

表，因此陳獨秀晚年即說過，無所謂無產階級獨裁，也無所謂共產
黨獨裁，結果實即一人獨裁，就是史達林獨裁，就是毛澤東獨裁。
這種法老政治下的虛偽「公平」，一定是很容易被揭穿的，尤其青
年知識份子一定不會滿意的。因此，魏京生發出這個「平等人權」
的要求。他這樣說，實即要求取消共黨那個奴役與被奴役的制度，
要取消馬克思主義那種只重視虛偽的「平等」而抹殺人權的觀念。
因此，我們在此須反省，自由就是自由，沒有什麼所謂第三階級的
自由與第四階級的自由之分的。鄧小平向美國人說：「你們有你們
自由的講法，我們有我們自由的講法」，這句話根本是不通的，自
由就是自由，那有這麼多的講法？同樣，人權就是人權，也沒有第
三階級的人權和第四階級的人權之分。你那第四階級的人權又在那
裡呢？這第四階級的「人權」倒成了「被奴役的權利」，被奴役又
怎能構成什麼「權利」呢？可是共產黨卻永遠在耍那抽象人民的神
話，以虛假的「平等」、「均平」矇騙世人。我們在此，要認識到
人權不可在虛偽的平等的幌子下被抹殺掉，具體的人民亦不要被其
耍抽象人民的神話所迷惑。魏京生在此一語揭穿，而自由世界「有
福不知福」的人還在那裡瞎嚮往，豈不可嘆！

二、民主政治的超然意義

我們了解了魏京生所說的「平等人權」的意義後，可以看出，
他在此透顯出另一層意義，此即是「民主即是民主，自由即是自
由」，他能把自由、民主這兩個觀念之超然的意義表現出來，這正
是我們要肯定的。

　　自由、民主之所以是超然的，即是說，不論你信什麼主義，民主政治乃是實現人權的一個條件，嚴格地說，即是一個實現人權的形式條件（formal condition）。民主政治是個架子，超然而不可和任何特殊的政黨、特殊的政策同一化。我們可以舞台為例來說明其超然的意義。舞台是公共的，不能和任何戲班子同一化，也不能和任何角色同一化；亦即沒有那一個班子，或那一個人可以定然而必然地獨佔這個舞台。民主政治必得保持它這個超越的性格，才能成為實現人權的一個形式條件。民主政治之所以能稱為一個形式條件，乃因為它是一個政體，是靠著憲法而構成的。在中國以往的歷史中，雖然皇帝世襲是在國家政治中一個被公認為常數（constant），並以之為定常、為中心，但其實它並不足以成為一個定常，因現實上它總是不能萬世一系。由於以打天下為取得政權的方式，社會遂落於一治一亂的循環中，社會遂亦在此循環中受到摧殘。欲解決這種以天下為唯一取得政權的方式而造成的動亂，即必有賴於民主政治的實現。民主政治即是把那定於一家、一個個體的常數轉而定在一個形式上、一個空架子上，亦即定在憲法上。把此常數轉成憲法，此即是民主政治的本義。憲法不在你那兒，也不在我這兒，它乃是一個超然的制度，所以民主政治一定要求由具體的頭腦轉為抽象的構成頭腦。西漢時期醞釀禪讓的人就說：「天下者乃天下人之天下。」這句話並不能代表民主。「天下者，天下人之天下」，此話一般地看是沒錯，但若以具體的頭腦來了解，便成了今天你做皇帝，明天我做皇帝，你可當皇帝，我也可當皇帝。這就不行了。我們必得把這句話總持地轉成憲法，保障人民的選舉權與被選舉權。社會的定常不寄託在具體的個人上，而寄託在形式的

憲法上。魏京生固然沒有說到這個程度，然其要求拉掉奴役與被奴役的極權統治制度，即在想顯出民主政治的超然性。民主政治如同一舞台，不能特殊化於任何特殊的政策上，亦不能特殊化於任何一個特殊的個體上，沒有人可以霸佔這個舞台。即經常在這舞台上演出的戲班子，亦不可即謂舞台便是我的，而把我與此舞台同一化。舞台是個常數，戲班子則是個變數。

但是對於這個政治舞台，共產黨自始便理論地規定著是為他們所專有的。此即所謂「無產階級專政」。無產階級專政的結果，便是造成大陸中國人民三十年來所受到的史無前例的慘酷奴役。在這方面，共產黨必須放手，還政於民。然要共產黨放手，必得奮鬥，甚至還得流血。他們把人民都圈到人民公社中，那才是需要被解放的。故而像魏京生這樣的青年在此覺悟到要打破共黨那種奴役與被奴役的統治制度，覺悟到共產黨才是需要被解放的，是一個很好的覺悟、反省。當然他所說的一些基本觀念都是民主政治的常識，然其能覺悟至此，亦不簡單；他能認識到自由、民主是實現人權的條件，更不簡單。不過，我們在這裡，我們還要告訴他們：民主政治的體制只是一形式條件，而就民主政治以兩黨政治為表現處而言，兩黨政治又為實行民主政治的材質條件（material condition）。再說，民主政治是實現人權的形式條件，社會、經濟、教育等政策，則是實現人權的材質條件；故就此而言，某種程度的社會主義（非馬克思主義），在民主政治中是可允許的。

民主政治是一個超然的形式，一個政黨在號召、爭取選民時，不能有意或無意地破壞此形式。這是大家所必須首先要肯定的。在競選中，只可在民主政治的架構中把其他候選人作為對象，不能把

此架構推出去做一對象。在如何實現民主政治的各種政策上，大家可以爭論，彼此可以置疑。但是，對於這一政治架構本身則是不可爭論置疑的，否則就是自我否定。所以凡能肯定此一架構的，才能算是真正的「競選」。去年此間的選舉，有一些人的競選政見與活動有意無意之間對此架構本身加以否定，便超出了「競選」的合法範圍。這種以否定此一政治架構為目的的競選，即使在英、美也不容許的。因既參加競選，即必須承認此一共同的憲法體制。以前，共產黨以罵人為手段，以政府不民主、不自由為口實，而進行顛覆，結果，等到他們當了權，不唯更不民主、更不自由，且自根本處否定民主與自由。這便叫做「自我否決」（self-negation）。這種方式的政治競爭是民主政治致命病痛，絕非民主政治的健康發展之坦途。有些動輒便講英、美的民主政治好，甚至連共產黨都能允許。事實上，英、美對於共產黨，允許其公開與否，亦不是一定的。嚴格說來，在自由民主的政治下，他可以是公開的，只要他不付諸行動，不論他在海德公園如何瞎扯，皆無所謂；可是一旦他採取行動，到了某種程度，英國政府還是會制裁他的。

認清共產黨的本質後，即必得與它鬥爭，這裡是要有奮鬥，要流血的。在此，我們支持大陸上的青年，使之徹底的覺悟；然此種覺悟必須是普遍的才有效，然而中國一般人的頭腦似不易了解此點。固然西方人爭取自由、民主亦是經過長時期的奮鬥而來的，但西方人架構抽象的思辨力較強，容易把握民主政治的架構性與抽象性，由之亦容易證成民主政治。中國人的頭腦卻易以直接的反應為主，一到了不滿意的時候，就要革命，以自由、民主為口號而革命，但到了他自己當權後，卻更壞。共產黨即是如此，而且只准他

們革別人的命，不准別人革他們的命。他們以現代進步的科技爲手段來箝制人民，使人民根本喪失了古代那種揭竿而起的能力。老實說，要不是他們控制得太嚴，大陸上的老百姓早就起來把他們推翻了。

三、什麼叫做「現代化」？

現代化 modernization 這個名詞，在「現代」是頗受一般人誤解的。通常都是把它套在時間中來說的，其實全錯了。它絕不是一個時間概念。它的眞實內容與含義，應是以歐洲文藝復興後從中世紀「神本」思想解放出來的「人本主義」來充實的。歐洲在中世紀是以「神」爲本的，「人」只是「神」的奴僕，是沒有地位的。「人本」就是「人」從「神本」中解放出來。人是人，人要盡人的能力，把人的全部所有充分發展出來。這就叫做「人的發現」，這就開出了「近代文明」。它的具體成就便是民主政治、自由經濟與科學知識（下來便是科技的發展）。這是今日支配全人類的「人」的成就，凡沒有這種成就的民族，通過自我的努力來成就這種成就，便是所謂近代化或現代化。這種現代化的成就，尤其在它發展之初，實不免產生許多毛病、惡果。馬克思本人與今日的徒衆們便一眼覷定這些毛病、惡果，把它們加以徹底的否定。否定的結果便是不把人當「人」，只把人當物，只把人當作生產與戰爭「工具」；人之所以爲人的尊嚴與目的全被剝奪淨盡。這樣，便形成了「近代化」的馬克思主義極權專制。它一方面帶給人們的災難和罪惡實千萬倍於人本主義的毛病與惡果，一方面形成它們自己的「科

技落後」。帶給人們的災難與罪惡它們可以不管，自己的科技落後
卻不能不管，因那直接影響他們的生存。因此，它們便要求現代
化。它們的所謂「四個現代化」其實僅限於科技，且以國防科技為
主，民主政治、自由經濟與由之而必須首先肯定的人之所以為人的
尊嚴與價值，也就是人本主義，它們不僅沒有興趣而且必在他們徹
底的否定之中。因此，自由地區的一些反共知識分子，一聽到共產
黨要現代化，便要向共黨靠攏，以為自此便不必反共，實在說來既
是幼稚也是愚蠢。他們既不知什麼是共產黨，也不知什麼是真正的
「現代化」，更不知共黨這種現代化適足以助長馬克思主義極權專
制的災難與罪惡。像魏京生這樣的年輕人，正因為其身受共黨極權
專制的災難與罪惡，所以對民主、自由便有真切的嚮往與要求。所
以他不以共黨的四個現代化為滿足而要求「第五個現代化」，即人
權、平等與民主的政治現代化。這「第五個現代化」事實上是其他
四個現代化的根本。這一個問題既不解決，不僅如魏京生所說「一
切有待解決的其他問題，都只能永遠是有待解決的」，而且共黨極
權專制的災難與罪惡必更深沉，這就是「近代化」的共黨極權專制
比希特勒、秦始皇更荼毒生民的原因所在，大陸反共青年必當深切
認識清楚。再更進一步說，大陸反共青年不可像自由世界那些幼稚
而愚蠢的所謂知識分子一樣盲目附從鄧小平、華國鋒把卅年來中國
人民所受到來自共黨的荼毒與災難，都歸咎於「四人幫」。應知那
是所有共產黨人都應該負的罪責！而且，共產黨人之所以造下如此
滔天罪行還自以為「當然」，根本就是馬克思主義那個「意底牢
結」（ideology）在作祟！所以，不以共黨四個現代化為滿足而要
求民主政治是當該的；但要求民主政治就必須要徹底揚棄馬克思主

義，絕不能再對它存有任何的幻想，那裡才是三十年來中國人民所受到來自共黨荼毒與災難的根源，那裡才是共產黨人極權專制、罪惡禍亂的根源！

這裡，我們再把「政治現代化」一詞的一個歧義稍加疏解。最近由大陸逃出的美國人丹尼爾・凱利，對台灣地區青年說到：「大陸上共產主義的政治現代化在文化大革命時代已經完成了，如同法西斯主義的現代化在希特勒已完成一樣。」這不是政治現代化的本義，這只是統治技術的現代化，當年卡西勒（Cassirer）即曾批評希特勒是運用現代的技術耍政治神話而造成現代式的極權專制，毛澤東更是如此。希特勒耍國家的神話，毛澤東耍「人民」的神話。這種現代化不是政治現代化的本義，只不過是統治技術的更狡猾、更奸詐。「政治現代化」的本義即是要求自由民主的政治。魏京生所要求的政治現代化乃是取此本義，而非丹尼爾・凱利所說的統治技術的現代化。這層「正名」的工作是需要的。

四、理想主義的本義

魏京生能夠在馬克思主義的格套中，自發地要求自由、民主，認識到民主、自由為一普遍的真理，是相當可貴的。陳獨秀在其晚年亦覺悟到：若沒有基本自由，社會主義是一文不值的。此即把民主、自由的超然性烘托出來。馬克思主義有一個基本錯誤，即欲在現實的、物質的方面找絕對，譬如在經濟、在麵包處找絕對。事實上，絕對只能在形式的（formal）方面找，而不能求諸現實的、物質的（material）方面。馬克思在此成個大顛倒，把唯一的標準定

在吃麵包處，那不糟糕了嗎？社會政策、經濟政策是要隨著時代前進的，視社會狀況之不同而有不同之因應。就哲學上說，這是隨著經驗走的，我們在此只應採取經驗主義、實在論的立場。

理想主義是在實現價值，是就精神方面而說的。所以自由世界首先發出的即是自由、平等、博愛，至於自由經濟則是後來追加的。這兩面原是分開的，不是同流的。自由、平等、博愛，是積極地順著理想的要求而往前進。現在魏京生他們要求第五個現代化，即是要求此理想的一面。這些屬於理想層面的自由、平等、博愛，一方面可限制袪除自由經濟、資本主義的毛病與流弊，一方面可保障自由、保障人權、證成民主政治。

假定我們承認自由、民主的超然性，則任何政黨的主義、政策，都是為的對政治現實的實際問題而發的；這裡都是經驗的、相對的，不是先驗性、絕對的。共產黨卻在此處把他們的「意底牢結」視為絕對的、先天的，絲毫不准搖動的。這便是一個絕對的不通。魏京生在這篇文章中，說「滿足每一個人每一願望」的共產主義是個「理想主義」。他此處使用的「理想主義」，並不是理想主義的本義，其實即是「共產主義下的空想」。魏京生稱之為理想主義，只能算是一種借用的說法，正如同鄧小平為「實用主義」一樣，都是一種非其本義的借用語。

「滿足每一個人每一願望」，這當然是做不到的。但我們亦不只是就其做不到這一點，而批評其為空想。事實上，這也是一切政治所努力的方向。其所以只能成為一個空想，主要的原因即是我們上面所說的，共產黨把絕對的標準定在吃麵包處，以此為絕對的、先天的。此一大顛倒即是其所以只為一空想，不能是一理想的本質

所在。

　　現在一般人對「理想主義」亦不甚了解，有人甚至說毛澤東是理想主義者，他那能算個什麼理想主義者？他不過是馬克思主義下，帶著理想主義的情調（亦可稱爲浪漫的情調）的個人英雄主義者。所以，我們只能說他帶有理想主義的情調（idealistic），而不能說他是個理想主義者（idealist）。即共產主義亦只不過是個理想的影子，是根本不足以稱之爲理想的。

　　從思想史的角度來看，「理想主義」有其本身正面的意義。從底層處說，近代文明發出的自由、平等、博愛，其實現自由、民族國家獨立、爭取人權，這些皆可稱爲理想主義，這裡才是近代文明之可貴處，至於構成近代文明的另一些附屬品，如自由經濟、科技的進步，是談不上是理想之所在的。因此處是 material 而非 formal，是理想面所發動、所開啓，並爲其所調節的。再高一層說，言理想主義必進一步肯定道德、宗教，因這是文化之源。共產黨根本否定此理想主義，但是像魏京生這類的反共青年亦應自覺到：若是只要求民主政治而不進到此高一層的理想主義，其所要求的民主政治，亦只是個泛政治主義的民主政治。泛政治主義的民主政治，實已非眞正的民主政治。民主政治之可貴處，即在於我們形成這個制度而同時對這個制度加以限制，把它限制在政治這一層次。有很多事情是不應該屬政治範圍之內的，並不是天下所有的事都要找政治解決。凡事皆要政府來爲我解決，這種想法即不「現代化」。教育、宗教，即西方所講的教堂，中國所講的聖人的敎化，皆是不屬政治管轄的。若是連敎化也要求政府負責，不僅是依賴，且順此而下便是又要求政府「作之君，作之師」，易走向極權專

制。民主政治即是對其本身有一限制,我們對泛政治主義亦要加以警覺,這並不是一個常軌。民國以來,由於政治出了問題,因此大家都在此用心思,於是把一切問題推給政治。一切問題靠政治解決,形成了一切問題的否定,同時也形成了政治的否定,結果必出現極權專制。共產黨便是個極端的例證。自由民主政治正是要我們從泛政治主義中跳出來,我有說話的權利,但我也有不說話的自由,我有被選舉的權利,但是我也有放棄被選舉權利的自由。這樣,教化的歸於教化,學術的歸於學術,政治的歸於政治。

五、盡時代之使命以爭剝復

我們今天從思想上支持大陸青年的人權運動,即是把他們對的觀念予以證成(justify)、予以疏導,把他們對馬克思主義殘存的迷信點破,使其跳出馬克思主義的圈套。馬克思主義雖是西方文化的一支,但爲極端乖謬的一支,且屬反動的末流。大陸青年首先當該跳出此一西方文化反動末流的束縛,回頭正視西方文化的主流,重新了解其基本精神,當可否定馬克思主義的地位。這是解決三十年來共黨爲禍中國人民一問題之首要用心之處。

馬克思主義原是一套魔道的意識形態(ideology)。大陸青年成天在政治鬥爭中,便是他們所受的唯一教育;他們接受馬克思主義那些似是而非的教條與辭語,成天掛在嘴巴上,故能熟練運用於政治社會種種動態之分析中。共產黨人在專門知識方面是白癡,但在政治的教育上絕不是白癡。他後面有一套八股在支持,亦即是以他那一套馬克思主義、意識形態爲基礎,故而我們不可看輕他們,

亦當深自警覺。共產黨這一套八股，作賤人太深，人在其中，久而即易麻木。大陸青年若都能和魏京生一樣，皆反省一下共產黨那個格套的荒謬，共黨政權必定垮台。所以在此，我們支持魏京生這樣的青年，更希望大陸上所有的青年人普遍覺悟。

當初身陷大陸的一些老一輩知識分子，原先實有對共產黨抱以幻想者，但是經過這幾十年的慘痛教訓，也當該有所醒悟，且當該出來說話了。但是，事實上，這些人或者被共產黨征服、或者被威懾、或者根本不懂政治問題，沒有能力疏通這些問題，所以沒有人站出來爲中國的自由、民主講話。現在大陸的青年人在經過一番挫折後發出這種呼聲來，彌足珍貴。他們的感受深刻，故較那些老一輩的知識份子了解得透徹。那些老一輩知識份子只會享受自由，而不知珍惜自由，亦不能創造自由，結果是徹底喪失了自由。其中的問題他們好像全不能懂。平常時間不懂，經過這樣的挫折，身受這樣的荼毒，還不能有所覺悟，那是很值得悲哀的一件事。可是今日自由世界的許多知識分子還只是享受自由，而不知自由爲何物，不知自由之可貴，反而整天怨這怨那，放棄自由民主的原則，一心嚮往那共產主義的「新天國」。這些人都是「不見黃河心不死，不見棺材不落淚」，等到陷在裡面逃不出來，也就晚了。

二次世界大戰之後，自由世界，以美國爲首，漸漸地放棄理想主義，而講求科技。順此而往，以科技的泛客觀主義運用到一切事上，以效率、結果爲唯一眞理標準，橫衝直撞，到處不負責任的瞎碰，美其名曰面對現實，曰嘗試。這樣子是沒辦法解決人類所受共產主義的禍害的。林邁可即說過：「一個不相信眞理、沒有原則、沒有系統哲學的人，不能夠了解有原則、有系統哲學的人的行

動。」共產黨是有其原則與系統哲學的，自由世界在這種泛客觀主
義的盲目的行為主義風氣影響下，是很糟的。目前中國問題的解
決，在於大陸與自由地區青年的普遍自覺。要知道今日之問題是個
意識形態的問題，所以今日的青年人的心思首先必須從頹敗的時風
中轉出來，建立自己與民族的理想，肯定自由，肯定民主，創造自
由，證成民主。尤其大陸的青年更要徹底揚棄馬克思主義那個黑暗
與罪惡之源，透視出人類良知理性的光明與聖潔，興發真實的理
想，恢復民族的生機。

　　繼而，我們還要求一個整個社會的普遍自覺。我們必須肯定自
由民主是一個普遍的真理，社會共同生活的最高原則，人類共同理
想的具體呈現。它與那個以極權、專制、純否定、純奴役為本質、
為當然的馬克思主義之間，沒有第三條路可走。無論在任何橫逆之
中，我們都沒有任何其他的選擇。造次必於是，顛沛必於是，真能
「有守」就真能「有為」，真能「貞固」就真能「幹事」。所以，
今天我們在台灣，只能以這樣獨立振拔的精神湧身於自由民主這個
大流中，以我們的努力證成自由民主，以自由民主貞定我們自己。
進而，我們更當該再湧身於中西傳統文化的理想之中，以我們的自
由民主弘大此文化理想，以此文化理想充實我們的自由民主，提高
我們的精神境界，壯大我們的陣容聲力。以此反共，以此建國，乃
可「沛然莫之能禦」。

（朱建民記錄）

原載《聯合報》　1979年6月2日

學生書局廿週年紀念詞

學生書局於中國文化貢獻極大。創辦人中馮愛群、劉國瑞諸君，皆吾之熟友。吾于卅八年到台時，初辦在台之身分證即爲愛群所辦者。後吾在師大任教，愛群、國瑞常相過從，多有講習。後吾來港任教港大多年，始聞愛群、國瑞經營學生書局，欲服務學術文化事業，不徒爲營利計，乃實有一定之宗旨與理想。唐君毅先生與徐復觀先生之著作皆在學生書局出版，廣爲流行。後吾所有之作品亦大體皆集中於學生書局。夫此等著作大體皆爲專門學術性之著作，乃普通書局所不欲承印者，而唯學生書局獨欣然接受，全部承辦。若非有眞切之理想與關心時代之識見，焉能至此？其扶助學術與端正文化理想之功，可謂大矣。聲應氣求，蔚爲大國，儼然爲台灣出版界獨特靈魂之所在，其有功於國家亦非淺鮮。試想若出版界皆唯利是視，或專趨偏僻乖戾之風，則其無形中影響於社會人心者又如何！教育學術文化與出版界乃互相呼應者。至一國，觀其教育學術文化方向爲如何，觀其出版界爲如何，則知其盛衰污隆矣。從事者可不愼乎？

愛群、國瑞皆有事業才。後國瑞復經營聯經出版社，益見恢弘。此皆互相呼應，煥發青年朝氣，足以扶持正業。法不孤起，待

緣而生。當初愛群、國瑞相從講習之時，多以時代問題相激勵。孰知廿年後，竟見諸事業，而有今日之際會哉！聯類及之，以此為學生書局祝。

原載《書目季刊》第13卷第4期　　1980年4月16日

熊十力先生的智慧方向
——熊十力先生百年誕辰紀念會專題講演

校長、各位先生、各位同學：

　　這一個熊十力先生百年誕辰紀念會的舉辦，是由黃委員黃本初先生首先提議發起的，以後商量師範大學和《鵝湖月刊》社共同主辦。這種紀念活動，由學校和社會文化團體來發動，是比較恰當的。今天我正好以國科會客座教授的名義著落在師大講一點課，所以就由師大來領導，加上其他兩個單位共同促成這一個活動。我首先就他們的盛意說幾句話：師範大學，顧名思義就是師資養成的地方，它不但負擔了一般學校的教育的責任，原則上它對於中國文化就負有特殊的使命，這是師範學校的本質，師範大學和其他一般的大學不同點就在這個地方。所以由師範大學來領導發動這一個紀念會，是具有很深的意義的。我們也希望將來師範大學在這一方面能夠繼續努力，擔負起它應有的使命。

　　其次說到立法院立法委員黃本初先生，他在抗戰時期就和熊先生時有來往，常常到熊先生那裡去請益。所以黃先生保存有好多熊先生的筆跡、來往的信函，他都帶到台灣來。前幾年他重印熊先生《歷史講話》時附帶地印了出來，所以在台灣大家可以看到熊先生的墨跡。熊先生的信是很難看的，寫的字表面上看是很不成樣範

的，但是仔細看，那種字也不是常人所能寫得出來。熊先生寫信的
毛筆根本是禿筆，信紙也不是通常的信紙，隨便什麼紙都可以拿來
寫，寫的字很難看，不常看的人不容易看懂，但是他寫的並不潦
草，當然就更不是草書，可以說都是正字。寫完信以後，先拿墨筆
點一遍，再拿朱筆來圈點，大體每封信都要點過兩三遍，所以熊先
生的信很少有錯字，也沒有略句；凡是發現少一兩個字，都填上
去，整句整段都清清楚楚，句法都是很完整的，沒有模稜兩可的地
方。書如其人，這種信能保存下來，也可以說通過其墨跡而想見其
爲人。

　　前幾年黃委員就曾在立法院舉辦過一個紀念熊先生的演講會，
那一年大陸上表現了一個平反熊先生的舉動，因爲在紅衛兵時代，
熊先生也遭受過相當的糟蹋。鄧小平上台以後，凡是在紅衛兵時代
受毛澤東、江青糟蹋的人統統平反，熊先生也在內，由此，可見熊
先生也曾遭受塗炭的。熊世菩兄（熊先生之子）曾寫信給我，他寫
得很隱含說當時熊先生死前「身心俱受摧殘」。身心俱受摧殘，就
是身體和精神都受過摧折。當時熊先生已經八十多歲了，一個老頭
子，不一定要像鬥爭旁人那樣去打他，你踢他一腳，推他一下，他
就受不了。事前我們並不知道這一回事，熊先生平反以後，在台北
方面首先由黃委員提議，說我們當該來一個紀念表示，所以那一次
在立法院舉行，也由我作了一次講演。那地方比較小，人到的除了
一些較熟的年青朋友外也不很多。就在那時，黃委員把熊先生的一
本叫做《中國歷史講話》的小冊子印出來，那本小冊子是熊先生在
抗戰初期在重慶黃埔軍校的校友會上演講講辭紀錄。熊先生認爲在
對外抗戰時要喚起國家的文化歷史意識，才能加強民族的鬥爭力，

所以熊先生就講中國的歷史文化精神，稱為《中國歷史講話》。後來我到重慶，也看到了這小冊子，講得很有氣力，很好。黃委員一直保留著這小冊子，那一次紀念會，黃委員自己出資重新排印，印了幾千本，分發給大家。這是黃委員一直對熊先生有高度的崇敬的表現。

今年熊先生正好一百歲，大陸上又在那兒做文章，早就預備了，從今年春天已經預備了，由北平的北京大學，加上湖北的武漢大學兩個大學，再加上湖北省政府來發動，要在熊先生的家鄉——湖北黃岡——做百歲誕辰的紀念，而且要重修熊先生的墳墓。從這種舉動，可以知道他們是很鄭重的。北大方面主要是找人寫文章，出紀念專集，主事人是湯用彤先生的兒子湯一介。湯用彤先生也是湖北人，是早年北大的老師，其子湯一介也五十多歲了，最近也放出來，可以到香港去，可以到美國去，有一些國際會議也參加了，他主持編輯熊先生的紀念特刊，到處找人寫文章。為熊先生出紀念特刊總是一番盛意，大陸上能做這種事總是好的，聖人不拒絕任何人的尊敬呀！耶穌也說：「我來是為了救罪人」，任何人都可以進禮拜堂，不管你真你假，能夠辦這樣的紀念會，出紀念特刊，總是值得注意的。不過有一點要進一步說明一下：儘管大陸上做這種事，如前幾年的平反，今年又做百年紀念，但大陸上那些知識分子——就連那些發動主辦的人——統統隔得太遠了，一點也不能了解熊先生。這三、四十年來，大陸上知識分子的頭腦經過共產黨的作賤、糟蹋、摧殘，完全垮下來，他們的腦子完全是另一套。現在這班人出來寫文章紀念，好像不談馬克思那一套八股了，但是你叫他了解中國這一套固有的很深遠的傳統智慧，那是難而又難，相隔萬

重山,沒法子入。我香港時,他們也找我寫文章,我當然不能給他們投稿,恰好我最近有一本書叫《圓善論》,在學生書局出版,前面有一篇長文序,我對來拉稿的人說:「我送你一本《圓善論》,你要用我的文章,可以把《圓善論》中的序文影印下來轉載,但要註明轉載自某書才行。」因為學生書局是一個法團,印出書來是普天下都可以看的,我們更歡迎共產世界看我們的書,所以他可以轉載那篇序文。那篇文章雖然不是在談熊先生,但在最後有一段提到熊先生,那就夠了,可以幫助他們了解熊先生。今天我們在這裡紀念熊先生,有黃先生以立法委員的身份來注意這件事,我心中很感動。

此外,我要說說《鵝湖月刊》社這一個團體,剛才說師大有一本質的使命,就是對中國文化負有一使命。我現在說一件事實,能表現師大同學們念茲在茲注意到中國文化的繼絕的精神:我三十八年初來台北時,就在師大任教,但只教六年就離開了,以後到東海四年,在台灣一共十年,然後到香港大學,以後又轉到香港的中文大學。那時唐君毅先生已在香港辦新亞,徐復觀先生在我轉中文大學兩年之後也到香港去,此後十幾年之中,我們都不在台灣。從宏揚傳統哲學思想方面看,以我個人的看法,那十幾年是這方面的真空時期,沒有人在這方面發言。於是別有用心的人就羼雜進來了,他們也說他們講中國文化。「中國文化」是一個空名詞,大家都可以借用的,即使大陸中共也可說他在講「中國文化」,於是就從中給你歪曲、篡奪。等到十幾年以後,我和唐先生都退休了,唐先生先到台灣來,在台大做訪問教授,講了一年,因為身體不好,再回到香港,我接著來。就在那時,別有用心的人對我們的來到,敏感

得很，說：「新儒家又回來了！新儒家又回來了！」「新儒家」是社會上一般人所給的名詞，我們從不敢自稱為新儒家。有一年冬天寒假期間，我回香港過年，他們發動了一連串以「中國文化」為題的講演，到第二年春天我回來，有位朋友告訴我：「你趕快做幾場演講。」我才知道其中有很大的問題。從這個地方看來，你就可以知道要在台灣講真正的中國文化也是很難的。在那所謂真空的十幾年中，像熊先生的書是沒有人看的，後來所以能在台灣流行，完全是由《鵝湖》幾個年輕人（他們當時還在師大讀書），像廖鍾慶他們，自己到書店買很多書來，分派給同學看，其中有我的書，唐先生的書，以至於熊先生的書，這樣的留下一個種子。所以就這點說，我也很感念《鵝湖》那些年輕人。要是沒有他們，台灣留不下這種子。所以這次熊先生的百年誕辰紀念，由師範大學來領導，其中有《鵝湖》共同促成，是很有意義的。以上說明這一次演講會舉辦的緣由，以下便說說有關熊先生的智慧方向的問題，這牽涉到較專門的問題，我只簡略地說一些。

　　熊先生的智慧方向，要從熊先生一生的哲學思考活動來了解。熊先生這個人沒有別的嗜好，從三、四十歲開始到八十多歲撒手，一生念茲在茲，全幅生命都用在這個地方。任何人到他那裡去，年輕人、學生去更好，即使是社會一般人到他那裡去，他總是和你談，談什麼呢？談「道」！教你做人，教你做學問，他全幅的生命就在這裡。「談道」是老名詞，用新說法是：「談形而上學」、「談哲學」。照我們平常的想法，「可與言而不言」與「不可與言而言」，都謂之失言；但這是一般人的世故，熊先生沒有這種世故。所以我常有一種感覺，我們一般人都有無聊的時候，什麼叫無

聊呢？照梁任公的解釋說：兩個人相見，沒話講，就說「今天天氣
很好！哈哈！」這就是無聊，叫做「俗」。我本人也未能免俗，人
都有無聊的時候，也沒有一個人天天講大道理，但我回想和熊先生
接近的那些時候，發現熊先生是很少無聊的。他和人見面，不管你
是什麼人，不管你懂不懂，可與言，不可與言，俱與之言，所言都
是大道理，這就了不起，有生命的光采。這就可以免除無聊，此之
謂「不俗」。人想要不俗是很難的，當年陸象山就說韓愈很俗，要
像二程這樣才「庶幾可以免俗」。程明道、程伊川是一代儒宗，在
陸象山看來，也不過「庶幾可以免俗」，可見免俗之難。所以熊先
生的生命性格能免俗於無聊，其難能是可斷言的。

　　此外，我還可以提供一些觀點來幫助大家了解熊先生。首先，
我們不能說熊先生是一個「文明人」或「文化人」。熊先生當然是
一個大哲學家、大思想家，智慧那麼高，但我們不能說他是文化人
或文明人。比照文化人、文明人而說，熊先生的生命帶有「原始
氣」、「野人氣」。另一方面，我們不能夠拿一個普通的學人或教
授來看熊先生。照事實上講，熊先生雖然在北大教過書，但只是一
個特約講師的名義，一個禮拜只上兩個鐘頭課，而且在家裡講，他
是不上課堂的。我說這些話，是要幫助各位了解熊先生的學問、智
慧，不能以普通的教授、學人來衡量。他的智慧、才氣是從其原始
氣、野人氣直接發出來的，不是文明人、文化人或一般學者教授沾
沾自喜賣弄浮誇者所能想望所能了解的。

　　我為什麼先說這些呢？因為我們要了解一個人的智慧方向，先
須了解一個人的人格格範；從他的生命格範往裡入，才能了解他為
什麼會有這一套思想，他為什麼能發出這樣一種智慧來。熊先生智

慧的湧現首先寫出《新唯識論》，後來濃縮成《體用論》和《明心篇》。這一套思想所代表的智慧是完全和他生命的格範相應合的。你沒有這種生命，不要說發不出這種智慧，恐怕連了解都根本不可能。這種生命雖然在平常人看來非常特別，但特別而不特別，其實他是直接通於中國歷史四、五千年的文化大流，而與歷代聖賢相呼應，他的歷史文化意識之強無人能比。孔子就是歷史文化意識很強的一個人。儒家這套學問首先必須有強烈的歷史文化意識才能了解。孔子損益三代，「郁郁乎文哉，吾從周。」「文王既沒，文不在茲乎？天之將喪斯文也，後死者不得與於斯文也；天之未喪斯文也，匡人其如予何？」從這幾句話，你就可以看出孔子是歷史文化意識很強的一個人。這種意識和一般的宗教意識完全不一樣，佛教的教主釋迦牟尼佛，基督教的教主耶穌，都不是這個意識。所以你想了解中國文化，要從這個地方了解起。這個文化大流一直傳下來，經過幾次曲折而不斷。宋明儒就是繼承這個意識而向裡收，收到最核心的道德意識上，由此而表現他們的學問。再往下到明朝末年，歷史文化意識表現得最為突出，以顧亭林、王船山、黃梨洲、呂晚村諸人為代表。我曾把這一個意識以及它的發展，名之曰：「文化意識宇宙」。在當前這個時代裡，我們朋友中，以唐君毅先生的文化意識最強，所以當唐先生逝世的時候，我有一篇悼念辭，稱唐先生是「文化意識宇宙中的巨人」。這個時代，大陸被馬列主義征服，十億人受苦難，這一場大劫難，可以說是歷史文化意識墮落的必然結果。現在我們在台灣，為什麼不好好反省一下？你好好反省，就當該把歷史文化意識好好正視一下。不但是對共產黨的邪惡要徹底根除，對於其他一切歧出的法門也要徹底簡別與釐清。光

洋化、泛自由主義、泛科學主義夠嗎？能建國嗎？我們拉美國的邦
交，但美國只能供給我們科技、電腦，他不能供給你自己的文化意
識。你要站起來，要靠你自己有自己的文化意識。你站起來，才能
頂得住；你能頂得住，沒有人能搖撼你。共產黨天天在那裡瞎嚷
嚷，搞統戰，假定歷史文化意識能恢復，順著鄧小平的開放路線衝
出去，便可一下子衝垮馬克思主義；馬克思主義一垮，中國不是就
可以統一了嗎？

　　就因為熊先生歷史文化意識強，所以他一生最佩服王船山。王
船山文化意識最強。熊先生對任何思想家都有微詞，唯獨對船山沒
有微詞，甚至提到王船山的時候總是稱「衡陽之聖」。熊先生從他
原始氣、野人氣的曠達生命直接契入於夏、商、周所傳下來的文化
大流。夏、商、周遠嗎？諸位只要一看王船山的書，馬上就可體會
到夏、商、周雖然隔了幾千年，但在王船山看來就好像在眼前一
樣。這叫做生命的感應，生命的上下通流。你有這樣的感應，才能
發出根源的智慧來。熊先生有這樣的根源智慧，所以才能繼這個大
流而開創他的哲學智慧，而寫成《新唯識論》、《原儒》、《體用
論》、《明心篇》、《乾坤衍》那些書。所以假如現在的人要想了
解中國這一套傳統，首先要問一問我們自己有沒有這種感應，所謂
「存在的感應」。中華民族發展到現在是很可悲的，滿清三百年，
然後辛亥革命，到現在，炎黃子孫的生命被隔斷了，通不上去了，
被一些莫名其妙的外來的東西把我們的生命弄得橫撐豎架，七分八
裂，所以才有這個大劫難。這個大劫難並非偶然。我們今天要恢復
文化的生命力，首先須將這些葛藤清除掉，使生命往上通；通了，
才能接上傳統，也才能了解熊先生那一套學問——了解到他的智

慧，原來是有歷史文化的大生命做他的背景的。他不是時代的文明人、文化人，不是沾沾自喜的學者教授，他的背後有歷史文化意識在通流，他是文化意識宇宙的支柱，根源智慧的開發者。

了解了這個生命背景，再向裡了解他的哲學特性。他這一個哲學系統的造成不是如我們一般人做學問從下往上一步步積累上去的。我們一般人研究學問都是從下一步步走上去的，如此便須有個起點，有起點然後有入路，有入路就有論題。譬如研究儒家的入路是要從孔、孟立教，經過《中庸》、《易傳》、宋明儒的發展中一一去討論其主題和考察其發展；佛學的入路是從原始佛教、部派佛教、小乘、大乘，經過判教而達到圓佛這一切理論中去發現問題去討論。研究道家亦復如此。這是一步步一層層往上去的。西方的哲學更是如此，有知識論問題，有形上學問題，有價值論問題、文化問題、道德問題、宗教問題等一層層上去，這種一層層的研究就是我所謂的由下往上有入路有論題的方式。這些各宗各派的基本學問以及他們所能達到的最高境界是些什麼，熊先生大體是知道的。我所謂「大體知道」，並不是對我老師不尊敬，他本就不大做這一些客觀上細節的研究。但他心中根據他原始的生命，有一個很深很遠很高明的洞悟（insight），一下子突出去，把握到那最高的一點，由那地方往下看，就看出下面那一些議論並不是很高明的了。他不是先做客觀的研究，這家如何那家如何，他不像我們這樣耐煩，閒著沒事來做教書匠，一點一滴的去講究，他沒有這份耐心。他在學問上最用功時是在四十歲左右，在內學院研究唯識學，但忽然發現唯識宗講得不對，於是就作了《新唯識論》來批評唯識宗，不但批評唯識宗，連空宗也牽連在內，也就是整個佛教都不合聖人之道，

凡不合聖人之道，就是偏執，就有歪曲。他以這個觀點同時看出道家、基督教也都不合聖人之道，都要批評。他就是這樣的從上往下，由他的原始氣具強烈的歷史文化意識的生命格範，發出一股智慧之光，好像一團烈火，可以不對應地燒掉一切。凡是有入路有論題就可有諍辯，要諍辯就要對題，這就是所謂的「對應」；但是熊先生是從上往下的，他用那烈火般的智慧去燒掉一切，遮撥一切時，是不採取一個問題對著一個問題去論辯的。任何議論一碰到這烈火就燒掉了，任何學說一碰到這智慧就現出毛病了。就因為是這樣的由上而下的遮撥一切，所以如果你一句一句一個概念一個概念去追問他，有些地方你可以說他講得不對，你可以批駁他，但他的方向和你的方向根本不同，他可以不理你那一套。你說我不對就不對，反正整個看起來是你不對！這當然有霸氣。

在這種方式上，熊先生透露智慧的途徑是什麼呢？我用簡明的幾句話表示，就是「無古無今，無人無我，直透法體」。「法體」是佛教詞語，以平常的話說，就是人生宇宙的根源。他直透人生宇宙的根源；直接從本體如如地展現為一系統，這系統就是熊先生常說的體用論。有體就有用，合乎《易經》「生生不息」大用流行的思想。這是中華民族智慧的根源，有這一套原始的智慧之源，才有孔子的仁、孟子的心性。但是熊先生講「體」並不是直接說這「體」是「天命不已」的天命，也不說「體」就是上帝，也不說是梵天，是如來藏，就單單說個「體」字。這樣直透本體，如如地展開成一套系統，不規定任何內容，而可以考察任何內容；凡是不合這系統，他就說你不對。

譬如就道家佛家而論，他看到佛家講空寂，而不能講生化，他

就可以批評。生化創造是儒家的基本義理，《易經》「大哉乾元，萬物資始，乃統天」，乾元就是個創造原則（principle of creation）；佛家沒有創造的觀念，所以不管你怎麼辯解，熊先生依然可以捉住這點而說你錯，這就是智慧。要不然熊先生讀佛經沒有呂澂多，呂澂是佛學專家，如何辯得過。但你要知道專家往往是沒有用的，專家多是不通的人，所以熊先生可以批評他。再說道家而言，道家講虛靜，「致虛極，守靜篤」，「歸根曰靜，是謂復命」，雖然也說「道生之，德畜之」，但道家的生是不生之生，所以熊先生可以批評道家只有虛靜之心，而沒有剛健之德。《易經》說「大哉乾乎，剛健中正，純粹精也」，「天行健，君子以自強不息」，創生不息，就是剛健不已，這是道家所達不到的。熊先生這樣分判，就把道家和佛家撤開了，即使說兩家也有些好處，但就已經不是大中至正之道，大中至正之道最後還是歸於儒聖。所以熊先生的《體用論》中就有這樣的話：「於空寂而識生化之源，於虛靜而見剛健之德。」前一句判佛家，後一句判道家。生化與剛健都來自《易經》，是儒家根本精神所在，都是代表乾元的創造之德，看宇宙是一個道德創造的大流，這樣的宇宙才見其有價值有意義；宇宙有價值有意義，我們的生命才可以定在這宇宙中，這不就是宇宙人生的根本問題嗎？熊先生的智慧就是直接洞悟這個本源，假如你問熊先生是站在那一論點從那一入路來建立他這一套系統，他可以說沒有論點，沒有入路。假如我們勉強要找一條入路，則先問你有沒有歷史文化的意識？你的生命對上下五千年有沒有存在的感應？從我們形而下的軀殼，你有沒有感觸到你生命中有一個「定常之體」？假定你對這些一無感觸，那你就沒辦法入。這種感觸，你如

果向現在的科學家看，科學裡並沒有這東西；你若向信教的人看，信教的人只信人格精神，不信有這東西；你若問馬克思，他乾脆說你這是資產階級的妄想。就是這些烏七八糟的觀念系統把中國人害了，把中國人的腦子攪得一塌糊塗。中國人本來很聰明，為什麼到現在這樣愚笨？一點不能感觸到自己生命中的真實，一點不能入於自己的文化智慧中。有人只相信科學的證明，科學能證明什麼？科技不是萬能的，相信科技萬能，便是使自己變成動物。

最後我引熊先生常表示的一個意思來作結束：熊先生在《尊聞錄》中常提到人要有知識，要能思辨，要有感觸。熊先生雖不是學究，但是他有知識，他重視知識，也不輕忽思辨。沒有知識就犯了枵腹空洞的毛病，不能適應時代；思辨力不夠，對時代的衝激，就不能識大體，沒有恰當的反應力。比如日本人明治維新以應付時代，並沒有全部洋化，也不必把他們的傳統全部去掉；中國人從民初以來的現代化運動為什麼一定要打倒中國文化，要廢除祭孔呢？孔子也沒有妨害你現代化呀！這叫做不識大體，是因為讀書人失掉了思辨的能力。所以熊先生深有感觸，熊先生不是博士，也不是專家，更不懂洋文，但他不輕忽知識，他有深刻的思辨能力。中國人近來思辨能力完全喪失，只停留在表面的發自本能的世俗的聰明，世俗的聰明是沒有用的。熊先生見了年輕人一定勸他好好多念一些書，多知道一些科學、哲學的知識，訓練自己的思辨能力。熊先生最常引用王船山的話說：「害莫大於浮淺。」這是對時代風氣感慨獨深的話。中國從清末一直到今天七、八十年，一般知識分子就是浮淺；若不浮淺，為什麼會挖自己的根？若稍有思辨的能力，馬克思那套邪說怎麼能征服中國知識分子？世俗的名流大體都浮淺，而

浮淺的代表就是胡適之先生，但是他有聰明，他也會寫文章，他的文章一清如水，如小溪流。可見那水一定很淺。風氣既然習於浮淺，所以任何新奇的花樣都能迷惑中國人。中國文化五千年，黃帝子孫很聰明，爲什麼會接受馬克思主義呢？爲什麼會出現毛澤東這種妖怪呢？表面上看眞是不可思議，那裡知道由來已久了。中國人的學問傳統思辨能力喪失了，一般人沒有定常之體，生命沒有安頓處，天下遑遑，如狂如癡，民族就要受災殃。對這樣的時代，你有感觸沒有？所以除了學問和思辨外，人還要有感觸，熊先生說：「人不可無感觸，感觸大者爲大人，感觸小者爲小人，毫無感觸的人就是禽獸。」說這話是很痛切的。他又說：「曠觀千古，感觸最大者莫過於孔子與釋迦。」這是拿釋迦牟尼佛來做陪襯，其實就是講孔子。知識、思辨、感觸，這三者備就可以發智慧，可以了解熊先生的學問，也可以和中國歷史文化有存在的感應，上下五千年而與天地同流。今天就講到這裡。

（王財貴記錄）

原載《鵝湖月刊》第11卷第5期　　1985年11月

通識教育的意義

　　「通識教育」（general education）此一概念是由美國學界在二次戰後首次提出。因為當時的學界有感於教育的分工太細，只造就了許多擁有個別專門知識的專家，卻使專家們往往對人生、社會的狀況，以及時代的問題一無所知，因此便希望藉著「通識教育」來提供人們專業以外一般性的教養。

通識教育主要目的

　　所謂一般性的教養，亦即「通識教育」，並不是要每一個人對各種學科都要有概括性的知識，生物理化各懂一些，那樣只會變成「大雜燴」，這並不是通識教育的本義。通識教育的主要精神與「專門知識」在層次上有根本的質的差異。如果只想藉著增加學科類別，要求同學修習一些自然科學或人文學科的概論課程，而想達成通識教育的目的，在基本的方向上便已有偏差。

　　「通識教育」主要有三個目的，期使學生㈠瞭解人之所以為人的道理和各種永恆的問題；㈡認識所處時代的特性及其面臨的困境；㈢進一步對這時代中人所共同迫切關心的問題有所瞭解。

　　大學生在人格的發展過程中未臻成熟，必須對人之所以爲人的道理和人生的永恆問題有所瞭解，不可以因其是自然物理數學等科系的學生而得以忽視。畢竟人是個「人」（person），不是個「數目」（number）。一個唸數學的學生或許可以不唸歷史、文學、哲學，也可以不唸社會科學，甚至可以放棄數學；但是無論如何，他既然是個人，就不可以不瞭解人之所以爲人之道。這是通識教育的第一個目的。

瞭解人之所以爲人

　　然而人的存在並不是抽象的，是具體存在於一個時代之中，因此一個大學生也必須對這個時代的問題有所認識。就這一點來說，自然科學很可能無能爲力，必得仰賴人文學科或社會科學發揮所長。這是通識教育的次要目的。

　　有了以上的認識，通識教育還要幫助學生瞭解這個時代中人們最迫切關心的事情。例如：今天我們爲什麼逃難？是什麼因素使許多人背井離鄉？這是這個時代的人們心中常有的疑問。目前世界上自由與極權、民主陣營與共產集團的對立已經擴散爲一種全球性的現象，舉凡美國、英國、歐洲、韓國和台灣都面臨著二十世紀最大的難題──共產主義。這個難題使得東西德、南北韓和中國陷入無法統一的僵局。通識教育的第三個目的就是要使同學們對這些問題有一適當的認識與眞切的感覺。

理想師資不易尋覓

然而「通識教育」在實施的過程中，卻因師資和教材的限制，使其成效大打折扣。

一個足以擔任「通識教育」的教師，首先必須對上述的問題有真切的感受，先具備「通識」的條件——其實也就是中國人所講的「識大體」。但是在專業分工、壁壘分明的現代教育下，通識是極為不易獲致的。往往愈是「博士」，愈是「不通」；愈是「專家」，愈是「不識大體」。就算是位能把專門知識講得精彩內行的大教授，也不一定能真正勝任「通識教育」的課程。反之，如果以為一位能同時具備文學、法學、數學、理學、工學等各科知識的教授就是通識教育的理想師資，那麼這也犯了觀念上的錯誤。因為人的能力有限，不可能具備這種超強本事；就算真的有，那也只表示找到了一位「百科全書」，通識教育的理想師資仍付諸闕如。有些學校為了解決師資難求的問題，便在一門課內安排多位老師共同教授，有人講自然科學，有人講社會科學，有人講人文哲學學科。結果一學期下來，學生們可能上了幾個禮拜的邏輯、幾個禮拜的藝術、幾個禮拜的宗教。最後又成了「大雜拌」，離通識教育的真正目的依舊很遠！培根曾謂：「對每件事情都要略知一二，但對某些事情則要徹底瞭解。」（Knowing something of everything, knowing everything of something.）認為人應對每件事情都略知一二，但為了避免「樣樣通，樣樣稀鬆」的毛病，他也必須對某些事情熟悉精通以便成為專家。雖然培根的建議勉勵人們不要孤陋寡

聞，進而求專，意指學自然學科的人應瞭解一些人文知識，學人文學科的人亦應對自然學科有所認識，但根本上培根的意思仍與通識教育有根本的差異。換句話說，通識教育不但不是找幾種「專家」共教一門課，也不是培根所講的求學要博要專，而是在教育內容上與各科知識有層次上的質的差異。也就是因為如此，師資難尋的問題才會顯得這般棘手，無法解決。

陷入分殊專化窠臼

一般說來，哲學應該是一個能為通識教育多作貢獻的學門，但是今日的哲學也同樣陷入了分殊專化的窠臼；不通不達不識大體的哲學研究者比比皆是，這便使得哲學應有的功能逐漸萎縮，如同今日的宗教一般。例如美國就有許多研究邏輯分析的哲學專家只專注於他們特有的興趣，而毫不關心做人的道理及時代的問題。此一現象也增加了師資困難的嚴重性。

隨著師資問題而來的是教材的問題。到底這些教材應該由誰來編？內容應該如何？做人的道理要由何處著眼？時代的問題是什麼？而人們所共同迫切關心的又是那些事情？這些問題是當前通識教育無法正確發展的癥結所在。過去東海大海曾在此問題上討論甚久，只是後來決定的作法仍是偏離了通識教育的中心意涵。美國社會在教育分工、專家充斥的狀況下，發出通識教育的呼籲，無非是感於真正知識份子的難求。因為知識份子（intellectuals）與專家（specialists）是不一樣的，一個專精電腦的專家不一定是個真正的知識份子。只有當他對人類本身的生命問題、時代特性有真切的

瞭解時，他才是個名副其實的 intellectuals。像羅素、愛因斯坦不但在其專門領域是個專家，他們同時也對世道、人心、道德、宗教、時代的問題提出看法。愛因斯坦便曾說道，這個時代不應太過科技化，應該加強人們道德的教育和宗教的意識，否則這個時代遲早會出問題。羅素雖然是個邏輯專家，可是他也時時關心著自由、文明、落後民族等各種問題。雖然這些事情本與邏輯無關，但是他是個真正的知識份子，他的心中便時時回應著時代脈動的聲音。

先求孕育完善環境

由此可知，要使一個人有「通識」、「識大體」是極為不易的。而要實施「通識教育」便必須從培養人才、儲備師資、編纂教材、研究適當的內容，逐一著手，方能奏效。現代的社會固然需要各行各業的專家人才貢獻他們的力量，但是如果這些「專家」都是一些未具通識、不識大體的人，反而可能對整個大局有不良的影響。近代中國的歷史之所以有種種的不幸，缺乏「識大體」的知識份子便是重要的原因之一。因此人們應冷靜下來好好想想，到底要如何才能使通識教育在正確的方向下，健康落實地踏出腳步，造就出一個足以孕育真正「知識份子」的教育環境。

（黃絹絹記錄）

原載《聯合報》　　1985年12月13日

人文教養和現代教育

　　今天我想說一個意思──「人文敎養和現代敎育」。這個題目本來是「人文教育和當代教育」，因爲平常我們都習慣說「人文敎育」，我在別處也用過這個詞語，但仔細考察一般人心中所想的「人文教育」的切實意思應該是屬於「敎養」的問題，所以王邦雄先生和我商量演講的事時，便提議改爲「人文敎養」，我想這樣也可以。另外，「當代」一詞也不妥，我們所要反省的，不是「當代」敎育，而是「現代」敎育。「現代」是所謂 modern，「當代」是 contemporary。「當代」只是個時間觀念，是眼前與我們共時的時代，而「現代」卻是對中世紀而言的，是有價值意涵的。每一時代皆其「當代」，而並不一定已經「現代化」。所以「現代教育」不是泛指目前所施行的敎育，而是意味「現代化的敎育」簡單地說，即是指「學校敎育」而言。「學校敎育」即所謂的現代化的教育，是中國傳統中所沒有的。

　　當前「學校教育」的精神及形態是來自西方，說其來自西方是籠統地說，更確切地說應說來自希臘。這個傳統所表現的特殊精神是──分門別類的知識教育，這種教育精神來自希臘，所以我們名之曰希臘傳統。希臘傳統就是「學的傳統」，就是要求「學問」成

其為「學問」的傳統。反觀中國以往的教育，或是考察中國文化的表現，「學」之所以為「學」的傳統一直沒有形成，希臘式的「學問」姿態一直沒能站立起來。因為中國以往所謂的「學統」其實是指「道統」中的解經之學。經是傳聖人之教的，而聖人之教以道為主，故中國以往只有道統與道統中的解經之學。

我們研究中國文化的內涵，可以方便分為三方面來討論：一是「道統」，二是「政統」，三是「學統」。你可以說三統都具備，但其中「道統」是中國文化的主幹，以儒家的內聖外王之教為代表，這一點在以往意識得比較突出，因此在理念上亦比較能挺立得起。但是政統與學統卻並不能堅實而挺立，裏面有許多問題應該疏通前進，這也是一般人所注意到而至今猶成問題，仍未疏通得好者。例如中國有其政治傳統，從歷史的現實面看政治形態有原有委：夏、商、周是貴族政治，秦漢以後是君主專制，一直維持到辛亥革命，革命後成立中華民國，開始要求現代化的政治，可是現代化一直沒有充分完成，假定辛亥革命以後政治充分現代化了，共產黨就出不來了，這是現實面的政體沿革。另外從理想層面看，中國讀書人對於政治本自有一套說法，古名之曰：「皇王帝霸之學」，皇是「三皇」之皇，帝是「五帝」之帝，王是夏、商、周三王之王，霸是春秋五霸之霸。對於「霸」的評價是很低的，夏、商、周三代的王道，也只能代表「小康」之治，秦漢以後的君主專制更不合知識分子的理想。理想中的「堯舜時代」的「帝道」公天下，才是最高嚮往所在。這即是中國讀書人對政治的評價標準，也可以方便說為中國的政治哲學。不過這樣的「政治哲學」只不過停留在一些「觀念」、一些「想法」中，一直不能夠清楚地形成「概念」，

構成「系統」，所以一般人也不十分注意，也不十分懂得。因此我說它沒有站立起來。雖然政統未能站立，但順著現實與理想兩面去把握中國政治的動向，我們可以看出當前的民主建國，要求政治現代化是中國政治理想的必然歸趨，也可以說是中國現實歷史的必然發展，中國士人的理想本有此要求，中國歷史本應有此發展，這是不能違抗的。我說不能違抗的意思是：即使現在大陸落在馬克思主義的統治中，依然不能違抗，它早晚要被克服的。中華民族文化發展的要求，是不容許馬克思主義這套意底牢結來統治中國的。所以我們談中國文化一定要有「政統」這一觀念的提出。「政統」者，政權更替之軌道與政治運行方式之統緒也。

　　至於說到「學統」，中國以前也講學，「漢學」、「宋學」也都是「學」，但這裏所說的「學」，事實上只是解經之學，是「道統」底附綴品。所以嚴格地看，「學」之所以為「學」的這種獨立意義的「學」，中國並沒有形成。學之為學，即是把一個學問當一個學問看，使它能終始條理，能完整起來成一個知識系統。這種意義的學，中國是沒有的。我且舉一例說：譬如數學，中國也有一套數學，也有幾何三角的實用知識，因為凡是測量土地，便要用到幾何學，中國人早就會測量，所以算學中有勾、股、弦等名目及演算。但我們現在通稱的幾何學，並不指這些勾、股、弦測量的實用知識，而是指歐基里德的幾何學，是當作一個純粹的形式科學來看的，幾何學本身並不須牽涉到實用。若停留在實用狀態，便不能純粹化，便很難達到完整而獨立的地步。我們現在的代數用 XYZ 和 abc，中國老的算學用甲乙丙、天元一，雖然也有效，二加二等於四不會算成二加二等於五，但表達的方式太麻煩，所以一直沒辦法

更進一步，使之開展成為一門有始有終的 science。在這種情況下，我們實在不好意思再聲言：「我們有中國的數學，我們可以不用西方的方式。」我舉這個例子做標準，其他學問可以類比，最顯明的像中醫，你不能說中醫不實用，不信吃吃大黃，看會不會瀉肚子！中醫是真有效，真能治病，但它卻不是科學。中醫品脈斷症，大體靠經驗，有時還需有靈感，所以善於中醫者號稱「神醫」，醫之可以說成神，便知它不是科學。不過你不要以為不科學就一定很壞，它有時境界高得很。西醫是道地的科學，你也不要一聽到科學，就嚇得不得了，科學的境界其實是很低的。像算學、醫學這類的實用知識，中國多的是，但都沒有成「學」。不僅自然科學方面沒有，即使人文科學、社會科學也是停留在觀念階段或實用階段，所以說中國沒有「學統」，中國以往所說的學統，只是道統底附屬品，或是道統、學統不分的。

希臘傳統代表學之為學——science as a science。而「學校」就是傳授「學問」的所在，所以現代化的教育必須透過學校來施行，而教育的內容就是傳授「有系統的知識」。中國辛亥革命以前也有「大學」的設立，但大學並不是「學校」。國子監相當於教育部，國子監祭酒都是教育部長，但他們不負責辦學校、養人才。漢朝的太學生是五經博士弟子員，專習一經也就是學了，而這學就是經學。唐宋以後是科甲取士，知識之來源還是經學。

在這種情況下，教育的責任寄託在那裏呢？應該說是在民間師徒傳授。十年寒窗埋首苦讀，政府並沒有一套從小到大培養的辦法。政府只開科取士，考試的範圍又很窄，宋以後用《四書》、八股，代聖立言。宋明兩代民間有許多書院的設立，教育情況比較有

規模，但亦屬私家講學，不是學校教育，而且講的是聖人之道，不是專業科目。書院的組織和教學課程沒有固定的形式，所以都不能長久，到清朝便漸漸絕滅。所以清末康、梁變法，一定要廢科舉，設學校；不立學校，人才沒有固定的來源。

本來，在夏、商、周的貴族政治下，可能真有學校教育制度。《禮記》中有小學、大學之分。所謂小學不是現在中文系學生所唸的《說文》、《爾雅》之學，而是兒童教育；教的內容是灑掃、應對、進退之禮。朱子講學在致知進學之外還要講涵養，即是要補古來小學教育的喪失。而大學教育的內容則是〈大學〉篇所說的「大學之道在明明德，在新民，在止於至善。」這可能是中國以前貴族社會下的教育制度，但早就沒有了，只留下〈學記〉、〈大學〉兩篇文章，秦漢以後並沒有照著做。但我們現在深入反省「大學之道，在明明德，在新民，在止於至善。」的話，假如這真是古時教育的宗旨，那麼中國傳統的大學教育，乃真正是我們現在所嚮往的「人文教育」。我們現在總說光科學教育不夠，一定要加上一些什麼人文教育，其實心目中所想的就是「明德、新民、止至善」一類的學問，而這種學問就是人的「教養」問題，這原本就是中國教育的老傳統。但是大家想一想，現在的教育體制下，那一個學校那一個科系在教「明明德」呢？不但理工學院沒有「明明德」，就是文學院也沒有「明明德」。所以我們以往是沒有希臘式的學的教育傳統，而現在反過來是喪失了我們固有的教育傳統。

若從「學」的立場講，現代化的學校教育是應該要提倡實施的，康、梁變法的要求是不錯的。而學校教育是分門別類，把每一門每一科劃出一定的範圍，把這範圍當作研究的對象，把對象中所

有內容原原本本弄得淸淸楚楚，有系統地表達出來。如果硏究的對
象是自然，則成就其爲自然科學；如果硏究的對象是社會，則成就
其爲社會科學。現代敎育所敎所學就是這一套。所以「分門別類，
各具專長」便成爲現代敎育的特色。一分門別類，當作一對象來硏
究，便是科學態度，不管硏究的是什麼。本來有資格稱爲科學的，
只有數學、物理、化學等學科。至於社會學、人類學、心理學等，
本不足以稱爲科學，它們只是模仿科學，我們也只是方便地名之爲
「人文科學」。雖然它們都爭著用「科學」的名詞來套在自己所硏
究的學科上，硏究表達的方式也盡量求其科學化、系統化。但嚴格
講，這些學科能不能像自然科學達到那樣科學化的程度是很有問題
的。所以我們假定想用一個名詞來稱呼這種科學，可以叫它做
pseudo science──虛假的科學，似是而非的科學。尤其硏究歷史
的人往往聲稱「我是以科學方法來硏究歷史」。其實，其所謂科學
的方法，不過是指歷史考據，考據本來就不算科學。歷史學是否能
成爲科學亦有問題。如果認爲用了考據法便會成科學，那更是荒謬
之談。科學的基本方法是歸納，歸納不成才講統計，統計的效果不
及歸納，歸納尙可建立一原則，而統計只能講個平均數，考據之可
信不過建立在材料之統計上，而對歷史意義的了解不是統計可以用
得上的。譬如漢光武昆陽之戰，以數千人打垮王莽數十萬大軍，他
能如此，這是歷史事實，但你不能就說：「他能，我也能。」這裏
旣用不上統計，也用不上歸納，上天下地找材料只是考據而已，怎
能算是科學？所以我說其科學只是 pseudo science。但是今天我們
一說學校敎育，便難免要科學化；這種傾向，不能反抗，也無可厚
非。學問當成學問看，就一定要分門別類去硏究；分門別類去硏

究，就自然會走向專門化、技術化的路上去，不管它達不達到真正科學的程度。它就是要成就一種「知識」。既然要求成一「知識」，勢必要把研究的內容剌出去當成一個對象看，以主客對立的態度來剖析研究。主客一對立，則所謂「人文」便失去了它原有的身份而一轉為類似科學的對象。譬如研究「人」，把人的各方面性質拆開來並且剌出去成為一外在的對象去研究，有人研究心理反應而成心理學，有人研究生理現象而成生理學，有人研究生活狀況而成社會人類學等。那麼這些什麼學什麼學又變成類似的科學，而遠離了真正的「人文」，他們並不真正了解「人」，因為他們本來就不把「人」當「人」看。所以現代的教育是遠離「人」的教育，所以我們內心常常嚮往一「人文」教育。

近來教育部常常要求各學校要加強「人文教育」，說人文教育就是「通識教育」。對這兩個觀念所代表的意義，我一直不很明白。有人說：現在各學校的人文學科不是蓬勃發展了嗎？我們拚命辦文學院、法學院，每一學院又包括那麼多科系，我們還要往那裏加強呢？而且上了大學的學生各有專攻，理工學院的學生當然不喜歡學校要求他再讀一些文法學院的課程，如果教育當局硬要認為一個理工學院的學生若不修一些文法學院的課便叫做沒有通識，那麼教育當局這種要求也太過分了；就如同叫文科的學生去修幾門數學、物理一樣過分。所以假定要在「這一邊修修那一邊的課，那一邊修修這一邊的課」的觀念上理解「通識」，那麼「通識」一詞的意義根本是樣樣通樣樣稀鬆。我認為通識不是叫一個人懂得許多，自然科懂一點，人文科也懂一點，美術、音樂都懂一點。要知道一個人不是萬能，沒有一個人可以懂一切，若是真有人無所不懂，那

這一個人也不見得有什麼可取，做一個有腳書櫥、百科全書不見得有什麼好處。我知道有一個旅居美國的中國學者，洋人有什麼關於中國的問題都問他，為了表示博雅，人家無所不問，他就無所不答，而問的來源甚多；他就天天記誦資料，經史子集無所不知，結果鬧得神經分裂。我們的通識教育當然不是要大家這樣子，不是要對任何事都知道；對任何事都知道，就成了樣樣通、樣樣稀鬆。學校教育是培養人成專家的教育，要成專家，只要對你那一門原原本本、一五一十知道得清清楚楚就行了。所以想用「多修幾門課，多知道一些知識」的觀念套在學校教育中去實施所謂的「人文教育」，在觀念上就令人迷惑，實施起來更有問題。

因此，我考察一般人心目中所要求的合於「通識」意義的人文教育，其實是指著「教養」問題而言，所以我們把「人文教育」理解為「人文教養」，觀念便比較清楚了。這樣也才合乎「通識」一詞的本義。「通識」一詞英文是 general education，general education 是相對於 special education。成為專家的教育是 special education，而 general education 是一般性的教育。為什麼在專家教育外還要講一般性的教育呢？這一個觀念是美國社會在二次大戰後所提出，其機緣是有感於學校教育分門別類太瑣碎、太專門，專家太多了，而對時代完全不了解，對人之所以為人，人生所當關心的問題完全不在意。所謂對時代不了解，乃是指對於共產黨不了解。眼看蘇俄統治半個世界，美國的主要問題是要對付蘇俄，對付蘇俄並不是一般的政治問題或外交問題，而是意識型態的問題。這邊是自由世界，那邊是共產集團，世界上有兩個真理標準。為什麼會有這些問題？美國社會一般人一概不懂，所以才呼籲在專家教育以外

要加強一般性的教育。一般性之一般隱含有普遍性之意義，意即普遍地涉及每一個人之謂。每一個人皆當關心他自己的時代，叫人不要只做不懂事的專家，希望每一個人除了研究這個研究那個之外，要了解自己總是個「人」。人不是原子，不是昆蟲，更不是數目字。人也不只是一堆生理現象、心理現象、社會現象。人必須過人的生活，懂人的道理，而這些道理，並不在研究原子的物理學中，也不在研究數目的數學裡面。你要把人當人看，便要講一講「一般性教育」。如果大家靜下心來想一想，這些考慮豈不有很深刻的道理嗎？

因為一般性教育的本義是要叫人了解自己，了解時代，但是你那裡去找這些課程呢？我們學校裡每一系每一科都已科學化，正好與一般性背道而馳，縱使號稱是人文學科，但人文學科也早已變成人文科學，一成科學，則人文便不見了。我們將永遠沒有辦法見到我是個「人」，沒辦法和「人」照面，我只是個專家。專家愈專就愈不通，社會上專家愈多，有通識的人便愈少。

所以無論任何人，首先必須教他關心自身的問題，教他明白自己所處的時代，教他把握他生命的方向，而還其為一個「人」。而最切合於這種教育觀念的正是中國古時小學、大學的教育傳統。不管是小學灑掃、應對的兒童教育，還是大學的明德、新民的成人教育，都是要培養一個人有規矩、有教養，名之曰成德之教。成德之教即是要人成其為人的教育，這與專家教育完全兩樣。

我們現在可以大略地將教養問題分為兩個層面：一是屬於個人的問題，其中包括從最淺近為人處世到最深刻的終極關懷問題。這是永恆性的問題。人總是人，人總要過生活，就有這些問題。另外

還有屬於時代的問題。時代的問題古今不同，但每個時代必有其迫切的問題，而爲當時代人所必須要面對與解決者；能解決它，人便能轉動那時代，不能解決它，便爲時代所吞沒。我們當前時代的最大問題是共產黨的意識型態問題，這與任何人有切身的關係，不管你學的是什麼，你都不能逃避，都應多少有所了解。不要自己以爲「我是在商言商」，又以爲「藝術無國界」，又以爲「科學是中性的」，所以我無所謂。要知道，你無所謂，共產黨對你卻有所謂，他時時刻刻都在算計你，不管你是那一門專家，到時候他一把把你抓住，一樣鬥爭你！這是順著共產黨的本性必然而永恆地要如此的。所以除了你的本行外，你應對這個大魔難關心，這才是你最切身的問題。這種關心即是通識。從面對共產黨的魔難，退回來反省一下我們社會內部的問題，這又是另一層時代問題，即是要求政治經濟現代化的問題。我們首先要認清所謂現代化的特質，然後再要求自己轉變心態以符應現代化的社會生活。而所謂現代化的特質是什麼呢？即是每一單位、每一部門都要有其「自性」，有其特具的作用及本性。若用專門的術語說，即是「每一概念有其獨立的意義」，政治是政治，法律是法律，教育是教育，經濟是經濟。這叫做充分現代化。所以充分現代化的社會是部門並列的社會，部門與部門互相勾連起來成爲一個結構，這個結構的構成精神是並列原則（principle of co-ordination）。各部門有其權責的範圍與限度，不可以混漫，不可以氾濫，這也可以簡單的說是「守規矩」、「守分際」。譬如前些日子我們從報紙上看到有人打誹謗官司，究竟問題孰是孰非，我們可不必管。但是既然提交法院審判，應該按照法院手續，是純粹法律問題。法律問題就當用法律方式來解決，你誹謗

就控告你誹謗，法院若受理，就照法院所應做的去做。法律問題只能當法律問題看，不可牽涉到政治上去。若牽扯來牽扯去，便是混漫，這種頭腦便不現代化。大家把一切問題都牽扯到政治上，那麼司法就不能獨立。司法不能獨立，司法就不能現代化。這就是我們社會內部的時代問題。這裡須要每個人有自覺，這不是一種很深刻的「教養」嗎？試問這個社會上大家除了看熱鬧以外，有幾個人能有所覺醒呢？這種問題沒有覺醒，我們什麼時候能夠真正現代化呢？這種問題不是很嚴重嗎？

從這個問題讓我想到我們中國的民族性裡藏有一個大毛病——中國人的牽連的本事太大，直接造成社會問題。什麼叫做牽連性呢？用在政治上就是「株連」，本來一人犯罪一人當，不能牽連旁人，但是以前的政治犯，不僅父母兄弟都牽連上，甚至一殺就是九族，九族還不過癮，還要誅十族，這種牽連太大了。在明朝是朱元璋與朱棣，在現在是毛澤東、四人幫，共產黨的本性就是株連，一鬥爭就連祖宗三代都牽進去，天下那有這種道理？這算什麼政治？為什麼中國人偏偏信這一套呢？中華民族這麼聰明，堯、舜、禹、湯、文、武智慧那麼高，他們的子孫為什麼會接受共產主義呢？我以前覺得很了解中國人，近來愈弄愈不了解。這種株連性不僅是毛澤東、江青那些莫名其妙的妖怪如此，一般知識分子也不例外，最顯明的表現是五四時代那些知識分子把中國一切的責任都推給孔夫子，這不是株連嗎？孔夫子不能給我們預備好民主，不能給我們預備好科學，就不得了，就要埋怨你孔夫子，就要打倒你孔夫子。孔子是生在二千多年前的一個人，他怎麼能把你所需要的東西都給你預備妥當呢？我們沒有出來科學，一定是孔夫子妨礙的嗎？我們沒

有出來民主政治，也是孔夫子妨礙的嗎？所以五四運動時爲的提倡
科學與民主就要打倒孔家店，這能有多少理性呢？自民國以來一般
知識分子大體如此，民國初年還有祭孔，五四風潮一起，就要廢除
祭孔。我想問問你：日本的現代化比中國早多了吧？不僅時間上早
而已，其成就也比現在台灣的現代化還要現代化，他們已經十分現
代化了。但是日本並沒有廢除祭孔，這是什麼道理呢？中國傳統的
那套生活規矩，做人的道理，日本人保存的比中國多，但是日本十
分現代化，你說衝突不衝突？日本不衝突，爲什麼五四運動時那些
自以爲了不起的知識分子就覺得衝突呢？不僅日本如此，韓國也不
衝突，南韓保存中國的人生態度，生活敎養也比中國多，到過韓國
的人都能感覺出來。這難道不值得反省嗎？這就是一般知識分子的
不識大體，沒有分寸。識大體有分寸就是通識，就是敎養，也就是
現代化的意識——每一概念每一部門有它的自性，要尊重個別的獨
立性。

　　說獨立性並不就表示絕對獨立而不和其他部門發生關連，但也
不因和其他部門發生關連便喪失獨立性。就在這種巧妙的既相干又
獨立的狀態下說分寸說敎養。「既相干又獨立」本是邏輯、數學裡
的專門術語。因爲構造數學系統、邏輯系統時首先必須有幾個基本
原則，這幾個基本原則第一條件是要足夠，假定須要三個原則而只
舉出兩個，便不足夠，不能形成完整的系統；第二條件是必要，假
定須要三個原則而舉了四個，其中一個便不必要，要消去；第三條
件是要一致，不能有矛盾，如果有矛盾出現，則必有一個是假的，
也要剔除；第四條件是各自獨立，不是這一個可從另一個推出來。
合乎「既足夠又必要，既一致又獨立」這四條件的諸原則就可以構

造出一完整的系統。而現代社會的構成原則也是如此。中國人以往不論在學術上或政治上都不善此道，所以學起來很困難。一般人觀念中往往以爲一相干，就要牽連；若不牽連，便可以絕對獨立，爲所欲爲；這是非常麻煩的心態。

最近有些人有這論調，即因爲重個性與自由的緣故，逐主張說所謂「共識」不過是某一部分人壓迫某一部分人的騙人的工具。這些新潮人物實令人深感驚訝。「共識」怎麼是某一部分人壓迫某一部分人的工具呢？講自由，講個性，就可以不講共識了嗎？讓共識，就妨礙了你的自由與個性了嗎？譬如說我們的共識是反共產黨統治中國，你可以不反，你有不反的自由，但如說中國知識分子應當站在文化的立場以及維護人道所繫的自由之立場一齊來反共，便壓迫了你，這也說不過去吧？因爲要自性、重個性就是一種共識，所以爲了講個性便一定要去掉共識，便是一句不現代化的話。這些不通的思想便是所謂當代的新潮派、虛無主義。他們要把心中所有的意見慾望──不管它是理性的還是非理性的──都要盡量暴露，凡是外在任何結構限制都要衝破，標其名曰「解構」，這當然是虛無主義。這種自由，這種個性，是不是可以算做一種思潮呢？人的生命中的非理性成分多得很，不只是今天才有，二千年前就有，而且已經很複雜，不僅表示的已經很多，而且表示的比現在還深刻得多。而且這些東西二千年後依然存在，永遠發洩不完。人總是人，如果順著阿賴耶識去表現，那生命中的污穢東西多得很，隨時可以暴露，但暴露這些東西並不能算做一種思潮。這個時代問題多得很，你對時代問題有沒有感受？難道憑著發洩阿賴耶識的污穢就能解決時代問題嗎？我們的通識教育應教年輕人認識時代問題，培養

現代教養，年輕人會長大，將來社會的責任要落在他們肩上，我們能給他們什麼？一般學校教育能夠負起這種教育責任嗎？

　　這種教育本來就和學校方式相衝突，我們既一面必須維持學校教育的特性與功能，一面又要另外講通識教育，在這兩種既獨立又相需的情況下要付諸實行是很難的。大略而言，其難有二：一是師資難，二是教材難。畢竟識大體明分際的通達人並不多。且如當前我們講反共，天天反，但現在反得一句話不能講，只有喊一些空洞口號，本來反共是真切的民族文化鬥爭，現在大家卻以為是八股，大家把一個切身問題看成八股，這也是表示我們缺少識大體、能明達的人。我們怎樣讓這社會能通達起來呢？通識教育怎樣實施呢？這裡面或許很複雜，也不是我所完全懂得的，我只疏通一些觀念，大家觀念明白了，總可以一步一步往前進。

　　（本文係牟宗三教授於6月12日在國立中央大學與《時報》副刊合辦的
　　　人文社會科學「柏園講座」之演講記錄，由王財貴整理。）

原載《中國時報》　　1986年7月16日

理解與行動

主席、各位同學：

今天想向各位同學說的題目是「理解與行動」。剛開始答應來演講時，我並不知道講什麼題目，問過馮先生以後，才知道這次研討會的主題是有關文化建設未來的前途、展望。文化建設的問題，源自於前幾年開始成立的文化建設委員會；當時我在台北連續作了兩次演講，解說文化建設的時代意義。經過了兩三年的實際行動，我們現在來重新反省一下，再探討一下關於文化建設的問題：所謂「文化建設」，我們到底要做些什麼工作？這需要有一恰當的了解，才能有恰當的行動，所以講題名之曰「理解與行動」。

照一般人的想法（這也不單是我個人的想法），認為近二十幾年來台灣有很大的進步，尤其是經濟建設方面有卓越的成就。政府在領導整個社會主要的方向所能做的，大體上是政治的措施、經濟的開發，也就是有關政治問題與經濟問題，這兩方面的問題是政府所重視的。概括而言，這幾十年來，台灣的發展主要是指經濟的現代化與政治的現代化，這是我們政府發展的大目標。就拿現在大陸上共產黨的發展，亦不能逃避政治與經濟的現代化。不過在大陸上有其尷尬、夾逼的狀態，他們自己也知道此種困難所在。因為大陸

上一開放則整個社會就活，而一收縮就死，這是大陸上共產黨所面
對的問題關鍵；這就是所謂的「生歟！死歟！」這是莎士比亞很有
名的句子："To be or not to be！"。共產黨現在處在一個夾逼的
狀態，他不開放是不行的。而所謂開放就是要求經濟現代化，經濟
現代化即是向著自由經濟這個路子走。「自由經濟」是個廣義的名
詞，隨著時代有不同的內涵，而對著現代化則講自由經濟的現代
化。與這條路相背反的是社會主義的路，也就是馬克思主義；順那
條路走，則造成一個封閉的社會、死的社會。所以鄧小平現在解散
了大陸上農業方面的人民公社，一解除這些限制，整個社會馬上就
活過來，農民的生活亦隨之有所改善，這是大家都承認的事實。人
民公社撤銷以後，土地自然就都分配給農民。但我家鄉那個村落的
情形比較特別，旁的村莊的土地都分了，可是我家鄉的土地仍然不
分，鄉間縣政府下令要分，但大家都不分。這也不見得都是幹部的
固執，因為照農民看來，土地分也不一定有好處（分到的土地很有
限）。但制度一下來，則要求一律，要分則大家都要分，這種要求
大家都分土地的命令是屬於「超越原則」。共產黨也不會想一想這
種問題是屬於經驗問題，經驗問題常常需要因時制宜、因地制宜才
行，而共產黨的基本原則，就是最反對這種作法。到底土地分或不
分的問題，這只能採取經驗的立場而不能採取超越的立場，因為經
濟問題那有先天的當該如此或不當該如此，所以共產黨這種作法才
會造成災害。因時制宜、因地制宜即是尊重經驗事實，我家鄉的人
可能認為解散人民公社、分配土地，也不見得有什麼好處，因為每
一家分配三畝地，收成還要交一部分給政府，剩餘的才能自己使
用。三畝地能生產多少東西？而生產工具又從那兒來呢？（人民公

社未解散時，一切工具都由公社供給。）這些連帶的問題是很麻煩的。不過一般而言，開放經濟以後，大體上是比較自由的；所以說「一開就活」，這是很合理的一句話。但共產黨又不能永遠開放下去，因為一開放下去，就必須走自由經濟的路線，亦即走資本主義的路線——此即是他們所批評的「走資派」——這不是共產黨所願意的結果。所以共產黨的政策是：開一開，然後就必須往裡收一收。而一收呢整個社會就會僵死，這是共產黨他們自己說的話，是蠻有道理的話。

相對於此，我們可以看出自由世界是一個開放的社會，既是開放的社會也就是活的社會。所以「一開就活，一收就死」是很有道理的。美國的費正清（John K. Fairbank）曾說過一段蠻平實的話，他說：「將來大陸上階級鬥爭（如四人幫）的情形不會再有，但是它收與放之間的緊張狀態則會永遠持續下去。」當然，他說這話也可能是他一廂情願的話。我也曾問過從大陸出來的人，就大陸內部而言，共產黨所改造的社會裡，是否還潛伏著某些力量，只要經類似毛澤東或四人幫等人的煽動又死灰復燃？照一般人的看法，他們認為沒有這種可能性。不過共產黨的問題是很難說的。照一般歷史的發展來看，像毛澤東所煽動的情形，並非突然產生，也並非毛澤東個人有什麼了不起的魔力。那是從民國十七年，共產黨開始宣傳他們那一套「意識型態」（ideology）宣傳了二、三十年，把中國知識份子的頭腦征服了以後，所蘊藏的一個結果。照共產黨的宣傳，社會主義是先天的真理，而資本主義是先天的罪惡。他們又認為：唯心論是先天的反動，唯物論則為先天的革命。這種看法完全是採取超越的原則而非經驗的態度。這些詞語究竟是什麼意義，

一般人也不太懂，為什麼唯心論是先天的反動，唯物論就是先天的革命，這些都不太容易理解。但是共產黨宣傳久了，似乎有一種意義，成了一種莫名其妙的魔道，所以又主張「左是先天的真理，右是先天的反動」，共產黨裡的人再左都沒有問題，但稍為右一點則成大問題。所以像劉少奇、鄧小平那些人，說話都是扭扭捏捏不能理直氣壯，只有左的江青卻顯得理直氣壯，而劉少奇則被批評為「修正主義」。共產黨宣傳的這幾個概念，不但征服了共產黨的黨員，也征服了一般中國社會的知識份子；他們的腦子裡充滿了馬克思那套意識，什麼歷史的唯物論、唯物辯證法、唯物史觀等。一般人很難逃出這些觀念的影響，當時的情形可怕到這種程度。所以毛澤東得到政權後，即運用當時宣傳了二、三十年的結果，順著左傾的趨勢，再加上他煽動的魔力，所造成的群眾力量就一發不可收拾了。可見大陸上之所以發展成這種情形，絕非是偶然。而這種力量一旦發生以後，要想再來第二次恐怕就很難了，這也就是大陸內部所說的「三信危機」。這個信仰沒有了，危機也就沒有了，而這危機也不是一時的心理作用，它是歷史發展的趨勢所造成的情形。所以在大陸上，要開放又不能理直氣壯的往前開，開一步就要收一步；收又不願意完全收，因為一收就死。所以鄧小平雖然有時開放些，但他的四個堅持還是需維持，有時候稍為做得過份一點，就會被加上「精神污染」這種詞語，所謂精神污染就是開得太多了。可是不開放往裡一收，精神污染沒有了，但整個社會也死掉了。這就是大陸上所處的尷尬狀態，也是整個社會發展的困難所在。雖然如此，我們仍然可以看出其發展的趨勢還是要向著現代化的路子走，這種發展是一定的、必然的。

　　台灣在現代化的方面，比大陸早走了二十多年，這二、三十年來的發展，經濟與政治一步一步向現代化的路子走，這可以說是台灣在建設方面的成就，但除了經濟與政治問題，還有沒有其他更重要的問題呢？這就是文化問題。所以這才有「文化建設委員會」的成立，文建會所要處理的是文化建設，而「文化建設」這個觀念所指的又是什麼意義呢？文化的範圍很廣，包含很多，而最重要的則是經濟、政治與教育；但是教育工作有教育部及各級學校在實施，這些不都是文化建設嗎？那麼文建會要做什麼工作呢？經過此一問，似乎應該反省一下文化建設的意義。在此，我們所說的文化建設也不是那麼廣泛，似乎有個意義，我們可以引用以前的老話，就是管仲所說的話：「倉廩實而後知禮節，衣食足而後知榮辱」來說明，經濟建設使得大家有飯吃、生活富裕，高度的科技更使得經濟走上現代化。可是我們的生活過得這麼舒服，但整個社會的生活並不怎麼文化（雖然也不是野蠻、原始）。我們的社會有高度的科技、高度的文明，但是也高度的殘忍。極端而非理性的事情充滿整個社會，層出不窮。在這些非理性的事情上是否有文化建設呢？我們所談的文化建設也就在此顯出它的特殊意義來。一般而言，資本主義社會有資本主義社會的罪惡，人的生活過得太舒服了也不行，但沒有飯吃也是不行的。人的這些問題是很麻煩的，所以老話講「衣食足而後知禮義」。這種問題大陸上也有，大陸上天天講鬥爭、革命，結果是每個人見面了就像要打架拚命；人道沒有了，人的生活也沒有了。順此，我們可以看出整個社會所面對的是屬於「教養」的問題，而文化建設就此義來理解，則是指狹義的文化建設。

　　「衣食足而後知禮義」這個教養問題，也就是所謂的「教化」工作，這種工作與行政院各部會或各級學校做的工作是不相同的。假定各級學校做的那些事我們叫它是「外在的」（external）工作，那麼教養的事就是「內在的」（internal）工作，因為這種事是擺不出來的。辦學校需要校舍、教師以及學生等，這些事都是可以擺出來的。但是教養工作怎麼個擺法呢？教養工作雖有事可做，但這事和辦學校等工作又不同，教養工作需要慢慢地來，每個人從家庭起開始接受教養；學校的教育也幫助個人的教養，所以才叫教育，而教師在此也負了些教化的責任。不過大家要注意，現在學校的教育制度，對個人的教養不容易有成效，因為學校教育所注意的就是給學生上課，注重成績與大學聯考的升學率，對學生生活的教養卻很少注意。現在大概只有小學老師還有點權威，可以負些教養責任，因為小學生都很怕老師，老師有無上的權威，所以小學生都願意受教，到了中學恐怕就不行。這個問題是個永恆的問題，以前老的教育很重視教化意義，現在學校的教育則重視知識。教化意義的教育重視德行、重視生活，所以《大學》中說：「大學之道在明明德，在新民，在止於至善。」這幾句話現在的學校教育根本沒辦法負責，有那一個學校教育是「明明德」呢？這些問題當然需要好好注意。台灣雖然政治、經濟已高度現代化，但社會上極端非理性的慘案卻層出不窮，天天上報，實在令人看了痛心。針對此種現象，我們就需要好好地做文化建設的工作。然而，文化建設的工作由誰來做呢？文化建設的工作既是「內在的」，那麼它就和辦教育與辦行政都不同，它是屬於道德、宗教方面的問題。人要守道德或宗教的規律，這是教養問題，而且是一天二十四小時沒有一剎那可

以去除掉的，可見這種教養問題是很麻煩，很難著手的。

　　所以，行政院文建會到底有什麼事可做？第一步，我們需要先「正名」，亦即「文化建設委員會」這個名所指的意義是什麼？然後，它該做些什麼事情？照我們剛剛所了解的文建會的意義，那麼我們所提出之教養工作顯然不是文建會所能擔負的。我們不能要文建會去告訴每個人如何待人接物、如何做道德修養，這些工作必須靠每個家庭的父母與學校的教師去做的。文建會總不能派些警察到學校去監督，看那些人行為不正便關起來，也不能說那個人行為好就給獎賞，這種事情是學校所負責的。既然如此，那麼我們暫時把文建會究竟有多大功效的問題撇開，而去面對如何將教養工作的意義一步一步顯示出來的問題。教養問題並不是一個待解決的特定問題，但如果我們不將此內在化的問題稍為外在化一點，那麼教養問題根本就沒辦法講，只好大家回去做個人的道德修養算了。一旦我們將教養問題稍為外在化地講，則是屬於「思想問題」。這個思想問題並不是某一個人特殊的思想，而是這個時代的學術、文化思想的問題。再講得比較具體一點，用一個雖然並不很恰當的詞語來說，這是屬於意識型態（ideology）的問題。英、美人不喜歡ideology這個名詞，一提到這個名詞，他們就以為是指共產黨那套意識型態講的，就聯想到極權專制，所以就不喜歡用這個名詞。事實上，共產黨當然有其特殊的意識型態，就是馬克思主義；但是自由世界是不是也有些意識型態呢？你不能說自由世界是心如白紙，沒有任何意識型態，這話是講不通的。自由世界當然也有一套思想觀念，它也有價值標準，因此我們的生活才有所依據。所以，根據這套思想、標準，我們才能稱其為自由世界，相對於此，採行馬克

思主義那套意識型態的社會就不是自由世界,而是封閉的社會。所以意識型態這個名詞還是可以用,這個名詞是黑格爾(Hegel)哲學中最喜歡用的詞語。意識型態指的是我們內部意識的生活有種種的表現,總起來都名之為意識型態。意識型態指的是 forms,是多數,我們有心理學方面的意識,有道德方面的意識,也有宗教方面的意識。個人想法多少有不一樣的地方,儘管在經驗方面有不一樣,但在超越方面或形式(formal)方面,不一樣中總也有其一樣的地方,這些是可以一步步講清楚的,討論這些問題的就屬於「意識型態學」。自由也是個意識;自由、民主、道德、宗教、法治等,這些都是意識,差別只在這些意識往那個方向走;如果指向馬克思主義,那麼就是魔道,就成一個封閉的社會,一定會有一種劫難的罪惡出現。這個劫難帶普遍性,它不僅出現在毛澤東或四人幫所領導的中國大陸社會,其他社會只要是套在這個意識型態中,都不能避免這個劫難。

因此,我們所要面對的是一個文化思想的問題。這種思想問題,需要時常反省,時常有人講解,這不是那一個專家所能解決的。我們要知道,專家所以能在社會中自由活動,就好像魚在水中一樣;魚所以能自由活動是靠著江湖中的水,但魚卻常不自覺水的存在,這就好比莊子所說的「魚相忘於江湖」。魚在江湖水中可以相忘,但一旦沒有水了,那麼魚兒就只好互相吐口水來照顧對方,這就是「相濡以沫」;到此地步,生命就很淒慘,再也不能自由自在的活動了,生命也就快完了。所以專家之所以能活動,是靠江湖之水作他的背景,而這裡的水所指的就是「充分的自由」。充分的自由並不只是一句話,它後面有一個制度,也就是自由世界的制

度。香港之所以能安定、繁榮，是因為它的社會中有一制度存在。共產黨拚命瞎吹，說英國人能做到的事，他們也能；他們不知道這不是英國人或中國人的問題，而是屬於制度的問題。英國對香港採取自由、民主政策，香港自然安定、繁榮；但是只要「五星旗」一掛，安定、繁榮也就隨之消失。這也就表示：能不能使一個社會安定、繁榮不是個人本事的問題，而是制度的問題。英國人提供充分自由的制度，一般人並不太意識得到，也不覺得有什麼了不起的好處，平時還常常罵英國是殖民主義，等到英國人快走了，才想到充分自由的好處。一般投資的資本家在這樣一個自由世界中，他不一定能感受到這個自由制度，反正只要能投資賺錢就好了。然而從事教育、文化的知識份子當該瞭解到充分自由的可貴，但還是有很多知識份子仍然不能感受到。所以社會上不是還有好多知識份子天天盼望共產黨來嗎？知識份子盼望共產黨來，這叫做「自殺」，也有人說這叫做「集體自殺」。這個時代有好些怪現象，而集體自殺也是怪現象之一。

　　所以，我們以上所說的，可以籠統地稱之為學術文化、思想教育的問題，是屬於教育方向與文化方向的問題，而且是屬於一般人整體思想的方向問題，而不是指個人特殊的思想問題。在此世界中，不管信什麼教，總有一個共同的背景（background），這是大家都承認的。這個共同背景是一種思想問題，也是一種文化問題。因此，在這個面對共產黨鬥爭的時代，當該注意文化上的建設。我們很早就注意這個問題，但是空講沒有用，必須配合現實上經濟、政治等往現代化的路子走。而講現代化，必須靠一個充分共同的背景，亦即靠一個共同的架式（common framework），沒有此架式

則根本活動不開來。我們所面對的既是這種問題,那麼就不能期望
文建會擔負什麼工作。在此,我並不是將文建會看輕了,事實上文
建會能注意到文化建設的問題,已經是了不起之舉;但問題在於思
想文化的問題並不是單靠文建會那個部門就可以做的。那是屬於社
會上大家共同的努力,要時常覺醒,意識到這些問題。而且不管談
什麼科系文學、科學、經濟等,除了自己的專業知識以外,關於思
想、文化方面的問題,也當該留心、注意。所以當初,民國三十八
年撤退到台灣時,傅斯年先生當台灣大學的校長時,就感覺到這些
問題,因為共產黨講的那些思想,把知識份子都征服了;而我們天
天講「大題小作、小題大作」,上天下地找材料、寫文章,這些顯
然無法應付共產黨那些思想,所以似乎我們也當該有套對應的思想
才行。但是這一套思想也不是像孫悟空變把戲一樣,隨便就可以變
出來的。因此,後來傅先生就下令要台大的學生讀《孟子》,因為
《孟子》所講的道理還不錯。這就表示傅斯年先生當時有所覺悟,
但是已經晚了。現在各大學普遍都讀《四書》,但卻又成了八股;
作八股是一回事,而講解《孟子》又是另一回事,《孟子》也不是
很容易講解的。講解《孟子》,而且要使《孟子》中所講的道理能
在這個時代的生活中仍然起作用,使有些人仍然相信這個方向,這
也不是很容易的事。像這類的工作就不能期望文建會,而是要期望
從事教育、學術文化活動的人自己的覺醒,不要以為現在是天下太
平就可以馬馬虎虎過去了。因此理工學院的師生除了自己的專科以
外,也當該注意注意這些問題,而文法學院的師生就更當該注意這
些問題,所負的責任恐怕更重大些。文建會當該想想這類問題,不
要只是留心保存古董。當該在這方面多花些錢,多培養幾個人,想

辦法從事於表現這方面成績的工作；同時，推動這方面的工作，不要變成只是作八股文或者應付。在此，所提之「注意」，也不是一句話，要注意就可以注意，到底從何注意起呢？這必須有些書常常講，將其中關連的問題講清楚。這些問題不屬於那一門或那一個專題，也不是作一篇博士論文的題目就可以解答的。所以，有關這些文化性方面的書籍、文章要多寫多講。

上面提到的問題，也算是價值標準的問題，究竟該選馬克思主義呢？抑或是孔夫子呢？當第二次世界大戰結束時，就曾有一人寫了一部書，探討人們究竟該選馬克思主義呢？還是選擇耶穌？這是站在西方立場所發的問題；那麼我們也可以站在東方的立場問：究竟是選擇馬克思主義呢？還是相信孔夫子呢？共產黨所以能夠征服知識份子，完全靠他那套意識形態，也就是馬克思主義。馬克思主義為什麼那麼壞呢？我們總起來稱其為魔教、魔道，我們依什麼標準批判其為魔道呢？他是不是也可以反過來批評你也是魔？這種相對論調是不行的，因為我們之所以批判其為魔是有一定的標準的。什麼叫做魔？在宗教裡有個魔，叫做「撒旦」，撒旦在那裡是看不見的，因為它是屬於精神的（spiritual）。撒旦不是聲色貨利，聲色貨利的問題只要克己復禮即可解決，而且克這種己也不是很困難。但是克服撒旦這種魔，則極困難。魔指的就是「純粹的否定」（pure negation），凡是針對你正面的建樹而挖窟窿，這就叫做純粹的否定，亦即是魔。馬克思主義就是純粹的否定，因此純粹否定的結果，社會整個死掉了，而且也成了封閉的社會（close society）。

你不要以為共產黨也有許多主張，也肯定很多理論，那些都是

假的、過渡的，那只不過是對知識份子的宣傳、迷惑，而知識份子
也最容易受這種騙。我們要看穿馬克思主義的眞面目，也就是要找
出其最後的基本惡所在。共產黨的基本惡在於假藉「均等」的觀念
而發出怨妒、仇恨的惡。要求平均、平等這並不是壞事，它有其正
面意義，因爲要求均等可以是個文化競爭上的激勵，此亦即孟子所
說的「不恥不若人，何若人有」（《孟子·盡心》篇），這是就著
人之進德講的，此乃鼓勵人要有羞恥之心。羞惡之心，人皆有之，
好善惡惡，人皆有之。假定你不以比不過人爲恥，你這個人還有什
麼能比得過人家呢？你只有永遠往下墮落。孟子這句話是鼓勵人進
德修業，進德修業要靠自己有羞恥心，要發奮圖強，所以《論語》
中孔子亦講：「不憤不啓、不悱不發。」（〈述而〉篇）人必須要
有憤悱之心才能啓發之。這些都是求均等之正面意義，不會有壞的
影響。馬克思主義的基本觀念是要求均等，要求生活上的享受平
等；同樣是人，爲什麼我只能吃一個麵包，而你卻吃兩個？在某一
意義下，這也可以說是「不恥不若人」，只要努力，也可以達到一
樣的享受，這種要求也不見得有什麼壞處，也可以說是羞恥之向上
奮鬥。所以照康德講，這種要求均等的競爭，開始時於文化發展有
激勵作用，並不見得壞。要求互相均等，也不表示就沒有互愛，互
相競爭不一定就要互相敵對，仍可以作朋友，並不見得就否決了互
愛。可是到了後來出現一個怪現象：我比不過你，我不承認自己不
行，卻反過來也希望你不能比我好。此種禁止旁人比自己高、比自
己好，而不要求自己趕上人家，光是積恨仇視人家，就引生出基本
惡，這是不正常的心理順著求均等的觀念而引發出來之嫉妒仇恨。
這是康德所分析的基本惡，是屬於人性（humanity）的一種惡，這

種仇恨是很可怕的。當年，孫中山先生也說過馬克思主義是以恨為
出發點，這是泛泛地說，我們必須了解此處所說的恨到底指何而
言。共產黨所引出之怨妒仇恨，乃是假藉平等觀念而引發出來的。
所謂求均等乃是大家有相同平等的機會競爭，彼此奮發向上，並不
是表示我比不過你，那麼你也不能比我好，咱們大家要窮就一起
窮，一起往下拉，這在我們北方話就叫「一鍋爛」。康德稱此為
「魔鬼式的惡」（devilish evil），康德這種了解最具體，實在很了
不起，的確是大哲學家。而且那時候共產黨還沒出現，他就預測到
人性中有這種基本惡，並且由共產黨的種種表現也確實地證明了康
德對基本惡之了解的深刻。康德所說之魔鬼式的惡與平常所說的善
惡是不一樣的。

　　所以自由世界一切的價值標準，肯定知識、學問、道德、宗
教，就是要抵禦這個魔鬼式的惡，不但是靠講道德、講宗教，而且
要靠有真正的知識。在魔鬼式的惡中是沒有真正的知識，科學也不
會有。談知識也要靠有一種真誠（intellectual honesty），共產黨
所說的是純粹的否定，完全是策略，何必要有真誠？所以必須將此
魔鬼式的惡從根上消化一下，那麼中華民族就有救了，共產黨也就
不再存在了。這些惡均源自於共產黨所要求的均等性有問題，這個
問題必須仔細考慮，到底共產黨是處於什麼動機來講平等呢？這些
事實擺在眼前，這就是屬於文化建設的問題。這個時代，這個世
界，就在這些地方出紕漏。美國人對於這些問題並不很充分了解，
他們在那裡說風涼話，說天下太平，因為他們周圍還有原子彈保
護。歐洲也是靠美國的原子彈保護，假定原子彈不行了，歐洲馬上
就垮了。他們隔得很遠，感受到的壓力沒那麼強，但是台灣面對這

個問題則有迫切之感。但一般人分不清我們所處的立場，還站在美國人的立場談問題，對這種迫切之感並沒有很強的感受。因此，此時候談文化建設還是有其意義，也就是要探討如何重新建構（reconfirm）我們的價值標準，怎樣去徹底了解魔之所以爲魔，那麼其他的知識、科學或高度的現代化，如政治、經濟、道德、宗教才有意義，才有眞實的作用（real function）。要不然我們平常講的道德、宗教都沒有客觀妥效性（no objective validity），共產黨也可以反過來說：你們哲學都是反動的哲學，都是資產階級的哲學，都是很庸俗市儈的；而宗教則是鴉片煙、麻醉劑。這麼一來，我們所說的哲學就變成毫無意義和作用了。因此，文化建設必須從這些地方著眼，由此著手重新肯定自己是偉大的傳統（great tradition）。中國有自己的傳統，西方世界亦有其傳統，而共產黨所說的魔道就是要對這兩個大傳統完全的否定。

所以文化建設的工作，其重要性不在於建立文化中心、購買圖書，而是要重視文化事業，培養人才。培養人才並不需要很多經費，一個教授的薪水也不過三萬多，副教授的薪水還不到三萬塊，而講師也不過一萬多、兩萬塊錢，要培養幾個人才並不算太難，同時也不是少數幾個人出來寫幾篇文章就行了，而是必須有許多人一起努力來端正整個社會的方向。每一個從事學校教育的先生、學生們，要自己時常反省：要做學問就要老老實實地作學問，對於學問要有學問的眞誠；有學問的眞誠才能出科學家、哲學家以及文學家。假定我們這個地方能出幾個大哲學家、大科學家如牛頓、愛因斯坦，或出個大文學家如俄國的索忍尼津，那麼就能增加台灣存在的價值，這看起來似乎沒什麼，實際上卻能抵百萬大軍。我在此這

說這些話，並不是空話，實在是反省到我們此處的學術性仍然不夠，不管是專家性的學術或是智慧性的學術，兩方面都不夠。你以為天下太平，實際上，天下並不太平，將來的局勢還會很麻煩的。

說到最後，最近有些人談問題，是順著德國一位學者 Max Weber 的觀點談，Weber 曾寫了一本書叫《基督新教倫理與資本主義精神》，他說只有清教徒才能鼓勵資本主義的生產，這本書的影響很大。但有些人認為像日本、韓國、新加坡及台灣等地，都是儒教國家，還不都走上現代化，那麼五四運動時認為孔夫子之教妨礙科學、民主之說則沒什麼道理，所以必須重新考慮一下儒家精神與現代化的關係。前些日子余英時不是也講這個問題嗎？其實這些問題根本是多餘的，我們從來不認為孔教妨礙科學、民主，那些根本是五四運動時的瞎說，這種論點根本就不可靠。Max Weber 出來檢討基督教與資本主義的關係，照我看來這等於是作文章，既是作文章，到處都可以做。說基督教完全與西方資本主義的近代文明沒有關係，這似乎也很難說。如若不然，那麼基督教在西方文化佔什麼樣的地位呢？但你要說它一定有關係，肯定只有清教徒才能產生資本主義，照 Weber 的說法，改革的馬丁路德教派或天主教皆無法產生資本主義，這種講法恐怕也沒多大道理。我個人不以為這句話有什麼大道理，這就好比說儒家孔夫子一定與資本主義、近代化的自由經濟商業或是高度科技等一定有什麼關係，我也看不出它有什麼關係。但你說它一定沒有關係，那也很難說。所以，在此發生論點根本是不對題，不中肯的，不是本質的（essential）談法。討論問題不能這樣談的。假定認為儒家根本與科學、民主相衝突、相違反，那麼就變成了定命論；而我們如果走中國傳統的路，那麼就

永遠達不到民主科學，這是定命的不能到達。因此，我們要達到民主科學，那麼就非打倒儒家的老傳統不可。這是五四運動時的態度，這種態度根本是個錯誤。現在大家注意到亞洲幾個儒家傳統的社會也可以非常的現代化，所以大家都討論起這個問題。實際上，當年五四運動時的說法，不僅是荒謬，而且根本是錯誤，是毫無道理的說法。既是沒有道理，我們就不能把它當做一個真實的論點或一個真正的問題來討論，否則順此種說法談下去，說話就顯得枝蔓而不中肯。為什麼 Max Weber 說只有清教徒與資本主義有關係這種說法不中肯呢？因為照道理說，真正促使近代資本主義產生當屬工業革命，這是一般常識的了解；瓦特發明蒸汽機，這才是重要的。商人就是商人，商人能經商這是本事，像我就不能經商。既然經商做生意，那麼就要有內在固有的興趣（intrinsic interest），而且要有商人本身的一套技術。所以一般講資本主義的發生是從工業革命講起，沒有從馬丁路德、喀爾文那兒講起的。商業有商業本身的一套概念，道德也有其自身的一套規則，同時宗教也有其自身的一套，為什麼硬要將其拉上，認為它們彼此之間有一定的關係？所以，我看最近這幾年，許多人一直討論這個問題，我總覺得不太對，實際上這種談法也沒什麼道理可言。

　　真正妨礙資本主義的自由經濟的只有馬克思主義，只有共產黨，因為馬克思意識到資產階級，認為資產階級是反動，所以要革命。所以共產黨所走的路正好與資本主義相對，正好是 logically inconsistent，結果使社會成為封閉的、死的社會。而其他思想並不像共產黨這樣反對資本主義，好比儒家主要講道德人格的修養，講內聖同時即含著外王，這很顯明地並不妨礙資本主義的發展。正

德、利用、厚生根本就不否定經濟活動。即使是道家或佛教，也並不反對資本主義的經濟活動。道家雖主張小國寡民，但其最高之智慧也不否認現實世間的活動。商業活動是資本主義的經濟活動，是屬於世間活動，是世間必有的現象，沒有一個聖人能否定的，所以道家也講「和光同塵」（老子《道德經》第四章）。

　　至於佛教呢？大家都以爲佛教是出世的，實際上大乘佛教也不是出世的，世間與出世間根本打成一片。不過在大乘佛教處有兩個論點我要稍略提一提，請大家注意一下。第一、一定要在大乘佛教達到圓教的境界，才能充分地肯定世間活動，這就是天臺宗所說的「即九法界而成佛」。大乘佛教是不捨眾生，「有一眾生不成佛，我誓不成佛」，對一切世間法都肯定，這是大乘佛教共通的特點。然此雖是共通的特點，但在還未達到圓教時，這世間的一切法，也就是十法界法，不能夠有必然性的肯定，也就是這些法存在沒有必然性。別教所說的法都無必然性，必達到圓教，十法界法的存在才有必然性。第二、這個必然性就含著「色心不二」的必然性。「色心不二」這句話只有圓教才能肯定得住，別教都肯定不住。大乘佛教最終都期望能臻于色心不二，竺道生說是「法身無色」，這是初步的、第一階段的講法，不是最後的境界。照《大涅槃經》講法身是有色的，但既然是佛法身，即已出世涅槃，怎麼還有色呢？《大涅槃經》說佛法身有色的「色」與現實人生還未轉化的「色」是不一樣的；色的意義變了，所以佛法身還是有色。《大乘起信論》也講色心不二，但那是個綜和命題；色心可以合起來不二，也可以分開來爲二，所以是綜和命題，沒有必然性。到圓教才是眞正的色心不二，方便地說，這種色心不二就成了分析命題。一切法的存在必

須依靠色，沒有色就沒有法的存在；有法的存在才能講幸福，幸福是寄託在存在方面或自然方面。除了幸福、存在與自然以外，我們還有道德、目的的一面。所以康德講最高善是兩個王國——目的王國與自然王國——打成一片，這兩個王國合起來就叫做上帝的王國（kingdom of God）。目的王國講道德（virtue），自然王國則講幸福（happiness），幸福必須寄託在存在——physical body，幸福與否在現實人生上是沒有必然性的。順著以上之了解，即使是大乘佛教也要肯定經濟活動，那有不肯定經濟活動而可以成佛的呢？因為經濟活動已含在十法界法中。經濟活動是六道衆生中的人最重要的一個活動，是屬於存在方面的活動，因為人有自然的存在，就自然要求有生活、有經濟活動。不過，若順此就說大乘佛教一定積極地推動資本主義的活動，這種說法也很難說。就好像我開頭所說的，一定說儒家妨礙、否定資本主義固然沒什麼道理，但說儒家一定能積極的推動或助成資本主義活動也沒什麼道理。不過在此，儒家與佛教兩種態度並不太一樣，佛教的態度比較消極些，而儒家則比較積極些。佛教所以是比較消極的而又講色心不二，乃是指九法界法不妨礙我成佛；這好比資本家的經濟活動也不妨礙成佛，因此，我也就能就著這些活動而成佛。但此並不表示其能積極的創生或推動這些活動。而照儒家的講法，則是肯定這個世界，是積極的，它要改造這個世界，要創造這個世界，此即所謂「參天地，贊化育」。所以程伊川引《易經》上的話說：「敬以直內，義以方外」，「外」要靠義來「方」來「正」（rectify）。這個「外」不只是不妨礙，不合理的還是要正，沒有的使得它有，那麼它就帶創造性，這也就是儒家的積極態度。所以大家在討論儒家思想與資本

主義活動的關係時，不要膠著在儒家是不是妨礙了資本主義活動，而是應該時常反省到這是屬於中國文化發展的問題。中國文化需要有資本主義活動，若沒有，那麼就創造它；聖人並不否定這些東西，而這也正是我們文化發展的一個固有的目標，內在的目標。這是事實上的實然，而我們也按照我們義理的當然往前進，這是我們的基本態度，那麼其他一些現代化的問題在這個大方面下隨時都可以解決。

（本文乃由牟先生在74年6月30日之文化研討會中的演講錄音整理

而成。尤惠貞整理）

原載《中國文化月刊》第82期　1986年8月

人文思想與教育

　　關於人文教育這個問題，幾十年前就已經發生了，學校裡也常常關心這個問題。一般所說的人文教育指的是自然科學和人文科學這兩種學問的平衡的問題。

　　二次大戰後，美國也感覺到這個時代的學問分門別類，區分得太過瑣碎，所以就感覺到需要有實施「通識教育」的必要。因為學科分得太瑣碎，培養出來的都是些專家，反而對於基本的人生問題、時代問題缺乏了解。當然，這裡所說的時代問題和人生問題並不是籠統地說，最顯明的例子，當前世界的重要問題就是馬克思主義統治半個世界，如果知識分子都是些專家，對時代與個人生命的問題沒有切身的感受，則他們不能了解馬克思主義何以會統治半個世界，他們會以為即使統治了全人類，這於我又有什麼嚴重關係呢？因此，美國當時就感到人們需要有點通識教育才好。通識教育（general education），當初介紹到台灣來時是翻譯為通才教育。當時東海大學首先提倡這個觀念。那時我恰好在東海任教，大家當時就討論：何謂通才教育、如何實施等等的問題，經過好幾年也沒結果，到現在為止還繼續在討論，而且每個學校還是照樣實施，實施的結果究竟令人滿意與否，也沒有人知道。去年十二月，《聯合

報》有位記者來訪問我,又談起這個問題,所以我當時就隨意表示了一點意見,那些話就登在《聯合報》上,所談的就是通識教育的問題。也引起大家的注意,一般人也表示好像有這個同感。

因此,人文教育的實施在今天來說是很困難的。因為今天的學校教育,它的本質就是專家教育,不論講的是那一門學問,譬如物理、化學、數學固然是屬於專家的知識,就是一般人所說的人文科學,在學校當成一門知識,站在知識的立場上來講這套學問,它立刻就成為一個專家的知識,所培養出來的人都成了專家,而問題就在於當成了專家以後,越是專家越是不通,越是專家越是不識大體。所以要講通識教育,照我的直覺想起來,並不是在學校分門別類開課程的問題,學校是只培養專家而不培養通識的。什麼叫通識呢?有通識的人不一定有許多專精的知識,我們中國有一句現成的老話,就是「呂端大事不糊塗」,這句話的意思即代表一個通識。呂端這個人不一定有許多專門的知識,通識所指的就是這個問題。所以我們現在把通識教育安排在學校裡面,在本質上是有齟齬的。

那麼,人文思想從那個地方著眼?從什麼地方來講人文思想這個觀念?教育是使一個人如何能發展完成他的人格的道路。這就是教育的定義。但是,我們生長的這個時代,學校教育和以往的教育已經不同了,譬如說《禮記》裡〈大學〉這一篇就是對著古代太學講的,頭一句就說:「大學之道,在明明德,在新民,在止於至善。」今天我們心目中所要求的通識教育似乎應該套在「大學之道在明明德,在新民,在止於至善」這類意思上講,雖然我們現在所講的不一定完全依照著它講,但大體上不出這個規模。可是,現在的大學教育,有哪一門課程的內容講的是「明明德」,又哪一門課

程講的是「在新民」、「在止於至善」，這很成問題。現在的大學
教育重視分門別類知識的傳授，這種學校教育的傳統，嚴格說起
來，並不是中國古來的傳統；中國以往雖然也有小學，也有大學
（即所謂的太學），但和現在的學校教育的傳統不同。現在學校教
育的傳統，其實乃是西方希臘傳統，這個傳統我們名之曰「學
統」，其內容以分門別類的知識作主。人不能離開知識，也不能沒
有知識。每一個人是一個主體，一個主體生存在世界裡，不能不和
周圍的環境發生關係；和周圍的環境發生關係，就不能不和外物
（external object）發生關係。外物就是客體，就是對象。和對象
發生關係就會想到要了解對象，這是人發展其成為一個人所必不可
少的一環。

　　了解對象就是知識問題，所以培根（Bacon）的格言說：「知
識即是力量」（Knowledge is power）。知識為什麼是力量呢？因
為有了知識才能控制自然。如果想要控制自然，首先要認識自然，
了解自然。了解自然就是知識問題，這是人生最重要的一環。這一
環是任何人都不能反對的，也不能取消的。這一環的重要性大家都
知道，也就是時下一般人所指的科技問題。科學技術所代表的就是
知識。科技是很重要的，我們要求現代化，大家都知道現代化的這
一步就是科技化，是個很重要的觀念。嚴格說起來，要求這一步的
現代化並不十分困難，這是另一個問題，暫且不說它。現在只說人
要了解對象，成就知識。既然是屬於科技的問題，就是屬於自然科
學方面。那麼人文思想從那方面講呢？假如是從一般人所說的人文
科學和自然科學相平衡方面講，則這其實已經平衡了。也就是說，
作為科學來看，這已經科學化了，沒有所謂平衡不平衡的問題。在

我看來，這人文思想都是科技層面的問題。因此，若要真想講人文思想，則應該是另一個層次的問題，它不是自然科學和人文科學如何相平衡的問題，因為這個問題大家都會處理了。現在大家所想的事實上不是這個問題，譬如說今天我申論的主題是「人文思想與教育」，這裡所說的人文思想，依我的理解，已經不是和自然科學相平衡或是在同一層次上的科學問題了。因此，我簡單的表達我的意思如下：

　　了解對象，當成一個對象來了解的就成為知識，對象不止是自然現象而已，社會現象也是一個對象，研究社會現象就成為社會科學，社會科學也是一般人所說的人文科學，但是這種人文科學和我們這個時代所要求的「通識」，所要求的「人文思想」相同不相同呢？事實上是不相同的。如果說大家所要求的就是社會科學，那麼社會科學已經多得很，各大學都有，研究人員也很多，而且研究的人儘量使其科學化，動輒說所根據者是某某科學的觀點，已經向科學看齊，以科學為標準，並以模仿科學模式、以科學化為極則。但是一旦經過科學化，就不是我們所想的人文思想了。那麼人文思想究竟定在那裡呢？人文思想不是定在了解對象這個層次上，而是定在從對象上撤回來，回到自己，回到每個人當一個主體上。對象是客體，從對象上撤回，回到每個人身上，把每一個人自己當主體，人文思想當是定在主體性這裡。定在主體上是什麼意思呢？假如諸位想的是：我就把思想放在主體上，把主體當做一個了解的對象，那麼這個時候主體又變成了客體。研究這個主體有許多的學問，有心理學、生理學、人類學、生物學等等的學問，現在人動輒根據這些科學觀點來了解人，其實根據這些科學觀點所了解的主體，已經

不是人了，問題的發展就成了這麼一個弔詭的現象。當用上述各種
科學觀點來了解這個主體時，這時主體又轉成爲外在的客體了，主
體性立刻喪失了。因此，落在這裡講，只有和自然科學平頭並列的
社會科學，是沒有我們所要求的人文思想的。前面說人文思想要歸
到主體上來，這是什麼意思呢？就是簡單的一句話——要把人當人
看，千萬不要把人劃歸到什麼心理現象、生理現象、生物現象上來
了解，如果劃歸到這些現象上來看人，人就被看沒了。西方人從亞
理斯多德開始就對人下定義，說人是理性的動物，這個定義一般人
看起來是不錯的，其實這個定義沒道理，「人是理性的動物」已經
先把人劃到動物類裡面去，和動物同，人都沒有了。雖加上「理
性」這個限制，然這個限制究能彰顯人之多少價值性呢？人就是
人，要把人當人看才行，人文思想就是在這個地方著眼。但如此
講，仍是些空話，既然不根據心理學、人類學、生理學、生物學的
科學觀點講，要把人當人，回到主體上來，這裡面具體內容是什麼
呢？

　　把人當人，回到主體，關心人的問題，它的內容爲何？關連著
什麼問題？大體上可以如此講，把人當人看可以歸納爲兩方面來
看：一個是生命的永恆問題，一個是終極關心的問題。這是每個人
都會關心到的，所謂終極關心的問題是什麼呢？照西方的傳統說是
宗教問題、上帝的問題，這些問題都不在心理學裡，也不在人類
學、生理學和生物學裡，這些科學中沒有這種關心。除了終極的關
心外，一層層往下講，還有各階段的關心，一時是說不盡的。我這
裡根據中國的傳統講，不管是終極的關心或開始的關心，或是開始
到終極過程中的種種關心，不論是那一方面，它有一個中心，這個

中心就是「君子之道，造端乎夫婦，及其至也，察乎天地。」這句
話代表什麼意思呢？代表家庭，家庭是把人當人看，一切幸福薈萃
的地方，一切的信仰、學問因為有了這個核心而有意義；假如沒有
這個核心，一切的學問、一切的信仰都沒意義。最直接的就是幸
福，「死生有命，富貴在天」就是屬於幸福的問題，也就是中國人
所說的命的問題。這些命和幸福問題最後的關鍵在於家庭，家庭的
問題便是每個人所關切的。

現在正值文化轉折的時代，家庭問題在這兒便成為很重要的問
題，也就是說每個人關心自己幸福的問題。家庭在傳統社會中維繫
了幾千年，但是到了現代社會中出了問題，所以也影響每一個人做
人之道。對於自己的關心，人際的關懷，大體在這個時代都出了問
題，這是個很麻煩的時代。所以人文思想，首先不在於各種分門別
類的各種學科之內。因此，掌管教育的人應該在這方面多用點心
思，多講講話。這些話不在課程之中，在現有的課程中是找不出來
的。從這個核心還可以牽連好多的問題，都是和個人切身有關的。

然而生在這個時代，個人最切身的問題尚不止是家庭問題而
已。這個時代最切身的還有一個大威脅，就是馬克思主義、共產主
義統治半個世界的問題。在中國而言，是統治整個的中國大陸，要
不然為什麼大家要離鄉背井，要逃難呢？這也是應該關心的重要問
題啊！這問題是什麼問題呢？這個問題也不在自然科學社會科學裡
面，所以現在的人不能了解共產黨究竟是什麼？打哪兒來的？依照
中國文化的傳統，中國怎麼會被馬克思主義所統治呢？這真是不可
思議的事，但這卻是個事實，大陸在共產主義統治下總是個事實，
為什麼會淪落到這個地步呢？這也是每個人最切身關心的問題。這

種問題是屬於人文思想的，不屬於一般所說的和自然科學平列的那個人文科學。一般所說的人文科學不能了解個人問題，不能了解生命方向的問題，也無法了解我們處在這個時代為什麼逃難的問題，也就是說它不能了解共產主義，不能了解馬克思主義今天為什麼能統治中國大陸的問題。共產主義何以能發出如許的魅力，統治半個世界？這類的問題就是屬於人文思想。這是時代的悲劇，而我們所要求的人文思想正是指的這些思想。譬如說念數學的人主要的對象是數，這裡面沒有馬克思主義；研究物理學的人，他的研究對象是原子、電子，原子和電子並不含有馬克思主義啊；研究生物學的人研究小昆蟲，小昆蟲裡也沒有馬克思主義；研究社會科學的人也一樣，社會科學中談什麼社會學、社會型態學等等，社會型態學把台灣當成是一個社會型態，大陸也是一個社會型態，平等視之就可以加以研究。所以我常有一個非常痛切的感覺，當念社會科學的人抱持著這種態度，說大陸上也是個社會型態，也可以去研究它。當說這種話時，這種態度就是科學的態度，在這裡，科學的態度就是一種很令人可悲的一種態度。而當有人說要以社會科學的態度來研究大陸上的社會型態時，毛澤東可以在後邊嗤之以鼻地恥笑他：「這社會型態是從哪裡來的呢？是我毛澤東一手造成的。我在這兒創造，你們這些當教授的人在那兒放馬後砲，在那兒做研究。」所以我說人文思想是很難在和自然科學並列的社會科學的關連之下講的。

我們現在講的是人文思想，是通識教育的問題。通識教育是個教養問題，屬於個人的問題。要教養一個人發展完成他自己的人格，固然不能離開知識，但也不止是知識。要注意這句話，開始時

我就說過，我並不反對科學，知識是人生極重要的一環，但是人之為人，發展自己的人格，完成自己為一個人，關心自己的生命問題，關心自己處在這個時代為什麼要逃難？就不止是個知識的問題。當然了解這些問題需要有知識，但是有許多專精知識的專家對這些問題一樣不能了解，一樣的糊塗，這又是算什麼呢？幾年前，在美國有個很有名的歷史學家何炳棣，他原來是最反共的，後來去了大陸，出來時路過香港，說了一些沒有良心的話，他說：「人要求自由，自由是資產階級的奢侈品。」這種歷史專家有什麼用呢？自由怎麼能是奢侈品呢？這就是人文思想的問題，而不是自然科學、社會科學平衡的問題。還有一個例子，在美國有一個很有名的邏輯學家王浩，聯大畢業，是個很有名的邏輯學家，按理說這樣一個成名的邏輯學家說話不應該隨便亂說的；他說什麼叫自由呢？自由在現實上是沒有的，肚子餓了要吃麵包；演講的時候要靠擴音器，假如沒有擴音器，大家就聽不到我所說的是什麼，因為我的聲音不夠大，我演講的活動就要受到擴音器聲音高低的制約，既然是受條件制約的，我哪有自由呢？所以要求自由是多餘的，是過分的。一個成名的邏輯學家，在美國受了自由民主多年的教育薰陶，竟然說得出這種話來？這種知識分子有什麼用呢？這種人有專家的知識，但沒有通識，這就是缺乏人文思想。

所以講人文思想必須對於自己的生命及自己生命的發展，所受的挫折、阻礙要有關切，才能了解這個時代，也才能了解自己。如果對於這兩方面不能了解，就不是我們這個時代所需要的人文思想。這只是籠統的說，在這個大原則之下，我們這個時代的年輕人、中年人、老年人都把自己當一個人看，當一個主體看。而所關

心的問題各時代不同，這個時代當然和以往不同，在老的社會裡有青年人的問題，也有中年人的問題，也有老年人的問題，這個時代亦復如此，但都不像老的社會那麼簡單，而意思還是相通的。我在開頭時說的：「大學之道，在明明德，在新民，在止於至善。」這才是眞正人文思想的典型、標準。古時候的教育是如此，而我們現在所處的時代的教育沒有一門學問所講的是明明德，也沒有一門學問講的是新民、止於至善，因此就成了這個時代的問題。所以大家可以對照一下，仔細想想，我們是否只要知識？需要不需要另一方面的教養？是否只需要科技呢？這時候，大家就要靜下來想一想，想想看：若不止是需要科技，那還需要什麼呢？這時候便有一份責任，這個責任就是實施通識教育，人文思想的教育。至於如何來進行，是否可以用學校裡開列課程的方式來實施，我很懷疑。但我也不能肯定的說有什麼更好的辦法。不過我自己有個直覺，認爲通識教育是個人的教養問題，教養問題也就是所謂的教化，也就是《中庸》裡面所說的「天命之謂性，率性之謂道，修道之謂教。」的教；《大學》所說的「在明明德，在新民，在止於至善。」還是個教化的問題；這個教養教化的問題在老的社會裡太學制度是相互配合的，但是現在社會不同，而學校制度又不復是當年的太學制度，所以如何能保存得住是相當困難的。所以我才說教養問題完全是屬於個人的問題。一個人有沒有通識，糊塗不糊塗，識大體不識大體，這是個人教養的問題。徒有許多的專門知識，百科全書的知識仍然不能識大體，仍然沒有通識。這個時代教育的問題就是如此，這話也許有點兒洩氣、悲觀，但我想不出有什麼更好的辦法可以在大學裡開課程來實施通識教育。我就提供這個意思給大家參考。

（莊耀郎記錄）

原載《聯合報》　　1986年10月10日

「唐君毅先生逝世十週年紀念會」講辭

各位先生：

最近身體不很好，聲音發不出來，講話很辛苦。但今天中央大學很誠懇地舉辦這一個紀念會，我既在台北，是不能不勉為其難講幾句話的。

剛才主席提到十年前我紀念唐先生的一句話，說唐先生是「文化意識宇宙中的巨人」。這個「文化意識宇宙」是由孔、孟上承夏、商、周三代損益的政規道揆，點之以仁敎，而開發出的。後來經由宋明理學家加以宏揚紹述，在明清之際，又由顧、黃、王的努力，使之更為彰明昭著。我們之所以稱顧、黃、王為明末三大儒，「大儒」的意思是指他們能在歷史（轉關）的時候，將這個「文化意識宇宙」表彰得宏大透闢。我們眼前這個時代，正好又是歷史發展中一個重要的轉變時期，出現了民族文化的絕續問題。照理說，這應當是個容易使人接觸到「文化意識宇宙」的時候，然而自辛亥革命以來，直至共產主義之征服大陸，卻表示這個時候正是知識分子文化意識低沈式微的時候——式微而至共產黨之橫決便是文化意識宇宙之滅絕。三十八年後，針對共黨之災難重新反省中國文化而

能充分意識到這個文化意識宇宙者，莫若唐君毅先生，他弘揚得最多最明透。

唐先生之前，當然有他的前驅。「莫爲之前，雖美而不彰；莫爲之後，雖盛而不傳」，這是韓退之的名言。唐先生直接的老師是熊十力先生，熊先生的同調則有馬一浮先生和梁漱溟先生。這三個人可以說是此時代「文化意識宇宙」豁醒之前驅。而三人之中，梁先生的文化意識嚴格講是不很夠的，所謂不很夠的意思是不很合乎孔、孟所開的規格。因爲他缺乏縱貫意識，其表現偏於橫剖面的意識，所以後來專注重在像鄉村建設那種社會運動；但各位可以看出，即使是他的鄉村建設對這個時代問題的解答也是不對題的，可見梁先生對時代問題的了解不切。而在縱貫方面，對中國歷史文化傳統，即對文化意識宇宙的繼承開創與發揚之了解更嫌不足。再說馬一浮先生，他是熊先生最好的朋友，但是馬先生的文化意識強度仍然不夠，因爲這個人的名士氣太重，他一生住在西湖，會作詩、刻圖章、寫字，又好談禪，但是他的禪並不是佛弟子的修行禪，而乃是名士禪。禪宗本不是要人做名士，禪宗爲的是成佛作祖，它依然是佛教精神。禪不能獨立地講。獨立地講，像名士禪、文士禪，這都是妄談禪！尤其馬先生不出來講學，「講學的熱情不夠」，這是他自己說的話；他或許比熊先生博洽多聞，但只在這一點，他就不及熊先生。講學的宏願不足，根本上就缺乏儒家精神，儒家的精神是悲天憫人，要有宏情大願，而馬一浮先生不肯講學，這也是很令人遺憾的。梁、馬這兩人是和熊先生同調的，在大方向說，都可以說是儒家，但嚴格講，具有眞見識、眞骨力，對唐先生之「文化意識宇宙」又有直接感發力影響力的是熊十力先生。因爲熊先生的

文化意識特別強，他對歷史、種族、國家的關切特別深，而講學的
悲願又特別大，這都不是其他諸前輩所能比得上的。

　　到唐先生出來，就根據了這個強烈的文化意識進一步作了更為
廣大而真切的弘揚，所以我說到唐先生的生命事業，總括地稱之為
「文化意識宇宙中的巨人」。唐先生對中國文化的了解和把握是很
純粹的，開拓得也很廣博，當世無人能比。

　　說到這個「文化意識宇宙」，它不是科學宇宙而超過科學，不
是哲學宇宙而超過哲學，也不是任何宗教意識，而超過任何特定宗
教。人類理性的任何學問、任何活動，都要以之為本，都要從這宇
宙中生發出來，受此宇宙之評判肯定，才有真正的價值。無論你講
學問、宗教，講得多高多遠，都在此宇宙之函攝中。因為這個宇宙
是本於人性發為人文，是人類理性開發之源，是「人文化成」之
本，是一切價值判斷的標準。這個宇宙便是中國文化傳統的核心，
最精要的一點。它在長期歷史中與各時代相出入、相提攜、相委
蛇，有時是昭顯，有時是闇昧，而各時代之陳迹往矣，它卻終古而
常存。然而因為它與時代結不解緣，人們只見迹而不見本，所以對
于它的把握是很難的，尤其在目前這個時代更難。

　　自從明朝亡國，清朝兩百餘年對中華民族的發展影響非常大，
所謂「民族生命受挫折，文化生命必受委屈」。文化生命受委屈，
則文化意識宇宙漸次萎縮，社會上一天天漸漸地不能了解，一直不
了解到辛亥革命以後，天天自己來毀壞糟蹋，來糟蹋的最後結果是
共產黨出現。所以唐先生有一篇很感人的文章，叫做〈說中華民族
之花果飄零〉。為什麼中華民族會花果飄零呢？大陸上的人口不是
一天天的多嗎？多到現在是十億人口又有什麼用呢？中華民族依然

不免於花果飄零。說花果飄零並不是唐先生主觀的感慨，你若真懂得唐先生的意思，你就會知道，花果飄零是一個事實，一個很令人悲痛的事實！

　　造成中華民族花果飄零的原因是什麼呢？最根本的原因就是共產黨的出現。共產黨為什麼有這樣大的本事，把中華民族這麼多人弄成這個局面呢？就憑他能徹底毀壞我們的文化意識傳統——拿馬克思主義、列寧主義來糟蹋中國文化，糟蹋的極點是文化大革命。共產黨出現已經就不祥了，共產黨之中又出現文化大革命，更是不祥中的大不祥。中華文化受到這麼大的破滅，中華民族焉得不花果飄零！

　　大家現在都知道了，甚至鄧小平也知道要反對毛澤東，但反對是反對，他畢竟還是共產黨呀！他還要四個堅持，他的祖宗還是馬、恩、列、史，提到中國文化，就是一聲「封建」！這不是太無理了嗎？但現在中華民族子孫無論海內外有幾個人能從「封建」這一個口號中解脫出來呢？我且說一個故事來證明這一點：徐復觀先生在世時，廖承志曾到香港對他做統戰工作。徐先生畢竟是精明的，他反過來問廖承志說：「你們以前對中國文化糟蹋得這麼厲害，現在已經知道要反毛澤東、四人幫了，為什麼不把中國傳統文化仔細再講一點呢？」廖承志卻回答說：「中國傳統已經夠封建了，你為什麼還叫我們講中國文化呢？」他不知道中國文化是在人情人性之常道中有曲折搖擺的表現，並不如一般人所了解的封建。若照廖承志所說的封建來了解，最封建的是毛澤東，古今中外沒有像共產黨那樣封建的了。中國古時像夏、商、周有封建，那是在特定的歷史背景下產生的，有它政治上正面的價值，即封侯建國是；

並不是專想整人的。以往任何朝代亦無專想整人的。眞正成爲專想整人迫害人民的封建，是從共產黨開始的。去年鄧小平居然也在曲阜那裏開孔學會議，像他們那種心態，怎能了解孔子呢？至多只不過根據唯物論再把孔子曲扭一番而已！中國文化在那裏呢？天安門上掛的是馬、恩、列、史的畫像，請問他們四個那一個是中國人呢？這樣對得起列祖列宗嗎？這樣的民族焉得不花果飄零！這樣大的罪業誰來承擔呢？

　　前幾天我看到有一個人在報上寫文章，提到一個觀念，大意說：大陸淪陷是誰的罪過呢？國民黨有罪，大陸上的人有罪，而台灣人無罪，爲什麼要台灣人擔負反共的責任呢？目下這種論調多得很，說得振振有詞。其實，這是不成話的論調。民族、時代的災難是一種共業，說有罪，大家都有罪。當然國民黨不能說沒有罪，假使國民黨做得好一點，共產黨起不來。共產黨跑到延安，本來可以甕中捉鼈，一舉殲滅，但爲什麼功敗垂成？這責任便又可追到發動西安事變的張學良、楊虎城身上，在那種重要關頭其實是不能用張學良駐西安剿共的。張學良本人沒有問題，但他的部下是東北軍，他們的家是在松花江上，他們念家想家，切齒痛恨日本。所以張學良開始用一師軍隊打延安，根本沒開仗，被共產黨用楚歌心戰，一下子把軍心瓦解，全師投降。這樣子，這內戰還能打下去嗎？於是他發動政變，致使國民黨腳步錯亂。但仔細想來，如果只是走了一兩步錯著，共產黨應也不致像猛虎出柙一般發展迅速。那麼造成共產黨肆意坐大的最根本因素是什麼呢？

　　毛澤東在取得政權後，日本曾派使節來中國對他們以前侵略中國之事表示道歉，毛澤東卻客氣得很，他說：「何必道歉，假若不

是你們拚命來打中國，我們共產黨也起不來，所以，我還要感謝你們呢！」後來鄧小平也是這種心態，他曾答覆日本官員說：「你們雖然殺了很多中國人，有點對不起我們，但我們也有對不起你們的地方，就是我們不應該將漢字和儒教傳給你們。」你聽聽，這是不是混帳！堂堂一個當權的人居然公開說這種話。這種話能說出口嗎？而他們說了，而且這才是他們的良心話！我說這兩個故事要表示什麼意思呢？我的意思是要大家想想：為什麼毛澤東、鄧小平敢於這樣肆無忌憚，說這樣非人的話？因為在他們腦子裡，共產主義是來救世的，為了共產主義犧牲是不足惜的，而中國文化根本是反動的，這個反動不僅禍害中國，也禍害所有中國文化流傳的地方，所以非要打倒不可，不只是中國人要自己把它剷除掉，還要對別人道歉！然而到底他們仗著什麼能這樣想，敢這樣講呢？老實說，就是仗著知識分子的左傾，因為有全國的知識分子在支持他們。民國十七年以後，全國的知識分子整個瘋狂，我是首當其衝，生逢其時。我這幾十年左思右想，怪來怪去，最後才知道共產黨征服大陸使民族花果飄零，完全是知識分子的罪業！但一旦他把政權拿去了，那就很麻煩了，他胡鬧，而自以為是替天行道，你拿他沒辦法！

　　大陸淪陷了，沒有了，現在海外唯一的寄託是在台灣；不僅是中國的希望、文化承續的希望在台灣，大陸上十億人（除了頑固的共產黨外），尤其是那些覺悟了的年青知識分子，他們的希望還是放在台灣。這個事實，我介紹大家看看一月三十日那天《聯合報》副刊登載的杜維明在美國和大陸上留學哈佛的幾個年青人座談的紀錄，就可以知道大陸上年青人想些什麼，嚮往那裡。大陸上共產黨

已經發生所謂信心危機，很少人再有當年左傾的狂熱，覺悟了的人已經知道大陸的希望在台灣。首先他們認為大陸經濟已漸漸在學台灣。但假使台灣可模仿的只是經濟，共產黨還有退路可走，他可以說：「你只能發展經濟，你的政治也不能現代化呀！」於是他還有藉口來維持他的堅持，所以台灣眼前的局面，是一個很重要的轉捩點，蔣故總統經國先生最近幾年的開放是很有意義的——就是使國民黨從一個領導革命建國的革命黨漸漸變成一個實行憲政的民主政黨；自覺地讓開一步，從創造的領導轉成共在的競爭。憑藉著經濟的成就基礎，走向民主自由，再也沒有人可以擋得住。那些年青人就注意到這一點，他們很希望台灣在下一步能走得好，走得成。若走得成，則對大陸是一個很大的刺激。

　　大陸這些知識分子都覺悟到國民黨以前雖然所謂一黨獨大，其形態類似專政，但國民黨的專政並不是他的本質，他在辛亥革命時是革命黨，孫中山先生定下建國的步驟是軍政、訓政、憲政，在軍政、訓政時期，顯獨裁相，但這可以說是一種方便。國民黨談到這個地方也很客氣，說是「臨時」、「暫時」，表示這不是他的本質，表示他的歸趨還是在憲政，這樣便好辦。而共產黨就不這樣客氣了，他說不管你怎樣的民主，都是第三階級的民主，在他看來都是精神污染。他的專制是理直氣壯，他一黨專政是先天真理，這就可怕得很了。所以現在他的社會基礎動搖了，四個堅持還是不肯放手，所以青年人只好把希望放在台灣，他們希望台灣走得好來影響大陸。我認為他們的看法很對，他們從文化大革命的迫害中覺醒出來，對大陸，對台灣，對整個中國有實感。反觀台灣的人，和大陸隔了三十多年，老一輩的人對反共有實感，年青人就沒有實感了，

問題便顯得很嚴重。

這樣一來，唐先生所念念不忘的中國原有的文化意識宇宙什麼時候能具體落實呈現呢？所謂「有文事者必有武備」，文化意識必要求實現於具體活動中，具體活動最顯明的就是經濟和政治。經濟的現代化，先富後教，足食足兵；政治的現代化，人人各得其所，各盡其能。這是中國文化意識宇宙發展中所肯定而且必然要求的一步。但中國文化意識中，卻絕不可能證成馬列主義，馬列主義根本上是與這個文化意識相矛盾相衝突的。在這個立場，我們幾個沒有參加實際政經活動的人，反而是旁觀者清，而且始終把握這一個尺度，做一個標準。所以一直都很自覺很清楚地宏揚文化意識，對抗共產黨的魔道。

但是在台灣，能本著這種文化意識來要求現代化之必期達成的力量有多強呢？實際從事政治經濟活動的人所作的只是一種「工作」（work），常為實際工作底功利心所限，他們不知道這些工作背後必須有一個「胎胞」、「氛圍」（atmosphere）來保育它，涵濡它；這即是文化的胎胞，如魚之必在水中生活，不管我們自覺不自覺，空氣在我們之外，也在我們之內。這裡所謂空氣和水就譬喻人生活動中的文化，莊子所謂「魚相忘於江湖，人相忘於道術。」，文化就是莊子所說的「道術」，它是看不見的，虛的一層。文化胎胞是永遠超越於社會之上也永遠內在於社會之中的，它隨時對於社會對歷史起作用。失去了水，魚就要相濡以沫；失去了文化胎胞，時代便有問題。但這是虛的一層，很難了解。這個時代更少人了解，大陸固不了解，台灣也不一定了解。沒有文化意識，民族就免不了飄零。

　　我們什麼時候才能把這個文化意識豁醒起來呢？什麼時候能本著中國文化的要求完成統一建國的事業呢？大陸上馬、恩、列、史是魔道，根本與此衝突，台灣的現代化要做得成，要發揮大作用，也需要靠一個文化意識做動力，這一點不清楚，則建國就沒有保障。在台灣，依舊不能重視這個文化意識，因而不能了解現實工作底文化背景之重要，依舊不了解作為文化意識宇宙的孔、孟之道之重要。不了解孔、孟之道之重要的人不只是唸科技學電腦的人，文化界學術界也是一樣。譬如一般人都知道亞洲有所謂四條小龍，這四個地方基本上都屬儒家文化，西方人注意及此，於是有「儒教文化並不一定妨礙現代化」的看法，洋人一如此說，促醒中國人重新回頭來自我反省，原初說非打倒孔家店不可的，現在可要改口了。四條小龍都不屬基督教文化，也一樣能現代化，所以有人肯定儒教傳統的地區或國家一樣可以現代化。但我們的中央研究院院長吳大猷先生卻首先起來聲明：台灣現代化與儒教沒關係！其實有關係沒關係也不是三言兩語可以說得清的，但有些人就唯恐傳統文化沾上一點好處！以前一切毛病都要孔子來承當，現在有一點好處，趕快起來聲明與孔子無關。這作為中國聖人的孔子也太難乎其為聖人矣！其實孔子本人無所謂，問題是在這些人根本無文化意識。說基督教傳統開近代文明，並不是說耶穌本人有助于科學與民主，更不是說耶穌教義可以產生資本主義。本來，做實際工作的人對文化意識層的重要性不能十分瞭解，我們可以諒解，因為人不是萬能。這要靠學術工作者來護持，而學術界到現在還是這樣，那麼，這個文化意識宇宙何時才能重新凝聚起來做為我們行動的胎胞呢？

　　自從蔣經國先生過世，台灣處在一個時代的轉關上，這關鍵是

什麼呢？我用簡單的兩句話來表示，即是：台灣看李登輝總統領導的國民黨如何來頂，大陸就看共產黨如何來變──台灣能頂得好，頂得住，順民族文化的要求方向，一方面配合經濟的成就充分完成民主憲政，給大陸做個模範，催促它變；一方面要放開眼界，對大陸有所承擔有所承諾，那怕是口頭上的承諾，不要忘了復國建國，以自由民主統一中國，這個方向是文化意識所要求的。不但是台灣要有這樣的眼光氣魄，即使大陸上的十億人口也都如此期待，這是不可推卸逃避的使命。這兩方面都做得好，則我們影響大陸，促成他的改變，不只是改革經濟，而且使他必然地要放棄他的意識型態，改變他的政治體制，使馬克思主義完全垮台；馬克思主義一垮台，不統一也算統一了。要不然，憑什麼統一呢？你一放棄自己的擔當，就注定要被吃掉。從來沒有人能跟共產黨和談，他不放棄四個堅持，所謂和談就是他把你吃掉。所以我常說若台灣大陸要和談，則非共產黨降格不可，所謂降格就是拿掉他的一黨專政四個堅持。他不僅要經濟學台灣，而且政治亦要學台灣，學得大家的生活水準生活方式差不多了，當然可以統一，那時談也可，不談也可，本來就是一個中國！這個願望能否達成，是一個未知數，要靠未來台灣的努力。中國若走向這樣的統一，則便是唐先生所念念不忘的那個文化意識宇宙在中國土地上具體的實現，也就是說文化意識與民族生命一起都條達暢順，如是，則中華民族才能免於飄零。

　　假定台灣不能認清這個文化方向，政治不走向民主憲政，對中國大陸不肯有所承擔，譬如說，想要獨立、自決，「獨立」如果真能「獨」而「立得住」，倒還可說；但到「獨」而不能「立得住」的時候，則很悲慘。怎樣才能「立得住」呢？縱貫地說，要和文化

掛鉤，要和歷史掛鉤，要繼承中華民國的正朔，以穩住自己的立場。橫的方面，要知道全中國十億人口都屬於中華民族，都要求統一。若既不和歷史掛鉤，又不和中國大陸廣大群眾掛鉤，則「獨」是「獨」了，但只成一「前不見古人，後不見來者，念天地之悠悠，獨愴然而涕下。」的孤獨的「獨」，這就不是「立」，而是飄零。自己立不起來，寄望他國來保駕，都是靠不住的。（獨不獨是一時的事實問題，不是道理的應當不應當的問題。）

現實上每一部門的實際行政我雖然不能很了解，但這個文化方向卻是判斷現實的一個標竿。文化方向把不住，時代歷史的方向也就起動盪。台灣的政經工作大體不錯，但文化意識卻差，誰能保障中國往那裡走呢？唐先生和我寫那麼多文章來宏揚中國文化，有誰來支持我們呢？共產黨天天罵我們猶可說，而台灣也有人來罵。新亞在香港成立以來，世界上無論歐美，都對新亞另眼相看，有相當敬意。但中國人卻不斷的罵，大陸是因為馬、恩、列、史的問題，而台灣是因為宗教問題；共產黨罵我們是理所當然的，而台灣信教的人也罵我們，則我們覺得很難過。我們從未反對人的信教自由，我們反對的是因信洋教而斬斷與自己的文化與國族之關連，或是那些用宗教來篡竊歪曲中國文化。有些宗教徒，不好好傳他所信的教，好好講他自己擅長的神學，而要爭取講中國文化，爭取講《四書》，講老子，講中國哲學史，而他們講來講去，一定把中國文化套在他的上帝上去講，反正把中國文化講得低一格或一文不值，他們的目的就達到。我們的政府、社會為什麼不在這裡注意一下呢？請看支持台獨的是那些人呢？反共從何反起呢？

共產黨的問題，是意識型態的問題，共產黨不是一個普通的政

治團體，它簡直是一種新宗教，是個魔，他所宣揚的那套意識型態和世界任何思想都不一樣，尤其直接與中國文化相衝突。所以這個時代固是文化問題，但從某方面說也是個哲學時代，這些哲學問題是由共產黨挑起來的。抗戰時期，陳立夫先生作教育部長，他想講一套來對付共產黨，共產黨講唯物論、唯物史觀，他就講唯生論、唯生史觀。結果唯物論、唯物史觀有力量而征服了知識分子的頭腦，而唯生論、唯生史觀卻無人理會。可見意識型態不是隨便可以造的。

哲學的問題，要用哲學來對付，而我們中央研究院到現在還沒有哲學研究所。國民黨在這種關節上還不如共產黨。共產黨的科學院仿自蘇聯，是依照萊布尼茲的設計而建立的，其中不管西洋哲學、中國哲學，研究的單位齊全得很，而我們連一個也沒有。中央研究院當初蔡元培先生設計時本有哲學研究所，到要成立時，被胡適之取消了，到現在不能恢復，一個國家最高學術機構而沒有哲學研究所，這能說得過去嗎？國民黨天天說要復興文化，請問文化在那裡？只是空名罷了！這樣一來，你怎能埋怨一些激烈不自愛的台灣人不向中國認同呢？你說中國，中國在那裡呢？我認同誰呢？大陸上馬、恩、列、史是嗎？台灣的經濟政治就能代表中國嗎？

本來，台灣人就是中國人，不僅是中國人，而且可以指出來是福建人，是客家人，而且是漢人；本來就是中國人，誰還說要認同？這個名詞根本就不通，我們山東人從來不說山東人要向中國認同。問題就出在這裡，你文化意識把不住，中國在那裡都成問題，要認同也無從認同起。誰負起歷史責任？這樣，中華民族飄零，要飄零到什麼時候呢？

　　所以我說這是一個重要的關鍵，中國的前途要看台灣頂得如
何。頂得好，可以對大陸有影響，促成他變；頂不好，終被吃掉。
共產黨那有客氣的？他怎麼會隨便放棄你？世界上被共產黨盯上的
國家有幾個不被吃掉的？共產黨奪得政權的國家又有那個垮掉的？
這是可怕的事實。你不好好頂住，想辦法對他發生作用，改變他，
到時候，他反過來把你吃掉，你往那裡獨立？我說的是老實話。

　　唐先生一生的奮鬥就是在宏揚這個文化意識，他最終的期望就
是這個文化意識終能具體地實現出來，他老早就為中華民族如何免
於花果飄零指出了坦途。

　　我的講話到此為止。最後我說兩句話，希望大家注意：一個國
家一方有憲法所構成的政治國體，一方也需要有文化意識所構成的
文化國體。此兩者一虛一實：政治國體是實，文化國體是虛。虛以
控實，實以載虛。

（王財貴整理）

原載《鵝湖月刊》第13卷第10期　　1988年4月

我所認識的梁漱溟先生

透過熊十力先生認識梁漱溟

我和梁漱溟先生不是很熟悉，在台灣可能還有一、二位他的學生對他了解得多一些，但所了解的不一定深刻；晚一輩的學者中，我的朋友唐君毅先生，大概最能深入地了解他，因爲他們的生命形態比較能相應。梁先生比我大十多歲，他和熊十力先生很熟悉，所以我透過熊先生，對梁先生的學問與人格，多少也清楚一點。

我是在梁先生於重慶北碚金剛碑創辦「勉仁學院」時（民國三十七年）認識他的。「勉仁」是梁先生的書齋名，取儒家「勉於行仁」的意義，先前也以「勉仁」辦了一所中學。

那時梁先生正熱中於政治、社會及鄉村建設的活動，很少留在學院，一應校務都靠學生輩維持推行。爲了尋求一位精通國學的老先生授課，便找上了熊十力先生至學院任教。我就是經由熊先生的介紹而認識梁先生的。

熊先生在「勉仁學院」教授，深獲學生尊敬，但是在精神上則未必相契合。熊先生有自己的願望，就是講學；而對建學一點興趣

也沒有，所以就找了我去。我是在建學以後去的，在那裏待了一年多，所以對梁先生也有一些了解。

成一家之言的《東西文化及其哲學》

他是個了不起的人物，從性情、智慧、個人人格各方面來講，在這種時代，要找這種人，已經不太容易了。他的議論不管是對是錯，都有眞知灼見。他和一般社會上的名人、名流不同，像胡適之、梁任公等「時代名流」，沒有一個超過他的。他對中國有極深的關懷，平生所志都在爲中國未來的發展尋出一條恰當的途徑，例如「鄉村建設運動」，就是梁先生思想見之於行動的具體表現，不只是講說學問而已。

「鄉村建設」的實踐，就他思想的淵源來看，可以約略歸納爲兩個階段。第一個階段可以《東西文化及其哲學》這本書爲代表。

這本書是梁先生應王鴻一之邀，在山東以「東西文化及其哲學」爲題的演講詞合輯成書的（民國十五年）。那時他還很年輕，才三十歲不到。這是當時非常了不起的一本著作，思考力非常強，自成一家之言，不是東拉西扯，左拼右湊抄出來的，而是一條主脈貫串而下，像螺絲釘鑽縫入幾的深造自得之作，可說是第一流的。

梁先生沒出過洋，又不是什麼翰林學士，但一樣可以講中西文化問題；黑格爾沒到過中國，也不認識中國字，但到現在爲止，講中西文化問題的，沒有一個超過黑格爾的，誰能夠像黑格爾了解到那種程度的？這就是哲學家的本事了。梁先生講中西文化，完全出自於他對時代的體認及民族的情感，而這又是承續自他家庭中關心

國事的傳統。

梁先生的父親梁濟（巨川），在民國七年時，爲抗議象徵著固有文化的清朝之滅亡，而自殺身亡。這是一個時代的問題，也是梁先生格外關注的文化問題。

究竟，中國文化該何去何從？

中國文化何去何從

中國文化在滿清統治了三百年之後，從辛亥革命到現在，一直難以步上正軌，而源始於十七、八、九世紀近代文明的西方文化，就擺在眼前，應該如何作個抉擇？

中西文化各具有不同的「理性方向」（趨向），一是「技術（工具）理性」，一是「方向理性」。「技術理性」不能決定生命的方向，所以在此之外，必須有「方向理性」，來決定生命往那兒走；是佛敎？天主敎？是共產制度？還是自由經濟？這是由「方向理性」所決定的。中國文化基本上就與西方文化不同，有其獨特的原理及結果，故梁先生一直企圖從中國的傳統中開出未來中國文化的道路，這就開始了第二階段——「鄉村建設運動」的具體工作。

他主張英、美自由民主和蘇聯社會主義在中國是行不通的，中國以農立國，故唯一的出路就在鄉村建設。蘇聯的那一套統治了中國四十年，現在連鄧小平也不得不承認沒有成功，反而奉勸西方記者不要再搞社會主義了。中國的災難是社會主義所引起的，自然有問題；而梁先生的鄉村建設也可以失敗收場；那麼，除了自由民主，中國還有那一條路可走？自由民主是每個民族必經的階段，而

不是那一個民族特有的，梁先生兩者都不贊成，這話就不太清楚
了。

梁先生思想的局限

梁先生曾說過最後一句話：要讀他的《中國文化要義》，保存
中國傳統。保存文化是對的，那一個民族能否定自己的文化？但想
了解中國文化並不容易，讀《中國文化要義》恐怕不如讀《東西文
化及其哲學》。

《中國文化要義》是從他的《鄉村建設理論》簡約出來的，哲
學味太重了，每一個項目都需要再加以申說，否則不易懂。而《鄉
村建設理論》，雖是他最用心的著作，企圖自農村風俗習慣的橫剖
面深刻剖析中，歸結出中國文化的特徵，但是縱貫性不夠，在方法
論上「從果說因」，是有問題的。這是梁先生一生吃虧的地方，也
使他不可能真正了解到中國文化。

梁先生晚年觀念已老，也有很多問題沒有觸及，尤其是文化
上，不符合中國歷史與民族性的馬、恩、列、史該如何交代？民眾
嚮往現代化（自由民主）的心理如何安排？如何以台灣的現代化促
進大陸的現代化？「一國兩制」如何交代……等等。

表裡如一體現了文人風骨

梁先生一生的用心，不在從三代、孔、孟的縱貫面開下的脈絡
上，因此對中國歷史文化的了解並不深，事功也不行，但是，在毛

澤東瘋狂地發動文革之時，他卻表現了中國知識分子不屈不撓的風骨與氣節，這是他最值得敬佩的地方。

文革期間，梁先生一家人都被掃地出門，受到一個接一個的小組批鬥，但是梁先生始終堅持著自己的理想與信念，八風不動，穩若泰山，甚至公開與毛澤東唱反調，批評階級鬥爭。他篤信儒家思想，當江青要他「批林批孔」時，他就是不批，並且強調「聖人不能批」！

他下面有個小組，天天鬥他、臭他，叫他悔改。有一天他宣布，他要「開講」了！鬥他的小組以為批鬥有了成果，高高興興的去聽。可是他從從容容講出來的卻是：我為什麼跟從前一樣，要受聖人之道，不能隨便批鬥聖人？因為這是我的信仰，正如中國人信仰，是不能隨便抹煞的。洋洋灑灑，侃侃而談。一次講不完，下次又繼續講，搞得鬥爭他的小組也不鬥爭了，每次時間一到，就說：「咱去聽講吧！梁先生要開講了。」他這種表裡如一、始終不二的人格風範，是最令人敬仰的。

他被批鬥時，家具和所有的藏書也都被摧殘燒燬，他並沒有反抗，只極力要求破壞者讓他保留一部字典，因為那部字典是向朋友借來的，燒掉了會對不起借他的朋友。雖然最後這部字典還是不能倖免，被燒掉了，但是從這件事上，也可以看到他那來自傳統知識分子的忠厚的一面。這是很了不起的。

寬容忠厚君子可欺之以方

但是，也就是因為梁先生這種寬容忠厚的君子人胸懷，所謂

「君子可欺之以方」，一輩子都受到共產黨的矇騙，甚至在被批臭、污辱長達十年之久的慘遇後，還是擁護毛澤東，說他「功多於過」、「不是凡夫俗子」，只是在晚年才有心理乖謬的地方。這真是「一廂情願」的「自作多情」啊！

梁先生根本不了解共產黨，不但是他，我的老師熊先生也不了解。共產黨是很擅長欺騙的。當年他在北大教書的時候，毛澤東只是個小小的圖書館員，那時他就對毛很有好感。抗戰時，毛困守延安，他到延安住了一個禮拜，毛更是一口一聲老師，叫個不停；可是在批他鬥他時，眼裡可不管什麼老師不老師了。

有一次，我到唐君毅先生家，梁先生正好也在唐家作客，三人一道在客廳聊天。梁先生稱讚毛這個人天資高，一般人要經過很多修養，才能做到「克己復禮」的工夫，但毛卻可以毫不費力的做到，這不是天資豁達嗎？

他說得很得意，又說共產黨從來無意消滅國民黨。

我聽了之後，反駁他說：梁先生的意見，我統統不贊成！你說毛天資豁達，我認為不但是毛，每個共產黨員，受過黨的訓練，都有這個本事。共產黨能教人脫胎換骨，完全向黨客觀化，像宗教一樣，要求一切皆向黨交代，這時候是用不著道德修養就可以「行仁」了，但是這種「行仁」是假的。梁先生這麼高的智慧卻看不出來。

說到共產黨的本質，是以解放全世界為目的的，梁先生說他們沒有想要消滅國民黨，也是一廂情願，在世界革命的主張下，那一個不是他們消滅的對象？

梁先生聽我說完這兩點，頓時啞口無言。可惜的是，他還是被

毛澤東愚弄了。

代表重開新局的文化意義

　　梁先生在近代中國是一個文化的復興者，不但身體力行地宣揚了傳統的儒家思想，更可以說是接續了清代斷絕了三百年的中國文化。清朝三百年著重考據，摒棄宋明理學，阻礙了中國文化更進一步的發展；後期的公羊學者，雖然有心開出一條方向，但卻是不行的，不能適用。民國初年，一方面是章太炎、吳稚暉等人的虛無主義氾濫，想要以佛家的空、無來取消一切；一方面則是胡適之、陳獨秀的西化；在這些潮流中，只有梁先生敢標舉傳統文化的旗幟，予以有力的抗衡，這是他的一生最有意義的地方。他和明末的三大儒也不一樣，顧炎武等人在民族壓力下，走回復古的舊路；而梁先生則是用之以開新，重新為中國文化開出一條路來，這就是當年馬一浮、熊十力等「新儒家」拓展出來的方向，是從整個傳統文化——尤其是王陽明之學和梁先生最喜歡的泰州學派——中延續過來的，而這也正是梁漱溟先生象徵「文化中國」的意義所在。

（《中央日報》記者保淳整理）

原載《中國時報》　　1988年6月25日

中國文化的過去與未來

一、對中國文化的反省

　　法住學會在今日舉行學術會議，以紀念唐先生逝世十周年，是一個大日子，亦是很有意義的盛會。

　　現時的問題，和當年民國三十八年我們剛從大陸撤退出來時一樣。那時，要重新反省中華民族何以演變成今天的模樣？按中國傳統文化生命的動脈是不會接受馬克思主義的，但馬克思竟然征服了大陸，這是不可思議的；但這是事實，你就要正視此事實。從三十八年我們撤退出來，到香港、台灣或海外其他地方，我們必須從頭反省中華民族以至中國文化的問題。現在是民國七十八年，所碰到的仍是一樣的問題，不過現時的問題和當初的是在勢上有點不同。三十八年我們流亡在外，就是唐先生說的花果飄零，可是在大陸方面看，所謂「紅太陽」正在蒸蒸日上。這個勢不同，但我們的看法，這總是個魔道，只要看大陸統治了四十年的結果，到現在竟是如此，不是個魔道是什麼？

　　當時唐先生反省中國文化問題最眞切，寫的又最多。那時唐先

生在香港,我在台灣,我剛寫完了《認識心之批判》,我只好把它束諸高閣,重新反省中國文化問題。唐先生的文化意識最強,充實而充沛,可謂調適而上遂。那時我對中國文化的瞭解未能深入內部,由於受熊十力先生數年的熏習,外部的氣氛大體得到一些,就憑這一點,我就可以反省到:中國文化外在的看何以能延續至今天?反省的結果都在以下三部書:一是《道德的理想主義》,一是《歷史哲學》,一是《政道與治道》。《道德的理想主義》主要是弘揚儒家思想。我常說:「開闢生命之源、價值之源莫過於儒家,察業識莫過於佛,觀事變莫過於道。」能開價值之源,能立道德主體的是儒家。我們便以此為中心講道德的理想主義,這是橫的辦法。至於縱的講法,觀察歷史,需要對中華民族的歷史從頭有一解釋,《歷史哲學》即為此而作,對中國文化的演變要有一瞭解,從夏、商、周三代,經過春秋戰國,我一直寫到東漢末年,中國文化的生命要暫時作一結束。唐先生看此書後為一文介紹,其中有一句話:「從此以後(即東漢末年以後),前途已經看到。」所以我就寫到此為止。《歷史哲學》是扣緊政治制度講,但東漢末年以後便只能從學術上講。因此,我同時寫了《政道與治道》,講的即是今日現代化的問題,民主建國的問題,如何實現有憲法基礎的民主政治。這些都純是理論的問題。

二、滿清對民族生命與文化生命的歪曲

　　以上三部書的結果,即以前明末顧亭林、黃梨洲、王船山等所嚮往的由宋明理學家所講的內聖之學開出外王,因光講內聖是不夠

的，但外王始終開不出來。我寫《政道與治道》，根本就環繞外王問題。現在或可稱為新外王，這是中國文化傳統儒家文化生命的動力的主要自發的要求，但這要求不幸因明亡於滿清，受異族統治而開不出來，縮回去。從此以後，滿清三百年對中國文化的影響非常大，這三百年的發展不止中華民族生命受歪曲，受摧殘；文化生命亦受歪曲、受摧殘。乾嘉年間的考據是不正常的發展，是病態下的考據。例如梁任公就因不瞭解這三百年的影響，以乾嘉之考據為中國的文藝復興，這是一個沒常識的看法。我也常講一句話：曾國藩是歷史注定要作第二等人，這是因洪秀全的關係；曾國藩助滿清平定太平天國，固然不很好，但洪秀全比滿清還壞，比夷狄還夷狄，毀滅中國文化比滿清還要深，就是因為洪秀全的歪曲，注定了曾國藩不能作第一等人。你們不知道這對歷史的影響有多大。

在此我提出一個事實告訴大家，就是顧、黃、王的時代，從明末崇禎、清初順治到康熙，正是十七世紀，大家不知在十七、十八世紀的西方正是深受中國文化影響的時候。除德、法的思想家崇拜中國外，連最保守的英國亦崇拜中國。法國的盧梭、伏爾泰，德國的萊布尼茲都極端崇拜中國。有學者從美國國會的檔案考證出法國的大革命、美國的獨立宣言的理論根據都是來自孟子。現在中國人卻糟蹋孔、孟，但在十七、十八世紀，法國、美國的民主運動的理論根據竟是靠孟子，那有中國文化反現代化的道理呢？為何顧、黃、王的理想不在中國開花，那在西方卻開出現代文明呢？現代之所以為現代，就是十七至十九世紀這三百年，而在中國卻是滿清的統治。我提出這事實，是想說出阻滯中國文化生命的大動脈的發展，是有歷史原因的。

三、文化生命不同於自然生命

最近大陸流傳的《河殤》，說中國黃河流域的奶水給汲乾了，不能再創造文明，這是妄言。奶水並未汲乾，用佛教的講法，奶水沒有乾，是你自作孽的結果。佛教有所謂餓鬼，餓鬼並非沒飯吃：明明是大米飯，你看來卻是沙，不能吃，因你造的業，沒有福；你口渴；明明是水是奶，而你看來卻是土，不能喝。在此，是因你的文化生命通不上去，隔斷了。明朝亡國，文化跟著亡了。顧亭林說有亡國，有亡天下；亡天下即是亡文化。劉蕺山是中國最後一個理學家，絕食而死，內聖之學由此斷了。《河殤》的觀點實同於斯賓格勒的觀點，一次文化只開一次花，黃河流域已開過了，所以早就沒有了。斯賓格勒寫 *Decline of the West* 即持此觀點。假定從自然生命上看，不單只奶現在汲乾了，早就在經春秋戰國而至秦漢大一統時就完了；黑格爾也這樣看，英國人說到中國的史學，謂只有歷史的材料，沒有史學，因為沒有時間觀念，時間才代表發展。秦漢以後的歷史，照黑格爾講，是非歷史的歷史，只有空間的重複。照中國傳統的說法，「天下大勢，分久必合，合久必分，一治一亂。」，即是循環，那有發展？這是非常表面的，為何大家相信此觀點？文化不是自然生命，不是一棵草、一棵花，所以我們要離開自然生命看文化生命看歷史。中國文化從秦漢大一統後，經過辛亥革命，民國創建，以至今日，是否已經沒有呢？西方人也想到這問題，各個古老文化如埃及、巴比倫、希臘、羅馬都完了，為何單單中國沒有完，原因在那裡？他們想的結果是：中華民族很奇，多子

多孫，故此長壽。這不中肯，但不是值得大家想一想嗎？

四、中國文化發展的三個階段

中國文化外部地看，是重複，非歷史的歷史；但內部地看，從夏、商、周到秦漢大一統是第一階段。此後第二階段拉得很長，曲曲折折，有如長江將出三峽一樣，彎彎曲曲沈悶得很。但一出了三峽直到宜昌，就豁然開朗直達東海。這將就是中國文化第三階段，所以我說「大器晚成」。這要從內部的醞釀來看，這二千年來中國人在想些什麼問題，你不從內部看，怎麼了解呢？兩漢以後，中國文化怎樣發展呢？正是峰迴路轉，柳暗花明，首先轉成了魏晉的玄學。玄學是道家的復興，接著再消化佛教，到隋唐經過六百多年的長期歧出，佛教表面看與現實生活、政治沒有關係，但可知佛教對我們精神領域、心性生活有多大的開闢、影響？這兩千年來我們內部的醞釀是儒、佛、道的問題。但民國以來，將這三種學問貶到十八層地獄以下去，都忘掉了，您憑什麼東西與歷史貫通起來；貫通不起來，當然看不到價值，當然完了。但事實究竟是不是這樣？洋人不懂可以，為何中國人也不懂呢？竟出來罵孔子，怨天尤人，為何不罵自己沒出息呢？祖宗沒對不起我們的地方，孔子替你預備好一切，你要科學、要民主政治，孔子就要魔術般給你科學、民主政治嗎？耶穌也沒有科學，耶穌的教義也沒有民主政治，這不是很值得仔細想一想嗎？

五、科學與民主不是問題

　　所以，從內部看中國文化有一個大醞釀，過去中華民族能消化佛教，佛教沒有把中國文化的動脈主流汲乾，反而配合得很好，爾為爾，我為我，各自為政。你說你的世間法，我說我的出世間法。隋唐佛教程度多高，但向來不出來罵聖人之道，互不侵犯，亦只有儒家才能容納佛教。儒家有何封閉呢？大陸上共產黨信馬、恩、列、史，他們那個是中國人，中國的祖宗往那裡去了？

　　秦漢以後中國文化彎彎曲曲的有很大的醞釀，中間經過消化佛教，才開出宋明理學。宋明理學六百年，其中含藏著什麼問題？佛教的境界，理學家的境界，都超過西方人，西方人沒有這些境界，所以我說中國文化是「大器晚成」。

　　我們曾經消化佛教，現在的階段則是消化西方文化。我們所面對的是西方文化，它的科學與民主不算怎麼一回事，消化很容易，從人類理性發展說，誰能反對？儒家自來不反對科學；民主政治假定是理性上所當該有，誰能反對民主政治？中國以往沒有發展出來，現在需要，現在發展出來不就可以嗎？所以眼前的問題，面對的是消化西方文化，如何從中國文化生命自動的要求開出近代化，開出科學與民主？

六、消化康德哲學——觀乎聖人，則見天地

　　消化西方文化的意思，照最高的心靈境界、聖人境界、精神生

命方面講，集中在康德。所謂消化，不單止是消化，而是百尺竿頭，更進一步。中國文化以道德實踐作中心，首先要開愼獨，《大學》、《中庸》都說愼獨，所以重視實踐理性，西方哲學家重視實踐理性的只有康德。康德依實踐理性作中心，作一拱心石，一切從此開出來，靈魂不滅，上帝存在亦從這裡講，所以叫做 moral theology（道德的神學）。康德只承認 moral theology，不承認 theological ethics（神學的道德學）。這是中國人的精神，中國人沒有神學，儒家以實踐理性作拱心石，依我的名詞是：儒家只承認 moral metaphysics 而不承認 metaphysical ethics。西漢末年揚雄在《法言》中說：「觀乎天地，則見聖人。」；理學家程伊川出來立刻看到不妥，改爲：「觀乎聖人，則見天地。」，一顛倒，精神完全不一樣。前者是 metaphysical ethics，或 theological ethics；後者則爲 moral metaphysics。這就是中國儒家作主流的文化生命的大動脈所在。

七、時代的使命

我們一方面消化西方文化，使康德的學問百尺竿頭，更進一步，開出現代化來；一方面要克服馬、恩、列、史的魔難，這是我們這時代的使命。這使命不是少數幾個人的，而是中華民族每一份子的。我們對大陸文化大革命這個魔難沒一點感覺，沒一點覺悟，能行嗎？這魔難不克服，中華民族有前途嗎？毛澤東罵知識份子是臭老九，中國憑什麼現代化？鄧小平出來說尊重知識份子，但仍不重視教育、學術，知識份子連起碼的生活都過不去，這那裡像尊重

知識份子？寫《河殤》的人爲何不在這裡說話，你罵老祖宗幹什麼呢？共產黨的錯誤是共產黨的錯誤，傳統的缺點是傳統的缺點，有哪一個傳統是沒有缺點的呢？傳統的缺點要由傳統來解決，怎能兩者混在一起？《河殤》不准播放，爲什麼不批評共產黨呢？卻要罵中國文化，中國文化與共產黨打成一片了！這誰能相信？

八、科學與民主，現時與五四不同

還有一點，現在大陸一般叫做信心危機，道德危機。大家都說要現代化，現代化就是科學與民主。但是這個時代重視科學與民主，與五四時代不同。現時大陸要正視科學與民主，就要正視教育、正視學術、正視知識份子，要不然，怎能講科學、民主？有哪一政權不重視教育、學術而能講科學民主呢？現時的中小學教員都改行去了。所以《河殤》現時講科學與民主是對的，這時候講科學有實效性（objective validity 康德用語），講民主政治亦有實效性。四個堅持擺在那裡，何有民主政治可言？沒有民主政治，那有現代化呢？所以這時大陸講科學、民主政治，我們應盡力促成。這時候講和五四時代不同，五四時代講科學民主，只能唬唬那些翰林、秀才，不成正果，只成了社會上的氾濫——泛科學主義和泛自由主義。泛濫的結果共產黨出現。但現在講是有所對治、有實效性、有正果的。但光這不夠，講科學民主是第一層，第二層是文化問題，使其文化生命和中國傳統文化通起來，亦要好好正視中國的學問。要知道這二千年來，中國人沒睡覺，其中在想些什麼東西呢？現時的人爲學沒有內在本有的興趣（intrinsic interest），例如

他問你什麼立場，什麼階級，說一大套唯物史觀、唯物辯證法，結果呢？一句話不能懂。我要大家瞭解，不管你是什麼階級，這書是誰寫的，我只問：「道可道，非常道；名可名，非常名。」這話有沒有意義？若有，它的意義是什麼？這就叫做 intrinsic interest。若沒有客觀的了解，哪有學術？學術要基於 objective understanding（客觀了解）。老子、道家如此，《論語》、《孟子》也是一樣。《孟子・告子》篇：「性猶杞柳也，義猶桮棬也；以人性爲仁義，猶以杞柳爲桮棬。」你懂不懂？爲何不好好瞭解，卻先問孟子是什麼階級身份？我們要求的是瞭解，瞭解了，文化生命才能通。能瞭解儒家才能瞭解道家、佛敎等等。現時的人只想知道西方的東西，唸存在主義啦、海德格啦、胡塞爾啦，唸的結果，越唸越糊塗。要知道這麼多新玩意幹什麼，就是怕落伍。瞭解一個東西不是很容易，爲什麼不好好唸康德呢？我們要接通傳統文化的大流，消化西方哲學，克服馬列主義的魔難，開出以儒家作主流的中國文化的第三期發展，這是時代的使命，我們每人都當盡一份責任！

（吳傑超整理）

原載《鵝湖月刊》第14卷第11期　　1989年5月

談世運、論時局

出席發言者：牟宗三、霍韜晦、李天命、唐端正、陳榮灼

一、學運是道德的競賽

霍：六月四日中共軍隊用坦克、重型機關槍鎮壓學生運動，許多學生和支持他們的北京市民犧牲了。這一件事，激起了中外人士的義憤，一致聲討北京當權派的野蠻行為。不知道牟先生對這一悲劇的看法如何？

牟：這是道德的競賽。青年學生是以不怕犧牲的精神來與獨裁的共產政權作道德的競賽。

李：但這種競賽以生命進行，是不是太天真了一點？因為我們不需要等到軍隊出現才知道中共政府會鎮壓，正如我們不必伸手讓火燒傷才知道火會燒人。

霍：這是從常識而來的判斷，但中共行事，並不依從正常的遊戲規則。

唐：我認為學生運動是自發的，並無確定的領導人，也沒有中共官方所說的有操縱學生運動的黑手。學生就是要用生命來檢驗政

府是否眞正的「人民政府」？軍隊是否眞正的「人民子弟兵」？在
此之前，根本沒有人想到政府會武力鎮壓。

　　陳：我也同意學生是與政府作道德的競賽。從動機上講，許多
學生的確是出於救國救民的動機，所以他們都立下遺書，自願絕
食。

　　牟：首先，我們看到學生是自發的對當前社會、政治不滿，要
求改革，打倒貪污，後來才要求民主。他們是很單純的、很眞誠
的，不能說他們有預謀。但到上百萬人上街遊行，學生們自己指揮
交通、維持秩序，這便形成一股力量。共產黨要鎮壓，便是把他們
看成一股現實的反對力量。結果這麼多學生、市民被壓死在坦克車
下，不是太悲慘了嗎？血肉之軀怎能擋得住坦克車呢？照一般人看
法，中國現代化要流血，但流血只是工具的價值，不能要流就流。
這亦反映了學生本身的單純性，不知道共產黨人是不講人性的、不
講道理的，聚成一股現實力量以招他們之忌。結果共產黨用軍隊把
天安門廣場包圍起來，對學生聚而殲之，這種事只有鄧小平等人才
能做出來，太悲慘了。在中國民主化的進程，我們肯定學運的價
值，肯定學生的道德勇氣。但這麼多優秀份子死去，太不幸了。

二、鄧小平的黨性

　　霍：過去香港人對鄧小平頗有好感，因爲他主張開放，任用胡
耀邦、趙紫陽等改革派人物，又許諾香港五十年不變。現在則十分
反感，認爲他下令鎮壓學運太殘忍。這說明香港人對鄧的認識十分
膚淺，對鄧的作風不了解。

李：記得牟先生在多年前就說過鄧小平比毛澤東還壞，現在事實證明了牟先生對他早有定評。

牟：鄧小平比毛澤東還壞，因為毛還有一套意識型態，而鄧則不成格，只會權術，顛倒是非。這次鎮壓學運，招致全球譴責，鄧小平卻說美國當年打越戰，學生反對，與警察衝突，也打死了學生，也流了血，所以你們沒有資格來批評我。我們沒殺學生，我們只打反革命份子。共產黨人便是這樣，有勇氣睜眼瞎說。你以為證據確鑿，拍有紀錄；他說沒有這回事，完全顛倒過來。現在鄧小平還說繼續開放，但又要四個堅持，殊不知這兩者是互相衝突的。鄧小平以為可以用辯證法統一，但這兩者不是辯證的關係，而是矛盾關係。矛盾命題不能同眞，也不能同假。如果是辯證關係，則兩者可以相生，可以統一，但矛盾關係卻是相剋。鄧小平以為一國兩制可以把資本主義與社會主義的好處兼容並收，其實這兩種制度是相剋，將來必起巨變。不過巨變何時發生就很難說，這沒有時間上的一定。法國人研究蘇聯學，結論說：這個政權可以在明天醒來，發覺一夜中已倒下；但亦可以繼續存在幾百年，這其中有些偶然因素。不過我們亦不必悲觀，這巨變的種子已埋下，巨變就有一日會到來。

唐：有人說鄧小平死不認錯，但劉賓雁就指出鄧小平曾經認錯。當年毛澤東在文革時把他打下去，鄧小平立即作檢討。可見他是會看風頭的。

牟：鄧很狡猾。他不是明朝那些昏君，他頭腦清楚得很。九七問題和英國人談判的時候，耿飆、黃華等人說九七年後不在香港駐軍，鄧小平不是罵他們「胡說八道」嗎？他為了經濟利益，可以暫

時不管你，但把軍隊擺在那裡，但必要時一下子就可以把你吃掉。在反右運動中，鄧當總書記，對知識份子的迫害最大。其實共產黨一向瞧不起知識份子，劃之爲小資產階級，貶稱爲臭老九。它最清楚小資產階級知識份子的毛病：有幻想、貪生怕死。一般讀書人好名，他便拿名來引動你；你好利，便拿錢來收買你；你好色，就用女性來誘惑你。其實他們自己也不是聖人，也有嗜好，但爲甚麼說別人是小資產階級，有小資產階級的弱點，而他自己卻沒有呢？這是因爲小資產階級知識份子有其矜持。這一方面是可貴，一方面則討厭。讀書人的好處在此，沒出息也在此。共產黨人能夠從小資產階級的矜持中解放出來，他便沒有這包袱，放得開，於是無所不爲。這是共產黨人最無人性的地方，最可惡。

霍：有人認爲鄧小平甚麼都不怕，不怕輿論、不怕流血，也不怕外國經濟封鎖。如果逼虎跳牆，說不定倒向蘇聯懷抱，甚至提早收回香港。

牟：美國人就是如此無見地，所以不敢對大陸實行全面的經濟制裁。從自由世界出發，最好是制裁他一下；也不用太久，一兩年他就吃不消。

霍：但有人說制裁只會苦了老百姓。

牟：此說迂腐，即宋襄公的假仁假義。劉賓雁已指出：外資及經援並不直接對老百姓有好處，因這些錢並不直接在社會上發生作用，而是經貪官、官倒吸啜之後，才讓老百姓分點殘羹剩飯。這與開明的民主社會是不同的。

霍：還有學者認爲制裁無法行之有效，因爲你不跟他貿易，別人仍會跟他貿易，很難齊心。

牟：這就是自由世界的缺點。共產黨亦覷準了這點，說你不能制裁我，我不怕你。假如自由世界能聯合一致制裁他，他是怕的。

三、自由世界與共產政權競賽

霍：共產政權有相當大的封閉性，如果要走上自由、民主之路，除了使用一現實力量以逼他下台的辦法之外，有沒有其他辦法？例如說，要他了解國際大勢，已從對立走向緩和，民主是共識；或者用理性對話的方法，使他了解人民的願望，開放政權，讓人民有參政的權利；或通過選舉，讓其他團體可以加入管治階層，像波蘭、匈牙利那樣實行民主改革。

李：能夠和平轉化當然好，但中國目前民眾文化水準太低，未能走波蘭之路。共產黨要一黨專政，亦未能走上匈牙利之路。

唐：我覺得不能說目前中國行民主的條件不成熟。鄧小平他們正是藉口條件不成熟來指責學生亂搞。其實即使不能對全民實行民主，也可以逐步民主，像鄧小平說的讓部分人先富起來的經濟政策，則民主也可以先在部份領域實施。

霍：現在的問題在於鄧小平的政經分離雙軌政策：經濟上開放，但政治上保守。你愈想爭取一點民主的權利，他愈不放，連已經放出的一點也要收回。那怎麼辦？

牟：對付共產黨要有力量，要理直氣壯。你的氣盛，他就下去；你的氣一衰，他就上來，雙方競爭一如搖搖板，此上彼落。

李：我感到的是：我們是理直氣壯；但共產黨則是氣壯才理直。我們怎樣纔能戰勝他們？

　　牟：和共產黨競賽，除原子彈外，最重要的就是道德競賽。道德是籠統的說法，其實就是理氣問題。不要以為他們是瘋子，實際上他們狡猾得很。他有 ideology（意識型態），並以此為其領導原則（leading principle），只是時顯時隱。對這次學運，他便感到很危險，動搖了他的國本，影響了他的命脈，是要革共產黨的命。故他定要說你反動，以維持共黨專制。但他的理論現在沒有人相信了，只能靠軍隊來維持。過去共產黨的理論是左傾知識份子相信的，這是左傾知識份子要負的責任，所以我最討厭左傾。他們過去種下之禍因現在得嚐苦果。他們現在醒悟了，左傾意識沒有了，但接著來的是信心危機。他們現在的理是空的，故已淪落至無理可講，亦無理想可立。剛才說道德，廣義的道德就是理想性。你的理想性強，就能夠把共產黨比下去。自由世界之所以吃虧，就是因為理想性不夠強，不夠明顯。因為自由世界講多元化，包袱太多，空隙亦太多。共產黨乘虛而出，把你承認的各個界限抹掉，讓他自己一個凸顯出來。本來在小資產階級的矜持中，仍保留一些人性、人道，但在鬥爭時，便變成包袱。共產黨便抓住這一點，把你吃掉。因此要永遠保持警覺，不能睡覺；你一睡覺，他就出來把你吃掉。這是長期的鬥爭。這些話我從前在《民主評論》上講過多少次，但那時沒人聽。現在悲劇來了，流血了，纔有人注意。當然，現在是個好時機，因為共產黨的理想性已經完全破產了。

四、共產黨的基本錯誤——把經驗事物看成先天的，以天國統治人間

　　霍：共產黨自稱代表理想，為甚麼發展下來，產生那麼多悲劇

呢？依牟先生看，他的根本問題在哪裡？

　　牟：對治共產黨要靠理想性，恢復人性、常道。而共產黨的基本錯誤，即在於把經驗的東西看成是先天，在經驗世界中找絕對。例如趙紫陽的路線、方向是根據鄧小平而來；政策是現實的東西，誰能十全十美呢？平常大家都會犯錯誤，問題出現了，改一改，或下台便算了。但這在共產黨不行，非要徹底鬥垮不可。他沒有一個常道，也沒有人性之常。所以無論任何事情，都要由頭開始，搞革命也一樣，就是文字也要拉丁化。政策本來是經驗界的事情，但他又要把它看成是先天絕對。現實上那裡有絕對呢？絕對只能在上帝處。這正好應了《老子》的一句話：「不知常，妄作凶。」共產黨所搞的都是無知妄作，甚麼大躍進，土法煉鋼，不正是妄作的典型嗎？他的妄作不是因一時的衝動而來，他時時刻刻都要大顛倒，所以鬥爭是不會完的。在自由世界，我犯了錯，下台就罷了，你不能把我全家都殺掉。由於這兩者後面的精神不同。自由世界不會這樣做，國民黨也不會這樣做，因為他們至少有些人性之常、自然之常。共產黨卻是變態的，現實社會上也有這種人。這亦合《中庸》所說的「愚而好自用，賤而好自專」這兩句話。他一點知識都沒有，卻要獨霸真理，所以說他「愚而好自用」。他屬於第四階級（印度的賤民階級），這種從第四階級上來的人，是野蠻人，一朝得志，反過來生起報復心理。一個貴族階級，他受貴族教養，儘管他很壞，但他的壞不會是這個樣子的。因為第四階級屬於 slave，這種人反常起來可怕得很。他們充滿仇恨，要報復，心理變態，一見你資產階級就討厭。他不承認科學，不會給你正常的教育；他狡猾，自己可能一點科學都不懂，但他可以利用科學來整你。中華民

族正好落在這劫數上。所以共產黨不了解道家的智慧，道家要你少管，而他偏偏甚麼都要管。這樣無知妄作下去，中華民族的前途太可悲了。

中共四個堅持之一，堅持馬、恩、列、史、毛澤東思想，連蘇聯的戈爾巴喬夫也不如，因戈爾巴喬夫對史太林的覺悟深。中國經過文革十年這麼悲慘的事，我看社會上的人沒有甚麼感覺。也許只有魏京生一人真有感覺。現在的青年學生如吾爾開希等亦有些覺悟；反觀香港的知識份子，對鄧小平一往情深，以為鄧很有本領。有本領算甚麼呢？社會上多得很。有些人見過鄧，便受寵若驚。總之，共產黨的問題跟中華民族過去的封建沒有關係，這即我常說的共產黨歸共產黨，中國文化歸中國文化，兩者不要攪混在一起。

社會上又有些人以為共產黨那些人不好，共產主義是好的；劉賓雁也是這個看法。因為他們以為共產主義代表理想，其實他們怎能代表理想呢？他的理想是空的，他的理想在天國才有意義。但人間是人間，不是天國；社會主義不是現實世界的，落在現實上共產黨只是埃及的法老，法老是天下都屬於他個人的，天下其他的人都被他奴役，你受得了嗎？那樣算甚麼平等呢？所以我說，他不是理想，只是理想的影子，是虛幻的、假的。

今天我們若對共產主義沒有正確的了解，怎能覺悟呢？在共產黨的宣傳下，資本主義是先天的罪惡。中國人又好像對資本主義不自覺地產生反感，劉賓雁就是個好例子。

中國以前有一傳統，是從魏晉時來的：中國知識份子瞧不起「阿堵物」（金錢），那些名士都不事生產，脫離生產關係，所以馬克思說知識份子的社會基礎不穩定，階級性不可靠，要讓無產階

級來專政。馬克思的無產階級是指工人說的,不是就共產黨說的。

中國儒家有兩個層面,一是形而上的,一是形而下的。儒家講道德意識,講人品,第一步先從道德講起,建立主體,道德主體是形而上的,但這並不表示否定現實上財產的價值,只不過財產是末,而本在道德。儒家說王道,孟子所謂「內無怨女,外無曠夫。」大家都有飯吃,「老者安之,少者懷之。」儒家並不是要天下人作聖人,共產黨則要天下人作聖人。所以我們現在一定要肯定私有財產。儘管中國過去沒有私有財產神聖不可侵犯的觀念,但也是承認私有財產的,只有魏晉「阿堵物」的觀念輕視金錢。一般知識份子討厭資本主義,特別是自由世界所代表的資本主義,是沒有甚麼理由的。

五、中國知識份子的悲哀

牟:一般人對現實上的一些基本觀念不太清楚,現代化正是要把這些界限弄清楚。每一界限都有一定的意義。現今是一虛無的時代,這時代的讀書人,大多是不落實的。共產黨就看透知識份子的弱點:不落實;而他則很落實,不過他落實到不正常的地方。例如金岳霖一生講形式邏輯,講英國哲學,沒有人能相信他作共產黨,但他晚年加入共產黨。他說他改變了,要否定以前。可見純搞邏輯沒有甚麼用,因為邏輯是 formal science,所謂形式科學,這樣的頭腦是不能 attach 到 reality(不能接觸到現實)。但人生活在現實中,不能生活在觀念中,只有哲學的思考是在觀念中。所謂生活在現實中,家庭是現實的,麵包也是現實的,睡覺也是現實的,一天

不睡覺便不行。但 formal logic 是空的，把一切具體內容抽掉，到落實的時候怎辦？共產黨於此便說你沒有實在的支撐物，他給你一個實在。聖人不能強迫你，自由世界的牧師也不能強迫你，但共產黨卻沒有這麼客氣：你沒有實在，我給你。你不相信上帝，不相信孔夫子，也不相信釋迦牟尼佛，你究竟相信甚麼東西呢？那麼，最好相信馬克思吧！所以金岳霖晚年相信共產主義的關鍵便在於此。人需要生活在實在中。人不能沒有實在。

我們生活在現實世界中，第一步是經濟，第二步是科學，第三步是道德宗教。哲學是對此三層作反省，哲學是空的。哲學不是第一序（basic order），經濟、科學、宗教才是實的。人生活在宗教中，人不能生活在哲學中。這個時代的人沒有信念，所以飄忽、浮動、不切實。這樣的人是不能作中流砥柱的。要生活在第一層的人才能作中流砥柱，例如老百姓（農民）拿農產作農業社會的砥柱；商人拿貨物在互易有無的世界中作砥柱；知識份子以理性的、定常的信念作生活的砥柱，這才是落實的人。但現今的知識份子在這方面最差，所以為共產黨所輕視，罵你為臭老九。知識份子，中國人以前叫做士。鄭板橋所謂「士農工商，四民之首」，這是以前的人識大體才如此。昔日的皇帝無論怎樣壞，大體都守住這綱領；也不管你知識份子有甚麼毛病，總承認你這身份。不過共產黨則沒這麼客氣。

中共建國四十年來，經過多少殺戮，知識份子至今仍沒甚麼覺悟，這仍是 ideology 的問題，不管你相信馬克思或者自由世界那一套。

思想自由，學術自由是人的基本權利，沒人能反對，但就你自

己本身立場，你不能落在形式文化、虛無主義的傾向上，你不落實，共產黨便乘虛而入。

六、由對「平等」觀念的歪曲而來的魔道──文化上的惡

　　牟：共產黨這種變態心理，仇恨觀念，不是憑空的，它後面有觀念作領導。這觀念康德最能了解，就是「平等」這觀念。自由世界講自由，不講平等；共產黨講平等，不講自由。自由、平等兩者本來可以同時存在，但結果有分別。在自由世界，自由、平等一定有，但共產黨說，你的平等是假的，有剝削關係就不平等，所以你的自由也是假的。我們要人民吃麵包，不要選票。他是從第四階級來歪曲平等觀念。康德說一切罪惡就從這裡出來。爲何有這歪曲？因爲心理不正常，這些人都是《中庸》所說的「賤而好自專」的賤。賤民在社會上當然值得同情，他們原來受壓迫。他受壓，自然要求公平，要革你的命。所以康德稱這種罪惡爲「文化上的罪惡」（cultural evil），從平等觀念的歪曲而發生的仇恨與嫉妒。同樣是人，你爲何吃兩個麵包而我吃一個？由這種嫉妒仇恨一轉，便發展到文化上的惡。甚麼是文化上的惡？文化大革命便是一例子，發展到把一切文化都毀掉。再進一步，文化上的惡發展到最高峰是魔鬼的惡魔道。康德講文化的惡以至魔鬼兩名詞，都是從人性中要求「平等」這觀念轉出來的。康德另有基本惡（radical evil）一觀念，與此無關。基本惡嚴格應翻爲「根惡」（謝扶雅翻），即從根上壞，故名根惡。一個人的行動根據原則，你或者採取善的原則，

或者採取惡的原則；不論你採取那種原則，你自己要負責任，因你
的意志是自由的。但有些人生下來專用惡原則，這種惡便是根惡。
如孔夫子生下來即以俎豆為戲，其天生的氣質是善的；但有些小孩
生下就壞，中國以前叫稟賦，長大後專門作壞事。這就是康德所說
的根惡。共產黨所犯的不是這種根惡，根惡是普遍的人性，不只共
產黨有，國民黨也有。共產黨所犯的是由平等這觀念歪曲下來的
惡，即文化上的惡。根惡是人人都有，只是顯與不顯；有人容易
顯，有人容易化掉。文化上的惡卻是對神聖觀念的歪曲。

　　平等的觀念不可歪曲地了解。正常的講法不妨看中國聖人的講
法。《論語》說：「見賢思齊焉，見不賢而內自省也。」見賢思
賢，這是平等觀念的正當的講法。所以孟子亦有「不恥不若人」的
說法，都是盡性的觀念，想和其他人一樣。若因不如人便退縮的是
沒用的。但共黨反過來他比不過你時，他不想自己努力和你一樣，
而是他做不到也不讓你做到。這是由嫉妒而進為仇恨，康德的「文
化上的惡」應如此理解。

　　霍：今天牟先生所說的十分深刻。謝謝牟先生，謝謝大家光
臨。

　　　　　　（民78年法住文化學院《法言》座談會紀錄，該刊記者整理）

　　　　　　　　　　　　　原載《法言》第2期　1989年7月

哲學之路
——我的學思進程

　　我這一生，是處在中華民族大變動的時期。我是民國前三年，也就是宣統元年出生，中間經過辛亥革命，袁世凱稱帝（國號洪憲）、張勳復辟、北洋軍閥，以及民國十七年北伐成功、八年對日抗戰，至民國三十八年共產黨渡江、國民政府撤退台灣，及至於今又是四十年。這四十年來，台灣建設得很好，已是向大家所要求、所嚮往的現代化之路走。但是大陸還在殺來殺去，直殺到最近血洗天安門，猶不知殺至何時而後已。這些暫且不論，總之中華民族最動盪不安的近百年，我是親眼見到的。這一百年變動的經過，到底問題出在哪裡？而我個人親身經歷、感受這個時代，在思考時應如何把握這個時代，如何了解、領導這個時代？

配合著哲學家康德思考人類理性的問題

　　我思考的經過，雖出自個人，但卻和整個時代有關。這並非只是政治、經濟方面的問題，整個說來，是文化的問題，也是人類理性的問題。我想從我個人感受的角度，來談談這整個經過。我一生專從事於哲學思辨，既未從事政治活動，也不會經商，也無「安邦

定國之大業」。抗戰八年，我沒有到前線打日本鬼子，沒有「汗馬功勞」，既未參軍，也未做官；我只在後方走遍西南各省，只陪著整個民族的苦難受苦，可以說只有「苦」勞，沒有功勞。對於現實國家的遭遇，我不是行動的參與者，而只是一個旁觀的人，是一個旁觀的生命，只有在現實上陪著受苦。我自北大哲學系開始，一直沒有停止過思考。

哲學家康德一生活八十多歲，也沒有從事過別的事情，以三部書（《純粹理性批判》、《實踐理性批判》、《判斷力批判》）為他主要的哲學綱領，思考人類理性中所涉及的一切問題。這三大批判所代表的一整個系統，並不簡單，杜威有一套，羅素有一套，海德格有一套，甚至懷悌海、胡塞爾均有一套。「套」多得很，但內容價值完全不一樣，這是大家所應當鄭重了解的。

我一生是配合著康德的思考來了解人類理性的問題，到現在仍然在了解康德《第三批判》的問題。康德自己構思了一「套」，是從自己生命中的真知卓見而發，消化處理了以往哲學家的一切業績而予以恰當的衡定。他像唱戲一樣，有板有眼、有規有矩。這世上那麼多哲學家，有那麼多套，有幾個能「合板眼」的呢？這實在很難。我也沒有康德那樣的本事，他能從自己的生命裡直接就人類理性所牽涉的一切領域所有的學問，獨立構思一套來加以說明與衡定。我這一生也八十多歲了，我從大學讀書開始，就配合著康德一生所思考的問題來思考。我並不是一個「康德專家」，一生也並非只念他那三部書。我是通過讀古典文獻，來配合他的思考，例如我寫的《才性與玄理》，是說明中國魏晉時代的思想。另一部《佛性與般若》兩大冊，是我退休後寫的。我並非佛弟子，但我了解中國

吸收佛教的全部經過，吸收後如何消化，消化了以後如何又開宗，
開天臺宗、華嚴宗與禪宗。但這三宗在佛教與人類理性裡佔了甚麼
地位呢？這有多少人能了解呢？下一階段是宋明理學，我用了八年
時間來整理這六百年期間的思想而成《心體與性體》三冊，後來又
出第四冊《從陸象山到劉蕺山》。這六百年是重新講述儒家的學
問，現在有多少人能了解這六百年的用心所在呢？我所用的心思和
工夫都是在整理古典文獻，但在整理中我同時也注意康德的思考所
發出的問題。

　　我到台灣近十幾年，出了不少書。《佛性與般若》是在這裡印
的，《心體與性體》是在這裡印的，後來翻譯康德的《純粹理性批
判》和《實踐理性批判》也是在這裡印行，我寫的《現象與物自
身》，還有《圓善論》（講最高善 The Highest Good），也是在這
裡印行。這是主要的幾部大書，也都是配合康德來思考，但我並非
只讀康德三大批判，而也讀了許多中國古典文獻，來把握民族的智
慧。

文化生命的疏隔與暢通

　　現在大家的生命都隔了，不能與民族生命、文化生命相通。通
不起來，就整天胡言亂語，到處亂罵，沒一句正當的話。大陸上出
了本《河殤》，說黃河流域已經沒落了，它的文化創造力已竭了，
奶水已乾了。其實我們並非沒有水喝，沒有奶喫，而是說《河殤》
這些話的人是「餓鬼」。文化之水沒有停流，是自己「作孽」，見
了水不能喝，見了飯不能吃。佛教所謂的「餓鬼」，乃是眼前明明

是大米飯，你看是沙子；眼前明明是水，你看是火油。沙子不能吃，火油不能喝。但爲甚麼會把大米飯看成沙子，把水看成火油呢？這是你的罪業深重，所以受到這樣的果報——成了餓鬼，看不見文化的水。共產黨的罪惡，怎麼能算在中華民族的身上呢？去了解文化生命的發展和學術傳統，是多麼重要的事。可是不但從民國以來，甚至從明朝亡國、滿淸入關以後，文化生命就斷了。這樣一來，文化生命上下不通氣，怎能吸收西洋文化，又怎能現代化？共產黨這麼瞧不起教育，瞧不起知識份子，名之曰臭老九，教書先生吃飯吃不飽，這樣大陸如何能現代化？現代化需要高度的知識，這樣糟蹋知識分子如何能談現代化？這就是「餓鬼」。所以了解了中華民族過去的精神生命和文化生命，了解了古人，也就了解了康德。先讓自己的文化生命通氣，才能了解西方的文化生命。

在這將近一百年的大動盪時代，我是無奈何地鬧中取靜，透過對古典的疏導，來了解康德所啓發的理境。但爲甚麼不能配合羅素或杜威呢？或再往前講，爲甚麼不配合柏拉圖、亞里斯多德呢？我不能用我全副的生命來配合柏拉圖、亞里斯多德，這是有道理的。希臘傳統固有精采，然開不出道德主體，故亦開不出眞正的價值之源。希臘傳統足以開學統，但開不出道統，不能作爲終極的智慧方向。民國初年，羅素曾訪問過中國，被視爲西方聖人，但羅素那專講數理邏輯，特尊邏輯分析的思想型態，怎能配合人類理性的活動之全部，怎能依之來了解中國文化之方向呢？胡適宣傳杜威學說，杜威是實用主義。其實胡適所了解杜威的程度很差，但他享有大名，這種大名對中國社會並無實質裨益。胡適所了解的杜威思想，其實只是《如何去思考？》（ *How we think？* ）這個小冊子，其

他著作可能均未涉獵，以這種程度來吸收西方文化，怎麼夠資格講現代化呢？瞎嚷嚷是沒有用的，這些人其實是反現代化的。但是他們講科學、講自由、講考據，好像現代化、科學都在他們那兒一樣，這是很荒謬的現象。那些天天宣揚科學、崇拜民主的人，是最不科學、不民主的人，這是很古怪、荒謬的現象。我們不能以這些思想來和我們的文化生命或智慧方向相配合。只有康德可以，他可以和中國文化生命之方向相配合。

學思三階段

我的哲學思想進程，大致可分為三個階段：

頭一個階段是「開端」。

我在大學時代，最喜歡懷悌海。他的著作，我大體都讀過。現在好多人講懷悌海，在我看來有點班門弄斧的感覺；雖然我的思想轉變到另一個階段以後，我就絕口不提懷悌海了。我當時一面讀懷悌海，一面於中國哲學則念《易經》，我總是這樣雙線進行。當時北大沒有人開《易經》這門課，也沒有人知道我在做這方面的工作。我當時了解的《易經》，是從象數這條路去理解。雖不限於象數，但我是從整理漢易開始。漢易是象數之易，所以講王弼、講朱夫子，講得都不精采。王弼是從道家的玄理來講《易經》，故不相應。朱夫子那套義理，當時我也不甚懂。我現在所了解的《易傳》是孔門義理；我那時也沒達到這程度。我當時了解《易經》，只能從象數這條路，把它當「自然哲學」看──中國式的自然哲學，那是我青年時期的興趣。所謂中國式的自然哲學，意即和柏拉圖以前

的希臘時代的自然哲學並不相同。《易經》所啓發的自然哲學，發展到最高峰，是清朝初年的《易經》專家胡煦，此人有哲學頭腦。這個人沒有旁人注意到，是我首先發現的。但他還沒有達到照我們現在所了解的，由《易傳》所表現的孔門義理這層次，只在自然哲學的層次。懷悌海的思想也是自然哲學，他的那套宇宙論，就是自然哲學式的宇宙論，那是英國式的由宇宙論之玄思來反康德的。我當時的興趣，還是實在論的，並不了解康德，所以在哲學的趣味上特別欣賞懷悌海。當時我整理《易經》，並寫了一部書，現在已經重印，那時只有二十四歲，算很年輕，所以對《易經》只能了解到這層面。就是這層面也是配合著懷悌海始能達致的。經過十七、十八、十九世紀的現代化，邏輯、數學與物理之高度的發展，懷悌海的自然哲學當然能很吸引人，這已非希臘時代的自然哲學了。要了解懷悌海的自然哲學，先要讀他與羅素合著的《數學原理》，要有數理邏輯的那套底子，再加上近代理論物理的知識。現在台灣有些人講懷悌海，都是抓幾句漂亮話題來瞎發揮一下，並不真能懂懷悌海。

　　當時不僅在西洋哲學方面喜歡懷悌海的自然哲學和宇宙論，在中國哲學方面喜歡《易經》，也當一個自然哲學看，同時我還有邏輯方面的興趣，所以讀羅素的數理邏輯。因為中國並沒有這方面的傳統，讀來就不像在哲學方面那樣輕鬆，讀得相當辛苦，我只能勉力以赴而已。在中國第一位開「數理邏輯」這門課的，正是我一位老師張申府先生。當時班上只有三個學生，其他兩位很少來，只剩我一個。念數理邏輯，花了我十年工夫；當時維特根斯坦的書已出版，所以我對他那套也發生興趣。但我並沒有成為邏輯專家，也沒

有成爲邏輯實證論者。我花的十年工夫，乃是配合著康德來讀的，目的是想用康德的思路來消化懷悌海、羅素，直接方面是消化羅素和維特根斯坦的數理邏輯，間接方面是消化懷悌海的哲學思想。能消化，就必須在更深的基礎上來處理這有關的問題。

知性之邏輯性格與知性之存有論的性格，進而論兩層立法

消化的工夫，費了我大學畢業後的十多年時間，呈現於最近再出版的《認識心之批判》上、下兩冊。這可以算我的第二階段，一直到四十歲爲止，正是民國三十八年來台灣的時候。所以第二階段是消化英國實在論與康德之衝突。

我用的雖是康德的思路，但並非就是康德的哲學，因當時我對他的哲學並不完全了解。我能了解他所見到的知性（understanding）之自發性。因此我可以了解我們的知性有一套運作的規格，但我所了解的這一套並不一定是康德所想的那一套。所以我當時從知性來安排羅素、維特根斯坦對於邏輯與數學的理解所成的《認識心之批判》，大體還是實在論的立場；因爲我雖然用康德的思路，但還不贊成康德「先驗綜和判斷」的最高原則，即「知識可能的條件，就是知識對象可能的條件」。我當時並不認爲如此，我以爲知識可能之條件並不就是知識對象可能之條件。我想把知識之對象從知性之自發性裡解放出來，這當然是實在論的傾向。

自從退休以後，我就覺得我的《認識心之批判》這一套並不能代替康德的那一套；原來以前我所了解的只是「知性之邏輯性

格」，而非「知性之存有論性格」。康德並非不了解知性之邏輯性格，但因那時邏輯甚簡單，只是亞里斯多德的邏輯，所以他於知性之邏輯性格之了解甚爲貧乏。他的重點是落在純粹知性之存有論的性格。康德的十二範疇分四類：質、量、關係、情態，重要的是前面三類，都是屬於存有論的概念，是從知性本身發出來，或說爲知性本身所提供。他以這些存有論的概念作爲知識可能之條件，同時亦即是知識對象可能之條件，因此而宣說「知性爲自然立法」，這樣才有知性之存有論的性格。這種思想，一般人是很難了解的，即連將康德《純粹理性批判》譯成英文的史密司也不懂；從一般實在論看來，「知性爲自然立法」太過主觀主義，不能相信。

當時有些朋友很稱讚我的《認識心之批判》，以爲可以代替康德那一套，但我後來以爲不能代替。如是我覺得我們對於知性須有兩層超越的分解，一層是分解其邏輯的性格，一層是分解存有論的性格。如是，我們就要想辦法進一步如何來把握、了解康德所說的「知性之存有論的性格」，如何了解「知性爲自然立法」，如何了解十二範疇之超越的決定作用。範疇是從知性自身發出來，所以知性才能爲自然立法。這一套，現在西方人不懂，英、美的分析哲學不懂，胡塞爾的現象學、海德格的存在哲學同樣不懂，中國人現在這浮淺混亂的頭腦更無法懂。中國人現在很浮淺，枉費聰明，表面聰明是最糟糕的。王船山有句痛心的話：「害莫大於浮淺。」胡適就是浮淺的代表。共黨則是邪惡，其餘則是混亂。荀子曰：「眞積力久則入。」中國人好像對於任何正面的東西不能眞正投入，故浮淺、混亂、邪僻、暴戾，此皆生命無力、精神脆弱之象也。

我一直在疏釋中國各期之哲學智慧，配合康德來思考這「爲自

然立法」之問題。後來有《中西哲學之會通十四講》,登在東海大學的《中國文化月刊》,就是疏解這問題。不但康德的「知性爲自然立法」不能反對,就是牽連到他所作的「現象與物自身之區分」也不能反對。一般人所了解的現象與物自身的分別,大體是陸克的第一性與第二性的分別。康德所說的「現象」與「物自身」均有特別的意義,如果不「莫逆於心」,就只能「服人之口,而不能服人之心」。這一方面固因爲康德說明不夠,以及其說明之方式散見、不集中,故不易把握,另一方面也由於對中國之智慧傳統學思不足因而不能悟入,故亦不能了解康德之所說。須知若依中國哲學之智慧尤其是佛教之智慧而觀,則康德之所說固甚易明、甚易解也。

　　了解了「知性爲自然立法」這一步以後,就可以進到第二批判,了解「實踐理性(意志自由)爲行動立法」。康德系統是兩重立法。實踐理性立法的問題,在孟子就是「仁義內在」,仁義內在於「心」。「仁義內在於心」才可以說「心即理」,陸象山這句話是根據孟子而說的,以後王陽明能以辯論的方式而明之(見〈答顧東橋書〉)。「仁義內在」以康德的話說,就是「自律道德」。「知性爲自然立法」與「自由意志爲行爲立法」這兩重立法如能透徹明白,就能比對著中國從先秦儒家以後經過道家、佛家和宋明理學之發展來對看,看看中國智慧表現在哪裏,康德哲學所代表的西方智慧表現在哪裏,並將如何消化之。

眞美善的圓成

　　講了兩層立法後,再進一步就是我在《圓善論》所處理的問

題，這已超過康德所說的理境，是儒家的本懷之終極的彰顯。我本以《圓善論》爲最後一冊著作，但最近我又打算把康德《第三批判》（《判斷力批判》）翻譯出來。我已將「審美判斷」與最後的「目的論批判」譯出，「壯美」（sublime）那段沒翻。中國人對壯美的品味很高，壯美判斷並非審美判斷本身的意義，理學家品題「聖賢氣象」，這種品味就是屬於壯美的；所以這段我不打算翻。但「壯美」後面有一段關於審美判斷的超越推證（transcendental deduction），凡是講到推證的問題，就是批判哲學最精采的部份。這部份是說，審美判斷不是從概念中來，卻有普遍性。這朵花是美的，並不單單是對我爲美，這個審美判斷是對任何人有效，就是有普遍性，而且是必然的。

目的判斷在關聯於審美判斷的主要意思，我要寫《眞美善的分別說與合一說》這一部書。康德的《第一批判》講「眞」，《第二批判》講「善」，《第三批判》講「美」。但「即眞、即美、即善」的合一境界，康德並沒有，中國人在這方面卻能達到相當高的境界。合一講的眞美善與分別說的眞美善之間的關聯如何，是最後的圓成的問題，康德也沒有達到這境界，《圓善論》是最高圓滿的善，仍然是順著善講。這部書則是把美也包括進來，是最後的圓融。我之所以要消化康德的這些問題，就是爲的要暢通中國的文化生命。我們現在是在文化的發展中。我們現在要求現代化，要求民主。其實只要中華民族的文化生命能暢通，西方的文化生命並非沒有問題。現代化是必須經過的，然不是最後圓滿的。科學與民主是人類理性中的應有事，並非是「非理性的事」，爲有不能至者？又有何可反對者？只是共黨的邪惡意識才反對之！

我一生通過疏解中國古典文獻，來消化康德所思考的問題。康德是十八世紀的人，這是人類理性最健康、最正常的一個時代，我們現在二十世紀快要結束，卻不了解甚麼是科學，甚麼是民主政治！西方人在十七、十八世紀爲此而奮鬥，所以西方十八世紀有最健康的思想，因爲他們能順人類理性之所有而健康正常地循序前進，步步悟入，以探其本。現在人瞧不起十八世紀，天天講二十世紀，講後現代化的問題。現代化的問題還沒懂，就講後現代的問題，當然有問題。現代化並非窮盡一切，並非絕對。我們需要科學，但科學並非絕對；我們需要民主政治，但民主政治也非絕對。如果明瞭這些，就知道有現代化的益處，也有現代化的弊病，也就接觸到後現代化的問題。如果不經過十七、十八世紀的思想，只講二十世紀的思想，認爲這兩世紀的思想都是過時的骨董，則捨本逐末，漂浮無根，便喪失了開闢的思想與創造的智慧，而只以纖巧無本的思想爲思想，或曰流於膚淺而只受制於科技的機械享受之牙慧，或曰旋轉於現代化社會中的自由與多元而空說廢話以爲學術。此皆只有文明而無文化的末世之衰相；此就中國而言，如何能開創現代化而消除共黨之魔道！

康德的思想已出現了二百多年，試問其思想內容之奧秘與精采，其立言之正大與穩妥，又有幾人能深入而契應之？其書雖早已風行於世，然其光華並未暴露於人之面前。你不要把康德看成是十八世紀的骨董而忽之。若眞是如此，則孔子活在二千五百年以前，豈不更是老骨董？然孔子、孟子終究是智慧之所在。

我之一生消耗在三個階段的學思中，也不過是疏解中國傳統之智慧方向，配合康德之思考，一方面消化康德，一方面暢通中國之

文化生命，開源暢流，如是而已。

（講於台灣中國文化大學，趙衛民記錄，並經牟先生改正。）

原載《法言》第2卷第2期　　1990年4月

九十年來中國人的思想活動

　　就中國文化的傳統來說，其中起領導作用的所謂「儒家」並不是一個很特別的思想，也不是一個很特別的宗教。

　　從孔子開始，儒家歷來所擔負的責任就是肯定人類的理性和維護人生的常道。只要肯定人類的理性和維護人生的常道，就是儒家。

西方現代化與中國文化

　　九十年來，中華民族充滿了悲劇。其最重要的關鍵是要追溯至「滿清入關」。這對中華民族的影響很大，不僅影響到民族生命，也影響到文化生命。從滿清入關到辛亥革命，前後近三百年，這相當於西方十七、十八、十九三個世紀，也正好是西方現代化的時期。西方現代化的開始，可以往前追溯至十五、十六世紀的文藝復興時期；十七、十八世紀是近代化中的啟蒙運動。這三百年來，西方的歷史發展是步步向上走，因而開出近代文明與現代精神（modern spirit）。所謂「近代」並非只是時間的觀念，也非時髦（fashion）或時興的觀念，而乃是有文化精神的特殊內容與特殊價

值的。現代化（modernization）正是西方文化發展在這三百年中的
貢獻。台灣現在要求現代化，但尚未完全走上坦途，大陸根本還沒
有沾邊。我們希望而且要求現代化，這正表示現代化有其價值內
容。但從滿清入關，順治、康熙年間到辛亥革命，這三百年卻是
「異族統治」，不僅民族生命受到挫折，文化生命也受到歪曲。如
果順著明末三大儒顧亭林、王船山、黃梨洲的觀念發展，而沒有滿
清入關，那麼歷史將會是很不同的。

　　明末三大儒顧亭林、王船山、黃梨洲的觀念與要求，正好恰像
是西方十七、八世紀的觀念與要求，但在西方能夠開出現代化來，
而在我們中國，這些觀念與要求卻被堵死了，衝不出去。其實西方
十七、八世紀的現代化，其中一個最重要的文化因素是中國文化，
因為這兩世紀是西方最崇拜中國文化的時代。十七世紀德國的萊布
尼茲和十八世紀的法國的伏爾泰都最崇拜中國文化，他們就是從儒
家內容來了解中國文化的，而不是從滿清所代表的中國來了解。現
代有人考證，認為美國獨立宣言或法國大革命的基本理念，都來自
孟子。那麼孟子可以在西方開現代化，但在中國卻變成了「孔家
店」，這真是不可思議。西方當時是利用中國文化中儒教的人文主
義的理性主義，來反對中世紀，反對教皇和梵蒂岡，可見中國文化
中的儒教是很開明也很理性，哪裡像有些人認為的頑固和反動呢？
西方當時德、法，甚至英國的思想家，處於他們的桎梏中，是其能
切感於儒教的理性與開明而正視之，並非完全是茫昧的利用也。十
七、八世紀西方崇拜中國文化，時過境遷，十九、廿世紀倒過來，
中國崇拜西方。崇拜也不要緊，反而自毀自賤，且認為要開現代
化，必須打倒儒教傳統。何故西方利用儒家開現代化，而中國反如

此呢？這可謂不肖之甚！揆其所由，最大的癥結就是滿清入關。

滿清統治對文化生命的歪曲

民族生命一受挫折，文化生命也就受挫折；當民族生命與文化生命不統一，也就誕生了悲劇。這裏，我也想到太平天國的問題。曾國藩平定了太平天國，如果站在中華民族的立場來看，曾國藩「先天的」只能做第二等人，而不能做第一等人，這是歷史命運對他的先天限制。太平天國打的是「驅除韃虜」的旗號，這是民族主義的立場，洪秀全並沒有錯，他要驅逐滿清這個「夷狄」。但滿清雖是夷狄，在表面上卻服從中國傳統文化。洪秀全的太平天國打滿清，民族主義的立場並不算錯；但從文化生命看卻太不成話，他那天父天兄的怪教算是什麼基督教呢？他比夷狄還夷狄！這樣中國人自然無法忍受，所以曾國藩、左宗棠、胡林翼這些儒生聯合起來，把太平天國平定；但這樣卻幫助了滿清。由於洪秀全這一荒謬的歪曲，也使曾國藩受到委屈，他無法做第一等人，只能做第二等人！

人不能忘記自己的歷史，要了解文化，先要了解歷史。這裏可以見到滿清統治的影響有多大，可以說由辛亥革命到民國以來，如果回顧起來，似乎都有歷史的必然性（historical necessity）。這使得中國的知識分子在典章制度與風俗習慣上，仍屬於傳統文化，滿清也是這樣繼承；但在文化精神上，不但滿清皇帝不能繼承中國傳統文化，知識分子也同樣不能了解，無法接上傳統文化的精神。舉例來說，乾隆皇帝曾下一道詔書來罵中國知識分子，說他們有個壞習氣，喜歡「以天下為己任」。如果你以天下為己任，那麼我做皇

帝的幹什麼呢？這個道理並不通。夏、商、周是「前三代」，秦漢以後的漢、唐、宋是「後三代」，後三代雖比不上前三代，但仍有其規模，知識分子仍有其擔當，正如范仲淹說「先天下之憂而憂，後天下之樂而樂。」這是中國知識分子的使命感，就是要以天下為己任。乾隆這一句話，卻影響了中國知識分子的命運；知識分子的擔當，被滿清的軍事統治壓下去了。

清末知識分子失去文化智慧的方向

清朝末年甲午戰爭以後，直到辛亥革命，西方現代化的潮流以全新的姿態席捲而來，而中國的知識分子已不能了解和吸收，失去了反應時代的能力。中國人有世俗的聰明，這種世俗的聰明以上海為代表，即所謂「海派」。中國知識分子也有這種世俗的聰明，但到了應付文化問題時，這種聰明卻沒有用。因為知識分子當時已喪失了文化生命之智慧的方向和義理的能力。義理即思想，沒有這種能力就沒有頭腦，不會表現觀念，所以我常說，沒有真正的觀念就沒有真正的生命。

人要能表現精神的生命，文化的生命，乃在能運用思想；當一個民族不會運用思想，只靠生物的本能或世俗的聰明，就很危險了。我們現在所處的艱難時代，一直為這潮流所支配，實非常可怕。

清朝末年，為西方現代化的潮流所影響，這種震撼力比隋唐時代吸收佛教文化要更艱難，影響也更大。隋唐可以很從容而有餘裕地吸收、消化佛教文化。但現在的使命和擔當是消化吸收西方現代

文化，但「現代化」一個觀念就已把我們的頭腦弄糊塗了。如無法
了解這個觀念，就無法恰當地反映。清朝末年的知識分子如秀才、
翰林，他們表現思想是靠今文學家的《公羊春秋》。當時他們已知
道西方文化的問題，不能靠講考據來解決，要想辦法來對應，於是
開始講思想。但思想得有思想的義理訓練；當時他們就靠《公羊春
秋》來表現思想。但這卻不是當時學術的主流，當時的主流還在於
考據學。章太炎還是國學大師，講乾嘉時代的考據學。當時的知識
分子講思想，也回頭講聖人的經典，卻集中在《公羊春秋》。康有
爲在清朝末年是保皇黨，就是此中最有名的一個。他的《大同書》
比共產黨還要激進。他主張：結婚以後夫婦同居不能超過一年；夫
婦生了小孩，要送到孤兒院去養；人老了不可以由兒女養，要送到
養老院，死掉以後就燒掉作肥料。我並不一定反對火葬，但骨灰也
不必定要作肥料吧！《春秋》大義是這樣講的嗎？如此的「大同」
有什麼好處？理想是這樣表現的嗎？沒有義理訓練卻想講思想、講
理想，眞是閉眼瞎說。當時的學術主流是章太炎。他們講《說文》
和《爾雅》有板有眼，態度嚴肅，擺足了學術的架子，以爲這才是
學術。但他又不甘心止於此，還要講思想；但到一講思想，卻顯得
荒腔走板。他講一套虛無主義，他借用佛敎「空」的觀念把一切都
「無」掉：無政府、無家庭、無種界、無族界。這兩位是清末民初
的人物，還有一位國民黨的元老吳稚暉，他講無政府主義。凡此恰
像是蘇聯列寧革命以前的虛無黨人。清朝末年的這些思想，能應付
西方十八、九世紀以來的現代化思想嗎？不但不能應付，而且也不
能了解。現代化觀念不是時髦的玩意兒，而是有板有眼、有規有
矩，是理性分內事，科學和民主政治都是理性的事情。理性的事，

是任何人所不能反對的。

民國以來的現代化

　　民國以來，孫中山先生的頭腦就比較穩健，就是想要朝現代化的方向走，辛亥革命就表現了現代化的精神，把總統讓給袁世凱。國民黨在民國十三年改組，當時的「聯俄容共」雖有問題，但還是朝現代化的方向走。改組以後也按照實現民主的步驟，分爲軍政、訓政、憲政三階級，憲政階段就在台灣表現，蔣經國總統最後就是表現了憲政的精神，可見國民黨還是朝民主的方向走。軍政、訓政、憲政三個階段轉到台灣這個新環境，第一步是經濟現代化，再來是政治現代化。但是大陸卻無法這樣實現，因爲受共產黨統治。辛亥革命是國民黨所領導的，國民黨是主流，爲什麼結果卻被共產黨逼到台灣來呢？但幸虧有台灣作爲根據地，讓現代化在此開花，這表示天道還算公道。

　　滿清入關以後三百年到清朝末年，以至於民國以來知識分子的風氣，是知識分子的思想和意識形態的演變，國民黨並未眞切把握到其方向。這個方向就是「左傾」，是社會主義的意識，即西方十九、廿世紀所表現的，馬克思主義席捲而來。那些秀才、翰林沒有思想家的訓練，胡講《公羊春秋》的結果，就使得共產黨出現。當時這種社會主義的意識如醉如狂，把知識分子的頭腦弄糊塗了，其實社會主義中的馬克思主義這一套根本是個偏激之道，根本不是西方的正道；而馬、恩、列、史的共產主義，即毛澤東所代表的這一套卻眞正是個魔道。中國文化幾千年的規模，爲什麼會接受這一

套，好像很難了解，其實是中國的知識分子喪失了思想、義理的能力。例如馬克思的《資本論》是在英國倫敦的圖書館中寫的，難道英國人無法讀懂《資本論》嗎？《資本論》的思想是根據英國亞當斯密的正統派經濟學《國富論》而開展出來的，英國人不相信馬克思的《資本論》，為什麼中國人就特別著迷？馬克思是德國人，《資本論》是用德文寫的，但德國人也不相信這一套，難道德國人讀《資本論》的能力不如中國人嗎？有思想自由，當然講《資本論》有其自由，但知識分子對眼前的問題應有判斷力，就知道這套講法不行，《資本論》並不足取。但馬克思主義傳到中國卻成為新宗教，這實在很奇怪，難道就中國人懂得馬克思思想？炎黃子孫的理性跑到哪裡去了？所以我有時也頗同情柏楊的那句話——「醜陋的中國人」。這時代的中國人是非不明，理性不彰，浮淺暴戾，好行小惠，就是醜陋。

馬克思主義是個魔道

馬克思主義為什麼是個魔？因為馬克思看歷史是個階級鬥爭史，唯物史觀是以階級作標準，所以他只承認人有階級性，沒有人性，沒有普遍的人性（human nature）。商人就是商人的想法，工人就是工人的想法，沒有普遍的人性；這明明是假話。中國的知識分子卻分不清楚，而為仇恨所煽動、所迷惑。「工人無祖國」這句話，不是等於對工人的侮辱嗎？工人最愛國家，怎會無祖國，你侮辱了工人，反證明工人也有人性，工人並不為工人階級所限，他也有家庭，也有父母兄弟，這不是普遍的人性嗎？中國的知識分子就

偏偏被這些話迷惑，以為時髦。階級性必會引至鬥爭，根本不是以正常的心理看人，而是以變態的心理來看，以仇恨的心理來看。

當初信奉馬克思主義的共產黨，其出發點就根本不正常，他們借用了「平等」的觀念。西方的現代化講自由、民主與人權。共產黨說，自由是第三階級（小布爾喬亞階級）的東西，而平等是第四階段（無產階級）所爭取的。人當然要平等，聖人也不反對平等。但孔子說：「見賢思齊焉，見不賢而內自省也。」孟子說：「不恥不若人，何若人有？」這都是自人格上鼓勵人向上。但共產黨卻借用平等的觀念來作惡，魔就在這裡。他們強把人分為「黑五類」、「紅五類」，振振有辭地把老百姓騙得團團轉，沒有反駁的餘地，認為是替天行道。

共產黨這種平等的觀念以吃麵包為標準，誰吃的最少，誰的價值、成分最高，這就是紅五類；其中雇農、佃農最好，這就是絕對的標準、真理的標準，因為他只有一個麵包吃，甚至根本沒有麵包可吃。至於那有兩個麵包吃，成分就差了。共黨就依據這個標準來作流血鬥爭，此真可謂「以理殺人」。這不是魔道嗎？講魔道是抽象地講，但他們為何能利用平等的觀念來作惡呢？共產黨的魔性就在這裡，並不在資本論、唯物論、唯物辯證法，這些是用來對付知識分子的理論把戲。人類本有世俗上的計較、較量的惡根性，並非自共產黨始有，只是以前並沒有假借政治黨派來表現，現在共產黨在這裡卻藉政治機構權力來表現，所以最成罪惡。借用平等性而作惡，十八世紀的大哲學家康德已說過了。他認為我們的人情性（humanity，是作「俗情」講），即喜歡較量、計較，不以自己來看自己的價值，而是和人比較來看自己的價值。你住高樓大廈，我

爲什麼住草房？你吃兩個麵包，我爲什麼吃一個？人總喜歡這樣比較，誤解的平等就在這裡出現。一有較量，就有好勝，好勝乃自古如此。前引孔、孟之言乃是鼓勵人向上，這是古今中外的正途。但共產黨利用平等的觀念，就成嫉妒、仇恨，這是從平等觀念引發出來的雙胞胎、「孿生子」（康德語）。我吃不到，我也不讓你吃；我做不到，我也不讓你做。這就是共黨所了解的平等。如果一成制度，就成爲文化上的惡（cultural evil），毀滅一切文化而有餘。再進一步發展到最高峰，就成魔鬼的惡（devilish evil），殺盡天下人亦不足惜。大陸上的民運分子，我很恭維他們，他們有其貢獻。但這些道理，他們根本沒有正視過，他們始終仍肯定共產黨，並不認爲共產式的社會主義不對，他們根本不理解共黨的本質。這就是知識分子的「陋」──淺陋。共產黨靠一套魔道，把中國的知識分子給迷惑住了，可是知識分子終於也遭受了「臭老九」的報應。不管你知識分子如何地左傾，毛澤東一樣瞧不起你。而這種報應，陷中國的知識分子於萬劫不復，至今仍不覺悟；仍沒有覺悟到共產黨的本質是魔鬼的惡，只覺得共產黨做得不好。

對自由、民主的感受與了解

他們學運分子雖然反對貪污、黑暗、官倒，或者反對毛澤東、四人幫，其實這並非共產黨的本質，但共產黨即使對於這種反對也絲毫不讓步，眞是十分可惡。這些青年人犯了什麼罪呢？就給坦克車輾成肉醬！當時連共產黨幹部也參加了，有幾百萬人，共產黨當時是眞的駭怕。中南海的要人們，全都躲到北平西山的秘密軍事基

地中，準備逃跑。他們害怕學運會「打」到中南海去，當時沒有打進去，眞是「秀才造反，十年不成」。當理性的力量發展到那麼大時，應該打到中南海去，就像法國大革命一樣去劫牢，怎能在那裡等死，這不是迂腐嗎？佔著天安門兩個月，不進也不退，這不算理性；理性發展到相當程度，就要革命。當時沒有政治人物來指導這股政治力量，以致白白犧牲。發動幾百萬人，並不是一件容易的事，以後什麼時候才有這種機會呢？

這些民運分子對自由、民主有些感受，對著毛澤東和四人幫講，又比五四運動的了解要深刻而且眞切得多了。（但對鄧小平講，卻只成錯覺與浪費。因爲他們誤認鄧還是理性的。）五四運動講自由、民主，是對清朝遺留下來的秀才、翰林講，並沒有眞實性。所以孫中山先生以後，大陸的知識分子都不講自由、民主，而是讓共產黨的社會主義、貧富、平等、階級鬥爭這些觀念代替了，所以大陸上的知識分子不論新舊，對西方十八、九世紀的近代觀念，都不懂也不能正視。例如我們所敬佩的梁漱溟先生就認爲蘇聯的路我們不能走，西方近代化的路我們也不能走，這就表示他對西方的現代心靈（modern spirit）、現代化（modernization）這些觀念並不了解。他算是老式的知識分子。胡適是新的知識分子，他對自由、民主的了解是日常生活式的了解，並非啓蒙運動講啓蒙思想、個體主義的自由、民主，那根本是政治上的觀念（political concept），這是憲法下的制度（constitution）、結構（structure），是理性的概念。胡適之並沒有政治上的擔當，他宣揚民主、自由的影響只成了日常生活上的放縱恣肆，結果先生不能教學生，父母不能管子女，這不是近代化的自由、民主。在自由、

民主上的貢獻，他比不上張君勱先生；因為自由、民主是制度，所以我們稱民主是有憲法基礎的民主政治，這樣是構造的（constructive）、積極的（positive）；胡適之那套卻是消極的、破壞的。破壞的結果是共產黨出現，共產黨更進一步還要全部打掉，結果是四人幫出現；知識分子還是臭老九。土法煉鋼是要反科學；四個現代化需要高度的知識，對知識分子那麼鄙視、仇視，怎麼能現代化呢？

但這次學運的自由、民主運動雖然失敗，但對共產黨的殘暴反動而言，仍有其意義。因為他們的左傾意識已普遍地消失了。

共產黨的痞子性格

共產黨的魔道，就從這平等性的觀念轉來，是最違反人性與自然的魔道。《中庸》上說：「愚而好自用，賤而好自專。」這正是他們的寫照。另外如「言偽而辯，行僻而堅，記醜而博，心達而險。」這是《孔子家語》記載少正卯所以被誅的緣故。有人考據孔子實無誅少正卯之事。但如這四句話所形容的人實在是可怕的人。以集團的方式來表現這幾句話，這更為可怕。這就是共產黨的魔道性格與痞子性格，不可以常情論的。他們絕不會放棄四個堅持，他們也不會放棄既得權力的利益。大陸上沒有所謂的「社會」，例如說做不了官去教書或回家種田，大陸上的共黨幹部放棄了權力就無家可歸，亦無田可種。誰有權力誰就有了一切，權力就比生死重要。他們的軍事力量很大，有幾百萬軍隊，也有許多潛艇，所以他們也不會放棄武力侵台的野心，這就是痞子的性格。

　　只有好好正視民主、自由的價值，正視科學的價值，來反省共產主義的罪惡，慢慢迫使共產黨放棄其四個堅持；因為社會上已沒有左傾意識，共產黨已失去了社會基礎。

　　這是一個中華民族的劫難，只有克服了這個魔，中國才能進至坦途，這需要念茲在茲，注意這個魔道，反過來才能正視科學，正視民主、自由的價值。知道魔道的罪惡才能正視人類內在而固有的本質，進一步才能正視文化。

誰有傳統，誰就有文化

　　文化是生活的正軌，也是生活的常道，並沒有很特別的內容；但必須要有「文化之水」。前幾年我在《聯合報》曾有個講辭，說中華民族之建國必有其國體，建國就是使一個國家有「體」，有國體。國體有兩層，一層是政治國體，一層是文化國體。憲法代表政治的國體；文化國體是民族的文化教養、生活的方式、生活的方向、生活的態度。現在海峽兩岸都沒有文化國體，這是非常可悲的。前幾天我去保安宮，問他們供養的是誰，他們說供養「保生大帝」。保生大帝原是個醫生，後代因為他的精神而紀念他。這就是一個民族尊生的文化意識，也是一種生活情調、風俗習慣，這也就是中華文化。現代的中國知識分子就缺乏這種文化教養和文化意識。亞洲四小龍，南韓、台灣、香港、新加坡都是中國文化的傳統、儒教文化的傳統，但台灣就有人說亞洲四小龍的成就與中國文化、儒家教養沒有關係。其實家庭生活的情調，就是文化傳統所教養出來的。所以我近來也常說：誰有傳統，誰就有文化。保存傳

統，就是保存文化。中國人有幾千年的傳統，卻最沒有文化，因爲現代中國人的破壞性最大，一直要把傳統一切全部破壞，才會滿意，這實是一種劣根性，也是民族的賤性。大家在這裡，要正視文化的傳統，要能有所擔負；中國文化一定得在台灣開花，這是必需承擔的責任。

（民國79年5月23日講於社會大學。趙衛民記錄）

原載《聯合報》　　1990年7月9／10日

中國文化的發展與現代化
——文化既非虛文，亦非矯飾

近來翻譯康德的第三批判，即《判斷力之批判》，此批判主要地是衡定審美判斷之本性，兼論及美術之創造。其中有如下一段話很值得吾人思量：

當想到美術底圓滿性之最高度時，一切美術之前奏或初步預備並不存于箴言，但只存于諸心靈機能之培養，這一種培養是種經由一健全的初步教育——教育于那通常被名曰「人文學」者，而被產生。那所以被名曰「人文學」的緣故大概是因爲「人之爲人」之人性一詞，它一方面指表「普遍的同情之感」（人間的互相感應之共鳴共感），而另一方面，則又指表那「能夠普遍地傳通人之最內部的自我（人之最親切的內心者）」之能力。這一種「普遍的同情之感」（人間感應之共鳴）以及這一種「傳通人之最內部的自我（人之最親切的內心者）之能力」乃是這樣的一些人之爲人之特性，即：這些特性結合起來足以構成人類之適當的社會精神（適宜于群居的社會性），以與那狹窄的低等動物之生活區別。曾有一個時代，有若干民族，在這些民族裡，主動的衝動是朝向

著一個「爲法律所規制」的社會生活而趨（這一社會生活把一民族轉變成一持久的共同體），並和一些巨大的困難相搏鬥，這些巨大的困難乃是「試想把自由（因而亦是把平等）與那拘束強制的力量聯合統一起來」這種試想之問題所呈現者（那所謂拘束強制的力量應多半更是指「尊敬」之強制力與「義務服從」之強制力而言者，尚不是指「恐懼」之強制力而言者）。而如此所說一個時代中的那些民族它們首先發見了共同體之較有文化的部分與較粗野的部分間的理念之相互的溝通，以及如何去把「那較有文化的部分之豐富性與精緻性」與「那較粗野部分之自然的單純性與根源性」間的差異溝通而諧和起來：在此路數中，這些民族想出了「較高文化」與「樸實無華的自然之價值」這兩者間的中道，亦即爲「審美品味」（一共同于一切人類的美感意識）。想出了那些形式，即想出了那眞正的標準。即「沒有普遍規律可供給之」的那眞正標準。

案：此段話雖就審美說，實通一切文化之發展。依康德的意思，心靈能力之培養在健全的人文教育。而人文教育主要地是在培養人之「普遍的同情之感」以及培養人之「溝通內部自我之能力」。這一種「同情之感」與「溝通自我之能力」就表示人類之社會精神，即人類之適宜于群居之社會性；這就表示人類之進于文化與文明，而脫離了那狹窄的低等動物之生活。這就是中國所謂「人文化成」。「人文化成」就是培養「人之爲人」之人道以化成天下。是故人之社會精神進至構成社會組織就表示人之進至于文化與文明以對反于

原始之粗野。講到社會組織，必須有禮法以維繫此組織以成一共同體。順禮法與組織這一線索發展下去，則越發越繁富、越精緻，因為它代表了文化與文明。可是在文化與文明底發展中就藏有對於人類生活之控制與拘束；其初原是對反于「野蠻」，進而對反于「自然」，再進而對反于「自由」。是故康德說，在向「為法律所規制」的社會生活而趨之中，同時就要和一些巨大的困難相搏鬥。這些巨大的困難從哪裡來的呢？就是從「自由如何能與拘束控制力相諧和」這一最難對付的問題而來。康德順西方的傳統說「自由」。若順中國的傳統說，則道家說「自然」，儒家說「文、質」之「質」。其實一也。然其內容之表現之分際，層次與方式則有異。

　　二次大戰前，當希特勒與墨索里尼之極權獨裁興旺的時候，羅素寫一部書名曰《自由與組織》，還是這同一問題。因此，遂引起第二次世界大戰。把希特勒打垮了，卻來了一個魔道──馬、恩、列、史的共產主義之極端的極權與專制。這一極端的極權專制何以是個魔道？這是因為它既不順「自由」一路走，也不順「文化」一路走，然而其初卻有貌似「自由」的假象而卻終于否定了自由，有貌似「文化」的假象而卻終于否定了文化。共產主義原是對自由世界文化文明一面之弊端而發，故以新野蠻主義（新的原始、樸實、粗野之意識）來對抗自由世界之文明，這就表示了「自由」一面之假象，故到處以「解放」來聳動人，此真是「言偽而辯」，「足以欺惑愚衆」者。但其新野蠻主義既不合原始之自然，亦不合自覺之自由，而卻以極端機械控制之專政式的組織出之，而此組織又不足以表示文化與文明，所以它既否定了自由，又否定了文化，而成為極端的非理性──極端的虛偽殘忍與放縱特權。此其所以為魔道

也。這是自由與拘束強制力間的諧和統一問題中最難克服的魔道。所幸假象終不足以爲眞，人心終不能久欺。現在他們的老大哥蘇聯都變了，東歐皆變了，東西德已統一了，中國的大陸還能久嗎？

以上是順西方「自由與拘束強制力間如何諧和統一」之思路，也是時下當令之思路說。現在再從中國傳統之思路說。依照中國之傳統說，這是一個文質的問題。「文」代表群體組織社會生活之「禮文」（禮法文制），「質」則代表純樸、自然與自由。首先，孔子所說的三代損益，就函著古人以文質兩字概括夏、商、周三代文化發展之軌路；夏尙忠，殷尙質，周尙文。忠、質兩字可以「質」概括之。三代皆有文有質，不過夏、商、兩代較原始，對周而言，就偏於「質」了。孔子說三代損益，就是表示三代文化相繼而自有減損，自有增益。損益亦函著因革。「因」是因順承繼，「革」是革故生新。這就是經驗主義與理性主義合一的最眞切的文化發展觀。孔子說：「殷因於夏禮，所損益可知也。周因於殷禮，所損益可知也。其或繼周者，雖百世可知也。」（《論語・爲政》第二）這是個永恆的問題，到現在還是這個問題；因革損益的文化發展觀現在仍然可以適用。

孔子又說：「質勝文則野，文勝質則史。文質彬彬，然後君子。」（《論語・雍也》第六）文、質兩原則不但客觀地應用於歷史文化之發展，且亦主觀地應用於個人人品之格調。這裡就藏有康德所說的「較高文化與樸實無華的自然之價值間的中道」。「文質彬彬」就是中道。這中道中也藏有審美品味之眞正的標準。

「質勝文則野」容易理解，但「文勝質則史」，「史」字不容易理解。「史」即「史官」之史。《周禮》說史官有兩個本質的作

用,即一方面是「掌官書以贊治」,另一方面是「正歲年以叙事」。故朱子注云:「史掌文書,多聞習事,而誠或不足。」此即就「掌官書以贊治」方面說。至於「正歲年以叙事」,此則「治曆明時」,中含天文、律、曆、數之科學知識,亦即史官所以又名天官之故。故我亦曾說羲和之官(即天官)代表中國的科學傳統。這且不論。史官掌官書,故文獻知識豐富,成規成矩知道的很多。然而容易流於形式主義,故曰「文勝質則史」。「史」即是遵守成套而易成為虛文也。

「史」字之病,莊子表達得最好。〈田子方〉篇載溫伯雪子謂:「中國之君子明乎禮義而陋於知人心。」,其「進退一成規,一成矩;從容一若龍,一若虎。其諫我也似子,其道我也似父。」溫伯雪子,楚人,中國之君子指鄒魯之士言。此言鄒魯之士、縉紳先生,凡有言行皆有成規成矩,而其實皆浮文也。此即「文勝質則史」之諦解。「明乎禮義而陋於知人心」即於禮義方面有許多空講究,而於人心自由自在之自然之道則淺陋無聞,毫無所知。此自是道家之立場。道家視禮文為外在的桎梏,與自由自在之自然相衝突,故必衝破之而後快,此則根本上是反文化的。它不知人之社會性、群居之組織性也是人之自然要求,根本上是不與「自由」相衝突的,即文化文明根本上不與自由相衝突。只是發展到過甚,有許多矯飾纖巧出現,始與自由自然相衝突,故須隨時調整,隨時清醒,隨時於理性以保持自由自然之真精神,此即孔子文質損益之道路。道家空講自由自在而不能維持住文化與文明,這是不能解決這衝突的。即使後來發展出許多玄談妙境,好像不可以說它是反文化,只能說它是超文化。即使是如此,它亦不能解決這衝突,因為

它不能即於文化而超文化，故其超亦是「不即」之超，因為它不能把禮義內在化視為出於自由自然之自發。儒家根本上視禮義為人性之自發，不是外在之桎梏，如是，則禮義與自由不衝突，亦即文化文明與自由不衝突；既不衝突，則自由與文化這兩方面，無論那一方面若發展得過分，脫離理性之軌道，而使兩者不能協調，顯出衝突之相，則原則上是可以隨時調整而使之成為諧和統一的。

自由與文化都是理性底事，這一點儒家是能真切正視的。首先孔子說：「我欲仁，斯仁至矣。」又說：「為仁由己，而由人乎哉？」孟子進而明標「仁義內在」。此即示仁義道德以及一切禮義文制都本乎理性的人情人性之自發，而並非只是外在的桎梏。這樣，文化文明必本乎自由，則文化文明不是虛文；自由必要求于文化而創制文明，則自由不蹈空，亦不放縱。道家不能正視此自由之理性與文化性，亦不能正視一切文化文制之自發性與內在根據，如是遂視一切禮義文化及文制皆為外在之桎梏；而其所謂自由自在之自然遂亦上浮則虛玄而蹈空，下陷則放縱而無度，故不可以作為指導歷史文化及人類精神之發展之正當原則。孔子文質中道之原則既可以正視自由，亦可以正視文化，自由與文化都是理性的。自由既不蹈空，亦不流于放縱；而文化則既非虛文，亦非矯飾。然而這亦只是聖賢智慧所發之原則而已。現實的中國文化之發展由于某些成分之摻雜與歪曲，因而影響某方面而成病。如是，其自由面不能得其充分發展，使之成為健康而有力（如客觀文制方面之表現自由即不能充分而有力），而文化文明面亦不能盡其「實現自由」之理性的禮法之文制。此即吾人今日之所以要求于現代化之故。從西方來的「正視自由與民主政治」固有貢獻于自由與文制，然而必須有人

文教育以培養其理性生命，然後自由方能成其爲自由，文制方能成
其爲文制，否則兩方皆可以惡化而成爲其自身之否定——自由惡化
而爲放縱無度，民主亦可以惡化而爲暴民混亂。民主與科學俱是理
性底事。若不先之以健全的人文教育以培養人之理性的生命，則兩
者俱可以惡化而變質。人文教育即在培養人之好學精神、道德情感
與審美品味。有健全的文化教養之國民，始有健全的國家之制度。
依此而觀，孔子的文質中道之原則仍可以作爲指導歷史文化發展之
最高原則而有其時效，因爲孔子本說「其或繼周者，雖百世可知
也。」只因爲國人不肖，或習焉而不察，遂浮泛過去而不自知，故
藉康德之言以豁醒之。

（此文爲牟先生應文建會爲「全國文化會議」所提出的書面講辭）

原載《聯合報》 1990年11月8日

當代新儒家
── 答問錄

問：儒家所發現的是人之所以爲人的「人性之常」，不是一家之言，亦不是個「主義」或「意識型態」，故儒家自不同於一般之學術流派如理性派、經驗派一類，亦不同於套在某種特定形式中之宗教，如佛敎、基督敎之類。儒家在中國文化中代表道統之正、學統之本。自此義言之，先生作爲「當代新儒家」最重要的哲學家，對「當代新儒家」此名有何看法？

答：儒家固然不同於一家一派，儒家是由孔、孟所傳承所開闢的智慧方向和人生的基本原則，但不必套在某特定的形式中，而是與時更化，爲不同的時代、不同的特定宗教，乃至當時的思想，提供指導和價值的照明以善化善感之。反過來，不同的宗教、學術、思想，凡是合乎理性的都可以支持儒家，而不同的時代問題亦正是使儒家永遠是常新而又無所謂「新」者，因爲儒家從來不套在一特定的形式中。作爲儒家思想家，可以借用相應的哲學思想闡明儒家的道理。如我講康德，並不能說我是康德哲學專家或「新康德主義」，我只是借用康德來弘揚儒家，並根據儒家來消化康德，善成康德。至於「當代新儒家」之名是否恰當，大家旣明其旨，也就無所用其計較。這名字原是社會上用來稱呼我們的，我們這些朋友都

沒有自稱是「當代新儒家」。宋明時代的儒家被稱爲新儒家，這個時代的儒家也被稱爲新儒家，隨著時代而爲「新」，以後永遠這樣。

馬列共產違反人性之常必須克服而消除之

問：每一個時代有每一時代的問題，每一時代的儒家有擔當時代責任的使命感，然則這個時代的新儒家的責任主要在那些方面？或說當代新儒家之「新」表現在那些地方？

答：凡是人類理性中所曾有的，儒家都予以肯定，這是一個總原則。站在這個時代，一、必須能說明並肯定民主、科學；二、必須批判馬列共產之謬。因爲民主、科學是人類理性中所有而且在時代進程中又爲必須有者；而馬列共產主義是違反人性之常、自然之正的魔道，是極端反理性的，故必須克服而消除之，始能歸於人道之正。儒家歷來不反智，故正德、利用、厚生三事並講。德、智是人類理性的兩翼，德智雙修是儒者的理想規範。民主政治亦在德智合一中獲得其理性中之根。隨著時代條件的成熟，民主科學在中國扎根已成爲我們理性中所必然有者，亦爲今日儒者所應當首先正視而應予以理性的說明與肯定，並使之與道德理性相貫通而使之不失其範域。這是儒家思想家的特殊用心。若說我們沒有組黨參與實際政治或改行去作科學研究，即對民主、科學沒有貢獻，這種說法恰是最不具備民主科學精神和最不現代化的。（案：事情只能大家做。）至於馬列主義那一套，恰是人性之反常，是時代的反動，故我們一開始即反對。

問：如果說中國當前的問題仍是現代化問題，而西方的問題是後現代的問題，儒家思想與這兩者的相干性如何了解？

答：儒家肯定科學、民主、自由，但不贊成泛科學、泛民主或寡頭的自由主義，這就爲由現代到達後現代提供一可能。後現代的要求，存在主義早就感受到。馬列主義的極權，造成個體人之消失；泛科學的迷向的文明，則使個體人走進孤獨。後現代即要求正視這問題。人類對科技力量的失控已經危及各層面並深入到道德倫理，形成對人道的挑戰。這時候，儒家智慧傳統所維護的人性之常道，豈不正可以使我們對於科技文明有所範域？可以說，當今這個時代，是儒家思想最應該說話亦最能夠說話的時代。

儒家思想在以前就是所謂國敎、禮樂生活

問：然則儒家與佛敎、基督敎的關係應當如何？

答：隨著人類理性的充分弘揚，佛敎、基督敎將進一步得到安頓，而與儒家並存和得到發展，儒家當然承認佛敎、基督敎的價值，但作爲特定某種型態的宗敎，佛敎、基督敎應當明白，不能代替儒家的智慧方向，也不應侵奪儒家在中國文化中原有的主導地位。

問：儒家今天是否需要一套形式以確定自己並適應現代社會？

答：現在最重要的是建立有憲法基礎的民主政治軌道，以此政治軌道來保障政治個體與社會生氣，以及敎育學術之獨立，由此遂得以維持住文化的個體；同時，文化個體依其所受於儒家之敎而培養成的文化理想，反過來亦可以調節潤澤政治個體以及種種學術研

究。政治上軌道以後，儒家思想自能帶動文化生活上軌道。這在以前就是所謂國教、禮樂生活。既爲日常生活軌道作安排，又提升人的精神生活。《禮記》裡有完整的一套，冠儀、婚儀、鄉飲酒、喪儀……。這一套現在說過時了，不適用了，這話是不通的。要用，它仍然適用。是用不用的問題，雖然儘可有損益，其實中國傳統文化生活的安排是最合人道之常的。

社會主義的意識必須籠罩在文化、道德、理性下

問：多年來，新儒家的思想家，如先生，一貫地對馬列主義作最嚴格而痛切的駁斥。過去一年，中國發生震動世界的民主運動，其後東西德統一，整個東歐集體瓦解，蘇聯亦大變，這說明馬列主義徹底消亡，人類出現一個新時期。對此，先生有什麼要說？

答：整個共產集團都崩潰了，現在主要只剩下一個中共。中共給自己打強心針，說中共的天下是自己打出來的，跟東歐不一樣，所以不怕，還說中共搞的是「中國特色的社會主義」。這明是想把自己套在中國的社會和歷史文化傳統中找護身符。大家知道，中共信奉的那套根本是反中國文化的，這個護身符他們是找不到的。若是要搞「中國特色的社會主義」，那末先得把他們那套統統拉掉。儒家政治傳統有兩條支流：一支比較傾向於民主政治，像講禪讓、公天下、反對家天下，以及明末黃梨洲的思想便是；一支比較傾向於社會主義，即著重於經濟方面的公平，主要是土地問題，但承認自由經濟，故是「質的社會主義」而不會是「量的社會主義」。量的社會主義只能承認物質的、橫面階級的量的觀念，不能承認道德

理性所肯定的一切價值觀念，如人權、自由、民主以及人之尊嚴等。質的社會主義所要求的經濟公平必是採取經驗主義的態度，隨時調整、改良，而不是馬克思主義的對經濟問題採取先驗主義的絕對態度，「以理限事」「以理殺人」。社會主義的意識必須籠罩在道德、理性、歷史文化、自由、民主等價值觀念之下，對經濟問題採取經驗主義態度，這才可說「有中國特色的社會主義」，即「質的社會主義」。中共就不覺悟，仍抱「四個堅持」而不放，它的所謂社會主義注定不能中國化。不能中國化則最後只能像東歐一樣崩潰。現在只靠坦克車壓在那裡，表面上還在挺著，裡面在震動，不定什麼時候會大變。台灣方面則要有西德人的氣概和擔當，促成大陸向質的社會主義轉變。馬列主義根本是一種變態心理的反動，它既違反西方的傳統，更違反中國的傳統，它的消亡是必然的。

人都當努力學問，力求客觀的正解，有正解而後有正行

問：還有一個老問題。早年經常有所謂中西文化論爭，現在看來，西化論沒有多大意義，亦無人再停留在這種論爭上。近來有「儒家資本主義」的說法，以日本經驗和「儒家文化圈」的亞洲四小龍的「新資本主義」說明儒家文化不僅不妨礙現代化，反可以為現代化努力提供助力和保護，以善化善成這一努力，使可以過渡到「後現代」。先生對此有什麼看法？

答：儒家思想最富理性的現在性和現實性，能夠實現現代化，可說是天經地義，是儒家的本分。基督教作為宗教，和資本主義有

什麼關係呢？韋伯還說因新敎而促成了資本主義。儒家文化助成並善化資本主義，這種說法不是更順理成章嗎！在儒家文化的地域，除信奉馬克思的中共佔據的大陸最不現代化外，其餘的都實現相當程度的現代化了。日本、亞洲四小龍都不反傳統文化，卻都實現並善化了現代化，中共最反中國文化，卻離現代化最遠。這還不足夠說明問題嗎！中共除了放棄「四個堅持」外，是沒有出路的。它只須放棄那些「堅持」，傳統文化的活力就會出來。科學、民主是人類理性中所共同固有的，只是開發不開發的問題。現在大家旣注意這方面，則自然可以開發出來。這不是什麼「西化」的問題。中共強力推行「馬列化」四十年，東歐四十多年，蘇聯七十多年，還是一樣垮，因爲馬列這一套在人類理性中站不住，是個魔道，是個反動。反動的浪潮一過去，它也就垮下來了，西方有西方的理性傳統，中國有中國的理性傳統，兩個大傳統今天可以融會，可以有新的浪花，可以創造出新的文化。因爲凡是理性的都當可以相通，相通而不失其特殊性才是正道。人都當努力學問，力求客觀的正解。有正解而後有正行。要不然，一切聰明才智都是浪費。

（講於1990年12月17日，吳明訪問，夏萊整理。）

原載《聯合報》　1990年12月28日

《唐君毅全集》序

　　時代之癥結是自由與奴役之爭，是文化意識之沉落。人類一方面陷於物質文明之癡迷中而放縱恣肆，一方面即有陷於嫉恨之邪妄之中而期毀之者。此一帶有普遍性之纏夾源於西方而倒映於中國，如是中國遂不幸而落於嫉恨心特重之徒之手中，而成為一大屠場。吾人護持中國文化之傳統，不在抱殘守缺護持其風俗習慣，或只懸念其往時之陳跡，而在護持其造成文化發展之文化生命之智慧方向。中國文化生命之智慧方向在以往之發展中、即在其隨時代之表現中，固有所輕重，不能一時作盡一切有價值之事；此不獨中國為然，世界各國莫不皆然；一時不能作盡一切事，隨時代之需要可以隨時作成之。因此，本文化發展之需要而言，中國需要現代化，需要科學，需要民主政治；但這些需要既都是文化發展中之事，所以必須先護住其文化生命之命脈，這些需要始能由內部自身之要求而自本自根地被發展出，決無專以摧毀文化生命、奴役人民為事而可以發展其文化者。所以，疏通中國文化生命之命脈，護持人道之尊嚴，保住價值之標準，乃是這個時代之重要課題。這不但是解決中國問題之關鍵，同時亦是護持人類自由之關鍵。唐先生一生念茲在茲，其心願唯在此文化意識之喚醒。其著述甚多，涉及面亦廣，疏

通致遠，調適上遂，可謂盛矣！謝世後，其門人纂成《全集》以利讀者之查閱。是集也，將是此劫難時代中智慧之光華、苦難之反映。人若隨時披覽，潛心悟入，則可知時代苦難之何所由，並知唐先生思理之切要。

但是人之心思是最易於下沉而不知反者。今之時代之癥結仍自若也，中國之悲劇亦仍自若也，但人們熟視無睹，仍不曉其所以。當年唐先生以悱惻之情痛切以陳者，雖在當時有震動，然而不轉瞬則淡忘之矣。發許多無謂之讕言者，甚或曾習於唐先生之門；而何況無聲聞之福、乏獨覺之明之淺妄之輩，更不能明其思理之切要。

吾與唐先生相知於抗戰之初期，中間幾經患難，幾度思維，共相磨礪啓發以自反者亦多矣！吾在此不能詳道其思想之內容，此則有待於來者之鑽研。吾曾名之曰「文化意識宇宙中之巨人」：若孔、孟是文化意識宇宙中之立型範者；若宋明儒則是文化意識宇宙中之繼承而有所對治者；若顧、黃、王則亦是文化意識宇宙中之巨人，其所思所言皆是抱亡國之深痛而發者。吾人處茲苦難之時代，亦不可無支撐文化意識宇宙者，唐先生即此時代文化意識宇宙中之巨人也。值其《全集》出版之時，略道數語以醒讀者。是為序。

牟宗三序於九龍

原載《書目季刊》第25卷第3期　　1991年12月16日

學思·譯著

——牟宗三先生訪談錄

問：請問康德《第三批判》譯註不知準備什麼時候出版？

答：我校對完了就可以出版了，但是校對很費時間，我校對一遍就要一個多月，我要看兩遍，一遍還不可靠。我現在剛剛才開始看，看了要改，改過以後我還要再看一遍，什麼時候看完，現在還不能定。

問：是不是可以請您談一談當年您為何讀哲學？以及在您讀哲學時的生活經過？

答：我是山東棲霞縣的一個縣立中學畢業的，縣立中學是新制的中學，但是我們縣裡只有初中沒有高中。以前考大學不純是高中畢業考，大都是舊制的中學考。新制的中學是初中三年，高中三年；舊制中學則是四年準備你讀大學，預科兩年。那個時候所謂考大學，都是考預科；現在考大學都考本科，沒有考預科的，不過這個制度現在還保留在香港，香港大學還是預科制的，他那個預科又不同於我以前的預科，他這個預科放在中學，他有中五、中六，初中五年級、六年級算預科。我們那時候的預科放在大學裡，這是很不同的。我在我們縣裡舊制中學讀完了就直接到北京去考大學，就是考預科，一下叫我考取了。我一生沒有第二次考試，就是考那麼

一個大學，在我們縣裡讀中學那個不算考試，因為我那個時候是第一次首先開始有中學，以前沒有中學，讀的都是私塾，所以進那個中學也馬馬虎虎並不怎麼難，正式考試就是去北大考預科，叫我一下蒙上考取了。考取了以後人家問我：你讀什麼？我說讀哲學。

我為什麼讀哲學呢？當初在中學裡面有一個課程叫「修身」，就是現在你們讀的「公民」，我們那個時候沒有這個名稱，叫「修身」。這個「修身」裡面有些嘉言懿行錄，陸象山的話頭啦，朱子治家格言啦，我覺得這些都很有趣味，這種很有趣味的感覺，就表示我的興趣是個讀哲學的頭腦，我覺得這個很有點味道。其他的不行，我在中學裡的時候，對於其他的科目並不是都很好的，拿做文章來說，我們那時候在中學裡做的是古文，就是文言文，學《古文觀止》那一套。老師出個題目，我一句也做不出來。要學古文那一套，如起頭用「且夫天下大勢，〔……〕」下面如何如何，就沒有了。我一句做不出。現在的小孩子寫白話文，隨便寫寫都可以扯一大套，以前做文言，你怎麼可以隨便亂扯呢？所以是很難的，這是教育的經過。當然，我在中學裡的時候，英文也不算壞，可以跟得上，其他那些人讀英文都趕不上，開始那個中學讀英文、讀數學都跟不上，只能做八股文章。八股文章最重要，還是那個老觀念，國文教員是聖人，大體在中學的時候就是這樣。

那時讀哲學系因為有預科，預科讀完了，我就轉到哲學系。預科把它放在中學沒有什麼道理，放在大學裡面讀四年就等於讀六年，我升到本科的時候，那些哲學系的常識大概我都知道了，一般哲學概論那些知識我都知道了，這就不同。所以我在北大等於讀了六年，那個預科若是放在中學就沒有用。

問：請問您是否一開始就馬上研究宋明理學呢？

答：到了進入本科以後，我開始也不是讀宋明理學，開始的時候是這樣：我在學校裡是雙線並行，一方面讀中國哲學，讀中國哲學沒有老師教的，都是自己看的。以後熊先生到北大去才算正式講中國哲學，以前是沒人能講的。在我讀本科的時候，是讀西方哲學，就是讀邏輯，這是要老師教的，自己讀是不行的，不過中國哲學要自己讀，我自問有這個本事。開始跟老師讀的是邏輯，就是數理邏輯，讀英國的哲學家羅素，還加上懷悌海，他們是同一個時代的兩個大哲學家，我在大學的時候大體都看的，了解英國的思想家是可以的。學邏輯一定要老師講，要訓練。

問：那時候您已經開始讀康德了嗎？

答：不行，那個時候還不能了解，要了解康德是要費大勁的。一般程度的青年先開始了解英、美哲學，比較容易接近的。讀邏輯要特別訓練，讀邏輯和讀一般的哲學如實在論、經驗論是不一樣的，讀邏輯要特別訓練。了解哲學，大概在開始的時候，比較容易了解經驗主義、實在論等，這些都近乎常識。所以我在大學讀書，頭一個階段是從英國思想開始的，就是現在所謂邏輯實證論、維特根斯坦那一套，他那一套我在大學的時候都能背的過，雖然我不一定能夠全懂，但我都能背的過，所以我以後翻譯出來了。我讀的時候是讀我老師那個翻譯本，那時一本書很貴，我們讀書的時候沒錢買的。因為我對邏輯的了解有相當的程度，對邏輯系統有一個理解，進到寫《認識心的批判》的時候，我才慢慢接近康德，初步接近這種思路，接近他這種思考的方式。還不能進到康德的哲學，只是說這種思考的方式類乎康德，但還不能進到了解康德本人的哲

學，這還差了好遠，所以我那《認識心的批判》代表思路的方式是屬於康德式的，並不能代表說我了解康德。這是我第一個階段的讀書經過，就是對於英、美思想的消化。英、美思想就集中在邏輯本身，就是現在殷海光所提倡的，就是吸收維特根斯坦的思想、吸收羅素的思想、以及懷悌海的思想，不但吸收且予以消化，這個就表現在我那個《認識心的批判》上、下兩冊中。

下一個階段在眞正接觸到康德本人的時候，又經過一個很長的時間。我那《認識心的批判》是民國三十八年寫成的，就是我們撤退到台灣來的時候。那個時候台灣生活艱苦的很，不但沒人肯爲我的書出版，就連買本書當時都沒地方買。以後我看這個時候沒有人講這個問題，誰看這種書？我那個稿子只好都放在箱子裡藏起來。以後是香港友聯出版社幫我印出來的，友聯出版社是受美國人的幫助，他們拿的錢，那又在好多年以後了。就是說民國三十八年我到台灣來的時候，當時的時勢是不屬於我那《認識心的批判》所談的這一方面的問題。這個是我在讀書的時候，讀維特根斯坦、讀數理邏輯、讀羅素、讀懷悌海，以這一些做背景而寫成的。這種學問是太平年間的學問，這個時代不宜於談這個學問的。我們這時正好是中國天下大亂，撤退到台灣來，你講這種學問誰聽呢？那時正是反共的時候，所以我們就重新來反省講中國文化。中國的思想怎麼樣弄成一個共產黨出來呢？按照中國的傳統，不管從那一面講，不會容納共產黨的，爲什麼會變出一個共產黨來呢？這在文化發展上一定有個癥結在這裡面，我們最主要的就是要認識這一個問題。所以那個時候我們在香港，徐復觀先生、唐君毅先生，都一個頭腦就是想這個問題，這是這一個階段。正視中國的學術，主要是哲學、哲

學思想。這就引發我們對於中國的傳統要有深入的了解，要進去，不能在外面，隔靴搔癢那個沒有用的，淺薄的幾句話是沒有用的，要投入。對於中國傳統的智慧到了能有一個相當的了解的時候，我才反過來對康德有了真正的了解。這個時候，我才真正了解接觸到康德。

同時講中國的哲學，同時翻譯康德。第一部出現的是《才性與玄理》，這是講魏晉時代的。下面第二部就是整理宋明理學，宋明理學總共有四冊，正中書局出三冊，最後一冊是學生書局出版的。這是一個長期的工作，我寫宋明理學這部書是在香港大學時候，八年的時間整理宋明理學，開始寫的時候是三冊，第四冊隔了好多年以後才寫出來的，那是專門講明朝，就是講陸象山以後，這是第二部著作。這部書寫成以後，我就轉到中文大學去了，我在那兒七年。這七年的時間是整理隋唐的佛教、整理隋唐佛教所寫成的一部書，就叫做《佛性與般若》上、下兩冊。這三大部書就是在了解中國的傳統。《才性與玄理》是講魏晉玄學，《心體與性體》是講宋明理學，《佛性與般若》是講隋唐的佛教。這些是代表中國的智慧，中國的智慧傳統就是通過這三個時代，代表儒、釋、道三教。宋明理學代表儒家，魏晉玄學代表道家，《佛性與般若》代表佛教，這些不就是中國傳統的學術嗎？中國傳統的智慧真是智慧啊！雖然不是科學，但真是有智慧，真是高明啊！現在的中國人都忘掉了，所以也不知道它的好處，也不懂。當然，這個於現實上似乎沒有多大的作用，因為現在這個時候最有用的是科學，這種學問有什麼用呢？現在的中國人只知道中國以前的毛病，那這個毛病是什麼毛病？他總歸一句話就說是封建，他說你是封建一句話就完了！你

不知道中國以前確有智慧，這個智慧比西方人都高的。

那麼，你有智慧又為什麼不行呢？要答覆這個問題，就是：這種智慧是往上長的。我們人生最重要的是智慧，但是那種智慧開不出科技來的，佛教那裡能開出科技呢？所以你有這麼多的智慧沒有用。心思光是往上發展，下面就空了，下面空了就沒有用了，管它怎麼好，我不理你，你反正是封建，一句話就說完了，這就是現時代中國人對於自己的老祖宗，對於自己傳統的態度，這是個中國人最沒有出息的時代！所以，昨天我在台中講演的時候，就曾發感慨說：中華民族這個時候是最倒楣的時代！你看大陸上算是一個什麼國家？標榜社會主義優越，你優越在什麼地方？凡是優越的人都要往外跑。所以我昨天講：在這個時代，一個民族假定不能表現真、不能表現美、不能表現善；「真」是代表科學，代表知識，表現「美」就是代表藝術文學，創造就是屬於美，表現「善」就是屬於道德；一個民族假定不能夠對真、美、善三方面有所表現，這個民族就是醜陋的民族。所以柏楊說中國人醜陋，這個話我們聽了都感覺不高興，但事實上他是有感慨的，這個時代是中華民族最醜陋的時代！「真」也不能表現，「美」也不能表現，「善」也不能表現。你看大陸上算是個什麼社會嘛？你有什麼嘛？有大鍋飯，那個大鍋飯究竟是表現什麼咧？屬於「真」呢？屬於「美」呢？還是屬於「善」呢？台灣也是，現代化還沒有到，那些個毛病就統統來了。這些都是我昨天在東海大學講演所說的意思。

所以我說要了解中國的智慧傳統，了解中國的傳統智慧，我們當然不反對你現代化，但必須有根哪！你要想現代化，必須了解自己的智慧傳統，你才能夠有現代化的能力，有那個智慧，有那個要

求。這個要求不是一種情緒的，也不完全是一種功利的，我們的理性一定要有這個要求。要求科學、要求民主政治是理性的要求啊，不是完全為升官發財。所以這樣一來你要想了解現代化，你要先了解西方的傳統，西方有西方現代的科學文明、民主政治，這是他們的現代化。它是有本而來的，並不是偶然出現，它是根據希臘的傳統，經過羅馬中世紀到現代化的；這是西方的傳統，這傳統的後面是有一套理想的，有一套理想就表示有一套學問的傳統，有他的智慧方向，你要懂得。你不懂得的時候，科學你學不來，民主政治你也學不來！

問：為什麼後來您會注重宋明理學的部分呢？

答：因為這是個領導綱領，它是個主流，以儒家為代表。魏晉玄學、道家不能做主流啊！佛教是從印度來的，佛教無論怎麼精微，它不能做主流，它是出世的，但它可以互相幫助。對於可以做為一個主線，所謂 leading principle 領導原則，則在儒家。這個主線可以和西方從希臘傳統傳下來的科學民主相合，也容易接頭。這個接頭大家現在可以看得出來，因為要科學要民主就要現代化。現代化不是西化，現代化是現代化，西化是西化，現代化不一定西化。但中國的這一個傳統它可以和西方這一個產生科學、產生民主政治的這一種理性的要求相合。從那兒可以看出來呢？在中國看儒家，在西方是看康德。所以從這個地方我才開始整理中國的傳統，就是通過我這幾部書，了解幾個時代。就是這幾個大時代，中國人以前的精神、精華，就耗費在這些個地方。一方面是這個，一方面就是翻譯康德，從這時候我才正式的翻譯康德。翻譯《第一批判》，那很早就出版了，《第一批判》是講知識的。《第一批判》

以後我就翻譯《第二批判》,《第二批判》是講實踐理性,是講道德的。現在就是翻譯《第三批判》,《第三批判》主要是講「美」,講美學。

為什麼我對於康德這麼發生興趣呢?你要想充實中國的文化,使得中國文化能夠現代化發揚光大,只有通過康德,他可以和中國文化接頭,其他的是不行的。天主教那一套不行的,不但天主教宗教本身不行,天主教是崇拜柏拉圖、亞里斯多德、聖多瑪,那一套是西方的古典理性主義,古典理性主義和中國的智慧傳統這個方向不同,但是康德相同。所以這個地方我們不有取於柏拉圖、亞里斯多德以及聖多瑪(Thomas Aquinas),我們有取於康德。西方哲學是從柏拉圖、亞里斯多德開始的,那是第一期,在西方那是古代,它也要現代化。並不光是靠希臘、羅馬,希臘、羅馬是他們的本。

問:您覺得康德的三大批判要如何應用到中國文化來?

答:主要康德他是重視《第二批判》,《第二批判》是實踐理性之批判,講道德。因為康德的思想是以道德為主。實踐理性優先於思辨理性。用一句普通話講就是道德優先於知識(知識是代表科學)。優先就是它要做領導,也就是現在說的優位的意思。這個精神是儒家的精神,所以這樣他才合啊,康德講自律道德,這也是與儒家相合的。

康德的思想骨幹是這樣子的:一個是知識,一個是道德,而道德有優位。我們現在所謂開現代化,現代化最重要是科學,而民主政治的精神這個層次和科學那個精神的層次是同等的。一個代表知識,一個代表行動。民主政治是屬於行動方面的事,這種行動我們

用專門講法就是屬於客觀的實踐，就是集團的行動。中國人以前講
實踐重視個人的實踐。光重視個人的實踐開不出民主政治。個人的
實踐那是個人的成就，個人的境界。個人最高的境界就是做聖人、
聖賢，所以中國從前那種做聖賢的實踐開不出民主政治。民主政治
中的總統不是聖人，總統四年一選，我只要合法就行了嘛，什麼事
情按照規矩做，不要亂來。以前做皇帝談何容易，聖君賢相，皇帝
就要「聖」，宰相就要「賢」，這個太難了嘛！這是老的方式，所
以，要想開民主政治就一定要重視這個客觀的實踐，這裡頭腦要轉
一下。就好像你要講科學，這個頭腦也要轉一轉，以前中國人不是
說沒有聰明，中國人有聰明，聰明是聰明，但是你產生不出科學來
的，因為你那個方式、那個精神是不相應於科學的。比如說王陽明
講良知，良知不是很高嗎？良知、良心那是屬於道德的，良知不能
產生科學。要產生科學光講良知是不行的，一定要講邏輯、講數
學、講幾何學，這是形式科學；講物理化學，這是經驗科學。

　　邏輯、數學、幾何學是從那個地方發出呢？照西方哲學家的分
析說是從 pure understanding，就是純粹的知性，才能表現出邏
輯、表現出數學、表現出幾何學來。純粹的知性是一種能力，
understanding 做名詞用，不是普通所謂了解，在這個地方翻作知
性。知性就是成功知識的一個能力，性是性能的意思。這種純粹的
知性，中國的文化沒有提煉出來，沒有磨練出來，並不是說中國人
沒有了解力。他是沒有純粹的知性。所以他沒有邏輯，沒有邏輯的
時候也沒有純粹的數學。中國的數學是應用數學，勾、股、弦的知
識，我們也知道一些，但只是應用數學。那個英國的李約瑟不是替
中國人寫《中國科學史》嗎？但那沒有用的，那個科學史就是應用

科學，就純粹科學上說，它是不算的。所以大陸上的科學院，現在
他只要那個應用科學，他不要你科學家。你不能重視教育，不培養
高等教育，那裡會有科學家呢？那有知識份子？你不培養教育，
沒有高等知識份子，誰來讀科學？他不要那些，他只要有原子彈就
行了，我只要有原子彈你們就害怕。

問：您覺得我們追求現代化，是不是應該結合中國的文化，再
加上康德的理想？

答：加上西方的傳統。要了解西方的傳統，最好是通過康德，
不是說加上康德，加上一個哲學家是沒有用的。要有現代化，最好
是了解西方的傳統。了解西方的傳統才能了解現代化的根源，那麼
最好是通過康德。康德可以和中國配合，容易相接頭。像羅素就不
行的，羅素、懷特海、維特根斯坦、柏拉圖、亞里斯多德都不行
的，他們不重視道德。雖然他們也講道德，但是他們講的道德和我
們中國儒家的講法不一樣。他們英、美人也講道德，你知道他們是
什麼態度講道德？他們的道德哲學是什麼立場呢？他們講道德大體
是功利主義或快樂主義。功利主義或快樂主義重視福利。這個不是
儒家的立場。照儒家對道德的講法，只有康德才行。在西方只有康
德才講自律道德，其他的講法都是他律。道德不能是他律的，道德
要自己決定才行，旁人決定不能算道德。這些，康德都與中國相
合，所以我重視康德就是這個緣故。

希臘的柏拉圖還不能達到自律道德，他講的還是他律道德。天
主教基督教都是他律道德，它是上帝決定，以上帝的意志為意志，
那麼我的意志就是被動的。功利主義、快樂主義都是他律的，這個
「他律」的「他」字是對誰來講的呢？比如說基督教是「他律」，

那個「他」字是指上帝，由上帝決定，而不是由你自己決定。由你自己的自由意志 free will 決定，這叫自律道德。上帝替你決定，你自己不能決定這叫他律道德。那麼像柏拉圖、亞里斯多德的「他律」的「他」是指的什麼來講的呢？那是指「存有論的圓滿」講的。那麼功利主義呢？功利主義、快樂主義也是「他律」，那個「他」字指的是什麼呢？就是 utility, happiness，就是你的快樂、幸福啊，這都是他律道德。他律就是沒有道德，沒有眞正的道德，所以，在這些思想裏面眞正的道德挺立不起來。在中國的儒家就能使道德挺立起來。挺立起來，誰能把握這個意思？在西方只有康德一個，所以取康德就是這個緣故。而且康德是西方哲學的一個中心，一個 center，或者說他是一個 focus 焦點。康德以前的哲學都收於或集中於康德，康德以後的哲學都從康德開發出來。

　　大陸上研究康德的專家鄭昕先生已經過世了，抗戰前他在德國曾住有七、八年的時間，他就說：「康德的哲學是哲學的常識」。哲學常識的意思就是：凡唸哲學的人都必須要唸。常識就是 common sense。他說：「通過康德的哲學不一定有更好的哲學。」有沒有更好的哲學不一定，靠你的才幹。但是，下一句就很重要了。他說：「不通過康德的哲學，那一定是壞的哲學。」所以，你要想讀哲學一定要通過康德，你不通過，胡思亂想就是壞的哲學。哲學也不是胡思亂想的。一般人那裏懂得哲學呢？你通過了也不一定有更好的，但是至少你不要造壞的。

　　問：請問《第三批判》翻譯完了以後，下個階段您還打算翻譯什麼作品嗎？

　　答：翻譯則不必了。我已經八十多歲了，我也老了。翻譯並非

易事,要有充分的從容時間。《第三批判》是康德最後一個圓滿。我一生從未講過美學。「美」不是可以講的,美學不能做哲學的基本,讀哲學不能從美學入,「美」是最後的學問,所以康德最後才講《第三批判》。

問:那您還有沒有打算要自己寫書?

答:我翻譯《第一批判》後,寫了一部書叫做《現象與物自身》,那一部書就是消化《第一批判》的。還寫了一部《圓善論》,《圓善論》是消化《第二批判》的書。這個《第三批判》我現在翻譯出來的;我寫了很長的一篇文章,就是消化這個《審美批判》。沒有這篇文章,翻出來也沒有用。因為沒有人講這個《第三批判》。這篇文章的題目是:〈康德審美判斷之超越原則的商榷〉。審美判斷有審美判斷的最高原則,那個原則康德叫做是超越的原則。他以什麼東西做審美判斷底超越的原則呢?就是「合目的性原則」。他以「合目的性原則」做為審美判斷底超越原則,就是關於這個問題的討論商量。

康德的書,光翻譯出來還沒有用。若是不能夠消化它,它對我們是沒有影響的。不能消化康德,則他這套智慧對中國人仍是不相干的,隔萬重山的。康德的書出來到現在已經有二百多年了,到現在很少有人能了解。不了解就是沒有福氣消化這個東西。這就表示生命的衰頹!

(周月英訪問,樊克偉整理)

原載《鵝湖月刊》第18卷第6期　　1992年12月

徐復觀先生的學術思想
——「徐復觀學術思想國際研討會」主題演講

一

東海大學爲了紀念徐復觀先生逝世十周年，特別舉辦這個學術研討會，很有意義。我和徐先生是老朋友，前來講幾句話，也很應該。但主題演講訂的題目，太隆重，今天不能講論徐先生學術思想的內容，我只順著徐先生這個人的性格，以及我和徐先生的交往，作一些憶述。從具體的憶述，你可以了解徐先生這個人，以及他的學問和性情。

我和徐先生，是抗戰時期在重慶認識。有一天，他來拜訪熊先生，穿一身軍裝，有一股精悍之氣。熊先生說，這人叫做徐佛觀（數年後，熊先生爲他改名復觀），在軍事委員會做事。又說，這個人可以讀書。對一個軍人說這種話，很不平常，所以我留下很深的印象。那時候，徐先生剛從延安回來（他奉軍事委員會之命，赴延安做考察），對共產黨很有認識。他向蔣委員長建議，說中共雖困在延安，但他們有所用心，不可輕看。同時他認爲國民黨必須改

革，要注意民心向背，否則，社會基礎一旦挖空，就會垮台。他的
意見，聽說蔣委員長也很賞識，只因黨政軍之事，盤根錯節，不容
易採取改革的步驟。抗戰勝利，舉國歡騰，但一時的歡喜與興奮，
一下子便轉而為渙散、放肆與墮落。整個國家不見有任何凝聚與開
朗之象，也沒有直立在民族文化生命上立大信的器識。三十五年，
我隨中央大學回到南京，以自己的薪水辦《歷史與文化》，而同時
徐先生也獲得支助，創辦《學原》雜誌，希望藉此聚一些不為左傾
所惑的學界人士。那段時間，我和徐先生常見面，常常談些文化思
想的問題，徐先生很能契入，很能理解。而時事侘傺，又引發了他
要「從救國民黨來救中國」的宏願。（國民黨的改造，便是徐先生
首先提議的。見後。）

　　所以，對這個大時代而言，徐先生是「參與者」的身分，而我
則只是一個「旁觀者」，並未直接參與。但既然處在這個時代，便
自然關切這個時代。這是一個大浪漫的時代，浪漫精神的表現有二
個類型：一是希特勒型的，它是承尼采思想而來；另一型是共產
黨，它把現實世界的種種差別、種種界限所保持的價值，通通加以
「量化」，顯示出一個虛幻不落實的普遍大平等。對於原先那些在
差別中所保住的「質」，便運用一套文字魔咒，判定你是小資產階
級意識，是封建道德……等等，而那些傳統的、古往的、本有的東
西，便一律變成「反革命」了。這種浪漫的精神，最能吸引「具有
原始朝氣、原始正義感」的青年人。青年的生命朝氣，加上共產黨
的觀念意識，於是自由揮灑，衝破一切；貧富、貴賤、功名、利
祿，乃至是非、善惡、禮義、廉恥……全部解放，對一切都不在
乎，終於成為「肆無忌憚」。在神魔混雜之中，自由、平等、博

愛，也被吞噬到裡面去了。這種情形，知識分子、學者名流，全都
看不出來，看不清楚。連甚負時望的梁漱溟先生，也一樣看不清
楚。（可見他們都比不上徐先生。）

抗戰勝利，梁先生也去了延安，毛澤東、周恩來等拚命奉承
他，使梁先生非常滿意。他回到重慶，有一天在唐君毅先生家裡，
我也一同在座。梁先生在言談之間，大捧毛澤東，說什麼「毛先生
天資高，天資豁達，古人的聖賢工夫，他一下子就達到了。」梁先
生還舉程明道的大弟子謝上蔡「近年來只去得一個矜字」那個公案
為例，說毛澤東早已去掉「矜持」了。又說，共產黨並沒有意思消
滅國民黨，而是國民黨念茲在茲不忘消滅共產黨。我聽了大起反
感。我說，梁先生你這個話不對，共產黨講世界革命，它要消滅一
切階級敵人，又豈止國民黨而已。至於你所謂的毛澤東那種工夫，
其實沒有什麼，任何一個共產黨人都能表現。他們通過入黨宣誓，
可以使生命馬上客觀化，而個人的習性之私、氣質之雜，也可以一
下子全部摔掉（所謂摔掉一切包袱）。平常大家認為「共產黨都很
厲害」，他們的所謂厲害，就是從這裡來。所以你在毛澤東那裡感
受到「他已去掉矜持」，其實，每一個合格的共產黨人都能做到這
一點。梁先生聽我這麼說，不覺一愣，好像聞所未聞似的。

我今天提這段故事，是要告訴大家：民國時代的中國知識分
子，既不「知人」，也不「知言」（皆孟子之語），對問題的本質
總不了解。中國自己的傳統文化已經不能懂了，對西方的科學、民
主思想，也一樣不能相應了解。從五四以來，知識分子天天喊科
學、喊民主，有幾個人真正懂科學、民主呢？中國人是很聰明，唸
科學也可以唸得很好，但就是不出真正的科學家，那是什麼緣故

呢？

　　大家都知道，中國人最聰明的是江蘇、浙江兩省的人，在滿清
的時候，考狀元、進士，沒有那一省能考得過江蘇、浙江人，所以
靠聰明你是考不過江蘇、浙江人的。但他們的聰明都用在那兒呢？
用在作八股文章，用在考狀元，考進士、翰林，那是功名利祿之
途。可是現在沒有狀元了，沒有狀元那你唸什麼呢？唸科學呀！所
以在這時候唸科學，就等於當年作八股文章，結果你還是唸不過江
浙人。這個意思，錢穆先生也知道。當初大家都作八股文章，現在
時代變了，講科學了，他馬上就往科學那方面走，但卻不出科學
家，因爲他把科學當作是功名利祿來看，這不是牛頓的精神，不是
愛因斯坦的精神，也不是阿基米德、歐幾里得的精神，這些才是科
學的精神。而他們只是所謂江南才子。這種才子，在我們看起來是
很不值錢的。這些人都是「幫閒」！

　　中國唸科學的人多得很，但回到國內就統統作官了，作官怎麼
能成科學家呢？你提倡科學，卻都給他官做，這不是把科學也害了
嗎？不給他官做，就叫他做大學校長，做了大學校長你還能唸科學
嗎？中央研究院某位念科學的要人到大陸去，回來說大陸的科學，
各方面都比台灣好，台灣的科學在那裡呢？我看說這話的人頭腦有
問題。大陸上有好多唸科學的，翁文灝做行政院長，也是唸科學
的；浙江大學校長竺可楨也是唸科學的；中央大學校長吳有訓也是
唸科學的，當了大學校長，科學也沒有了．中國（科學家做官）這
個風氣很不好，當事人應該自己警覺，社會上也要考慮一下。我們
不也有好多人得諾貝爾獎金的嗎？李政道、楊振寧不都得諾貝爾獎
金嗎？還有新竹有一位李遠哲也得了。假定把他捧久了，捧成要

人，科學也就沒有了，這是很可怕。這種話沒有人敢說，今天沒有
旁人，我們隨便說說，大家警覺一下。在這種情形之下科學出不來
的啦！你所用的科學只是科技化的東西，都是技術層的。技術方面
共產黨當然很好了，他能造原子彈，你不能造！說台灣不能造原子
彈，並不是說一定不能，乃是不願意造！你就是造了原子彈有什麼
好處呢？只能造原子彈，又算什麼科學呢？你一個唸科學的人，頭
腦這麼簡單，怎麼行呢？這一類的人懂得個什麼學術呢？

二

　　勝利後在南京，教課之餘我常到徐先生那裡，跟他說：一定要
把中國的智慧傳統要保得住，一方面也要正視西方的科學、民主傳
統。科學傳統是希臘的傳統，這裡面是有一種精神的。現在，我藉
這個機會跟大家提一個意思。清朝末年，張之洞提倡「中學為體，
西學為用」。這句話表面一看不能算錯。但假定要仔細問問你所說
的「中學為體」的「體」，是什麼意義的體呢？是什麼層次的體
呢？這在中國人看，本來是自明的，這個「體」當然是指孔、孟之
教講的。有了這個「體」，再把科學的「用」，用來使中國現代
化、科學化。這樣籠統說一說，也不算錯。但有人卻提出問題，
說：科學有科學之體，民主政治有民主政治之體，中學之體怎麼能
產生科學呢？那叫作「牛體馬用」。聽他這種話，好像也很振振有
辭。幾十年來一直有這麼個問題糾纏在那兒，大家鬧不明白。這種
問題本來是很容易解決的，但是給他們一攪和，二攪和，你再要真
正把它弄清楚，還得費點力氣。所謂「中學為體」，是指孔、孟之

教講的。孔、孟之教那個「體」當然不能直接產生科學，不要說直接產生不出科學，就連民主政治也產生不出來。這個意思，我們和唐先生、徐先生都可以看到的，也早已說明白了。但是問題並沒有直接解決。孔、孟這一套發展到最後就是王陽明講良知。但不管是王學、朱子學，不管是性即理或心即理，都不能產生科學。那麼你這個「中學為體」的「體」，怎麼能產生出科學之「用」呢？不但科學，就連民主政治你都產生不出來的。所以唐先生當時不就說一句話嗎：中國以前的時候，「自天子以至於庶人，壹是皆以脩身為本。」他是把脩身、齊家、治國、平天下看作直線推演，但如今要從脩身直接推演民主政治，是推演不出來的。我們認為，從孔、孟之教到科學、民主，不是直接的推演，要經過一番曲折；曲而後能達，不是直達。孔、孟之教的體，不能直接產生科學、民主之用。那麼，科學、民主是從什麼體出來的呢？這個時候你就要仔細考慮：這個體是什麼意義的體？

假定就西方文化找一個和孔、孟之教相對稱的體，大概要就基督教來講。但基督教也一樣產生不出科學，產生不出民主政治。兩個眼睛天天看著上帝，能看出民主、科學來嗎？可見產生科學、民主政治的那個「體」，是另有所在的。科學傳統是希臘傳統，希臘傳統有純粹的邏輯，有純粹的幾何學，有純粹的數學，這才是科學的「體」。科學有科學之體，再加上羅馬法，才產生近代人講的自由民主的法治，建立這有憲法基礎的民主政治。這是屬於客觀實踐方面的。邏輯、數學、科學，是屬於知識方面的。這兩方面一屬於知識，一屬於行動，看起來是相反，但這兩個是同一個層次，是同一層次的兩面。同一個層次，那就表示說，不管你是從知識方面講

科學、數學、邏輯，或者就實踐方面講國家、政治、法律，雖然兩面相反，一知一行，但同屬一個層次，所以基本原則是同一個原則。而這個原則在中國文化裡面不具備，所以直接產生不出科學和民主政治來。這種意思我們沒有集中地講，但好多文章把這個意思早已表達清楚了。

　　同一個原則，這個原則是什麼原則呢？我叫它做「對等並列之原則」（principle of co-ordination）。不管你是邏輯、數學、科學，或者是國家、政治、法律，它後面的基本精神，和表現這個基本精神的基本原則，是對等並列之原則。至於中國以前講孔、孟之道的那個「體」，它主要是往上通，不管是儒家、道家、佛教，儒、釋、道三教都是往上通，不往下開。往上通的第一關，不是對等並列之原則。如果永遠停在對等並列的話，你通不上去的。中國以前認為人要往上通，它的基本精神表現首先第一關是「隸屬原則」（principle of sub-odination），這個隸屬原則是現代人最忌諱的了，但是第一關非講隸屬不可。他講隸屬當然不是為了講科學，不是為了講民主政治，但是他講這個隸屬也並不反對科學，不反對民主政治。你要講科學、民主是另一回事，要另說另講。但我現在這個問題不是科學問題，也不是民主政治，而是生命往上通的問題，什麼叫做往上通呢？「天地與我並生，萬物與我為一。」莊子這一句話，就表示要通上去。所謂「恢詭憰怪，道通為一。」首先要把是非善惡美醜這兩行打破，是非善惡美醜是相對的，要衝破這個「對偶性原則」，你才能往上通，通而為一。衝破對偶性，第一步就說「天地與我並生，萬物與我為一。」這個時候是隸屬原則當令，不是並列原則當令。「並列」是把主體擺在這兒，把客體推出

去了，有主客體對立的意思。「並列」就是兩兩相對，對偶並列的
意思，是一個對列之局。它先有這個對列之局，才能成科學知識，
才能成民主政治，才能有眞正的國家、政治、法律。我這句話稍微
用點心是很容易懂的，這是很平常的一句話，但現在的中國知識份
子有幾個人懂得這句話呢？

　　以前是往上通，往上通的第一關總是重視那個隸屬原則。陸、
王首先說「心外無物」，一切物都是隸屬於心！這個意思孟子早就
說出來了：「萬物皆備於我矣，反身而誠，樂莫大焉。」到了萬物
皆備於我，你還能有科學嗎？萬物皆備於我了，你還要講科學，講
民主政治嗎？還要講權利義務，講每一個體與個體之間的權利義務
嗎？都不必了，都超越了。這是通化的層次。談問題，必須看它主
要方向往那兒講。「心外無物」固然不能成科學，成民主，但你若
問他們反不反對，他們也決不反對，那是兩回事。這是照儒家講，
簡單幾句話就可以告訴大家了。在佛教裡面，是所謂三關，就是雲
門三句。第一關是截斷衆流。截斷衆流之時，那裡還有主客對立
呢？第二關是涵天蓋地，第三關是隨波逐浪。這是雲門三句。剛才
不是告訴諸位嗎？這固然不能成科學，成民主政治，但是這也並不
反對科學、民主。你要講科學、民主，另講就是了。菩薩道是並不
反對俗諦的。

　　我當時和徐先生談的，主要就是提這個意思。了解中國生命的
智慧方向，再了解眞正的希臘精神。以前所謂中學爲體的那個
「體」，開不出科學、民主，你要想開出，就必須先了解西方這個
「體」。它這個「體」是對等並列之原則。那麼我們中國文化要怎
樣從那個隸屬原則開出這個對等並列原則？道理其實是很容易懂

的。在哲學理境上是可以講得通的，但必須費點思考。

三

　　我常常把這個意思告訴徐先生，你要講中國文化，就要重視這個。只有這兩個正統，一個是中國文化的正統，一個是西方文化的正統，只有這兩個正統可以抵抗住馬克思的魔道。平常你國民黨講的沒什麼用，什麼唯生哲學啦，什麼知難行易啦，那些話都是不對題而無力的。不但說出來沒有力量，而且有反作用，聽起來討人厭。徐先生相信我這個話，首肯我所說的這一點。雖然以後他表現的精神和我不一樣，但還是朝這個方向走。所以以後他辦《民主評論》的時候，唐先生文章最多，我的文章亦不少，而徐先生擔負的責任則是「疏通致遠」。我們說徐先生擔負的責任在《民主評論》時代是疏通致遠，這是很令人感慨的。在那個時代，在國民黨方面，只得到一個徐先生能了解，其他統統不了解。那些人也不一定希望了解。你不了解也無謂。你們是作官的！只希望你們把官作好就行了。我們認為，這樣一來就可以幫你一個忙。但我們這番心願，他們卻懵懵然，全然不懂。

　　三十八年我到台灣，先在師大六年。那時剛從大陸撤退，我打開精神開始宣講這一套，而師大那些訓導處的人卻天天給我打報告。他們打我的報告，多虧誰來維護呢？還是多虧唐乃建先生。唐乃建和徐先生是好朋友。他們打報告報到唐乃建（中央黨部秘書長）那地方去時，唐乃建說：「牟先生講的對我們有好處，你好好聽吧！不要隨便亂打報告。」這樣才壓住的。

　　後來我從師大轉到東海，有一次講了一個什麼題目，他們又給我打了一個報告，他們打報告，那是公報私仇。平常的時候，他們對徐先生多好啊！天天跑到徐府去吃飯，說恭維話，等徐先生一旦不做系主任，第二天就找魯實先出來罵，天天罵徐復觀。魯某人是徐先生請來東海的，如今竟來罵徐先生。每天上課開頭五分鐘罵徐復觀，下課再罵五分鐘，還是罵徐復觀，他說「我非要把徐復觀罵走不可」。你看這不是人心大變嗎？真是戲辭裡所謂「人心大變，大變人心」了。

　　那時候，正好李滌生先生在中興大學想辦一個中文系，用我的名義去申請。我當然不能到中興大學去辦中文系，還是由李滌生先生來辦，但他總要我來擔任文學院長。我說，當一個空頭院長有什麼用呢？你要想辦的話，一個院裡要有三個系，要有一個中文系，一個歷史系，一個英文系，你有這三系，就可以成立一個文學院，我就來。那一年三個系成立了，所以校長就打電報叫我來，他歡迎我來當院長。其實我沒那個本事，也沒興趣作那個院長。我說，我來的時候，你給我再爭取成立哲學系，我就來。成立哲學系，我要有一個基本的隊伍，我不要那個空頭的院長。他說，好，我們去爭取。結果還沒有爭取，就垮台了。這個垮台的消息是誰先知道呢？是徐先生首先知道的。徐先生問校長，你們中興大學不是請牟先生來當院長嗎？怎麼沒有下文了呢？那個校長說，不行了，垮台了。為什麼垮台了呢？因為青年救國團下命令說：「這個人不能請。假定發了聘書，沒有辦法；假定還沒有發聘書，就不要發。要是發了聘，你們趕快要以組織對組織。」這是他們下的命令。他們說我假藉校對《心體與性體》，從香港來台灣作組織活動，我說，我組織

個什麼呢？眞是匪夷所思！他們又說這個人的思想有問題，這個人
不能聘請。校長這樣告訴徐先生，徐先生就把這個消息公佈出來，
寫文章罵了一頓。那篇文章登在那裡呢？就是那時候有一個小雜誌
叫做《陽明雜誌》，登在那上面。徐先生爲什麼出來仗義？因爲他
們把徐先生也牽連進去了。他們列了三點，說這個人假藉校對來作
組織活動，所以你要是已發聘書，就要趕快以組織對組織；要是沒
有發，那就不能發，因爲他思想有問題。還有一點說這個人和某某
不穩份子來往頗密。而所謂某某不穩份子就是指徐復觀。徐先生看
了這一句話，哦！這是罵我的。這一下徐先生生氣了。他說：「我
穩得很！」就寫了一篇文章罵回去。

　　李滌生先生聽校長說不行了，沒有希望了，就去找教育廳長
（那時中興大學屬省立）。教育廳長說，我管不了，你要找比我高
的。再問校長，校長說：「你可去找救國團。」所以李先生就到救
國團去找蔣經國先生了；蔣不在，避而不見，由當事人出來見，李
先生問當事人：「爲什麼不能聘牟先生當院長？」當事人說牟先生
不是黨員。再問，不是黨員作院長的也多得很，爲什麼單單牟先生
不行？李先生復表示，我以身家性命擔保這個人思想沒有問題。說
到這個地方，當事人也沒有話講，就說這個事情要交給總裁來解
決。把事情推得那麼大。李先生一聽，事情也沒這麼重要，要推給
總裁來解決，那算了，拉倒了，就這樣下來了。這是李滌生先生親
自跟我說的。現在也無所謂了，已成爲歷史了，蔣經國先生也過世
了。其實，蔣經國先生以後對我也不錯，我也沒記恨他，因爲我和
他沒有恩怨，管他了解不了解，也無所謂。他們以爲我要來造反，
我那有這麼大的本事；我要有這麼大的本事，就不作教授了。

四

　　以上這些情形，是說明我們在台灣的處境，初來十多年，是靠徐先生維護的，另一個是靠唐乃建先生。就這樣，在東海還是出這個紕漏。我那時已在香港，你不讓我來也好，我也不一定願意來。既然過分地不了解，那就算了。我一生感念徐先生。徐先生這個人對維護中國文化，維護這個命脈，功勞甚大。這是我親自切身的感受：疏通致遠，功勞甚大。

　　中國以前說：「疏通致遠，《書》教也；絜淨精微，《易》教也。」在這個地方，徐先生能保存這個意思。這是《書》教的精神。所以熊先生說徐先生能讀書。他開始正式讀書，做學術研究，是從東海開始，代表作就是在晚年寫成的《兩漢思想史》。考證西周三百年一直下貫春秋戰國時代，有幾篇很好的文章，是了不起的考證。大考證就是大文章，只有徐先生能做得出來。

　　徐先生的考證是活的啦！不是現在一般唸歷史那種考證——為考證而考證。要是站在純粹學術立場講，考證得最有趣味的，最準確精密的，是陳寅恪先生。但是陳寅恪先生那種學問與大局無關。小處見大，他講隋唐史講得最好，所以這個人我很能欣賞。我很可以看他的文章，但是我並不稱讚這種人，你天資好我也不稱讚，我也只能看你來消遣。因為他這種人是公子型的學問家，公子型的考據家。這「公子型」三個字的意味很深長，我不太能夠詳細為諸位解釋。在我的意思是：公子型有可稱讚的地方，但也不是很好的意思啦！陳寅恪先生就是這一種型態的。

　　至於其他那些考據家大體是瞎考據，盲目的瞎考！所以你真正能找到考據家，有眼目，文章是活的，只有徐先生一個。我自己不作這種工作，我沒這方面的本事。所以徐先生對我們的貢獻是疏通致遠。至於公子型的學問家，沒有真學問，只能談談掌故。公子型的人物，好像也不能有真正的政治家，事業家也沒有的，他只能作公子。在中國的社會裡面，公子這個型態很重要，有時候也很漂亮，所以戰國時代有四大公子，最好的是信陵君，最漂亮的人物也是信陵君。民國以來不是也有幾個公子嗎？那些都不成公子啊！陳寅恪是同光年間心態的公子型的學問家，那是能讀書的，頭腦縝密、清楚，但是卻無關大局，你天資好也無關大局。這個地方就要看考據的份量，看考據的價值。像胡適之先生那種考據是天資好我也不稱讚的。你考據《紅樓夢》，管他考證得怎麼好也沒有價值，我讀《紅樓夢》也不靠那個，我也不一定要了解你那個考證的真假，我一樣讀《紅樓夢》。究竟誰了解《紅樓夢》呢？還是我了解。你考證那麼多有什麼用呢？好多人不能算是一個真正的讀書人，要在學問上有成就，不是很容易的。

五

　　我拉雜說到這裡。最後再說一點：國民黨的改造是徐先生提議的。三十七年冬天，國民黨失利，蔣回到他老家溪口。那一年我在杭州浙江大學任教，徐先生經過杭州，他說要到溪口去，我也不問他是什麼事。他和蔣氏父子三個人密談改造國民黨的事情，這是參預內幕，參預機密。但是到了三十九年國民黨在台灣改造的時候，

卻沒有徐先生一個改造委員。當然我們也不一定說徐先生非要爭這
個改造委員不可，按理講應當有他一份，結果沒有，這個是不對
的。對於這麼一個人，國民黨還不能有一個恰當的安排，這表示太
差了。這個改造的內幕究竟是什麼，我們不管，有多大的價值，我
們也不管。不過改造是需要的，而改造的提議是徐先生提的。

我們常常說，徐先生這種人，放在旁邊，你要是有什麼問題，
你同他談談，他總是能頭頭是道，很分析性地，清清楚楚地給你一
個眉目。這個眉目你可能不贊成，你也可能有另一種講法，但他總
有中肯處。這種人需要保留在旁邊的。結果是不保留。你不保留，
在徐先生來說也無所謂，乾脆作學問也很好。從那個時候就撤退政
治了，退出政治就讀書。他是能讀書，能投入，作兩漢思想史的考
據，是歷史上大關節的考據，比起現在唸思想史的人，好多了。

現在人唸思想史，那算什麼呢！那些講思想史的很差啦！嚴格
講，那些人不能作教授的。《明儒學案》不能當思想史講，而這些
人在那兒講《明儒學案》就當思想史講！又如鵝湖之會，陸象山那
首詩你都看不懂，你講什麼思想史呢？有些學問不能當思想史講：
譬如說羅素的 *Principia Mathematica*（《數學原理》）就不能當
思想史講，康德的哲學也不能當思想史講。有些是可以，像達爾文
的進化論，這種可當思想史講；而《數學原理》不能當作思想史
講，康德的《三大批判》不能當思想史講，《明儒學案》也不能當
思想史講。你先把裡面幾個學案讀懂了再說；不要說全部都懂，讀
懂幾個就不錯；不要說讀懂幾個，就是幾段文章你能讀懂就算了不
起了。連鵝湖之會的詩都讀不懂，還講什麼思想史呢？當然，沒有
一個人是能夠萬能的，但「知之爲知之，不知爲不知」，你不知

的,去問問人家的,不要亂講。

當然,我們這位老朋友有時候也會發大脾氣,也有時候過分了一點,晚年弄得不很好,這當然是個悲劇!譬如晚年得病後,在台大醫院過世,蔣經國先生下面一個人來看看都沒有,這也是不應該的。那時共產黨爭取他到廣州治病,徐先生不去,還是到台灣來。既然到了台灣,你來個人照顧一下,來看看也就算了,就算「一笑泯恩仇」好了,其實這個時候還有什麼恩仇呢?來都不來,這是不對的。當然徐先生也有些過分的地方,徐先生這個人很重感情,有時很激動,也不是很平的。但他現實感特別強。我們這些人對於現實沒有什麼感覺,我們只對大時代有一個問題在那裡,至於小地方是沒有什麼感覺,徐先生感覺就很強。譬如說,共產黨當政以來,有兩件事是最不能為中華民族所原諒的,大家沒有一個人講一句話,沒有一個人提出來,這個對嗎?中國還有人嗎?那是什麼事呢?就是某一年日本鬼和中共建交之後,跑到北平來向中國道歉,你看那毛澤東說的什麼話?毛澤東說:「你們對不起我們,我們也對不起你們啊!」噢!這不是毛澤東,是鄧小平說的。他所謂「我們也對不起你們」是指什麼呢?他說:「我們不應當把漢字傳給你們,不應當把儒教傳給你們。」這是一個「人」說的話嗎?漢字傳給日本是我們傳的嗎?儒教傳到日本是我們傳的嗎?說這個話,真混蛋,不是人,這是活禽獸。但大家沒人說句話,只有徐先生出來寫文章罵。這是鄧小平,是第二回。第一回就是毛澤東,日本人到北平來,說是對不起中國,說他們「不應當打中國」,這也是表示一個道歉的意思。而毛澤東卻說:「你不來打中國,我們(中共)怎麼能起來呢?我們還要感謝你們才好!」這種話是「人」說的

嗎？說這種話的人不能算是人，不能取得原諒的，萬死不足以蔽其辜！照他這麼說，那麼你當初宣稱抗日，究竟是眞抗日，還是假抗日呢？一旦當權，便連掩護作假都不作了，竟公開作漢奸了。在這個時候，誰說一句話呢？大家好像視爲當然，只有徐先生出來寫文章罵！這是對的。我舉這兩點，就足夠了。不管你是毛澤東也好，是鄧小平也好，你有天大的本事，也是痞子，無一可取，一無可觀。

　　最後再提一點，徐先生爲什麼和蔣經國先生鬧得這麼不愉快呢？我也不知道。我曾問我們新亞研究所的老同學，據他說，因爲在周恩來死的時候，徐先生表示得太過分了。周恩來也不是好東西，你對周恩來那麼客氣幹什麼呢？這個也是不對的啦！還有一句話我也是聽說，我沒看見徐先生那一篇文章有這句話，他說：「大陸是傳妻，台灣是傳子，傳子總比傳妻好一點！」有這篇文章嗎？你們諸位有沒有看到，我沒看到這篇文章。聽說蔣經國先生看到了，他傷心了。……

　　今天拉雜地說了我個人和徐先生的關係，你從這些地方就可以了解，可以透入徐先生學術方面的成就。關於徐先生學術思想的內容，請諸位多在這方面作些討論。我個人只講到這裡，謝謝各位！

（饒祖耀整理）

原載《東海大學徐復觀學術思想國際研討會論文集》

台中：東海大學　　1992年12月

在中國文化危疑的時代裡

在危疑的時代裡，標準何在？

這不但是個轉型的時代，也是危疑的時代。

大陸上相信馬、恩、列、史，馬、恩、列、史怎麼能統治中國呢？這是中華民族大悲劇。馬、恩、列、史是個魔道，這不是中華民族應走的道路，這是最不幸的一部歪曲，但這個浪潮也快要過去。東歐在變，共產黨的老祖宗——蘇聯也在變；單單是大陸不變，而社會上的民心也已經變了；鄧小平不變，就像毛澤東說的「死不悔改」，死不信邪，所以有天安門事件。

六四以後的民運分子有許多逃到海外。這次的民主運動，使社會主義的意識消失了，使左傾的意識消失了。大陸社會上呈現的是自由民主的意識，但這意識表現在民運人士，由大學的知識分子到大學教授，再往上數到民國三十八年這些老一代的知識分子如馮友蘭和費孝通，這些老、中、少三代大概都不相信左傾了，但究竟有多少覺悟卻很難說。從正面上說，他們對於從西方傳統開出近代化的自由民主能有多少了解，很有問題。民主運動的憑藉，當然在自

由民主，而非馬、恩、列、史；正面是自由民主，反面當然是針對
共產黨。但他們對共產黨的本質究竟能否透徹的了解，也很難說。
因爲他們反對的是共產黨的「官倒」、貪污這些腐敗的現象，卻不
一定反對共產黨的本質。

　　民運人士佔據天安門時，自始至終認自己是理性的，決非叛亂
分子，也根本不反共。就像劉賓雁也是社會主義的意識，他只是反
對共產黨表現出官倒等現象，卻並不反對共產黨的本質；他被共產
黨開除黨籍，都仍然如此，肯定共產黨是個標準，何況是佔據天安
門的民運人士呢？

　　就從這些地方看，這些民運人士從正面上來看，他們對於西方
文化所開出的自由民主能有多少了解，頗成問題；從反面上看，他
們對所反對的共產黨能有多少了解，也很成問題。對如此殘暴的政
權，如果要反，當然是十分贊成。以前贊成，現在可以不贊成，這
代表覺悟，所謂覺今是而昨非。這些民運人士的覺悟能到什麼程
度，頗成問題；我看他們並沒有多少覺悟。香港的左傾報如《大公
報》或《文匯報》，當然是肯定共產黨是正統和標準，金庸所創辦
的《明報》，也還是以共產黨爲標準；只有《香港時報》和《快
報》是以台灣爲標準；《華僑日報》則在左右之間。當以共產黨爲
標準而來反共產黨，這樣的反，究竟有多少覺悟？他們還是在共產
黨的圈圈轉，仍然肯定共產黨是標準，證明他們沒有覺悟；那麼他
們對所號召的自由民主，由西方文化傳統所開出者，也就不能深刻
了解，也不能領悟。開出自由民主的西方文化傳統，並不容易了
解，並非一個時髦的玩意，而是有思想、有文化內容的價值。潮流
可以東流西盪，但眞理不可以。就從大陸上的問題來看，這是個危

疑的時代。

中華民國乃是正朔之所在

　　台灣以前有個很鮮明的中心，由反共意識來領導台灣往前進，而有經濟建設和今日的繁榮。但今天這反共意識也在消失當中，所以這也可以說是危疑的時代。共產黨不是政治利害的問題，當然應該反共產黨，因爲它是個魔，不是正道，不是人生正當途徑所產生的，這樣建立的政權不能作爲一標準。現代名詞是「標準」，用老名詞說是「正朔」。

　　在魏晉南北朝的東晉時代，北方由苻堅建都長安統治黃河流域，苻堅是胡人，不是漢人，勢力非常強大；所以說五胡亂華。東晉統治長江流域，是由王導來領導，即「昔日王謝堂前燕」的那些大族，東晉時有許多清談的名士。當時東晉非常腐敗，所以苻堅一直想伐晉而統一天下，當時他身邊的「諸葛亮」是王猛，王猛勸說不行，因爲「東晉是正朔之所在」；東晉雖然腐敗，也有所以存在的道理，伐晉定然失敗。王猛是聰明人，他雖是漢人，但並非從漢族的立場來「騙」苻堅；苻堅卻不相信，堅持伐晉，就是史上著名的「淝水之戰」，風聲鶴唳、草木皆兵，結果以那麼強大的軍力，認爲東晉雖有長江天險，而我「投鞭足以斷其流」；這種泰山壓頂的氣勢卻仍然渡不了長江，甚至無法渡過淝水，莫名其妙地失敗。這場戰役，使東晉維持了一百五十年的天下（東晉一百年，西晉五十年）。所以正朔一定要爭，中華民國是正朔之所在，不可輕看。

　　鄧小平一直不放棄武力犯台。最近有一篇大陸的評論文章解

釋：武力犯台是說給外國人聽的，而不是對付台灣的人，這是謊言。中共的軍事力量那麼強大，爲什麼要放棄武力犯台呢？老百姓有沒有飯吃，共產黨並不在乎；他們治國平天下不行，但搗亂的本領大得很。要社會安定，還要顧及社會各界的輿論，共產黨覺得這太「婆婆媽媽」了，顧慮太多！鄧小平他們認爲只要兵有飯吃就行了，而養兵就是要打仗。共產黨不是正朔，根本是個魔；所以我對於左傾的知識分子很不喜歡。中華民國是個正朔，不能輕言放棄，香港有些非左傾的報紙竟然也對共產黨送秋波，眞是所爲何來？海外華僑在歐洲、美洲、澳洲者，歸心台灣是因中華民國乃是正朔，否則對他們而言，台灣只是個小地方，沒價值，只是個地理名詞。中華民國才是正統。這眞是個危疑的時代。

從歷史文化開始自我認同

從人本身來講，人要尋求自我統一；自我統一才有人格（personality），才有個體人格（individual personality）。生命有統一，就是生命不要分裂，人格不要分裂；如果分裂就找不到自己。因此自我統一，也是如何認同自己的問題，從自己來證明自己。自我的問題從哲學上講就很複雜，現在我們是從歷史文化上來講。

我們住在台灣的中華民族的人，要如何認同自己？山地同胞是土著，其他皆從大陸上遷來，播遷又分爲幾個階段。爲什麼台灣會發生認同的問題，在大陸上卻不發生？山東人是山東人，也是中華民族的人，他們在認同上不發生問題。所以前任總統蔣經國先生

說：「我也是台灣人。」這表示他認同他自己了，這種說法有其根據。我是中國人，我也是台灣人，這種說法是通的；我是台灣人，我也是中國人，這種說法就不行。因為中國人包括較廣，中國只有一個，而不是許多省分許多個。當然這只是附帶提到的閒話一句。但是在這時代裡，我們先要了解如何認同自己呢？認同自己，只有從了解我們的歷史文化開始。

台南鄭成功廟裡有副沈葆楨作的對聯，我每回去台南總要看一看這副對聯，內容真是有蒼涼悲感，有悲劇意識（tragical sence），最高境界的靈感。上聯是：「開萬古得未曾有之奇，洪荒留此山川作遺民世界。」天地玄黃，宇宙洪流；當時並非現代花花世界的洪荒。鄭成功是遺民，代表明朝，而要反清復明。清朝統治中國三百年，我的腦子裡從未將此視為中華民族的歷史階段，每每看到清朝衣服就討厭，那並非漢家衣冠，清朝對中華民族的遺毒有多大！明末清初的人都有很強烈的感受。鄭成功是閩南子弟，來到台灣，奉明朝為正朔，所以是遺民，而滿清是夷狄，統治中國是以軍事統治，而不是漢、唐、宋以來的傳承。宋朝亡國和明朝亡國，在歷史上的震動多麼劇大，揚州十日、嘉定三屠，誰能忘得掉呢？

秦以後漢、唐、宋二千多年的中國歷史文化儘管並非理想世界，但其道揆、正軌的規模猶在，所以明末三大儒顧、黃、王才要根據中國文化傳統的宋明理學家的內聖之教來開外王，內聖之道太過精闢，如果心思凝注於此，不能向外開外王，不向外通氣，就會「憋死」。顧亭林、黃梨洲、王船山的要求開外王，一是要解決事功問題、科學知識問題，二是要解決政權轉移問題。夏、商、周是

前三代，漢、唐、宋是後三代；秦、漢大一統以來，經漢、唐、宋後三代，兩千多年來所發生中國文化傳統的問題莫過此。

重功利的墨子傳統

歷史文化的傳統，以儒家爲主流。首先反對儒家的是墨家，而有儒、墨之諍。墨家主張非禮、非樂、非攻、節喪，很重視功利，而重事功，這是墨子的傳統。這種主張功利、有用的傳統，一直到清朝乾、嘉年間的樸學，認爲考據是實學，而視宋明儒學爲空談無用，「無事袖手談心性，臨難一死報君王」，這是考據家罵宋明儒的口號。民國以來，胡適繼承了這個精神，由科學方法來講考據，而考據《紅樓夢》；如果不念科學，從《紅樓夢》能考據出科學嗎？胡適的精神還在中央研究院繼續發生影響。這整個都是墨子傳統；爲何重視功利和有用的傳統，在先秦以後反被淘汰呢？正因它太重視有用，反而無用；這裡就有這麼一個弔詭。有人替文化下定義，說文化就是「那些我們人生在生物學上不必要的東西」。這就是最功利主義的說法。

當年荀子批評墨翟，在〈非十二子篇〉中說：「上功用，大儉約，而僈差等，曾不足以容辨異，縣君臣；然而其持之有故，其言之成理，足以欺惑愚衆，是墨翟、宋鈃也。」後來講功利而首先批評儒家無用的首先出現在司馬談（司馬遷之父）的〈論六家要旨〉「博而寡要，勞而少功。」這也是歷來對儒家的批評。但歷史上有哪一學派沒有毛病的？也因此，儒家也頗要求事功。

其實在歷史上主要講功利的學派反而無用。最早的，如前所

說，是墨翟。後來是南宋的浙東學派，陳同甫與朱子的諍辯，認爲朱子無用，而陳同甫對後來的影響遠遠不及朱子。後來還有很徹底的、很狹窄的功利主義，甚至認爲文化是生物學上不必要的東西，統統應予捨棄，這是明末清初的顏李學派，即顏習齋、李恕谷。他們認爲北宋理學家出那麼多聖人，如程伊川、張橫渠等講內聖之學，結果宋徽宗、欽宗被俘虜；南宋理學家出那麼多聖人，有朱夫子、陸象山講內聖之學，卻不能免帝昺之投海，死在廣東南邊的海南島一帶。所以我九龍家居邊有座宋王台，就是當年帝昺逃難至此暫居之地。顏李學派就批評儒家說：「無救於徽、欽二帝之北狩，不能免帝昺之投海。」他批評儒家多麼苛刻。到清朝乾、嘉年間的考據，到民國初年胡適的新考據，都是墨子的傳統。

開事功與科學知識

儒家要正視「開事功」，因應著時代的需求，就要開出科學知識，離開科學不能講事功。土法煉鋼，煉不出鋼，這是藐視科學；這樣藐視教育，這樣藐視知識分子，說知識分子臭老九，毛澤東這般瞎胡鬧，就成了魔道。

中華文化沒有開出科學，但現在要想辦法開出來。這是這時代的「事功」，社會才能開拓變化。就像經濟繁榮的台灣，並不能徒靠胼手胝足的開發，而得靠科技，所以需要科學。因此，正視教育和學術的獨立，才能開出科學。然而最容易的事到了中國，反變得最難；知識分子若急著作官，如何能開出科學？這是知識分子對不起中華民族。一宣傳科學，就表示進步、洋化；一不如此，就是反

動分子、頑固；頭腦如此簡單而不理性。其實誰會反對科學呢？這是從人類理性所發出來的，聖人和上帝都不會反對，講中國文化並不意謂就反對科學啊！中國人本來聰明，卻淪落至如此愚蠢而醜陋，不可以理喻。

除了事功問題、科學知識問題以外，再來是政權轉移問題。

滿清靠康熙打天下，康熙非常了不起，但他是夷狄。康熙從政，是在十七世紀；乾、嘉年間，是在十八世紀，這是滿清的鼎盛時期，也是中華民族最衰竭的時期。康、雍、乾是滿清的鼎盛時期，是在十七、十八世紀，清朝末年是十九世紀。顧亭林、王船山、黃梨洲這三個大思想家，站在中國文化發展的立場上，就是要根據宋明的內聖精神開外王，外王就包括事功、科學、民主精神；外王是老名辭，所以現代新儒家要開新外王，就是開出事功、科學和民主精神。民主精神就是政權轉移的問題，這是中國原有的問題；誰能再把這個問題解決，中華文化的發展就可以暢通。我們從清朝末年到民國以來的百年間，這個問題常常縈迴腦際，但知識分子的智慧不能及，始終未能恰當地了解。王船山的書很艱澀，黃梨洲的《明夷待訪錄》卻易讀，大家可以看一下，因為我們現在想要解決的，正是他們在十七世紀所要求的。

儒家人本的理性主義與西方現代化

十七、八世紀是歐洲包括德、英、法三國最崇拜中華文化的時代，美國當時開國歷史並不長。這段歷史大家都忘了，沒有人知道。法國的伏爾泰、盧梭，德國哲學家萊布尼茲這些影響西方近代

文明的思想家，都很崇拜中國文化；美國要保持大帝國的尊嚴和驕傲，死不認輸，而發出怨言：「天下的真理並不都在中國啊！」這話當然酸氣很重，認為歐洲也有一些文化，為何都崇拜中國呢！而現在到二十世紀，我們中國人全都崇拜希臘，卻遺忘這些事實。法國大革命、美國《獨立宣言》的精神理念的根據在孟子，他們都崇拜中國文化，都崇拜中國儒家傳統的理性主義（Confucianism of rationalism），就是儒家人本主義的理性主義（humanistic rationalism）。

為什麼會崇拜儒家人本主義的理性主義呢？這是打從中世紀梵帝岡也就是天主教與基督教而來。中世紀稱為黑暗時期，這是近代人的估價，可見中世紀仍有不文明處，故而德國馬丁路德要改革宗教，才有西方英法等國這些灼灼的思想家出現。民主政治要出現，並非宗教家馬丁路德所能解決的，而要另外借重宗教以外的思想，就注意到中國儒家的人本主義很合理，可以代替中世紀的天主教傳統。

他們稱中國傳統為理神論（deism），而天主教或基督教傳統為一神論或有神論（theism），嚴格講應翻智神論。中國儒家肯定天，但不肯定人格神（personal god），道家和佛家也不肯定；人格神才可成為崇拜和祈禱的對象。中國儒家的理性論，相信天地萬物有一最後的理性根據，並不把這根據人格化（personalize），說是人格神。人有意志，上帝也有意志；我們有愛，上帝也有愛；我們有知性，上帝也有知性，但人的意志、愛、知性是 human will, human love, human understanding，上帝則是 divine will, divine love, divine understanding；上帝有這些類似的人格，才可以成為

祈禱的對象。中國的天，不一定是崇拜的人格神，所以經過孔夫子
和宋明理學家是向理性論的路子走，而不向智神論的路上走。十
七、八世紀的西方思想家崇拜中國的理性論，因為那代表一大套哲
學背景，教養和教化的背景，這就是人本的理性主義。

他們就算是「利用」中國的理性論，卻可以幫助他們開近代文
明，那麼中國要現代化，為什麼要反對中國傳統文化呢？為什麼又
要打倒孔家店呢？這真是不通之至，也是子孫不肖。西方人看孟子
是了不起的人物，因為孟子的「民為貴，社稷次之，君為輕。」的
觀念，就有民主精神。現代中國人為什麼不埋怨自己沒出息，反要
埋怨老祖宗？這真是敗家子，廣東話所謂「衰仔」，醜陋的中國
人。這是什麼民族？難道老祖宗要完成一切東西，等你享用嗎？

清朝統治使知識分子不會思想

鄭成功為什麼能在「洪荒留此山川，作遺民世界」？因為鄭成
功所繼承的是明朝顧、黃、王一脈的中華文化精神。明朝亡國對人
心的震撼很深，儘管朱元璋很昏庸，明朝也很少有好皇帝，非昏君
即暴君，但顧亭林說：「有亡國，有亡天下。」明朝亡國不僅是亡
國，而是「亡天下」，亡天下就是文化亡了。事實上，清朝統治對
中國的遺毒的確是很大，使知識分子失去了智慧，不會表現思想與
觀念，天天講考據又如何會有觀念呢？我也常說：「沒有觀念，就
沒有生命。」（No idea, therefore no life.）。其實並非沒有觀
念；只是不會思想，不成觀念，徒有一些世俗的聰明，以致無法應
付共產黨，無法應付共產黨所運用的新名辭。

中國在明末清初顧、黃、王即西方十七世紀時，有開近代文明的要求，卻正好被異族滿清把這種要求給堵塞了。西方正好本著這種精神開近代文明，所以十七、十八、十九三個世紀裡，東西方發展的精神完全不一樣。西方的方向（dimension）蒸蒸日上，而我們的方向卻完全被堵死了。

清末民初思想家沒有法度，不合板眼

思想有其法度，講觀念要合板眼。沒有板眼，就不能表達思想；不能表達思想，就無法解決問題。清朝末年要談思想就無法表現，只好借用古經《公羊春秋》來表現，即康有為。康聖人講《公羊春秋》，講《大同書》，講得亂七八糟，比共產黨還前進，那是《公羊春秋》的義理嗎？那是聖人之道嗎？可見他讀不通經典。儒家的兩大經典是《易經》和《春秋》，清朝思想家多藉《公羊傳》來講《春秋》，都講得亂七八糟。康有為是今文學家，講《公羊傳》；章太炎是古文學家，講《左傳》，講《說文》、《爾雅》，即考據，講觀念也無法合板眼。這些就是清末民初的知識分子，也正好是我讀大學的時期。

康有為根據《公羊春秋》講春秋三世，即據亂世、昇平世、大同世。他所構想的大同世，竟然有「夫婦同居，不得超過一年」；你看這人多麼囉嗦，管天管地管人拉屎放屁。他也說「生小孩以後，父母不得親養，得送育幼院來養。」；不教母子發生感情，這是聖人之道嗎？「人老人得送養老院，也不教子女來奉養，死掉後火葬作肥料。」其實土葬、火葬都沒關係，但為什麼一定要作肥料

呢？這是什麼樣的知識分子？這位當時的大學問家，甚至可以說是
「大聖人」，因為他自己稱為「康長素」，孔子是素王，而他比孔
子還長，是長於素王，所表現的卻是什麼樣可笑的想法。

康有為看來可笑，章太炎也一樣可笑，一樣沒頭腦。知識分子
之危害於世，於此可見。在文化教養的傳統上，教人要自愛，要自
重；現在的知識分子最不自愛，不自重，而自大。其實越自大，毛
澤東卻瞧不起你。

結語

我今天所講的，其實主要有兩個意思。

先是住在台灣的人，如何認同自己。鄭成功先來，後來是客家
人來；外省人是民國三十八年來，也是靠「洪荒留此山川，作遺民
世界」。這遺民世界就是要反共，我們不贊成共產黨的魔道，這裡
並非國民黨與共產黨的兩黨問題，而是共產黨的本質就是個魔。這
個魔，當初不了解，到現在大陸的知識分子仍然不了解，不但年輕
的知識分子不了解，老的知識分子經過文化大革命這樣地摧殘、糟
蹋，卻至死仍似未覺悟，真是可惜，應該已經可以了解了，卻仍不
了解。

共產黨的魔道，就是借用平等性的觀念來作惡，來殺人，因為
以前已講過，今天就不細說。康德這位十八世紀的大哲學家在共產
黨還未興起之時，就發現人有這種基本罪惡，就是人因為要求同等
待遇的平等來作惡，每個人要吃同樣的麵包。其實孟子「不恥不若
人，何若人有？」如果我能力不及你而不自以為羞恥，這人就太沒

出息了。孔子也說：「見賢思齊焉，見不賢而內自省也。」你能達到的境界，我也能達到；需要的是努力，這是較為正常地了解，自由世界也都這樣來了解。所以平等是個機會，但人要努力。共產黨卻借用平等來打第三階級的自由、民主，說我們要麵包不要選票，假借平等的觀念來作惡、來殺人，這才是以理殺人。殺這麼多人，文化大革命殺那麼慘，居然還有人不以共產黨為罪惡，還相信那些宣傳，有什麼覺悟呢？康德這段文字，我已翻譯出來並附錄在我的《圓善論》中，大家可以參考。共產黨怎能視作標準，視為中華民族的正朔所在呢？凡是住在台灣的人，應該在此珍惜自己，作到如何認同自己、了解自己（How to know yourself？），台灣能有今天，就不應該再瞎胡鬧，否則這種天地就沒有了。而要從鄭成功「洪荒留此山川，作遺民世界」來認同自己。

次來，則是十七、八世紀是西方人最崇拜中國文化的時候。他們崇拜中國文化，得以開近代文明；我們自己要開近代文明，為什麼卻要反對中國文化呢？中國文化哪裡會妨礙近代化呢？孔夫子並非科學家，也不能把所有學術全都完成；不能又要他當聖人，也要他當牛頓。這要求實在太多了，我們自己幹什麼呢？孔夫子幾時妨礙我們去念科學呢？孔夫子並沒有家天下啊！他言必稱堯、舜，堯、舜之所以為堯、舜，是禪讓。講民主政治為什麼要打倒孔子呢？這是不肖，中華民族子孫的不肖，廣東話所謂「衰仔」。

（趙衛民整理）

原載《聯合報》　　1995年4月13-15日

《牟宗三先生全集》總目

① 周易的自然哲學與道德函義

② 名家與荀子　才性與玄理

③ 佛性與般若（上）

④ 佛性與般若（下）

⑤ 心體與性體（一）

⑥ 心體與性體（二）

⑦ 心體與性體（三）

⑧ 從陸象山到劉蕺山　王陽明致良知教　蕺山全書選錄

⑨ 道德的理想主義　歷史哲學

⑩ 政道與治道

⑪ 邏輯典範

⑫ 理則學　理則學簡本

⑬ 康德「純粹理性之批判」（上）

⑭ 康德「純粹理性之批判」（下）

⑮ 康德的道德哲學

⑯ 康德「判斷力之批判」（上）（下）

⑰ 名理論　牟宗三先生譯述集

⑱ 認識心之批判（上）

⑲ 認識心之批判（下）

⑳ 智的直覺與中國哲學

㉑ 現象與物自身

㉒ 圓善論

㉓ 時代與感受

㉔ 時代與感受續編

㉕ 牟宗三先生早期文集（上）

㉖ 牟宗三先生早期文集（下）　牟宗三先生未刊遺稿

㉗ 牟宗三先生晚期文集

㉘ 人文講習錄　中國哲學的特質

㉙ 中國哲學十九講

㉚ 中西哲學之會通十四講　宋明儒學綜述　宋明理學演講錄　陸王一系之心性之學

㉛ 四因說演講錄　周易哲學演講錄

㉜ 五十自述　牟宗三先生學思年譜　國史擬傳　牟宗三先生著作編年目錄